强基计划
数学攻略

张天德　贾广素　杨琪 主编

清华大学出版社
北京

内 容 简 介

本书是一本强基计划数学学科的教材.本书基于作者团队多年教学研究和数学竞赛辅导经验,针对强基计划数学学科进行了梳理和讲解.书中的试题来自重点高校历年的强基计划数学学科以及往年的自主招生数学学科的真题,以便读者备考更有针对性.

本书适合广大准备参加强基计划考试的考生,也适合指导强基计划的高中数学教师.

图书在版编目(CIP)数据

强基计划数学攻略/张天德,贾广素,杨琪主编.—北京:清华大学出版社,2023.10
ISBN 978-7-302-64819-2

Ⅰ.①强⋯ Ⅱ.①张⋯ ②贾⋯ ③杨⋯ Ⅲ.①中学数学课－高中－教学参考资料 Ⅳ.①G634.603

中国国家版本馆 CIP 数据核字(2023)第 206083 号

责任编辑:汪 操
封面设计:常雪影
责任校对:赵琳爽
责任印制:刘海龙

出版发行:清华大学出版社
   网 址:https://www.tup.com.cn,https://www.wqxuetang.com
   地 址:北京清华大学学研大厦 A 座 邮 编:100084
   社 总 机:010-83470000   邮 购:010-62786544
   投稿与读者服务:010-62776969,c-service@tup.tsinghua.edu.cn
   质量反馈:010-62772015,zhiliang@tup.tsinghua.edu.cn
印 装 者:大厂回族自治县彩虹印刷有限公司
经 销:全国新华书店
开 本:210mm×285mm   印 张:20   字 数:476 千字
版 次:2023 年 11 月第 1 版   印 次:2023 年 11 月第 1 次印刷
定 价:69.00 元

产品编号:102719-01

前　言

在武侠小说中常有这样的情节：找到一本武林秘籍，经过刻苦训练，成为武林高手．备考强基计划同样也需要一本秘籍．为了帮助广大学子备考强基计划，我们特地编写了本书．

2020 年 1 月 13 日，教育部发布了《关于在部分高校开展基础学科招生改革试点工作的意见》，决定在部分高校开展基础学科招生改革试点，也称"强基计划"，其目的是选拔并培养有志于服务国家重大战略需求且综合素质优秀或基础学科拔尖的学生．

一、强基计划与中学数学

强基计划是教育部开展的招生改革工作，旨在选拔创新型人才．就数学而言，强基计划更加注重数学学科的核心素养，包括条件运用、抽象思维与逻辑推理等．这项改革核心观点就是回归数学的学科本质，实现"用数学的方式培养人才"．

强基计划数学考试为学有余力的学生提供了展示自己的机会．中学数学教材提供的是历史中的数学，而大多数强基计划数学试题能够涉及现今的数学．这些试题体现了现代数学思想或高等数学思想，通过高校的强基计划数学试题，这些"活数学"得以传播到中学校园．许多学生的数学功底是在正式课堂学习中奠定的，而他们的潜能往往在自主学习的过程中得以释放．这种自我发展在激发数学学习兴趣和提高数学学习能力方面发挥着关键作用．从我国基础教育的角度看，这是不可或缺的．

二、本书的内容安排

本书通过分析近三年高校强基计划真题，深入挖掘知识的根源，梳理解题技巧，总结命题规律．全书分为代数、几何、数论、组合四大知识模块，内容涵盖了《普通高中数学课程标准（2017 版）》规定的必修课程和选择性必修课程的全部内容，同时根据考试的内容也进行了适当的知识拓展．本书着重介绍函数、几何与代数、概率与统计、数学建模活动与数学探究活动四条主线，力求在体系结构的设计上反映这些内容之间的联系，使它们成为一个有机的整体．

1. 同步安排　系统跟踪

本书将高中数学知识进行整合，划分为四大知识模块，与学生备考高考的复习同步，避免占用过多复习时间. 本书内容侧重于提升学生的学习素养,培养学生的自主学习能力,有针对性地介绍高中数学课堂中常用的方法和解题技巧等. 对于每道例题,本书提供了完整的解答步骤或解题思路,以方便学生自行学习.

2. 立体设计　系统提升

在本书的编写过程中,我们充分考虑了各种因素、关系和要求,从整体上进行了协调. 这样的设计既使得学生的自主学习更加轻松,又能帮助他们培养数学学科的核心素养,逐步学会用数学的眼光看待世界,用数学的思维解决问题,用数学的语言表达观点. 在每个章节的编写中,我们不仅关注知识点的数量,还注重所选试题的典型性与训练价值. 每道例题都具有较低的起点、较高的落点和较广的覆盖面. 强基考试所必备的知识在本书的四大模块中循环出现,但并非简单重复,而是逐步巩固、深化.

3. 真题再现　解决疑难

我们通过多种途径,积极收集了近年来具有代表性的高校强基计划考试与综合评价考试的试题,并将经验丰富的教师组成专家团队进行认真的分析与解答. 我们以例题的形式展示不同层次的高校强基计划考试和综合评价考试的命题思想、试题难度和考查方式,使学生明确备考方向,并按自己的实际情况选择适合自己的强基计划试题进行学习. 在知识体系的设置上,我们按照新教材体系进行编排;在例题的选择上,我们兼顾了新旧教材的情况.

三、编写情况

强基计划考试的笔试部分往往会设置一些比较难的题目,其范围大多超出了高中的教学大纲,但是没有达到学科竞赛的程度. 然而现在市场上关于强基备考的图书相对较少,特别是只针对强基计划的书,有的书甚至就是中学数学竞赛的教材. 因此,我们邀请了从事高校强基试题研究的大学教授和部分一线中学教师,对最近几年的强基试题进行了认真分析,并编写了规范权威的解析,以帮助学生理解考试模式,方便学生进行有针对性的备考.

在本书的编写过程中,得到了各重点高校和中学教师的支持与帮助. 同时,也受到了清华大学出版社的大力支持. 在此,我们表示衷心感谢!

张天德工作室

2023 年 8 月于山东大学

目　录

第 1 章 数 与 方 程

§1.1　数的认识

我们从小学就开始认识数,数字是我们日常生活中使用最多的知识之一,也是认识客观世界与周围事物的重要工具. 学习数的运算过程有助于发展逻辑思维能力,因为数的概念、性质、法则和公式之间存在着严密的内在联系,并具有严谨的逻辑性. 数学本质上是研究数与形的科学. 因此,研究数学离不开对数的研究.

一、奇数与偶数

若一个整数能被 2 整除,则这个整数叫作**偶数**. 如果一个整数被 2 除余 1,则这个数叫作**奇数**.

关于偶数与奇数,有以下性质:

(1) 任意两个连续的整数中,必定一个是奇数与一个是偶数.

(2) 奇数个奇数的和(或差)是奇数,偶数个奇数的和(或差)是偶数;任意多个偶数的和(或差)是偶数;一个奇数与一个偶数的和(或差)是奇数;两个整数的和与差具有相同的奇偶性.

(3) 任意多个奇数的积是奇数;若任意多个整数中至少有一个偶数,则它们的积是偶数.

(4) 相邻偶数的最大公约数是 2,最小公倍数是它们乘积的一半. 奇数的集合与偶数的集合都是以 2 为模的同余类.

(5) 偶数的平方被 4 整除,奇数的平方被 8 除余 1.

上述性质均可通过对奇数与偶数的代数多项式进行相应的运算得出,此处不再赘述.

【例 1】 已知 $2n+1$ 与 $3n+1$ 均为完全平方数,且正整数 n 不超过 2022,则这样的 n 的个数是(　　).

A. 0　　　　　　　　B. 1　　　　　　　　C. 2　　　　　　　　D. 前三个答案都不对

(2022 年北京大学)

【解析】 设 $x^2=2n+1$,$y^2=3n+1$,则可得 $3x^2-2y^2=1$. 由 $x^2=2n+1$,知 x 为奇数,设 $x=2k+1$,由于 $n\leqslant 2022$,所以 $x^2=2n+1\leqslant 4043<4096=64^2$,从而 $x\leqslant 63$,从而 $1\leqslant k\leqslant 31$. 又因为 $2y^2=3x^2-1=3(2k+1)^2-1$,从而可得 $y^2=6(k^2+k)+1$ 为奇数,从而 y 为奇数. 设 $y=2m+1$,则 $y^2=3n+1=(2m+1)^2=6k(k+1)+1$. 从而 $3k(k+1)=2m(m+1)$,由于相邻的两个整数中必有一奇一偶,所以 4 为 $k(k+1)$ 的因子. 验证可知,k 可取 $3,4,7,8,11,12,15,16,19,20,23,24,27,28,31$. 根据 $\dfrac{3k(k+1)}{2}=m(m+1)$,只需验证 $\dfrac{3k(k+1)}{2}$ 能否写成相邻的两个整数的乘积即可. 如 $k=4$ 时,$\dfrac{3k(k+1)}{2}=5\times 6$,此时 $n=40$ 符合题意;如 $k=31$ 时,$\dfrac{3k(k+1)}{2}=31\times 38$ 不符合题意. 从而检验可知

只有 $k=4$ 符合题意，即满足题意的 n 的值只有 40. 故选 B.

本题的常规做法是由题意得到 $3x^2-2y^2=1$，即 $(3x)^2-6y^2=3$ 后，先结合题意得到 $3<x_k\leqslant 189$，再根据广义的佩尔方程得到通解 $x_k=\dfrac{(3+2\sqrt{6})(5+2\sqrt{6})^k+(3-2\sqrt{6})(5-2\sqrt{6})^k}{2}$，之后根据特征方程可得二阶线性递推公式 $x_{k+2}=10x_{k+1}-x_k$ 代入判断即可. 具体做法如下所示：

设 $2n+1=x^2$，$3n+1=y^2$，化简得 $3x^2-2y^2=1$，即 $(3x)^2-6y^2=3$.

由于 $(3,1)$ 为佩尔方程 $x^2-6y^2=3$ 的一组解，根据佩尔方程的性质，我们知其有无穷多组解. 对于任意一组解 (x_k,y_k)，由于 $x_k^2=6y_k^2+3$，所以 x_k 为被 3 整除的正奇数，从而 $x=\dfrac{x_k}{3}$，$n=\dfrac{x^2-1}{2}$，并且这样的 n 均为正整数.

由于 $1\leqslant n\leqslant 2022$，则 $1<x\leqslant 63$，所以 $3<x_k\leqslant 189$，$(5,2)$ 为佩尔方程的 $x^2-6y^2=1$ 的基本解. 又由佩尔方程的通解，知 $x_k=\dfrac{(3+2\sqrt{6})(5+2\sqrt{6})^k+(3-2\sqrt{6})(5-2\sqrt{6})^k}{2}$，由特征方程知其所对应的递推公式为 $x_{k+2}10x_{k+1}-x_k$，并且 $x_1=3$，$x_2=27$，得 $x_3=267$. 因此，仅有 $x_2=27$ 满足条件，此时 $n=40$. 所以这样的 n 的值只有 1 个.

这种解法利用了广义的佩尔方程，对大多数没有参加过竞赛的学生而言可能很困难. 这里我们提供的解法是利用奇偶分析的方法，只需了解基本数论知识即可解出.

【例 2】 对于三个正整数 a,b,c，有 $\sqrt{a+b}$，$\sqrt{b+c}$，$\sqrt{c+a}$ 三个连续的正整数，则 $a^2+b^2+c^2$ 的最小值为 _____.

（2022 年清华大学）

【解析】 设 $\sqrt{a+b}=m-1$，$\sqrt{b+c}=m$，$\sqrt{c+a}=m+1(m\geqslant 2)$，从而 $\begin{cases}a+b=(m-1)^2=m^2-2m+1\\b+c=m^2\\c+a=m^2+2m+1\end{cases}$，

从而解得 $\begin{cases}a=\dfrac{m^2}{2}+1\\b=\dfrac{m^2}{2}-2m\\c=\dfrac{m^2}{2}+2m\end{cases}$.

由于 $b\geqslant 1$，且 $b\in \mathbf{N}^*$，所以 m 为偶数，$\dfrac{m^2}{2}-2m\geqslant 1$，从而 $m\geqslant 6$. 所以 $a^2+b^2+c^2=\left(\dfrac{m^2}{2}+1\right)^2+\left(\dfrac{m^2}{2}-2m\right)^2+\left(\dfrac{m^2}{2}+2m\right)^2=\dfrac{3}{4}m^4+9m^2+1\geqslant \dfrac{3}{4}\times 6^4+9\times 6^2+1=1297$.

二、质数与合数

一个大于 1 的整数,如果只有 1 和它本身是它的约数,则这样的正整数叫作**质数**(也叫作素数); 如果除了 1 和它本身还有其他的正约数,则这样的正整数叫作**合数**. 1 既不是质数也不是合数. 因此, 正整数集 $\mathbf{Z}^* = \{1\} \bigcup \{\text{质数}\} \bigcup \{\text{合数}\}$.

关于质数与合数,有以下性质:

(1) 在大于 1 的整数的所有真约数中,最小的正约数一定是质数.

(2) 合数 a 的最小质约数小于等于 $\sqrt{a}$.

(3) 质数有无穷多个.

(4) 设 $a_1, a_2, \cdots, a_n$ 是 n 个整数,p 为质数,如果 $p \mid a_1 \times a_2 \times \cdots \times a_n$,则 p 必能整除某个 $a_i (1 \leqslant i \leqslant n)$.

(5) 如果 p 是质数,a 是任意一个整数,则必有 $p \mid a$ 或 $(a, p) = 1$.

(6) **威尔逊(Wilson)定理**　p 为质数的充分必要条件是 $(p-1)! \equiv -1 (\mathrm{mod}\ p)$.

(7) **算术基本定理(整数唯一分解定理)**　每一个大于 1 的整数都能分解成质因数相乘的形式,并 且如果把这些质因数按照由小到大的顺序排列(相同因数的乘积写成幂的形式),那么这种分解方式 是唯一的. 即任何大于 1 的整数 a 都可以唯一地写成

$$a = p_1^{\alpha_1} \times p_2^{\alpha_2} \times \cdots \times p_k^{\alpha_k} \quad (i = 1, 2, \cdots, k) \qquad \textcircled{1}$$

的形式,其中 p_i 为质数(如果 $i < j$,则 $p_i < p_j$). 此式叫作整数 a 的标准分解式.

(8) 若 a 的标准分解式为①,a 的正因子的个数记为 $f(a)$,则 $f(a) = (\alpha_1 + 1)(\alpha_2 + 1) \cdots (\alpha_k + 1)$.

【例 3】 已知 $m, n \in \mathbf{N}^*$,则 $m(n+9)(2n^2 + m + 9)$ 的质因子个数的最小值为_____.

(2022 年中国科学技术大学)

【解析】 当 $m = 9, n = 3$ 时,$m(n+9)(2n^2 + m + 9) = 9 \times 12 \times 36 = 2^4 \times 3^5$,此时只有两个质因子 2, 3. 又因为 m 与 $2n^2 + m + 1$ 的奇偶性不同,则必为一奇一偶,所以原式中必有一个质因子 2 与另一个 奇质因子. 故质因子个数的最小值为 2.

【例 4】 已知 a, b, c, d 都是正整数,且 $a^3 = b^2, c^5 = d^4, c - a = 77$,求 $d - b$ 的值.

(2021 年清华大学丘成桐数学营)

【解析】 由题意可设 $a = x^2, b = x^3, c = y^4, d = y^5$,从而可得 $y^4 - x^2 = 77$,对前式因式分解,可得 $(y^2 - x)(y^2 + x) = 77 = 1 \times 77 = 7 \times 11$,从而 $\begin{cases} y^2 - x = 1 \\ y^2 + x = 77 \end{cases}$ 或 $\begin{cases} y^2 - x = 7 \\ y^2 + x = 11 \end{cases}$. 若 $\begin{cases} y^2 - x = 1 \\ y^2 + x = 77 \end{cases}$,解得 $y = \sqrt{39}$,此时 $d = y^5$ 不是正整数,矛盾;若 $\begin{cases} y^2 - x = 7 \\ y^2 + x = 11 \end{cases}$,解得 $x = 2, y = 3$,此时 $d - b = y^5 - x^3 = 235$.

综上所述,$d - b$ 的值为 235.

【例 5】 已知 $a,b,c\in\mathbf{R}$，且 $a+bc=b+ac=c+ba=1$，则（　　　）.

A. $a=b=c$

B. a,b,c 不全相等

C. (a,b,c) 有 2 组

D. (a,b,c) 有 5 组

（2021 年清华大学自强计划）

【解析】 由于 $a=1-bc$，所以 $b+c(1-bc)=1$，即 $b+c-bc^2=1$，整理得 $b(c^2-1)=c-1$. 因此 $c-1=0$ 或 $b(c+1)=1$.

若 $c=1$，则 $a=1-b$. 又因为 $c+ba=1$，从而 $ba=0$，所以 $\begin{cases}a=1\\b=0\end{cases}$ 或 $\begin{cases}a=0\\b=1\end{cases}$；

若 $b(c+1)=1$，则 $bc=1-b$，所以 $a=1-(1-b)$，从而可得 $a=b$.

又因为 $c+ba=1$，故 $c+\dfrac{1}{(c+1)^2}=1$，即 $\dfrac{1}{(c+1)^2}=1-c$，进而可得 $1=(1-c^2)(1+c)=1+c-c^2-c^3$，所以 $c(1-c-c^2)=0$. 因此 $c=0$ 或 $1-c-c^2=0$. 若 $c=0$，则可得 $b=a=1$；若 $1-c-c^2=0$，则解得 $c=\dfrac{-1\pm\sqrt{5}}{2}$，进而得 $a=b=\dfrac{-1\pm\sqrt{5}}{2}$.

综上所述，(a,b,c) 可能为 $(1,0,1)$，$(0,1,1)$，$(1,1,0)$，$\left(\dfrac{-1+\sqrt{5}}{2},\dfrac{-1+\sqrt{5}}{2},\dfrac{-1+\sqrt{5}}{2}\right)$，$\left(\dfrac{-1-\sqrt{5}}{2},\dfrac{-1-\sqrt{5}}{2},\dfrac{-1-\sqrt{5}}{2}\right)$，共 5 组. 故选 D.

【例 6】 使得 p^3+7p^2 为完全平方数的不大于 100 的素数 p 的个数为（　　　）.

A. 0

B. 1

C. 2

D. 前三个答案都不对

（2017 年北京大学）

【解析】 由题意，可设 $p^2(p+7)=a^2(a\in\mathbf{N}^*)$，因而 $p\,|\,a$. 再设 $a=pb(b\in\mathbf{N}^*)$，得 $p+7=b^2(b\in\mathbf{N}^*)$. 由于 p 是不大于 100 的质数，则 $9\leqslant b^2\leqslant 106$，$3\leqslant b\leqslant 10$，因而 $p+7=b^2=9,16,25,36,49,64,81,100$. 从而 $p=2,9,18,29,42,57,74,93$. 故选 D.

三、有理数与无理数

可以写成分数形式 $\dfrac{m}{n}(m,n$ 是整数，$n\neq 0)$ 的数叫作**有理数**. 任何整数或分数都可以表示为十进制有限小数或无限循环小数，同样地，每一个十进制有限小数或无限循环小数也能化成整数或分数. 因此，有理数也可以定义为十进制有限小数或无限循环小数. 无限不循环小数叫作**无理数**.

在有理数集内，加法、减法、乘法、除法（除数不能为零）四种运算是封闭的，其结果仍然是有理数. 但对于无理数来说则不然，比如无理数 $2+\sqrt{2}$ 与 $\sqrt{2}$ 的差就是有理数.

【例 7】 若集合 M 中任意两个元素的和、差、积、商的运算结果都在集合 M 中，则称集合 M 是封

闭集合. 已知有下列集合:

(1) $\mathbf{R}$; (2) $\mathbf{Q}$; (3) $\complement_{\mathbf{R}}\mathbf{Q}$; (4) $\{x \mid m+\sqrt{2}n, m,n\in\mathbf{Z}\}$.

其中是封闭集合的序号是_____.

(2020 年上海交通大学)

【解析】 由于两个实数的和、差、积、商仍然是实数, 故 $\mathbf{R}$ 是一个封闭集合; 两个有理数的和、差、积、商仍然是有理数, 故 $\mathbf{Q}$ 是一个封闭集合; 注意到 $\sqrt{2}\in\complement_{\mathbf{R}}\mathbf{Q}$, $2\sqrt{2}\in\complement_{\mathbf{R}}\mathbf{Q}$, 而 $\dfrac{2\sqrt{2}}{\sqrt{2}}=2\notin\complement_{\mathbf{R}}\mathbf{Q}$, 故 $\complement_{\mathbf{R}}\mathbf{Q}$ 不是封闭集合; 令 $M=\{x \mid m+\sqrt{2}n, m,n\in\mathbf{Z}\}$, 注意到 $2+\sqrt{2}\in M$, $4-\sqrt{2}\in M$, 而 $\dfrac{2+\sqrt{2}}{4-\sqrt{2}}=\dfrac{5}{7}+\dfrac{3\sqrt{2}}{7}\notin M$, 故 $M=\{x \mid m+\sqrt{2}n, m,n\in\mathbf{Z}\}$ 不是封闭集合.

综上所述, 封闭集合的序号是 (1)(2).

【例 8】 证明: a 为无理数当且仅当 $\forall m\in\mathbf{N}^*$, $\exists n\in\mathbf{Z}$, 使得 $0<\{na\}<\dfrac{1}{m}$.

(2021 年中国科学技术大学少年班)

【证明】 先证充分性

(反证法) 如果 a 是有理数, 设 $a=\dfrac{p}{q}$, 其中 p,q 是整数, $q\neq 0$, $(p,q)=1$. 由假设可得 $na=\dfrac{np}{q}$. 因为 $n,p,q\in\mathbf{Z}$, 所以 $\{na\}\geq\dfrac{1}{q}$. 取 $m>q$, 则 $\{na\}\geq\dfrac{1}{q}>\dfrac{1}{m}$, 矛盾. 所以 $a\notin\mathbf{Q}$, 从而 a 为无理数.

再证必要性

将 $(0,1)$ 划分为 $\left(0,\dfrac{1}{m}\right)$, $\left(\dfrac{1}{m},\dfrac{2}{m}\right)$, $\cdots$, $\left(\dfrac{m-1}{m},1\right)$ 共 m 个区间, 并取 $a,2a,3a,\cdots,(m+1)a$ 共 $m+1$ 个数, 因为 $a\notin\mathbf{Q}$, 所以这 $m+1$ 个数必然在某个区间内. 根据抽屉原理, 不妨设 pa,qa 在同一区间内, 且 $\{pa\}>\{qa\}$, 则 $\{(p-q)a\}=\{pa\}-\{qa\}<\dfrac{1}{m}$, 又因为 $p-q\in\mathbf{Z}$, 故原命题成立.

充分性的证明可以有多种写法, 其实质是一样的:

如果 a 是有理数, 则设 $a=\dfrac{p}{q}$, 其中 p,q 是整数, $q\neq 0$, $(p,q)=1$. 记 $np=sq+r$, $s\in\mathbf{Z}$, $r=0,1,2,\cdots,q-1$, 则有 $\{na\}=\left\{s+\dfrac{r}{q}\right\}=\dfrac{r}{q}$.

若 $r=0$, 显然不符合;

若 $r\geq 1$, 取 $m\geq\left[\dfrac{q}{r}\right]+1$, 有 $\dfrac{1}{m}<\dfrac{r}{q}$, 不符合.

所以充分性得证.

而必要性即为狄利克雷定理, 其实质是抽屉原理的使用.

四、进位制

正整数有无穷多个,为了用有限个数字符号表示无限多个正整数,人们发明了进位制. 进位制是一种位值记数法,它体现了有限与无限的对立统一关系. 近几年,高校关于"整数的进位制"在多种问题中进行了考查,比如在处理数字问题、整除问题和数列问题等方面.

1. 十进制记数法

给定一个 m 位的正整数 A,其各位上的数字分别记为 $a_{m-1},a_{m-2},\cdots,a_0$,则此正整数可以简记为 $\overline{a_{m-1}a_{m-2}\cdots a_0}$(其中 $a_{m-1}\neq 0$).

由于我们所研究的整数通常是十进制的,因此 A 可以表示成 10 的 $m-1$ 次多项式,即 $A=a_{m-1}\times 10^{m-1}+a_{m-2}\times 10^{m-2}+\cdots+a_1\times 10+a_0$,其中 $a_i\in\{0,1,2,\cdots,9\},i=0,1,2,\cdots,m-1$ 且 $a_{m-1}\neq 0$,这种 10 的多项式表示的数常简记为 $A=(a_{m-1}a_{m-2}\cdots a_0)_{10}$.

通常情况下,我们省略下标 10 和括号,记作 $A=a_{m-1}a_{m-2}\cdots a_0$. 如果没有指明数式表示乘积,则默认它是十进制的数字. 然而,随着计算机的普及,整数除了用十进制表示外,还常常用二进制、八进制甚至十六进制来表示. 特别是现代社会中人们对二进制越来越感兴趣. 这主要是因为二进制只使用 0 与 1 这两个数学符号,并且可以分别表示两种对立状态、性质或判断. 因此,二进制除了是一种记数方法以外,还是一种十分有效的数学工具,可以用来解决许多数学问题.

为了具备一般性,我们给出正整数 A 的 p 进制表示:

$A=a_{m-1}\times p^{m-1}+a_{m-2}\times p^{m-2}+\cdots+a_1\times p+a_0$,其中 $a_i\in\{0,1,2,\cdots,p-1\},i=0,1,2,\cdots,m-1,a_{m-1}\neq 0$ 且 m 仍然为十进制数字. 简记为 $A=(a_{m-1}a_{m-2}\cdots a_0)_p$.

【例 9】 已知六位数 $\overline{y_1y_2f_3f_4d_5d_6}$ 满足 $\dfrac{\overline{y_1y_2f_3f_4d_5d_6}}{\overline{f_4d_5d_6}}=(1+\overline{y_1y_2f_3})^2$,则所有满足条件的六位数之和为_____($\overline{f_4d_5f_6}$ 不必为三位数).

(2022 年北京大学)

【解析】 设 $\overline{y_1y_2f_2}=m,\overline{f_4d_5d_6}=n$,则 $100\leqslant m\leqslant 999,1\leqslant n\leqslant 999$.

$\dfrac{\overline{y_1y_2f_3f_4d_5d_6}}{\overline{f_4d_5d_6}}=(1+\overline{y_1y_2f_3})^2\Leftrightarrow\dfrac{1000m+n}{n}=(1+m)^2\Leftrightarrow\dfrac{1000}{n}=2+m$.

因为 $102\leqslant 2+m\leqslant 1001$,所以 $1\leqslant n\leqslant 9$ 且 $n\mid 1000$,从而 n 所有可能的取值为 $1,2,4,5,8$. 因此对应的 (m,n) 有 5 种不同的取值分别为 $998,498,248,198,123$.

相对应的六位数为 $1000m+n=1000\times\left(\dfrac{1000}{n}-2\right)+n$,即 $998001,498002,248004,198005,123008$,这样的六位数之和为 2065020.

【例 10】 若 A 为十进位数,$A=\overline{a_0a_1a_2\cdots a_n}$,记 $D(A)=a_0+2a_1+2^2a_2+\cdots+2^na_n$,已知 $b_0=$

2033^{10}，$b_{n+1}=D(b_n)$，则 b_{2022} 各位数字之和为（　　　）.

　A. 730　　　　　　　B. 520　　　　　　　C. 370　　　　　　　D. 前三个答案都不对

（2022 年北京大学）

【解析】 由题意，若 A 为 $n+1$ 位数，则 $D(A)\leqslant(2^{n+1}-1)\times9<2^{n+1}\times10$，$b_0=2033^{10}<10^{40}$，从而 b_0 至多为 40 位数，所以 $b_1<2^{40}\times10<8^{14}\times10<10^{15}$，从而 b_1 至多为 15 位数，所以 $b_2<2^{15}\times10<8^5\times10<10^6$，从而 b_2 至多为 6 位数，所以 $b_3<2^6\times10<640$，从而 b_3 至多为 3 位数，$b_4<2^3\times10=80$，所以 b_4 至多为 2 位数，$b_5<40$ 也至多为 2 位数.

以此类推，可得 b_{2022} 至多为 2 位数.

其各位数字的平方和不超过 $9^2+9^2=162$，故选 D.

【例 11】 若 A 为十进制数，$A=\overline{a_0a_1\cdots a_n}$，记 $D(A)=a_0+2a_1+2^2a_2+\cdots+2^na_n$. 已知 $b_0=2033^{10}$，$b_{n+1}=D(b_n)$，则 b_{2022} 各位数字的平方和（　　　）200.

　A. 大于　　　　　　B. 小于　　　　　　C. 等于　　　　　　D. 前三个答案都不对

（2022 年北京大学）

【解析】 由题意知，若 A 为 $n+1$ 位数，则 $D(A)\leqslant(2^{n+1}-1)\times9<2^{n+1}\times10$，$b_0=2033^{10}<10^{40}$，所以 b_0 至多为 40 位，进而 $b_1<2^{40}\times10<8^{14}\times10<10^{15}$，所以 b_1 至多 15 位，进而 $b_2<2^{15}\times10<8^5\times10<10^6$，所以 b_2 至多 6 位，进而 $b_3<2^6\times10<640$，所以 b_3 至多 3 位，进而 $b_4<2^3\times10<80$，所以 b_4 至多 2 位，进而 $b_5<40$ 也至多两位，以此类推，可得 b_{2022} 至多两位. 其各位数字的平方和不超过 $81+81=162$，小于 200，故选 B.

§1.2　代数式

我们知道，任何一个恒等式均由若干个代数式构成，代数式是中学阶段的重点内容之一. 从某种意义上讲，数学问题的本质就是研究代数式的过程.

一、代数式

1. 因式分解

把一个多项式分解为几个最简整式的乘积称为多项式因式分解（也称为分解因式）. 在高中数学中，因式分解广泛应用在集合、函数、不等式、数列、解析几何初步等领域. 在进行因式分解时，需要遵循一定的规则.

（1）平方差公式：$a^2-b^2=(a-b)(a+b)$；

（2）完全平方公式：$(a\pm b)^2=a^2\pm2ab+b^2$；

（3）立方和公式：$a^3+b^3=(a+b)(a^2-ab+b^2)$；

（4）立方差公式：$a^3-b^3=(a-b)(a^2+ab+b^2)$；

（5）三数和平方公式：$(a+b+c)^2=a^2+b^2+c^2+2(ab+bc+ca)$．

请读者自行尝试将上述公式推广到 n 次的情形．

【例 1】 记 $(\sqrt{5}+\sqrt{3})^6$ 的小数部分为 t，则 $(\sqrt{5}+\sqrt{3})^6(1-t)$ 的值为　　　　　．

（2018 年上海交通大学）

【解析】 令 $a=(\sqrt{5}+\sqrt{3})^2=8+2\sqrt{15}$，$b=(\sqrt{5}-\sqrt{3})^2=8-2\sqrt{15}$，从而 $a+b=16$，$ab=4$．所以 $(\sqrt{5}+\sqrt{3})^6+(\sqrt{5}-\sqrt{3})^6=a^3+b^3=(a+b)[(a+b)^2-3ab]=3904$．又因为 $\sqrt{5}-\sqrt{3}<1$，所以 $1-t=(\sqrt{5}-\sqrt{3})^6$，从而 $(\sqrt{5}+\sqrt{3})^6(1-t)=(\sqrt{5}+\sqrt{3})^6(\sqrt{5}-\sqrt{3})^6=2^6=64$．

【例 2】 已知 $ax+by=1$，$ax^2+by^2=2$，$ax^3+by^3=7$，$ax^4+by^4=18$，则 $ax^5+by^5=$　　　　　．

（2022 年清华大学）

【解析】 $ax^3+by^3=(x+y)(ax^2+by^2)-xy(ax+by)=2(x+y)-xy=7$，　　①

$ax^4+by^4=(x+y)(ax^3+by^3)-xy(ax^2+by^2)=7(x+y)-2xy=18$，　　②

由①②可得 $x+y=\dfrac{4}{3}$，$xy=-\dfrac{13}{3}$．

故 $ax^5+by^5=(x+y)(ax^4+by^4)-xy(ax^3+by^3)=\dfrac{4}{3}\times18-\left(-\dfrac{13}{3}\right)\times7=\dfrac{163}{3}$．

本题可推广为更加一般的结论：

设 $S_n=ax^n+by^n$（$n\in\mathbf{Z}^*$），$x+y=u$，$xy=v$，则 $S_{n+2}=uS_{n+1}-vS_n$．

证明：由 $(x+y)(ax^{n+1}+by^{n+1})-xy(ax^n+by^n)=ax^{n+2}+by^{n+2}$，可得 $S_{n+2}=uS_{n+1}-vS_n$．

回到本题，只需令 $S_1=1$，$S_2=2$，代入可得 $\begin{cases}2u-v=7\\7u-2v=18\end{cases}$，所以 $u=\dfrac{4}{3}$，$v=-\dfrac{13}{3}$．因而 $S_{n+2}=\dfrac{4}{3}S_{n+1}+\dfrac{13}{3}S_n$．特别地，$S_5=\dfrac{4}{3}\times18+\dfrac{13}{3}\times7=\dfrac{163}{3}$．

【例 3】 已知实数 a,b,c 满足 $a\neq b$，且 $a^2(b+c)=b^2(a+c)=1$，则 $c^2(a+b)-abc$ 的值为（　　）．

A．2　　　　　　　　B．1　　　　　　　　C．0　　　　　　　　D．前三个答案都不对

（2018 年北京大学）

【解析】 把 $a^2(b+c)=b^2(a+c)$ 展开并整理可得 $a^2b+a^2c-b^2a-b^2c=0$，即 $ab(a-b)+c(a^2-b^2)=0$，所以 $ab(a-b)+c(a-b)(a+b)=0$，因此得 $(a-b)(ab+bc+ca)=0$．由 $a\neq b$，得 $ab+bc+ca=0$．又因为 $b^2(a+c)=1\Rightarrow b(ab+bc)=1\Rightarrow -abc=1$，从而 $abc=-1$．于是 $c^2(a+b)-abc=c(ac+bc)-abc=c(-ab)-abc=-2abc=2$．故选 A．

【例 4】 正整数 m,n 满足 $m^3+n^3+99mn=33^3$,则这样的 (m,n) 有 _____ 组.

(2021 年北京大学优秀中学生寒假学堂)

【解析】 由三次方可联想到常用的因式分解 $a^3+b^3+c^3-3abc=(a+b+c)(a^2+b^2+c^2-ab-bc-ca)$. 记 $-33=t$,则由 $m^3+n^3-33^3+99mn=0$,可得 $m^3+n^3+t^3-3mnt=0$,即 $(m+n+t)(m^2+n^2+t^2-mn-nt-tm)=0$.

若 $m+n+t=0$,则 $m+n=-t=33$,从而 m 可以取 $1\sim32$,$n=33-m$,共有 32 组;

若 $m^2+n^2+t^2-mn-nt-tm=0$,则 $(m-n)^2+(n-t)^2+(t-m)^2=0$,从而 $m=n=t=0<1$,矛盾.

综上所述,满足条件 (m,n) 共有 32 组.

2. 配方法

配方法是一种基础且具体的解题技巧,它在二次方程、二次函数与二次不等式等多个方面有广泛的应用. 在解题的过程中,配方具有两个功能:一是为开方(降次)做准备,二是产生非负数.

【例 5】 设 $x,y\in\mathbf{R}$,函数 $f(x,y)=x^2+6y^2-2xy-14x-6y+72$ 的值域为 M,则( ).

A. $1\in M$ B. $2\in M$ C. $3\in M$ D. $4\in M$

(2017 年清华大学学术能力测试)

【解析】 由 $f(x,y)=x^2+6y^2-2xy-14x-6y+72$

$$=x^2+6y^2+[(x-y)^2-(x^2+y^2)]-14x-6y+72$$

$$=(x-y)^2-14(x-y)+5y^2-20y+72$$

$$=(x-y-7)^2+5(y-2)^2+3$$

$$\geqslant 3,$$

故知函数 $f(x,y)$ 的值域为 $[3,+\infty)$,从而选 CD.

【例 6】 方程 $x^2-2xy+3y^2-4x+5=0$ 的整数解的个数是 _____.

(2020 年北京大学)

【解析】 因为 $x^2-2xy+3y^2-4x+5=x^2-2(y+2)x+3y^2+5=[x-(y+2)]^2+2(y-1)^2-1$,所以 $[x-(y+2)]^2+2(y-1)^2=1$,又因为 $x,y\in\mathbf{N}^*$,所以 $y=1$,从而 $x=2$ 或 4.

因此,整数解为 $(2,1)$,$(4,1)$,共 2 组整数解.

本题也可以用主元法解决:

不妨以 x 为主元,$x^2-2xy+3y^2-4x+5=x^2-2(y+2)x+3y^2+5=0$,则 $\Delta=[2(y+2)]^2-4(3y^2+5)=4[1-2(y-1)^2]\leqslant4$.

若 $\Delta=4$,则 $1-2(y-1)^2=1$,所以 $y=1$,代入,得 $x^2-6x+8=0$,所以 $x_1=2$,$x_2=4$;

若 $\Delta=1$,则 $1-2(y-1)^2=\dfrac{1}{4}$,可得 $y\notin\mathbf{Z}$,矛盾.

综上所述,正整数解为 $(2,1)$,$(4,1)$,共 2 组整数解.

【例 7】 已知实数 a, b 满足 $(a^2+4)(b^2+1)=5(2ab-1)$，则 $b\left(a+\dfrac{1}{a}\right)$ 的值为（　　）.

A. $\dfrac{3}{2}$　　　　　　B. $\dfrac{5}{2}$　　　　　　C. $\dfrac{7}{2}$　　　　　　D. 前三个答案都不对

（2017 年北京大学）

【解析】 将 $(a^2+4)(b^2+1)=5(2ab-1)$ 展开，得 $a^2b^2+a^2+4b^2-10ab+9=0$，配方，得 $(ab-3)^2+(a-2b)^2=0$，从而 $ab=3$，$\dfrac{b}{a}=\dfrac{1}{2}$，所以 $b\left(a+\dfrac{1}{a}\right)=ab+\dfrac{b}{a}=3+\dfrac{1}{2}=\dfrac{7}{2}$. 故选 C.

> 本题还可以用主元法解决：
>
> 将 b 视为主元，则有 $(a^2+4)\cdot b^2-(10a)\cdot b+(a^2+9)=0$，关于 b 的一元二次方程有根，得 $\Delta=100a^2-4(a^2+4)(a^2+9)\geqslant 0$，整理，得 $a^4-12a^2+36\leqslant 0$，即 $(a^2-6)^2\leqslant 0$，从而 $a^2=6$. 易知 $a=\sqrt{6}$，代入原式，得 $2b^2-2\sqrt{6}\,b+3=0$，即 $(\sqrt{2}\,b-\sqrt{3})^2=0$，从而 $b=\dfrac{\sqrt{6}}{2}$，所以 $b\left(a+\dfrac{1}{a}\right)=\dfrac{\sqrt{6}}{2}\left(\sqrt{6}+\dfrac{1}{\sqrt{6}}\right)=3+\dfrac{1}{2}=\dfrac{7}{2}$. 故选 C.

【例 8】 函数 $f(x)=x(x+1)(x+2)(x+3)$ 的最小值为（　　）.

A. -1　　　　　　B. -1.5　　　　　　C. -2　　　　　　D. 前三个答案都不对

（2017 年北京大学）

【解析】 **方法一　均值换元法**

令 $t=\dfrac{x+(x+1)+(x+2)+(x+3)}{4}=x+\dfrac{3}{2}$，则 $x=t-\dfrac{3}{2}$，从而原函数转换为求 $y=\left(t-\dfrac{3}{2}\right)\left(t-\dfrac{1}{2}\right)\left(t+\dfrac{1}{2}\right)\left(t+\dfrac{3}{2}\right)$ 的最小值. 由于 $y=\left(t-\dfrac{3}{2}\right)\left(t-\dfrac{1}{2}\right)\left(t+\dfrac{1}{2}\right)\left(t+\dfrac{3}{2}\right)=\left(t^2-\dfrac{1}{4}\right)\left(t^2-\dfrac{9}{4}\right)=t^4-\dfrac{5}{2}t^2+\dfrac{9}{16}=\left(t^2-\dfrac{5}{4}\right)^2-1\geqslant -1$.

因此，所求函数的最小值为 -1，故选 A.

> 本题首先采用了均值换元法，也称为对称引参，然后再通过配方法得出最小值. 本题的做法非常多，主要思想是根据对称性来获得最小值.

方法二　观察＋配方法

由题意，$f(x)=x(x+1)(x+2)(x+3)=x(x+3)(x+1)(x+2)=(x^2+3x)(x^2+3x+2)=(x^2+3x)^2+2(x^2+3x)=(x^2+3x+1)^2-1$. 因为 $x^2+3x=\left(x+\dfrac{3}{2}\right)^2-\dfrac{9}{4}\geqslant -\dfrac{9}{4}$，所以当 $x^2+3x=-1$ 时，$f(x)$ 取得最小值 -1. 故选 A.

方法三　观察＋均值换元法

由题意，$f(x)=x(x+1)(x+2)(x+3)=x(x+3)(x+1)(x+2)=(x^2+3x)(x^2+3x+2)$．令 $t=x^2+3x+1$，由于 $x^2+3x+1=\left(x+\dfrac{3}{2}\right)^2-\dfrac{5}{4}\geqslant-\dfrac{5}{4}$，则 $t\geqslant-\dfrac{5}{4}$．原函数 $f(x)$ 为 $y=(t-1)(t+1)=t^2-1\left(t\geqslant-\dfrac{5}{4}\right)$，显然当 $t=0$ 时取得最小值 -1．故选 A．

3．有理化因式

【例9】 设 n 是正整数，当 $n>100$ 时，$\sqrt{n^2+3n+1}$ 的小数部分的前两位数是_____．

（2018 年陕西省预赛）

【解析】 因为 $\dfrac{1}{\sqrt{n^2+3n+1}-(n+1)}-2=\dfrac{\sqrt{n+3n+1}+(n+1)}{n}-2=\sqrt{\dfrac{1}{n^2}+\dfrac{3}{n}+1}-1+\dfrac{1}{n}>0$，当 $n>100$ 时，$\sqrt{\dfrac{1}{n^2}+\dfrac{3}{n}+1}-1+\dfrac{1}{n}<1+\dfrac{2}{n}-1+\dfrac{1}{n}=\dfrac{3}{n}<\dfrac{3}{101}<\dfrac{2}{49}$，故 $0.49<\sqrt{n^2+3n+1}-n-1<0.5$，则其小数部分的前两位数为 49．

【例10】 设 a,b,c 均为正数，且 a,b,c 成等差数列，判断 $\dfrac{1}{\sqrt{b}+\sqrt{c}},\dfrac{1}{\sqrt{c}+\sqrt{a}},\dfrac{1}{\sqrt{a}+\sqrt{b}}$ 是否成等差数列，并说明理由．

（2016 年北京大学优秀中学生暑期夏令营）

【解析】 由题意知 $a+c=2b$，从而 $b-a=c-b=\dfrac{1}{2}(c-a)$，所以 $\dfrac{1}{\sqrt{b}+\sqrt{c}}+\dfrac{1}{\sqrt{a}+\sqrt{b}}=\dfrac{\sqrt{c}-\sqrt{b}}{c-b}+\dfrac{\sqrt{b}-\sqrt{a}}{b-a}=\dfrac{\sqrt{c}-\sqrt{a}}{b-a}=\dfrac{\sqrt{c}-\sqrt{a}}{\dfrac{1}{2}(c-a)}=\dfrac{2}{\sqrt{c}+\sqrt{a}}$，从而知 $\dfrac{1}{\sqrt{c}+\sqrt{a}}$ 是 $\dfrac{1}{\sqrt{b}+\sqrt{c}}$ 与 $\dfrac{1}{\sqrt{a}+\sqrt{b}}$ 的等差中项，所以 $\dfrac{1}{\sqrt{b}+\sqrt{c}},\dfrac{1}{\sqrt{c}+\sqrt{a}},\dfrac{1}{\sqrt{a}+\sqrt{b}}$ 成等差数列．

二、一元 n 次方程根与系数的关系

法国数学家韦达最早发现了一元 n 次方程的根与系数之间的关系，这个关系被称为韦达定理．有趣的是，尽管韦达在 16 世纪就证明了这个定理，但证明该定理所依赖的代数基本定理直到 1799 年才由大数学家高斯实质性论证．韦达定理在方程论方面有着广泛的应用．

让我们先回顾一下一元二次方程韦达定理的推导过程：

一元二次方程 $ax^2+bx+c=0(a\neq0)$ 有两个根 x_1,x_2（可以是虚根），则该一元二次方程可设为 $ax^2+bx+c=a(x-x_1)(x-x_2)=ax^2-a(x_1+x_2)x+ax_1x_2$，比较两端的系数，不难得到 x_1+

$$x_2 = -\frac{b}{a}, x_1 x_2 = \frac{c}{a}.$$

类似上面的推导过程,我们也可得到一元三次方程的韦达定理:

一元三次方程 $ax^3 + bx^2 + cx + d = 0(a \neq 0)$ 有三个根 x_1, x_2, x_3(可以是虚根),则该一元三次方程可设为 $ax^3 + bx^2 + cx + d = a(x-x_1)(x-x_2)(x-x_3)$,展开,得

$$ax^3 + bx^2 + cx + d = a[x^3 - (x_1+x_2+x_3)x^2 + (x_1x_2+x_2x_3+x_3x_1)x - x_1x_2x_3].$$

比较两端的系数,即得
$$\begin{cases} x_1 + x_2 + x_3 = -\dfrac{b}{a} \\[2mm] x_1 x_2 + x_2 x_3 + x_3 x_1 = \dfrac{c}{a}. \\[2mm] x_1 x_2 x_3 = -\dfrac{d}{a} \end{cases}$$

类似上述方法,我们还可以推广到更一般的情形,在此不再赘述.

【例 11】 若实数 x, y 满足 $x - 4\sqrt{y} = 2\sqrt{x-y}$,则 x 的取值范围是 _____.

(2018 年浙江大学)

【解析】 根据题意,有 $x \geqslant y \geqslant 0$. 令 $t = \sqrt{y}$,则 $t \geqslant 0$,代入原式,得 $x - 4t = 2\sqrt{x-t^2}$($x \geqslant 4t, x \geqslant t^2$),两边平方,得 $x^2 - 8xt + 16t^2 = 4(x-t^2)$,整理得 $20t^2 - 8xt + x^2 - 4x = 0$($t \geqslant 0, x \geqslant 0$),而这个关于 $t(t \geqslant 0)$ 的一元二次方程无负数解,且由韦达定理,得 $t_1 + t_2 = \dfrac{2x}{5} \geqslant 0, t_1 \cdot t_2 = \dfrac{x^2-4x}{20} \geqslant 0$ 和 $\Delta = 64x^2 - 80(x^2-4x) \geqslant 0$ 解得 $x = 0$ 或 $4 \leqslant x \leqslant 20$,从而实数 x 的取值范围是 $\{0\} \bigcup [4,20]$.

【例 12】 已知 a, b, c 是三个不全相等的实数,且满足 $a = ab+c, b = bc+a, c = ca+b$,则 $a+b+c = $ _____.

(2021 年北京大学)

【解析】 方法一　利用根与系数的关系

由 $a = ab+c$,得 $c = a-ab$,代入 $b = bc+a$,解得 $a = \dfrac{b}{b-b^2+1}, c = \dfrac{b(1-b)}{b-b^2+1}$,代入 $c = ca+b$ 并整理,得 $b^3 - 3b^2 + 3 = 0$. 同理,可得 $a^3 - 3a^2 + 3 = 0, c^3 - 3c^2 + 3 = 0$. 所以 a, b, c 是三次方程 $x^3 - 3a^2 + 3 = 0$ 的三个不同的实数根. 由一元三次方程根与系的关系,可得 $a+b+c = 3$.

方法二　恒等变换

由 $a = ab+c, b = bc+a, c = ca+b$,可得 $ab+bc+ca = 0$. 又因为 $a^2 + b^2 + c^2 = (ab+c)^2 + (bc+a)^2 + (ca+b)^2$,所以 $a^2b^2 + b^2c^2 + c^2a^2 = -6abc$. 因为 $(ab+bc+ca)^2 = a^2b^2 + b^2c^2 + c^2a^2 + 2abc(a+b+c)$,由题意知 $abc \neq 0$,所以 $a+b+c = 3$.

方法三　恒等变形

由题意可知 $abc \neq 0$,又由于 $a = ab+c, b = bc+a, c = ca+b$,可得 $ab+bc+ca = 0$. 进而得 $\dfrac{1}{a} + $

$\dfrac{1}{b}+\dfrac{1}{c}=0$，所以 $\left(\dfrac{1}{a}+\dfrac{1}{b}\right)+\left(\dfrac{1}{b}+\dfrac{1}{c}\right)+\left(\dfrac{1}{c}+\dfrac{1}{a}\right)=0$，$\dfrac{b+a}{ab}+\dfrac{b+c}{bc}+\dfrac{a+c}{ac}=0$，进而有 $\dfrac{bc+a+ab+c}{ab}+$

$\dfrac{bc+a+ca+b}{bc}+\dfrac{ab+c+ca+b}{ac}=0$，整理得 $\dfrac{c}{a}+\dfrac{1}{b}+1+\dfrac{c}{ab}+1+\dfrac{a}{bc}+\dfrac{a}{b}+\dfrac{1}{c}+\dfrac{b}{c}+\dfrac{1}{a}+1+\dfrac{b}{ac}=0$，即

$3+\dfrac{a-ab}{a}+\dfrac{b-bc}{b}+\dfrac{c-ca}{c}+\dfrac{a-ab}{ab}+\dfrac{b-bc}{bc}+\dfrac{c-ca}{ca}=0$，所以 $a+b+c=3$．

【例 13】 设 a,b,c,d 是方程 $x^4+2x^3+3x^2+4x+5=0$ 的 4 个复根，则 $\dfrac{a-1}{a+2}+\dfrac{b-1}{b+2}+\dfrac{c-1}{c+2}+$

$\dfrac{d-1}{d+2}$ 的值为（　　）．

A. $-\dfrac{4}{3}$ 　　　　B. $-\dfrac{2}{3}$ 　　　　C. $\dfrac{2}{3}$ 　　　　D. 前三个答案都不对

（2020 年北京大学）

【解析】 由题意，可得 $s=a+b+c+d=-2$，$p=ab+ac+ad+bc+bd+cd=3$，

$q=abc+abd+acd+bcd=-4$，$r=-abcd=5$．设 $m=\dfrac{a-1}{a+2}+\dfrac{b-1}{b+2}+\dfrac{c-1}{c+2}+\dfrac{d-1}{d+2}$，

则 $m=4-3\left(\dfrac{1}{a+2}+\dfrac{1}{b+2}+\dfrac{1}{c+2}+\dfrac{1}{d+2}\right)$，而 $\dfrac{1}{a+2}+\dfrac{1}{b+2}+\dfrac{1}{c+2}+\dfrac{1}{d+2}=$

$$\dfrac{(b+2)(c+2)(d+2)+(a+2)(c+2)(d+2)+(a+2)(b+2)(d+2)+(a+2)(b+2)(c+2)}{(a+2)(b+2)(c+2)(d+2)}=$$

$\dfrac{q+32+12s+4p}{r+16+2q+4p+8s}=\dfrac{16}{9}$．故 $m=4-\dfrac{16}{3}=-\dfrac{4}{3}$，由此，故选 A．

【例 14】 已知实系数方程 $x^4+ax^3+bx^2+cx+d=0$ 的根都不是实数，其中两个根的和为 $2+i$，另两个根的积为 $5+6i$，则 $b=$（　　）．

A. 11 　　　　B. 13 　　　　C. 15 　　　　D. 前三个答案都不对

（2016 年北京大学）

【解析】 由于复根成对出现，可设四个复数为 $z,\bar{z},\omega,\bar{\omega}$，不妨设 $\begin{cases}z+\omega=2+i,\\ \bar{z}\cdot\bar{\omega}=5+6i,\end{cases}$ 从而 $\begin{cases}\bar{z}+\bar{\omega}=2-i,\\ z\cdot\omega=5-6i,\end{cases}$

从而由一元四次方程的韦达定理，得

$$b=z\cdot\bar{z}+z\cdot\omega+z\cdot\bar{\omega}+\bar{z}\cdot\omega+\bar{z}\cdot\bar{\omega}+\omega\cdot\bar{\omega}=(z+\omega)(\bar{z}+\bar{\omega})+z\cdot\omega+\bar{z}\cdot\bar{\omega}$$

$$=(2+i)(2-i)+(5+6i)+(5-6i)=15，从而选 C．$$

本题在得出 $\begin{cases}z+\omega=2+i,\\ \bar{z}\cdot\bar{\omega}=5+6i,\end{cases}$ 与 $\begin{cases}\bar{z}+\bar{\omega}=2-i,\\ z\cdot\omega=5-6i,\end{cases}$ 后，逆用韦达定理，z,ω 为方程 $x^2-(2+i)x+$

$(5-6i)=0$ 的两根，$\bar{z},\bar{\omega}$ 为方程 $x^2-(2-i)x+(5+6i)=0$ 的两根，由此可得到题中的方程为

$[x^2-(2+i)x+(5-6i)]\cdot[x^2-(2-i)x+(5+6i)]=0$，即 $x^4-4x^3+15x^2+12x+61=0$，对比

系数不难得到 $b=15$．从而选 C．

§1.3　技巧方程

方程是用来表示两个代数式(或数、函数、量、运算)之间相等关系的等式. 在中学课堂上,方程通常指含有未知数的等式,解方程则是求解未知数的过程. 解方程涉及三个问题:第一,所求方程有实数解还是有虚数解? 第二,如果所求方程具有实数解,那么有多少个实数解? 第三,所求方程的实数解或虚数解是什么?

中学课本已经提供了常规方程的成熟解法,在此不再赘述. 然而,在处理数学问题时,思路自然、解法优美、过程简洁是我们每一位解题者都应该追求的目标. 在本节中我们将从两个方面进行补充:一是对常规方程提供非常规的解法;二是对非常规的方程提供一些常规或非常规技巧. 总体目标是通过方法论来提高学生分析问题和解决问题的能力.

一、观察法

观察是发现问题的基础,任何问题的解决都离不开对问题的观察. 在处理方程问题时,我们首先需要直观地观察出需要解决的问题,然后再推理出相关结论.

【例 1】求方程 $|\sqrt{2}-x|=\sqrt{2-x^2}$ 的实根个数.

(2021 年上海交通大学)

【解析】**方法一　观察法**

观察方程两边,取 $x=0$ 与 $x=\sqrt{2}$ 时,上述方程成立,从而 $x=0$ 与 $x=\sqrt{2}$ 是上述方程的两个根.

方法二　直接求解法

首先,若使方程有意义,则 $-\sqrt{2}\leqslant x\leqslant\sqrt{2}$,从而原方程转化为 $\sqrt{2}-x=\sqrt{2-x^2}$,两边平方得 $(\sqrt{2}-x)^2=2-x^2$,展开得 $2-2\sqrt{2}x+x^2=2-x^2$,整理得 $x(x-\sqrt{2})=0$,进而解得 $x=0$ 或 $x=\sqrt{2}$. 故所求实根个数共有 2 个.

方法三　数形结合法

首先,若使方程有意义,则 $-\sqrt{2}\leqslant x\leqslant\sqrt{2}$. 从而原方程转化为 $\sqrt{2}-x=\sqrt{2-x^2}$.

我们在同一坐标系内作出 $y=\sqrt{2}-x$ 与 $y=\sqrt{2-x^2}$ 的图像,通过图像可以看出,该方程只有 $x=0$ 与 $x=\sqrt{2}$ 两个根.

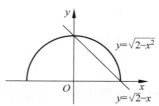

通过本例来看,观察法能够非常简捷地找到方程的根. 但是,利用观察法解方程的缺点是可能会漏掉一些根,不能确定是否找到了所有根. 在本例中,我们可以将原方程变为 $|\sqrt{2}-x|=\sqrt{(\sqrt{2}-x)(\sqrt{2}+x)}$,两边平方后得到 $(\sqrt{2}-x)^2=(\sqrt{2}-x)(\sqrt{2}+x)$,则该方程就转化为关于 $y=\sqrt{2}-x$ 的方程 $y^2=y(2\sqrt{2}-y)$,即 $y^2-\sqrt{2}\,y=0$ 有两个不同的实根. 当然,来确定本题具有两个实根的方法是多种多样的,我们也可以通过直接求解或利用数形结合的方法来说明具有两个实根.

二、配方法

配方法是解一元二次方程的一种方法. 配方法的作用主要有两种:一种是为了开方做准备,另一种是产生非负数. 我们可以利用现有的公式对某些类型的代数式直接配方,如 $a^2+2ab+b^2=(a+b)^2$,$a^2-2ab+b^2=(a-b)^2$,$a^2+b^2+c^2+2ab+2bc+2ca=(a+b+c)^2$ 等.

【例 2】 方程 $\sqrt[3]{15x+1-x^2}+\sqrt[3]{x^2-15x+27}=4$ 的实根个数是(　　).

A. 1　　　　　　　　B. 2　　　　　　　　C. 3　　　　　　　　D. 前三个答案都不对

(2018 年北京大学)

【解析】 方法一　换元法+配方法

令 $a=\sqrt[3]{15x+1-x^2}$,$b=\sqrt[3]{x^2-15x+27}$,从而可得 $a+b=4$. 由 $28=a^3+b^3=(a+b)(a^2+b^2-ab)=(a+b)[(a+b)^2-3ab]=4\times(16-3ab)$,可得 $ab=3$,从而 a,b 为方程 $t^2-4t+3=0$ 的两根,所以 $\begin{cases}a=1\\b=3\end{cases}$ 或 $\begin{cases}a=3\\b=1\end{cases}$. 若 $a=1$,$b=3$,则 $x^2-15x=0$,解得 $x=0$ 或 $x=15$;若 $a=3$,$b=1$,则 $x^2-15x+26=0$,解得 $x=2$ 或 $x=13$. 从而方程实根的个数为 4,故选 D.

本题在解决的过程中逆用了韦达定理:若两个数 a,b 满足 $a+b=p$,$ab=q$,则 a,b 为一元二次方程 $t^2-pt+q=0$ 的两个根.

另外,本题的解法非常多,借助对称引参也不失为一种好方法.

方法二　换元法+对称引参法

令 $\sqrt[3]{15x+1-x^2}=2-t$,$\sqrt[3]{x^2-15x+27}=2+t$,则 $28=(2-t)^3+(2+t)^3$,解得 $t=1$ 或 $t=-1$.

当 $t=1$ 时,解得 $x=0$ 或 $x=15$;

当 $t=-1$ 时,解得 $x=2$ 或 $x=13$. 从而方程实根的个数为 4,故选 D.

三、换元法

解方程中的换元技巧,具有消元、降次、有理化和整式化等多种功能.

【例3】 已知 $\sqrt{1-x^2}=4x^3-3x$，则该方程所有实根个数与所有实根乘积的比值是 _____.

（2022 年北京大学）

【解析】 令 $x=\cos\theta(\theta\in[0,\pi])$，则 $\sqrt{1-\cos^2\theta}=4\cos^3\theta-3\cos\theta$，从而 $\sin\theta=4\cos^3\theta-3\cos\theta=\cos 3\theta$，$\cos\left(\dfrac{\pi}{2}-\theta\right)=\cos 3\theta$. 由 $\dfrac{\pi}{2}-\theta\in\left[-\dfrac{\pi}{2},\dfrac{\pi}{2}\right]$，$3\theta\in[0,3\pi]$，可得 $3\theta=\dfrac{\pi}{2}-\theta$ 或 $3\theta=\dfrac{\pi}{2}-\theta+2\pi$ 或 $3\theta=-\left(\dfrac{\pi}{2}-\theta\right)$. 解得 $\theta=\dfrac{\pi}{8}$ 或 $\theta=\dfrac{5\pi}{8}$ 或 $\theta=\dfrac{3\pi}{4}$ 或 $\theta=-\dfrac{\pi}{4}$（舍）. 因此，方程的全部解为 $x=\cos\dfrac{\pi}{8}$ 或 $x=\cos\dfrac{5\pi}{8}$ 或 $x=\cos\dfrac{3\pi}{4}$. 由题意知所求值为 $\dfrac{3}{\cos\dfrac{\pi}{8}\cos\dfrac{5\pi}{8}\cos\dfrac{3\pi}{4}}=\dfrac{3}{-\cos\dfrac{\pi}{8}\sin\dfrac{\pi}{4}\cos\dfrac{3\pi}{4}}=\dfrac{6}{\sin\dfrac{\pi}{4}\cos\dfrac{\pi}{4}}=\dfrac{12}{\sin\dfrac{\pi}{2}}=12.$

由此题的结构形式，不难想到三倍角公式 $\cos 3\theta=4\cos^3\theta-3\cos\theta$，继而联想到三角代换. 在 2022 年北京大学的强基计划中，还有一道类似的试题：

【例4】 已知实数 x,y 满足 $(4x^3-3x)^2+(4y^3-3y)^2=1$，求 $x+y$ 的最大值.

（2022 年北京大学）

【解析】 *方法一　三角换元法*

令 $x=\cos\alpha,y=\cos\beta$. 由题干知可得 $\cos^2 3\alpha+\cos^2 3\beta=1$，从而 $\cos^2 3\alpha=1-\cos^2 3\beta=\sin^2 3\beta$. 从而 $\dfrac{1+\cos 6\alpha}{2}=\dfrac{1-\cos 6\beta}{2}$，所以 $\cos 6\alpha=-\cos 6\beta=\cos(\pi\pm 6\beta)$，从而 $6\alpha\pm 6\beta=\pi$，即 $\alpha\pm\beta=\dfrac{\pi}{6}$. 不妨取 $\alpha+\beta=\dfrac{\pi}{6}$（$\alpha-\beta=\dfrac{\pi}{6}$ 的情况可同理）. 可令 $\alpha=\dfrac{\pi}{12}+\theta,\beta=\dfrac{\pi}{12}-\theta$，则 $x+y=\cos\alpha+\cos\beta=\cos\left(\dfrac{\pi}{12}+\theta\right)+\cos\left(\dfrac{\pi}{12}-\theta\right)=2\cos\dfrac{\pi}{12}\cos\theta\leqslant 2\cos\dfrac{\pi}{12}=\dfrac{\sqrt{6}+\sqrt{2}}{2}$. 所以 $x+y$ 的最大值为 $\dfrac{\sqrt{6}+\sqrt{2}}{2}$.

方法二　函数观点

不妨设 $x>0,y>0$，易得 $0<x<1,0<y<1$. 记 $f(x)=4x^3-3x\left(x>0,t=\dfrac{x+y}{2}>0\right)$，则 $f'(x)=12x^2-3,f''(x)=24x>0$，故 $f(x)$ 在 $(0,+\infty)$ 上是下凸函数，由幂平均不等式和琴生不等式，知

$$1=(4x^3-3x)^2+(4y^3-3y)^2\geqslant\dfrac{1}{2}[(4x^3-3x)+(4y^3-3y)]^2$$

$$=\dfrac{1}{2}[f(x)+f(y)]^2\geqslant\dfrac{1}{2}\left[2f\left(\dfrac{x+y}{2}\right)\right]^2$$

$$=2f^2\left(\dfrac{x+y}{2}\right)=2\left[4\left(\dfrac{x+y}{2}\right)^3-3\left(\dfrac{x+y}{2}\right)\right]^2,$$

即 $4\left(\dfrac{x+y}{2}\right)^3-3\left(\dfrac{x+y}{2}\right)\leqslant\dfrac{\sqrt{2}}{2}$，从而 $2(2t)^3-6(2t)-(\sqrt{2})^3\leqslant0$，即 $(4t^2-2\sqrt{2}\,t-1)(2t+\sqrt{2})\leqslant0$，从而

$4t^2-2\sqrt{2}\,t-1\leqslant0$，即 $\left(2t-\dfrac{\sqrt{2}}{2}\right)^2\leqslant\dfrac{3}{2}$，从而有 $-\dfrac{\sqrt{6}}{2}\leqslant2t-\dfrac{\sqrt{2}}{2}\leqslant\dfrac{\sqrt{6}}{2}$，即 $\dfrac{\sqrt{2}-\sqrt{6}}{2}\leqslant2t\leqslant\dfrac{\sqrt{2}+\sqrt{6}}{2}$，所以

$\dfrac{\sqrt{2}-\sqrt{6}}{2}\leqslant x+y\leqslant\dfrac{\sqrt{2}+\sqrt{6}}{2}$，故 $x+y$ 的最大值为 $\dfrac{\sqrt{2}+\sqrt{6}}{2}$.

> 方法二是一种通用方法，而且可以推广到更加一般的情况：
>
> 已知实数 $x_1,x_2,\cdots,x_n(n\in\mathbf{N}^*,n\geqslant2)$，满足 $\displaystyle\sum_{i=1}^{n}(4x_i^3-3x_i)^2=1$，求 $\displaystyle\sum_{i=1}^{n}x_i$ 的最大值.
>
> 证明：易知 $-1\leqslant x_i\leqslant1$，由对称性，不妨设 $0<x_i<1$. 记 $f(x)=4x^3-3x\left(x>0,t=\dfrac{\displaystyle\sum_{i=1}^{n}x_i}{n}\right)$，则 $f'(x)=12x^2-3,f''(x)=24x>0$，故 $f(x)$ 在 $(0,+\infty)$ 上是下凸函数，由幂平均不等式和琴生不等式，知
>
> $$1=\sum_{i=1}^{n}(4x_i^3-3x_i)^2\geqslant\dfrac{1}{n}\left[\sum_{i=1}^{n}(4x_i^3-3x_i)\right]^2$$
>
> $$=\dfrac{1}{n}\left[\sum_{i=1}^{n}f(x_i)\right]^2=\dfrac{1}{n}\left[nf\left(\dfrac{\displaystyle\sum_{i=1}^{n}x_i}{n}\right)\right]^2=nf^2\left(\dfrac{\displaystyle\sum_{i=1}^{n}x_i}{n}\right)$$
>
> $$=n\left[4\left(\dfrac{\displaystyle\sum_{i=1}^{n}x_i}{n}\right)^3-3\left(\dfrac{\displaystyle\sum_{i=1}^{n}x_i}{n}\right)\right]^2=n(4t^3-3t)^2，则\ n(4t^3-3t)^2\leqslant1，即\ 4t^3-3t\leqslant\dfrac{1}{\sqrt{n}}，$$
>
> 解得 $t\leqslant\dfrac{\sqrt[3]{k+\sqrt{k^2-1}}}{2}+\dfrac{1}{2\sqrt[3]{k+\sqrt{k^2-1}}}$，其中 $k=\dfrac{1}{\sqrt{n}}$. 故 $\displaystyle\sum_{i=1}^{n}x_i$ 的最大值为 $\dfrac{\sqrt[3]{k+\sqrt{k^2-1}}}{2}+$
>
> $\dfrac{1}{2\sqrt[3]{k+\sqrt{k^2-1}}}$，其中 $k=\dfrac{1}{\sqrt{n}}$.

四、利用根与系数的关系

韦达定理往往是解决一元多次方程问题的重要突破口，它描述了一元多次方程的根与系数的关系.

【例5】设 $a\in\mathbf{R}$，关于 x 的方程 $x^4-(4a-50)x^2+a^2=0$ 有四个实数解，且成等差数列，则 $a=$ _____.

（2021 年中国科学技术大学）

【解析】 *方法一 根与系数的关系*

设 x_1, x_2, x_3, x_4 是关于 x 的方程 $x^4 - (4a - 50)x^2 + a^2 = 0$ 的四个依次成等差数列的解,根据一元四次方程根与系数的关系,得

$$\begin{cases} x_1 + x_2 + x_3 + x_4 = 0 & ① \\ x_1x_2 + x_1x_3 + x_1x_4 + x_2x_3 + x_2x_4 + x_3x_4 = -(4a - 50) & ② \\ x_1x_2x_3 + x_1x_2x_4 + x_1x_2x_4 + x_2x_3x_4 = 0 & ③ \\ x_1x_2x_3x_4 = a^2 & ④ \end{cases}.$$

设数列 x_1, x_2, x_3, x_4 的公差为 d,则由①式可得 $4x_1 + 6d = 0$,从而 $d = -\dfrac{2}{3}x_1$,所以 $x_2 = \dfrac{1}{3}x_1$,

$x_3 = -\dfrac{1}{3}x_1$,$x_4 = -x_1$. 代入③式,得 $x_1^2 = \dfrac{9}{5}(2a - 25)$,记为⑤.

由④式知 $a^2 = x_1x_2x_3x_4 = \dfrac{1}{9}x_1^4 = \dfrac{1}{9} \times \left[\dfrac{9}{5}(2a - 25)\right]^2$,整理得 $11a^2 - 900a + 9 \times 625 = 0$,即

$(11a - 75)(a - 75) = 0$,解得 $a = \dfrac{75}{11}$ 或 $a = 75$. 当 $a = \dfrac{75}{11}$ 时,代入⑤式得 $x_1^2 = -\dfrac{9}{11} \times 25 < 0$,不符合题

意;当 $a = 75$ 时,满足题意. 从而 $a = 75$.

> 本题根据一元四次方程根与系数的关系,直接利用韦达定理求解. 但观察本题的结构,可知四个实根 x_1, x_2, x_3, x_4 满足 x_1 与 x_4,x_2 与 x_3 互为相反数. 为此,我们也可以提供下列解法:

方法二 对称性 + 韦达定理

因为关于 x 的方程 $x^4 - (4a - 50)x^2 + a^2 = 0$ 有四个实数解,所以关于 t 的方程 $t^2 - (4a - 50)t +$

$a^2 = 0$ 有两个不等实根,从而 $\Delta = (4a - 50)^2 - 4a^2 > 0$,即 $3a^2 - 100a + 625 > 0$,解得 $a > 25$ 或 $a < \dfrac{25}{3}$.

设 $t_1 = x_1^2, t_2 = x_2^2$,从而四个实根分别为 $x_1, x_2, -x_2, -x_1$. 由一元二次方程根与系数的关系,可知

$\begin{cases} t_1 + t_2 = 4a - 50 \\ t_1 \cdot t_2 = a^2 \end{cases}$,即 $\begin{cases} x_1^2 + x_2^2 = 4a - 50 \\ x_1^2 x_2^2 = a^2 \end{cases}$. 又由 $x_1, x_2, -x_2, -x_1$ 成等差数列,所以公差 $d = x_2 -$

$x_1 = -x_2 - x_2$,从而 $x_1 = 3x_2$. 代入上式,可得 $\begin{cases} 10x_2^2 = 4a - 50 \\ 9x_2^4 = a^2 \end{cases}$,消去 x_2 得 $9\left(\dfrac{2a - 25}{5}\right)^2 = a^2$,整理得

$11a^2 - 900a + 9 \times 625 = 0$,即 $(11a - 75)(a - 75) = 0$,解得 $a = \dfrac{75}{11}$ 或 $a = 75$. 由 $a > 25$ 可知 $a = 75$.

五、技巧方程组

方程组的求解主要依靠消元,但有时根据题目的结构特点和几何意义,可以通过构造相应的几何图形来解决问题. 这种构造方法往往让人耳目一新.

【例 6】 如果 $x^2+y^2=y^2+z^2+yz=z^2+x^2+\sqrt{3}zx=16$，则 $2xy+xz+\sqrt{3}yz=$ _____.

（2021 年中国科学技术大学）

【解析】 原方程组可改为 $\begin{cases} x^2+y^2-2xy\cos\dfrac{\pi}{2}=16 \\[2mm] y^2+z^2-2yz\cos\dfrac{2\pi}{3}=16. \\[2mm] z^2+x^2-2zx\cos\dfrac{5\pi}{6}=16 \end{cases}$

如图所示，构造边长为 4 的正 $\triangle ABC$，设 $OA=x$，$OB=y$，$OC=z$，且 $\angle AOB=\dfrac{\pi}{2}$，$\angle BOC=\dfrac{2\pi}{3}$，

$\angle COA=\dfrac{5\pi}{6}$. 从而 $2xy+xz+\sqrt{3}yz=4\times\left(\dfrac{1}{2}xy\sin\dfrac{\pi}{2}+\dfrac{1}{2}xz\sin\dfrac{5\pi}{6}+\dfrac{1}{2}yz\sin\dfrac{2\pi}{3}\right)=4\,(S_{\triangle AOB}+$

$S_{\triangle BOC}+S_{AOC})=4S_{\triangle ABC}=4\times\dfrac{1}{2}\times4\times4\times\sin\dfrac{\pi}{3}=16\sqrt{3}$.

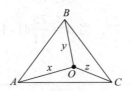

　　本题通过分析代数式的结构，考虑其几何意义，借助余弦定理构造出正 $\triangle ABC$，然后得出结果. 根据此代数式的几何意义，我们甚至可以将未知数 x,y,z 解出来，方法如下所示：

　　设 $\angle ABO=\theta$，则在 $\triangle ABO$ 中运用正弦定理可得 $\dfrac{4}{\sin\dfrac{\pi}{2}}=\dfrac{x}{\sin\theta}=\dfrac{y}{\sin\left(\dfrac{\pi}{2}-\theta\right)}$，即 $4=\dfrac{x}{\sin\theta}=$

$\dfrac{y}{\cos\theta}$，从而 $x=4\sin\theta$，$y=4\cos\theta$（记为①）. 因为 $\triangle ABC$ 为正三角形，所以 $\angle ABC=\dfrac{\pi}{3}$，从而

$\angle CBO=\dfrac{\pi}{3}-\theta$，由 $\angle BOC=\dfrac{2\pi}{3}$，可得 $\angle BCO=\theta$. 在 $\triangle BOC$ 中，由正弦定理，得 $\dfrac{4}{\sin\dfrac{2\pi}{3}}=\dfrac{y}{\sin\theta}=$

$\dfrac{z}{\sin\left(\dfrac{\pi}{3}-\theta\right)}$，所以 $y=\dfrac{8}{\sqrt{3}}\sin\theta$（记为②）.

　　由①②可得 $\dfrac{2}{\sqrt{3}}\sin\theta=\cos\theta$. 又因为 $\sin^2\theta+\cos^2\theta=1$，从而 $\sin^2\theta=\dfrac{3}{7}$，$\cos^2\theta=\dfrac{4}{7}$，解得 $\sin\theta=$

$\dfrac{\sqrt{21}}{7}$，$\cos\theta=\dfrac{2\sqrt{7}}{7}$，从而 $x=\dfrac{4\sqrt{21}}{7}$，$y=\dfrac{8\sqrt{7}}{7}$.

　　故 $z=y\cdot\dfrac{\sin\left(\dfrac{\pi}{3}-\theta\right)}{\sin\theta}=y\cdot\dfrac{\sin\dfrac{\pi}{3}\cos\theta-\cos\dfrac{\pi}{3}\sin\theta}{\sin\theta}=y\left(\dfrac{\sqrt{3}}{2}\cdot\dfrac{\cos\theta}{\sin\theta}-\dfrac{1}{2}\right)=\dfrac{1}{2}y=\dfrac{4\sqrt{7}}{7}$.

六、不定方程

不定方程是指解的范围为整数、正整数、有理数或代数整数等的方程或方程组. 一般来说,不定方程未知数的个数多于方程的个数. 古希腊数学家丢番图在 3 世纪初就研究过若干此类方程,所以不定方程又称为丢番图方程. 常见的不定方程问题可分为以下四类.

（1）求不定方程的解；

（2）判断不定方程是否有解；

（3）确定不定方程解的个数；

（4）确定不定方程的整数解.

不定方程问题的常用解法如下.

（1）代数恒等变形法：如因式分解、配方和换元等；

（2）不等式估算法：利用不等式方法,确定方程中某些变量的范围,进而求解；

（3）同余法：对等式的两边取特殊的模（如奇偶分析）,缩小变量的范围或性质,得出不定方程的整数解或判定其无解.

【例 7】 方程 $\left[\dfrac{x}{2}\right]+\left[\dfrac{x}{3}\right]+\left[\dfrac{x}{5}\right]=x$ 有多少组解？

（2021 年清华大学、2022 年上海交通大学）

【解析】 由 $x=\left[\dfrac{x}{2}\right]+\left[\dfrac{x}{3}\right]+\left[\dfrac{x}{5}\right]\leqslant\dfrac{x}{2}+\dfrac{x}{3}+\dfrac{x}{5}=\dfrac{31}{30}x$,可得 $x\geqslant0$,且 $x\in\mathbf{Z}$. 设 $x=30k+m$,则有 $30k+m=\left[15k+\dfrac{m}{2}\right]+\left[10k+\dfrac{m}{3}\right]+\left[6k+\dfrac{m}{5}\right]=31k+\left[\dfrac{m}{2}\right]+\left[\dfrac{m}{3}\right]+\left[\dfrac{m}{5}\right]$,从而 $k=m-\left(\left[\dfrac{m}{2}\right]+\left[\dfrac{m}{3}\right]+\left[\dfrac{m}{5}\right]\right)$,其中 $m\in\{0,1,2,\cdots,29\}$,$k\in\mathbf{N}$. 代入可得 x 有 30 个不同的取值,故满足条件的方程的解有 30 组.

其实,本题可计算出 x 的取值集合为 $\{0,6,10,12,15,16,18,20,21,22,24,25,26,27,28,31,$ $32,33,34,35,37,38,39,41,43,44,47,49,53,59\}$,共 30 个不同的值.

【例 8】 方程 $x_1+x_2+x_3+3x_4+3x_5+5x_6=7$ 的非负整数解个数为_____.

（2022 年南京大学）

【解析】 由 $x_i\in\mathbf{N}$,可得 $x_1+x_2+x_3+3x_4+3x_5+5x_6=7\geqslant5x_6$,从而 $x_6\leqslant\dfrac{7}{5}$,所以 x_6 可取 0 或 1.

若 $x_6=1$,则 $x_1+x_2+x_3+3(x_4+x_5)=2\geqslant3(x_4+x_5)$,所以 $x_4+x_5\leqslant\dfrac{2}{3}$,从而 $x_4+x_5=0$,故 $x_4=x_5=0$,所以 $x_1+x_2+x_3=2$. 由挡板法可知,共有 $C_4^2=6$ 个非负整数解.

若 $x_6=0$,则 $x_1+x_2+x_3+3x_4+3x_5=7\geqslant 3(x_4+x_5)$,所以 $x_4+x_5\leqslant\dfrac{7}{3}$,从而 x_4+x_5 的值可以取 $0,1,2$.

(1) 若 $x_4+x_5=0$,则 $x_4=x_5=0$,此时 $x_1+x_2+x_3=7$,由挡板法知共有 $C_9^2=36$ 个解;

(2) 若 $x_4+x_5=1$,首先由挡板法知 (x_4,x_5) 的取法有 C_2^1 种,其次由 $x_1+x_2+x_3=4$,结合挡板法知 (x_1,x_2,x_3) 有 C_6^2 种,所以共有 $C_2^1\times C_6^2=30$ 个解;

(3) 若 $x_4+x_5=2$,首先由挡板法知 (x_4,x_5) 的取法有 C_3^1 种,其次由 $x_1+x_2+x_3=1$,结合挡板法知 (x_1,x_2,x_3) 有 C_3^1 种,所以共有 $C_3^1\times C_3^1=9$ 个解.

综上所述,方程 $x_1+x_2+x_3+3x_4+3x_5+5x_6=7$ 的非负整数解个数为 $6+36+30+9=81$.

【例 9】 满足 $y^2=x^4+2x^3+x^2-11x+11$ 的整数解 (x,y) 有多少组?

(2022 年北京大学寒假学堂)

【解析】 由 $y^2=x^2(x+1)^2+11(1-x)$,可知 $[x(x+1)+y][x(x+1)-y]=11(x-1)$.

当 $x\geqslant 11$ 时,如果 $y\geqslant 0$,则 $x(x+1)+y\geqslant x(x+1)\geqslant 11(x+1)>11(x-1)$,矛盾;

同理当 $y<0$ 时,$x(x+1)-y>x(x+1)\geqslant 11(x+1)>11(x-1)$,矛盾.

综上所述,$x<11$.

(1) 先考虑 $0\leqslant x\leqslant 10$ 的情形.

当 $x=1$ 时,$y=\pm 2$;当 $x\neq 1$ 时,因为 $x(x+1)>x-1$,所以 $x(x+1)+y=11(x-1)$ 或 $x(x+1)+y=11$,即 $\begin{cases}x(x+1)+y=11(x-1)\\x^2+x-y=1\end{cases}$ 或 $\begin{cases}x(x+1)+y=11\\x^2+x-y=x-1\end{cases}$,解得 $\begin{cases}x=2\\y=\pm 5\end{cases}$.

(2) 再考虑 $x<0$ 的情形.

由 $x(x+1)>0$,$x-1<0$,可得 $x(x+1)+y>1-x$,即 $(x+1)^2+y-2>0$. 当 $y\geqslant 2$ 时,$x^2+x+y>1-x$,所以 $\begin{cases}x^2+x+y=11(1-x)\\x^2+x-y=-1\end{cases}$ 或 $\begin{cases}x^2+x+y=11\\x^2+x-y=x-1\end{cases}$,解得 $\begin{cases}x=2\\y=5\end{cases}$,不合题意,舍去;当 $y=0$ 时,则 $[x(x+1)]^2=11(x-1)<0$,矛盾;当 $y=1$ 时,则 $[x(x+1)]^2-1=11(x-1)$,$x^2+x\geqslant 1$,从而 $[x(x+1)]^2-1\geqslant 0$,而 $11(x-1)<0$,矛盾. 又因为 $x=-1$,所以原方程不成立.

综上所述,原方程的整数解为 $(1,\pm 2)$,$(2,\pm 5)$,共 4 组.

七、杂例

【例 10】 已知 $a,b,c\in\mathbf{R}$,且 $a+bc=b+ac=c+ba=1$,则(　　).

A. $a=b=c$

B. a,b,c 不全相等

C. (a,b,c) 有 2 组

D. (a,b,c) 有 5 组

(2021 年清华大学自强计划)

【解析】 由于 $a=1-bc$,所以 $b+c(1-bc)=1$,即 $b+c-bc^2=1$,整理得 $b(c^2-1)=c-1$,所以

$c-1=0$ 或 $b(c+1)=1$.

若 $c=1$,则 $a=1-b$,又因为 $c+ba=1$,从而 $ba=0$,所以 $\begin{cases} a=1 \\ b=0 \end{cases}$ 或 $\begin{cases} a=0 \\ b=1 \end{cases}$;

若 $b(c+1)=1$,则 $bc=1-b$,所以 $a=1-(1-b)$,从而可得 $a=b$.

又因为 $c+ba=1$,从而可得 $c+\dfrac{1}{(c+1)^2}=1$,即 $\dfrac{1}{(c+1)^2}=1-c$,进而可得 $1=(1-c^2)(1+c)=1+c-c^2-c^3$,所以 $c(1-c-c^2)=0$,解得 $c=0$ 或 $1-c-c^2=0$.

(1) 若 $c=0$,则可得 $b=a=1$;

(2) 若 $1-c-c^2=0$,解得 $c=\dfrac{-1\pm\sqrt{5}}{2}$,进而得 $a=b=\dfrac{-1+\sqrt{5}}{2}$.

综上所述,(a,b,c) 有 $(1,0,1)$,$(0,1,1)$,$\left(\dfrac{-1+\sqrt{5}}{2},\dfrac{-1+\sqrt{5}}{2},\dfrac{-1+\sqrt{5}}{2}\right)$,$\left(\dfrac{-1-\sqrt{5}}{2},\dfrac{-1-\sqrt{5}}{2},\dfrac{-1-\sqrt{5}}{2}\right)$,$(1,1,0)$ 共 5 组. 故选 D.

§1.4　多项式

多项式理论是代数学的重要组成部分,其理论与方法对现代数学均产生了重要影响. 与多项式相关的问题涉及较为广泛,不仅包括函数、方程、不等式等代数领域,还涉及几何、数论等内容.

一、关于多项式的基本概念

1. 多项式的概念

形如 $f(x)=a_nx^n+a_{n-1}x^{n-1}+\cdots+a_1x+a_0(a_n\neq0)$ 的表达式称为关于 x 的一元 n 次多项式. 其中,非负整数 n 称为 $f(x)$ 的次数,记作 $\deg f$.

当系数 $a_i(i=0,1,2,\cdots,n)$ 分别取整数、有理数、实数和复数时,多项式 $f(x)$ 依次称为整系数、有理系数、实系数和复系数多项式. 对于两个多项式 $f(x)=\sum_{i=0}^{n}a_ix^i$,$g(x)=\sum_{j=0}^{m}b_jx^j$,有 $\deg(f+g)\leqslant\max\{\deg f,\deg g\}$,$\deg(fg)\leqslant\deg f+\deg g$.

【例 1】若多项式 $f(x)$ 的各项系数都是非负数,且 $f(1)=f'(1)=f''(1)=f'''(1)=1$,则 $f(x)$ 有常数项的最小值是(　　).

A. $\dfrac{1}{2}$　　　　　　B. $\dfrac{1}{3}$　　　　　　C. $\dfrac{1}{4}$　　　　　　D. $\dfrac{1}{5}$

【解析】不妨设 $f(x) = \sum_{k=0}^{n} a_k x^k$，然后根据题目要求进行求导，得

$$1 = f(1) = \sum_{k=0}^{n} a_k,$$

$$1 = f'(1) = \sum_{k=1}^{n} k a_k,$$

$$1 = f''(1) = \sum_{k=2}^{n} k(k-1) a_k,$$

$$1 = f'''(1) = \sum_{k=3}^{n} k(k-1)(k-2) a_k.$$

求常数项 a_0 的取值范围，即结合上述四个代数式进行消元，通过减少未知数来达到求出最终取值范围的目的. 观察到相邻两个代数式作差都可以达到消元的目的，因此，我们可以进一步得到

$$a_0 = \sum_{k=2}^{n} (k-1) a_k,$$

$$a_1 = \sum_{k=3}^{n} k(k-2) a_k,$$

$$a_2 = \frac{1}{2} \sum_{k=4}^{n} k(k-1)(k-3) a_k.$$

这里，观察到我们如果把第三个代数式的 a_2 代入第一个代数式，就可以成功在 a_0 的表达式中消去 a_1, a_2，即 $a_0 = 2a_3 + \sum_{k=4}^{n} \frac{(k-1)^2(k-2)}{2} a_k.$

同时观察原始的四个代数式中有 $f'''(1) = 1$，即 $1 = 6a_3 + \sum_{k=4}^{n} k(k-1)(k-2) a_k$，其中也不包含 a_1, a_2，从而有 $3 \times 2a_3 = 6a_3$ 以及 $3 \sum_{k=4}^{n} \frac{(k-1)^2(k-2)}{2} a_k \geq \sum_{k=4}^{n} k(k-1)(k-2) a_k$，因此可得 $a_0 \geq \frac{1}{3}$，从而选 B.

> 在进行不等式放缩时，最重要的一步就是验证其等号是否成立，而其等号成立的条件，也恰恰就是本题的高等数学背景，即多项式 $f(x)$ 在 $x=1$ 处的泰勒展开式的前 4 项 $f(x) = 1 + (x-1) + \frac{(x-1)^2}{2} + \frac{(x-1)^3}{6}$. 对于大多数学生不习惯用 "$\sum$" 符号，因此我们给出本题的一般写法：
>
> 设 $\deg f = n$，则 $n \geq 3$（否则，若 $n < 3$，则 $f'''(x) = 0$ 与 $f'''(1) = 1$ 矛盾）.
>
> 由 $f(1) = f'(1) = f''(1) = f'''(1) = 1$，易知 $f(x) = 1 + (x-1) + \frac{1}{2}(x-1)^2 + \frac{1}{6}(x-1)^2$ 满足题设条件，此时 $f(x)$ 的常数项为 $\frac{1}{3}$.
>
> 设多项式 $f(x) = a_n x^n + a_{n-1} x^{n-1} + \cdots + a_1 x + a_0 (n \geq 3)$，可得

$$f(1) = a_n + a_{n-1} + \cdots + a_1 + a_0 = 1,$$

$$f'(1) = na_n + (n-1)a_{n-1} + \cdots + 2a_2 + a_1 = 1,$$

$$f''(1) = n(n-1)a_n + (n-1)(n-2)a_{n-1} + \cdots + 2 \times 1 a_2 = 1,$$

$$f'''(1) = n(n-1)(n-2)a_n + (n-1)(n-2)(n-3)a_{n-1} + \cdots + 3 \times 2 \times 1 \times a_3 = 1,$$

依次用后一个代数式减去前一个代数式,得 $a_0 = (n-1)a_n + (n-2)a_{n-1} + \cdots + a_2$,

$$a_1 = n(n-2)a_n + (n-1)(n-3)a_{n-1} + \cdots + 3 \times 1 a_3,$$

$$a_2 = \frac{1}{2}n(n-1)(n-3)a_n + \frac{1}{2}(n-1)(n-2)(n-4)a_{n-1} + \cdots + \frac{1}{2} \times 4 \times 3 \times 1 \times a_4,$$

把第三个代数式代入第一式,可得 $a_0 = \frac{(n-1)^2(n-2)}{2}a_n + \frac{(n-2)^2(n-3)}{2}a_{n-1} + \cdots + \frac{2^2 \times 1}{2}a_3$,

由 $n \geqslant 3$,可得 $\frac{(n-1)^2(n-2)}{2} \geqslant \frac{n(n-1)(n-2)}{3}$,所以多项式 $f(x)$ 的各项系数都是非负数,即

$$a_0 \geqslant \frac{1}{3}f'''(1) = \frac{1}{3}.$$

综上所述,$f(x)$ 的常数项的最小值为 $\frac{1}{3}$,故选 B.

2. 多项式的四则运算

设多项式 $f(x) = a_n x^n + a_{n-1}x^{n-1} + \cdots + a_1 x + a_0$,$g(x) = b_m x^m + b_{m-1}x^{m-1} + \cdots + b_1 x + b_0$.

（1）多项式的加减法

两多项式相加减是指将它们的同次项系数相加减,即 $f(x) \pm g(x) = (a_0 \pm b_0) + (a_1 \pm b_1)x + \cdots$.

（2）多项式相乘

$f(x)g(x)$ 去括号并合并同类项得到 $f(x)g(x) = c_{n+m}x^{n+m} + c_{n+m-1}x^{n+m-1} + \cdots + c_1 x + c_0$,其中 i 次项的系数为 $c_i = \sum_{j=0}^{i} a_j b_{i-j} = a_0 b_i + a_1 b_{i-1} + \cdots + a_{i-1}b_1 + a_i b_0$.

（3）多项式的除法

当 $g(x) \neq 0$ 时,可以用 $f(x)$ 除以 $g(x)$,得到唯一的商式 $q(x)$ 和余式 $r(x)$,使得 $f(x) = q(x)g(x) + r(x)$. 当 $r(x) = 0$ 时,称 $g(x)$ 整除 $f(x)$,记为 $g(x) \mid f(x)$.

【例2】已知多项式 $f(x)$,$g(x)$,则命题 p:"$f(x)$ 是 $g(x)$ 的因式"是命题 q:"$f(f(x))$ 是 $g(g(x))$ 因子"的（　　　）条件.

A. 充分不必要　　　　B. 必要不充分　　　　C. 充分且必要　　　　D. 既不充分也不必要

（2022年上海交通大学）

【解析】我们可以通过举实例的情况来说明:

若 $f(x) = x - 1$,$g(x) = x(x-1)$,则 $f(f(x)) = x - 2$,$g(g(x)) = x(x-1)(x^2 - x - 1)$,此时

$f(x)$ 是 $g(x)$ 的因式,但 $f(f(x))$ 不是 $g(g(x))$ 的因子,所以命题 p 不是命题 q 的充分条件;

若 $f(x)=x+\dfrac{1}{2}$,$g(x)=x(x+1)$,则 $f(f(x))=x+1$,$g(g(x))=x(x+1)(x^2+x+1)$,此时 $f(f(x))$ 是 $g(g(x))$ 的因式,但 $f(x)$ 不是 $g(x)$ 的因子,所以命题 p 不是命题 q 的必要条件.

综上所述,命题 p 既不是命题 q 的充分条件,也不是必要条件,从而选 D.

二、关于多项式的常用定理

1. 多项式恒等定理

两个多项式 $f(x)=a_nx^n+a_{n-1}x^{n-1}+\cdots+a_1x+a_0$,$g(x)=b_mx^m+b_{m-1}x^{m-1}+\cdots+b_1x+b_0$ 恒等的充要条件是 $n=m$ 且 $a_k=b_k(k=0,1,2,\cdots,n)$.

如果有 $n+1$ 个不同的 x 值,使得 n 次多项式 $f(x)$ 与 $g(x)$ 的值相等,则 $f(x)\equiv g(x)$.

2. 带余除法

对于给定的多项式 $f(x)$,$g(x)$,其中 $g(x)\neq 0$,存在唯一的多项式 $q(x)$ 及 $r(x)$,使得 $f(x)=g(x)q(x)+r(x)$,其中 $r(x)$ 是零多项式或 $\deg r(x)<\deg g(x)$.

若 $r(x)=0$,则称 $g(x)$ 整除 $f(x)$,记作 $g(x)\mid f(x)$,$g(x)$ 叫作 $f(x)$ 的因式.

3. 余数定理

多项式 $f(x)$ 除以 $x-a$ 的余数为 $f(a)$.

4. 因式定理

$f(a)=0$ 的充要条件是 $x-a$ 是 $f(x)$ 的因式.

5. 有理根定理

既约分数 $\dfrac{q}{p}$ $((p,q)=1,p,q\in\mathbf{Z},p\neq 0)$ 是整系数多项式的一个有理根,$p\mid a_n$,$q\mid a_0$.

6. 不可约多项式判别法(Eisenstein 判别法)

设 $f(x)$ 是一个整系数多项式,如果一个质数 p 满足 $p\nmid a_n$,$p\mid a_k(k=0,1,2,\cdots,n-1)$,$p^2\nmid a_0$,那么 $f(x)$ 在有理数集上不可约.

【例 3】设 p,q 均为不超过 100 的正整数,则含有有理根的多项式 $f(x)=x^5+px+q$ 的个数为(　　).

A. 99　　　　　　　　B. 133　　　　　　　　C. 150　　　　　　　　D. 前三个答案都不对

（2020 年北京大学）

【解析】 显然,原方程的有理根是负数,可设为 $-\dfrac{n}{m}$ $(m,n \in \mathbf{N}^*,(m,n)=1)$,则 $\left(-\dfrac{n}{m}\right)^s+$

$p\left(-\dfrac{n}{m}\right)+q=0$,整理得 $m^4(qm-pn)=n^5$,所以 $m \mid n^5$. 又因为 $m \in \mathbf{N}^*,(m,n)=1$,故可得 $m=1$,从 而 $q=n^5+pn$. 因为 p,q 均为不超过 100 的正整数,所以 $n^5<n^5+pn=q \leqslant 100<3^5$,故 $n<3$,所以 $n=1$ 或 2.

（1）当 $n=1$ 时,可得 $(p,q)=(i,i+1)(i=1,2,\cdots,99)$,此时满足题设的有序数组 (p,q) 有 99 组;

（2）当 $n=2$ 时,可得 $(p,q)=(j,2j+32)(j=1,2,\cdots,34)$,此时满足题设的有序数组 (p,q) 有 34 组.

综上所述,满足题设的有序数组 (p,q) 的组数是 $99+34=133$,故选 B.

【例 4】 已知 $f(x)$ 是一个系数为有理数的多项式,且对任意大于 2022 的整数 m,$f(m)$ 都是整数. 求证:对任意整数 n,$f(n)$ 都是整数.

（2022 年南京大学基础学科拔尖人才科研营）

【证明】 不妨设 $\deg f=k$,$g(x)=f(x+2023)$,则由题意 $g(0),g(1),\cdots,g(k)$ 均为整数. 对任意 $x \in \mathbf{R}$,$i \in \mathbf{N}^*$,记 $\mathrm{C}_x^i=\dfrac{x(x-1)\cdots(x-i+1)}{i!}$,$\mathrm{C}_x^0=1$. 不失一般性,令 $g(x)=a_0\mathrm{C}_x^0+a_1\mathrm{C}_x^1+\cdots+a_k\mathrm{C}_x^k$,从而 $a_0=g(0) \in \mathbf{Z}$. 注意到 $\Delta g(x)=g(x+1)-g(x)=a_1+a_2\mathrm{C}_x^1+\cdots a_k\mathrm{C}_x^{k-1}$,从而 $a_1=\Delta g(0) \in \mathbf{Z}$. 又由于 $\Delta^2 g(x)=\Delta[\Delta g(x)]=[g(x+2)-g(x+1)]-[g(x+1)-g(x)]=a_2+a_3\mathrm{C}_x^1+\cdots+a_k\mathrm{C}_x^{k-2}$,从而 $a_2=\Delta^2 g(0) \in \mathbf{Z}$. 以此类推,可得 $a_j=\Delta^j g(0) \in \mathbf{Z}(0 \leqslant j \leqslant k)$. 同时,我们熟知对任意 $x \in \mathbf{Z}$,有 $\mathrm{C}_x^i=\dfrac{x(x-1)\cdots(x-i+1)}{i!} \in \mathbf{Z}$. 这说明对任意整数 n,$g(n)$ 都是整数,而 $f(n)=g(n-2023)$,故 $f(n)$ 也是整数.

> 解答本题用了两个结论,其一是 $\mathrm{C}_x^0,\mathrm{C}_x^1,\cdots,\mathrm{C}_x^k$ 恰好是 k 次实系数多项式 $\mathbf{R}[x]_k$ 的一组基;基 二是对任意 $n \in \mathbf{Z}$,有 $k! \mid \mathrm{C}_n^k$,即 k 个连续整数相乘,一定是 $k!$ 的倍数.

三、复数域内的多项式

1. 代数基本定理

任何 $n(n \geqslant 1)$ 次多项式至少有一个复数根.

推论 任何 $n(n \geqslant 1)$ 次多项式有且只有 n 个复根(k 重根按 k 个根计算).

2. 唯一分解定理

如果不考虑因式的顺序,则每一个次数大于等于 1 的复系数多项式 $f(x)$ 可唯一分解为

$$f(x)=A(x-\alpha_1)^{m_1}(x-\alpha_2)^{m_2}\cdots(x-\alpha_t)^{m_t}$$

的形式,其中 $\alpha_1,\alpha_2,\cdots,\alpha_t$ 为多项式 $f(x)$ 的所有不同的复根,$m_1,m_2,\cdots,m_t$ 是它们的重数.

3. 拉格朗日插值公式

在复数集上的任何一个次数不超过 n 的多项式都可以唯一地表示为

$$f(x) = \frac{(x-x_1)(x-x_2)\cdots(x-x_n)}{(x_0-x_1)(x_0-x_2)\cdots(x_0-x)}f(x_0) +$$

$$\frac{(x-x_0)(x-x_2)\cdots(x-x_n)}{(x_1-x_0)(x_1-x_2)\cdots(x_1-x_n)}f(x_1) + \cdots +$$

$$\frac{(x-x_0)(x-x_1)\cdots(x-x_{n-1})}{(x_n-x_0)(x_n-x_1)\cdots(x_n-x_{n-1})}f(x_n),$$

其中,$x_1,x_2,\cdots,x_n$ 两两不同.

【例 5】 设 $m(a)$ 是函数 $f(x) = |x^2-a|$ 在区间 $[-1,1]$ 上的最大值,求 $m(a)$ 的最小值.

(2020 上海交通大学)

【解析】 记 $g(x) = x^2 - a$ 选取 $g(x)$ 的 $-1,0,1$ 三个节点,利用拉格朗日插值公式可得

$$g(x) = \frac{(x-0)(x-1)}{(-1-0)(-1-1)}g(-1) + \frac{(x+1)(x-1)}{(0+1)(0-1)}g(0) + \frac{(x+1)(x-0)}{(1+1)(1-0)}g(1),$$

根据二次项系数为 1,易知 $\frac{1}{2}g(-1) - g(0) + \frac{1}{2}g(1) = 1$.

又由题意,可知 $|g(x)| \leqslant m(a)$,故 $g(-1) \leqslant m(a)$,$g(0) \geqslant -m(a)$,$g(1) \leqslant m(a)$,从而

$$1 = \left| \frac{1}{2}g(-1) - g(0) + \frac{1}{2}g(1) \right| \leqslant \frac{1}{2}m(a) + m(a) + \frac{1}{2}m(a) = 2m(a),$$

整理得 $m(a) \geqslant \frac{1}{2}$.

我们可以将本例推广为一般情形,即著名的切比雪夫多项定理:

设 $f(x) = x^n + a_{n-1}x^{n-1} + \cdots + a_2x^2 + a_1x + a_0$,即首项系数为 1 的多项式,那么存在 $x_0 \in [-1,1]$ 满足 $f(x_0) \geqslant \frac{1}{2^{n-1}}$.

其证明方法类似例 5 的处理方式.

【例 6】 已知 $f_n(x) = x^{n+1} - 2x^n + 3x^{n-1} - 2x^{n-2} + 3x - 3(n \in \mathbf{N}^*, n \geqslant 4)$,记 $f_n(x) = 0$ 的实根个数为 a_n,求 $\max\{a_4, a_5, a_6, \cdots, a_{2021}\}$.

(2021 年清华大学邱成桐数学营)

【解析】 因式分解得 $f_n(x) = x^{n+1} - 2x^n + 3x^{n-1} - 2x^{n-2} + 3x - 3 = (x-1)(x^n - x^{n-1} + 2x^{n-2} + 3)$,记函数 $g_n(x) = x^n - x^{n-1} + 2x^{n-2} + 3 = x^{n-2}(x^2 - x + 2) + 3$. 则当 n 为偶数时,$g_n(x) > 0$,故 $a_n = 1$;当 n 为奇数时,$g'(x) = x^{n-3}[nx^2 - (n-1)x + 2(n-2)]$,此时 $n \geqslant 5$,所以 $nx^2 - (n-1)x + 2(n-2) > 0$,故 $g'(x) \geqslant 0$,$g_n(x)$ 在 $(-\infty, +\infty)$ 上严格单调递增. 又因为 $\lim\limits_{x \to +\infty} g_n(x) = +\infty$,$\lim\limits_{x \to -\infty} g_n(x) = -\infty$,且

$g_n(1)=5>0$，因此 $a_n=2$．

综上所述，$\max\{a_4,a_5,\cdots,a_{2021}\}=2$．

【例 7】 已知 $g_1(x)=1$，$g_2(x)=x$，$g_n(x)=\dfrac{(g_{n-1}(x))^2-2^{n-1}}{g_{n-2}(x)}(n\geqslant 2)$．

求证：$g_n(x)$ 是 n 次整系数多项式，并求出 $g_n(x)=0$ 的所有实数根．

（2021 年中国科学技术大学）

【证明】 当 $n\geqslant 2$ 时，由 $g_n(x)=\dfrac{(g_{n-1}(x))^2-2^{n-1}}{g_{n-2}(x)}$，得 $g_n(x)g_{n-2}(x)=[g_{n-1}(x)]^2-2^{n-1}$（记为①）．
于是 $g_{n+1}(x)g_{n-1}(x)=[g_n(x)]^2-2^n$（记为②）．①×2－②，可得 $2g_n(x)g_{n-2}(x)-g_{n+1}(x)g_{n-1}(x)=2[g_{n-1}(x)]^2-[g_n(x)]^2$，从而 $g_n(x)[2g_{n+2}+g_n(x)]=g_{n-1}(x)[g_{n+1}(x)+2g_{n-1}(x)]$，所以 $\dfrac{g_n(x)+2g_{n-2}(x)}{g_{n-1}(x)}=\dfrac{g_{n+1}(x)+2g_{n-1}(x)}{g_n(x)}=\cdots=\dfrac{g_2(x)+2g_0(x)}{g_1(x)}=x$，从而 $g_n(x)+2g_{n-2}(x)=xg_{n-1}(x)$，所以 $g_n(x)=xg_{n-1}(x)-2g_{n-2}(x)$，记为③．检验知，$g_1(x)$，$g_2(x)$ 均符合上式．归纳可知 $g_n(x)$ 是整系数 n 次多项式．由③可得 $\dfrac{g_n(x)}{(\sqrt{2})^n}+\dfrac{g_{n-2}(x)}{(\sqrt{2})^{n-2}}=2\cdot\dfrac{x}{2\sqrt{2}}\cdot\dfrac{g_{n-1}(x)}{(\sqrt{2})^{n-1}}$．令 $\dfrac{x}{2\sqrt{2}}=\cos\theta$，归纳可得 $\dfrac{g_n(x)}{(\sqrt{2})^n}=\dfrac{\sin(n+1)\theta}{\sin\theta}$．由 $\sin(n+1)\theta+\sin(n-1)\theta=2\cos\theta\sin n\theta$，可知 $\dfrac{g_n(x)}{(\sqrt{2})^n}=\dfrac{\sin(n+1)\theta}{\sin\theta}$ 成立．所以 $g_n(x)=0$ 的解，即为 $\sin(n+1)\theta=0$ 的解，从而 $\theta=\dfrac{1}{n+1}\pi,\dfrac{2}{n+1}\pi,\cdots,\dfrac{n}{n+1}\pi$，从而 $x=2\sqrt{2}\cos\dfrac{k}{n+1}\pi$，其中 $k\in\{1,2,\cdots,n\}$．

【例 8】 设 $f(x)$ 是 n 次实系数多项式，其中 $n\geqslant 1$，$g(x)=f(x)-f'(x)$．

证明：若 $f(x)$ 的 n 个根都是实数，则 $g(x)$ 的 n 个根也都是实数．

（2021 年中国科学技术大学广东地区测试）

【证明】 我们首先证明两个引理．

引理 1　若 $F(x)=\mathrm{e}^{-x}f(x)$ 有两个实根 a 与 b，其中 $f(x)$ 是实系数多项式，且 $a<b$，则存在 $c\in(a,b)$，使得 c 是其导函数 $F'(x)$ 的根．

证明：若 $F'(x)$ 在区间 (a,b) 有正有负，则由零点存在性定理知结论成立；若不然，$F(x)$ 在区间 (a,b) 内恒正或恒负，则 $f(x)$ 在区间 (a,b) 上单调，这与 $F(a)=F(b)=0$ 矛盾．

引理 2　设 a 是实系数多项式 $f(x)$ 的 k 重根，$k\geqslant 2$，则 a 也是其导函数 $f'(x)$ 的 $k-1$ 重根．

证明：不妨设 $f(x)=(x-a)^k g(x)$，其中 $g(x)$ 为不以 a 为根的多项式，则 $f'(x)=k(x-a)^{k-1}g(x)+(x-a)^k g'(x)=(x-a)^{k-1}[kg(x)+(x-a)g'(x)]=(x-a)^{k-1}h(x)$．由于 $h(a)=kg(a)\neq 0$，所以 a 是 $f'(x)$ 的 $k-1$ 重根，则引理 2 成立．

回到原题．由题不妨令 $a_1,a_2,\cdots,a_s$ 为 $f(x)$ 互不相等的单根，$b_1,b_2,\cdots,b_t$ 为 $f(x)$ 互不相等的重根（重数分别为 $\beta_1,\beta_2,\cdots,\beta_t$），则

$f(x) = A(x-a_1)(x-a_2)\cdots(x-a_s)(x-b_1)^{\beta_1}(x-b_2)^{\beta_2}\cdots(x-b_t)^{\beta_t}$，其中 $s + \sum\limits_{i=1}^{t} \beta_i = n$.

令 $F(x) = e^{-x}f(x)$，则 $F'(x) = -e^{-x}[f(x) - f'(x)] = -e^{-x}g(x)$，从而有

$$f(x) = 0 \Leftrightarrow F(x) = 0, \quad g(x) = 0 \Leftrightarrow F'(x) = 0.$$

由引理 1 知 $g(x)$ 在任意 $f(x)$ 的两个相邻根之间存在一个实根，共有 $s+t-1$ 个，记为 c_i（其中 $1 \leqslant i \leqslant s+t-1$）；

另一方面，由引理 2 知 $b_1, b_2, \cdots, b_t$ 也是 $f'(x)$ 的根，且重数分别为 $\beta_1 - 1, \beta_2 - 1, \cdots, \beta_t - 1$. 于是可设 $f'(x) = (x-b_1)^{\beta_1-1}(x-b_2)^{\beta_2-1}\cdots(x-b_t)^{\beta_t-1}h(x)$，从而有 $b_1, b_2, \cdots, b_t$ 也是 $g(x) = f(x) - f'(x)$ 的根，且重数分别为 $\beta_1 - 1, \beta_2 - 1, \cdots, \beta_t - 1$.

因此，$g(x) = g_1(x)\left[\prod\limits_{i=1}^{s+t-1}(x-c_i)\right]\left[\prod\limits_{i=1}^{t}(x-b_i)^{\beta_i-1}\right] = g_1(x)g_2(x)$.

注意到 $\deg g(x) = n$，且 $\deg g_2(x) = (s+t-1) + \sum\limits_{i=1}^{t}(\beta_i - 1) = n-1$，从而 $\deg g_1(x) = 1$，故 $g_1(x)$ 存在实根，记为 c_{s+t}，从而 $g(x) = B\left[\prod\limits_{i=1}^{s+t}(x-c_i)\right]\left[\prod\limits_{i=1}^{t}(x-b_i)^{\beta_i-1}\right]$. 这足以说明 $g(x)$ 的 n 个实根也是实根.

> 例 8 的引理 1 实际上就是罗尔定理. 严格来说，罗尔定理的证明应该用费马引理而不是零点存在定理，所以只能算个说明，谈不上证明. 但是这个引理是成立的.

第 2 章 不 等 式

§2.1　不等式的性质

1. 两个实数 a 与 b 之间的大小关系

　　(1) $a-b>0 \Leftrightarrow a>b$；$a-b=0 \Leftrightarrow a=b$；$a-b<0 \Leftrightarrow a<b$；

　　(2) 如果 $a,b \in \mathbf{R}^*$，$\dfrac{a}{b}>1 \Leftrightarrow a>b$；$\dfrac{a}{b}=1 \Leftrightarrow a=b$；$\dfrac{a}{b}<1 \Leftrightarrow a<b$．

2. 不等式的性质

　　(1)（对称性或反身性）$a>b \Leftrightarrow b<a$；

　　(2)（传递性）$a>b$，$b>c \Rightarrow a>c$；

　　(3)（可加性）$a>b \Rightarrow a+c>b+c$，此法则又称为**移项法则**；

　　(4)（可乘性）$a>b$，$c>0 \Rightarrow ac>bc$；$a>b$，$c<0 \Rightarrow ac<bc$；

　　(5)（加法法则）$a>b$，$c>d \Rightarrow a+c>b+d$；

　　(6)（乘法法则）$a>b>0$，$c>d>0 \Rightarrow ac>bd$；

　　(7)（乘方法则）$a>b>0$，$n \in \mathbf{N}^* \Rightarrow a^n>b^n$；

　　(8)（开方法则）$a>b>0$，$n \in \mathbf{N}^*$ 且 $n \geqslant 2 \Leftrightarrow \sqrt[n]{a}>\sqrt[n]{b}>0$；

　　(9)（倒数法则）$a>b>0 \Rightarrow \dfrac{1}{a}<\dfrac{1}{b}$．

我们证明性质(4)，其余性质留给读者自行证之．

证明：$ac-bc=(a-b)c$．因为 $a>b$，所以 $a-b>0$．根据同号相乘得正，异号相乘得负，从而当 $c>0$ 时，$(a-b)c>0$，即 $ac-bc>0$，$ac>bc$；当 $c<0$ 时，$(a-b)c<0$，即 $ac-bc<0$，$ac<bc$．

由性质(4)，我们又可以得到推论：

如果 $a>b>0$，且 $c>d>0$，那么 $ac>bd$．即性质(6)（请同学们自行证之）．

很明显，这一推论可以推广到任意有限多个两边都是正数的同向不等式两边分别相乘．也就是说，两个或者多个两边都是正数的同向不等式两边分别相乘，所得不等式与原不等式同向．由此便可得性质(7)．

【例 1】 已知 $a=2020^{2020}$，$b=\sqrt{2019^{2021} \cdot 2021^{2019}}$，$c=\dfrac{2019^{2021}+2021^{2019}}{2}$，则（　　）．

　　A. $b<a<c$　　　　　B. $b<c<a$　　　　　C. $a<b<c$　　　　　D. $c<b<a$

（2020 年中国科学技术大学）

【解析】 由题可得 $c=\dfrac{2019^{2021}+2021^{2019}}{2}>\sqrt{2019^{2021} \cdot 2021^{2019}}=b$，$b=\sqrt{(2020-1)^{2021} \cdot (2020+1)^{2019}}=$

$$\sqrt{(2020^2-1)^{2019} \cdot (2020-1)^2} < \sqrt{2020^{4038} \cdot 2020^2} = 2020^{2020} = a \text{，} a = 2020^{2020} = \left(\frac{2019+2021}{2}\right)^{2020} <$$

$$\frac{2019^{2020}+2021^{2020}}{2} = c \text{，由不等式的传递性，知 } b < a < c \text{，从而选 A.}$$

【例 2】 已知 $f(x)$ 是二次函数，$f(-2)=0$，且 $2x \leqslant f(x) \leqslant \dfrac{x^2+4}{2}$，则 $f(10)=$ _____.

(2022 年北京大学)

【解析】方法一

由 $f(-2)=0$，可设 $f(x)=(x+2)(ax+b)=ax^2+(2a+b)x+2b$，则由 $f(x) \geqslant 2x$，可得 $ax^2+(2a+b-2)x+2b \leqslant 0$，所以 $a \geqslant 0$，且 $\Delta=(2a+b-2)^2-8ab \leqslant 0$，整理得 $4a^2+b^2 \leqslant 4ab+8a+4b-4$.

由 $f(x) \leqslant \dfrac{x^2+4}{2}$，得 $(2a-1)x^2+(4a+2b)x+4b-4 \leqslant 0$.

(1) 若 $2a-1=0$，则必有 $4a+2b=0$，此时与 $(2a+b-2)^2 \leqslant 8ab$ 矛盾；

(2) 若 $2a-1 < 0$，且 $(4a+2b)^2 \leqslant 4(2a-1)(4b-4)$，整理得 $4a^2+b^2 \leqslant 4ab-8a-4b+4$，上式与 $4a^2+b^2 \leqslant 4ab+8a+4b-4$ 相加，可得 $4a^2+b^2 \leqslant 4ab$，即 $(2a-b)^2 \leqslant 0$，所以 $2a=b$，综上所述，$f(x)=(x+2)(ax+2a)=a(x+2)^2$. 又由于在原不等式中，令 $x=2$，可得 $4 \leqslant f(2) \leqslant 4$，所以 $f(2)=4$，由此可得 $a=\dfrac{1}{4}$. 所以 $f(x)=\dfrac{1}{4}(x+2)^2$，从而 $f(10)=36$.

方法二

由 $2x \leqslant f(x) \leqslant \dfrac{x^2+4}{2}$，得 $0 \leqslant f(x)-2x \leqslant \dfrac{1}{2}(x-2)^2$. 令 $g(x)=f(x)-2x$，则 $g(-2)=4$，$g(2)=0$，从而可设 $g(x)=a(x-2)(x-m)(a \neq 0)$.

若 $m \neq 2$，则 $\left[\dfrac{1}{2}(x-2)^2-g(x)\right]' \Big|_{x=2} = -g'(2)=a(m-2) \neq 0$，于是当 $a(m-2)>0$ 时，存在 $x_0<2$，使得 $\dfrac{1}{2}(x_0-2)^2-g(x_0)<0$，矛盾；当 $a(m-2)<0$ 时，存在 $x_0>2$，使得 $\dfrac{1}{2}(x_0-2)^2-g(x_0)<0$，矛盾. 故 $m=2$，令 $x=-2$，则 $16a=g(-2)=4$，从而 $a=\dfrac{1}{4}$. 于是 $f(x)=g(x)+2=\dfrac{1}{4}(x-2)^2+2x=\dfrac{1}{4}(x+2)^2$，进而得 $f(10)=36$.

【例 3】 欧拉有著名公式 $1+\dfrac{1}{2^2}+\dfrac{1}{3^2}+\cdots+\dfrac{1}{n^2}+\cdots=\dfrac{\pi^2}{6}$.

求最小正整数 n，使得 $\displaystyle\sum_{k=1}^{n} \dfrac{1}{k^2} > \dfrac{\pi^2}{6}-\dfrac{1}{2022}$.

(2022 年中国科学技术大学)

【解析】 由于当 $k \geqslant 2$ 时，有 $\dfrac{1}{k(k+1)} < \dfrac{1}{k^2} < \dfrac{1}{k(k-1)}$，从而 $\dfrac{1}{k-1}-\dfrac{1}{k} < \dfrac{1}{k^2} < \dfrac{1}{k}-\dfrac{1}{k+1}$，所以 $\dfrac{1}{k^2}+$

$$\frac{1}{(k+1)^2}+\cdots<\frac{1}{k(k-1)}+\frac{1}{(k+1)k}+\cdots=\frac{1}{k-1}-\frac{1}{k}+\frac{1}{k}-\frac{1}{k+1}+\cdots<\frac{1}{k-1},\frac{1}{k^2}+\frac{1}{(k+1)^2}+\cdots>$$

$$\frac{1}{k(k+1)}+\frac{1}{(k+1)(k+2)}+\cdots=\frac{1}{k}-\frac{1}{k+1}+\frac{1}{k+1}-\frac{1}{k+2}+\cdots>\frac{1}{k}.$$ 所以有 $\frac{1}{2022}>\frac{1}{2023^2}+\frac{1}{2024^2}+$

$\frac{1}{2025^2}+\cdots$，当 $n=2022$ 时，$\sum\limits_{k=1}^{n}\frac{1}{k^2}+\frac{1}{2022}>\sum\limits_{i=1}^{+\infty}\frac{1}{k^2}=\frac{\pi^2}{6}.$ 又因为 $\frac{1}{2022}<\frac{1}{2022^2}+\frac{1}{2023^2}+\cdots$，所以当 $n=$

2021 时，$\sum\limits_{k=1}^{n}\frac{1}{k^2}+\frac{1}{2022}<\sum\limits_{k=1}^{+\infty}\frac{1}{k^2}=\frac{\pi^2}{6}.$ 故最小的正整数 n 为 2022.

【例 4】已知实数 $x_i(i=1,2,\cdots,8)$ 的和为 8，其中最大的数不超过最小数的 3 倍，则 $\sum\limits_{i=1}^{8}x_i^2$ 的最大值为 _____.

（2022 年北京大学寒假学堂）

【解析】*方法一*

不妨设 $0<x_1\leqslant x_2\leqslant\cdots\leqslant x_8$，且 $x_8\leqslant 3x_1.$ 由题意可知如下结论：

(1) 当平方和最大时，必然有 $x_8=3x_1$；

(2) 当平方和最大时，至多只有一个数不与 x_1 或者 x_8 相等（如果个数可以看成非整数，则一定全是边界值）.

假设 x 个 c，$8-x$ 个 $3c$，则 $xc+3(8-x)c=(24-2x)c=8$，即 $(12-x)c=4.$ 此时，平方和为

$$\sum_{i=1}^{8}x_i^2=xc^2+(8-x)\cdot 9c^2=(72-8x)c^2=8\left(\frac{4}{c}-3\right)c^2=8(4c-3c^2)\leqslant\frac{32}{3},$$ 等号成立当且仅当 $c=\frac{2}{3}.$

接下来考虑 x 为非整数的情形，不妨设 $x=n+t$，其中 $t\in(0,1)$，此时唯一的非边界值为 $tc+(1-t)3c=(3-2t)c$，此时我们比较 $(3-2t)^2c^2$ 以及 $tc^2+(1-t)\cdot 9c^2$，即比较 $(3-2t)^2$ 与 $9-8t$ 的大小，而 $(3-2t)^2-(9-8t)=4t^2-4t=4t(t-1)<0$，即非整数个时，平方和最大.

综上所述，平方和的最大值为 $\frac{32}{3}$，等号成立时有 6 个 $\frac{2}{3}$，2 个 2.

方法二

不妨设 $0<x_1\leqslant x_2\leqslant\cdots\leqslant x_8$，且 $x_8\leqslant 3x_1.$ 由 $(x_i-x_1)(x_i-3x_1)\leqslant 0(i,1,2,\cdots,8)$，可得 $x_i^2\leqslant$

$4x_1x_i-3x_1^2$，从而 $\sum\limits_{i=1}^{8}x_i^2\leqslant 32x_1-24x_1^2=24x_1\left(\frac{4}{3}-x_1\right)\leqslant 24\times\left(\frac{2}{3}\right)^2=\frac{32}{3}$，当且仅当 $x_1=x_2=\cdots=$

$x_6=\frac{2}{3}$，$x_7=x_8=2$ 时等号成立. 故 $\sum\limits_{i=1}^{8}x_i^2$ 的最大值为 $\frac{32}{3}.$

§2.2　常见不等式的解法

求不等式的解集叫作解不等式，如果两个不等式的解集相同，那么这两个不等式就叫作同解不等式.

1. 不等式的同解变形

　　一个不等式变形为另一个不等式时,如果这两个不等式是同解不等式,那么这种变形就叫作不等式的同解变形.

　　【例 1】已知 $g(x)=\dfrac{x+[x]+2-[x+|x|+2]}{4}$,若 $f(x)=\log_2 x$,解不等式 $0<g(f(x))<1$.

(2021 年复旦大学)

　　【解析】当 $0<x<1$ 时,有 $f(x)\leqslant 0$,则 $[f(x)+|f(x)|-2]=-2$,所以 $g(f(x))=\dfrac{f(x)+[f(x)]+4}{4}>0$,只需 $f(x)+[f(x)]>-4$,解得 $\dfrac{1}{4}<x<1$.

　　当 $x\in[2^k,2^{k+1}),k\in\mathbf{N}$ 时,有 $f(x)\in[k,k+1),2f(x)-2\in[2k-2,2k),[f(x)]=k$.

　　若 $2f(x)-2\in[2k-2,2k-1)$,有 $[2f(x)-2]=2k-2$,则 $g(x)=\dfrac{f(x)-k+4}{4}\geqslant 1$,不符合题意;

　　若 $2f(x)-2\in[2k-1,2k)$,有 $[2f(x)-2]=2k-1$,则 $g(x)=\dfrac{f(x)-k+3}{4}\in\left[\dfrac{3}{4},1\right)$,符合题意,此时 $x\in[2^{k+\frac{1}{2}},2^{k+1})$.

　　综上所述,$x\in\left(\dfrac{1}{4},1\right)\bigcup[2^{k+\frac{1}{2}},2^{k+1})$,其中 $k\in\mathbf{N}$.

2. 绝对值不等式

　　含有绝对值的不等式有以下两种基本形式:

　　(1) $|x|<a(a>0)\Leftrightarrow -a<x<a$;

　　(2) $|x|>a(a>0)\Leftrightarrow x>a$ 或 $x<-a$.

　　解绝对值不等式的关键在于去掉绝对值符号,一般有以下方法:

　　(1) 定义法;

　　(2) 零点分段法(通常适用于含有两个及以上绝对值符号的不等式);

　　(3) 平方法(通常适用于两端均为非负实数时,如 $|f(x)|<|g(x)|$);

　　(4) 图像法或数形结合法.

　　【例 2】实数 x,y 满足 $x^2+y^2=1$,若 $|x+2y-a|+|a+6-x-2y|$ 的值与 x,y 无关,则实数 a 的取值范围是_____.

(2020 年复旦大学)

　　【解析】$|x+2y-a|+|a+6-x-2y|=|x+2y-a|+|6-(x+2y-a)|$ 的值与 x,y 无关,所以 $x+2y-a$ 与 $6-(x+2y-a)$ 同号,即 $0\leqslant x+2y-a\leqslant 6,a\leqslant x+2y\leqslant 6+a$. 因为 $x^2+y^2=1$,令

$x = \cos\alpha, y = \sin\alpha$，则 $x + 2y = \cos\alpha + 2\sin\alpha = \sqrt{5}\sin(\alpha + \varphi) \in [-\sqrt{5}, \sqrt{5}]$，所以 $\begin{cases} a \leqslant -\sqrt{5} \\ 6 + a \geqslant \sqrt{5} \end{cases}$，即 $\sqrt{5} - 6 \leqslant$

$a \leqslant -\sqrt{5}$.

绝对值不等式具有以下两个非常重要的性质：

性质 1　如果 a, b 都是实数，则 $|a + b| \leqslant |a| + |b|$，当且仅当 $ab \geqslant 0$ 时等号成立.

性质 2　如果 a, b, c 都是实数，则 $|a - c| \leqslant |a - b| + |b - c|$，当且仅当 $(a - b)(b - c) \geqslant 0$ 时等号成立.

---

3. 含参数的不等式

对于含有两个或两个以上字母的不等式，将其中的一个未知数视为参数，称为含参数（或含字母）的不等式. 在处理这类不等式时，有时需要对字母的取值进行适当分类，在分类时需要遵循"不重不漏"的原则.

【例 3】 已知 $f(x) = x^3 + ax^2 - x + 1 - a$，求所有 $a \in \mathbf{R}$，使得 $\forall x \in [-1, 1]$，$|f(x)| \geqslant |x|$ 恒成立.

(2021 年中国科学技术大学)

【解析】（1）当 $x = 0$ 时，易知 $a \in \mathbf{R}$；

（2）当 $x \neq 0$ 时，$|f(x)| > |x| \Leftrightarrow \left| x^2 + \dfrac{1}{x} + a\left(x - \dfrac{1}{x}\right) - 1 \right| > 1$. 令 $\varphi(x) = x^2 + \dfrac{1}{x} + a\left(x - \dfrac{1}{x}\right) - 1$

$(x \in [-1, 0) \cup (0, 1])$，则 $\varphi'(x) = \dfrac{x^2 + 1}{x^2}\left(\dfrac{2x^3 - 1}{x^2 + 1} + a\right)$，令 $h(x) = \dfrac{2x^3 - 1}{x^2 + 1} + a$，则 $h'(x) =$

$\dfrac{2x(x^3 + 3x + 1)}{(x^2 + 1)^2}$. 再令 $u(x) = x^3 + 3x + 1$，易知 $u(x)$ 单调递增，且 $u(0) = 1, u(-1) = -3 < 0$. 由零点存在性定理，知必有一个 $x_0 \in (-1, 0)$，使得 $u(x_0) = 0$，所以当 $-1 < x < x_0$ 时，$h'(x) > 0, h(x)$ 单调递增；当 $x_0 < x < 0$ 时，$h'(x) < 0, h(x)$ 单调递减；当 $0 < x < 1$ 时，$h'(x) > 0, h(x)$ 单调递增.

（ⅰ）当 $a \geqslant 1$ 时，$h(0) = a - 1 > 0$，则 $0 < x < 1, \varphi'(x) > 0, \varphi(x)$ 单调递增，此时 $\varphi(x) < \varphi(1) = 1$，不满足题意；

（ⅱ）当 $-\dfrac{1}{2} < a < 1$ 时，$h(0) = a + \dfrac{1}{2} > 0, h(1) = a - 1 < 0$. 由零点存在性定理，知必有一个 $x_1 \in (0, 1)$，使得 $h(x_1) = 0$，此时 $x \in (x_1, 1), \varphi'(x) > 0, \varphi(x)$ 单调递增，且 $\varphi(x) < \varphi(1) = 1$，不满足题意；

（ⅲ）当 $a \leqslant -\dfrac{1}{2}$ 时，$h(1) = a + \dfrac{1}{2} < 0, h(x_0) = \dfrac{2x_0^3 - 1}{x_0^2 + 1} < 0$，则 $\varphi'(x) < 0$，此时 $x \in (-1, 0), \varphi(x)$ 单调递减，则 $\varphi(x) < \varphi(-1) = -1$，满足题意.

同理可得，$x \in (0, 1), \varphi(x)$ 单调递减，则 $\varphi(x) > \varphi(1) = 1$，满足题意.

综上所述,实数 a 的取值范围是 $\left(-\infty,-\dfrac{1}{2}\right]$.

4. 多元不等式

【例 4】 已知 $a,b,c\geqslant 0$,满足 $a+b+c=1$,则 $a^2(b-c)+b^2(c-a)+c^2(a-b)$ 的最大值为_____.

(2021 年清华大学)

【解析】 先进行因式分解,得 $a^2(b-c)+b^2(c-a)+c^2(a-b)=(a-b)(b-c)(a-c)$,则齐次后变为如下问题:

已知 $a,b,c>0$,求最小的正实数 k,使得不等式 $|(a-b)(b-c)(c-a)|\leqslant k(a+b+c)^3$ 恒成立.

不妨设 $a\leqslant b\leqslant c$,注意到在上述不等式中,如果将 a,b,c 同时减去一个不大于 a 的非负数,不等式的左侧不变,右侧不增,从而使所得的新不等式比原不等式更强.

于是可将 a,b,c 替换成 $0,b-a,c-a$,再将 $b-a,c-a$ 视作整体(事实上,这样的操作等同于令 $a=0$).此时不等式变为 $bc(c-b)\leqslant k(b+c)^3\Leftrightarrow\dfrac{c}{b}\left(1-\dfrac{c}{b}\right)\leqslant\left(1+\dfrac{c}{b}\right)^3$,令 $\dfrac{c}{b}=x$,可得 $x(x-1)\leqslant k(x+1)^3$.于是求使得 $x(x-1)\leqslant k(x+1)^3$ 对任意 $x\geqslant 1$ 恒成立的最小的正实数 k 即可.设 $f(x)=\dfrac{x(x-1)}{(x+1)^3}$,则 $k\geqslant f(x)_{\max}$.由于 $f'(x)=-\dfrac{x^2-4x+1}{(x+1)^4}$,于是 $f(x)$ 在 $(1,2+\sqrt{3})$ 递增,在 $(2+\sqrt{3},+\infty)$ 递减,即 $f(x)_{\max}=f(2+\sqrt{3})=\dfrac{\sqrt{3}}{18}$.由此可知 k 的最小值为 $\dfrac{\sqrt{3}}{18}$.

§2.3　绝对值不等式

对于绝对值不等,我们首先给出两个基本公式:

公式 1　对任意 $a\in\mathbf{R}$,有 $-|a|\leqslant a\leqslant |a|$,同样地,我们也可以得到 $-|a|\leqslant -a\leqslant |a|$;

公式 2　(绝对值三角不等式)$||a|-|b||\leqslant |a\pm b|\leqslant |a|+|b|$.

一般地,面对绝对值不等式,我们有两种思路:一是代数求解法,利用分类讨论等方法去掉绝对值,转化为平凡不等式;二是利用数形结合求解,在平面直角坐标系中作出相对应函数的图像,然后根据图像进行求解.

在上述两种方法中,第二种方法较为直观,但是较为耗时,而且不如第一种方法严谨.所以,第二种方法只是一种辅助方法.

【例 1】 若 $|5x+6y|+|9x+11y|\leqslant 1$,则满足条件的点 (x,y) 组成的面积为_____.

【解析】 **方法一　去绝对值**

将 $|5x+6y|+|9x+11y|\leqslant 1$ 去绝对值,得 $\begin{cases}-1\leqslant 14x+17y\leqslant 1\\ -1\leqslant 4x+5y\leqslant 1\end{cases}$,画出可行域得平行四边形,易知

其面积为 2.

方法二　绝对值三角不等式

$$|5x+6y|+|9x+11y| \leqslant 1 \Leftrightarrow \begin{cases} |(5x+6y)+(9x+11y)| \leqslant |5x+6y|+|9x+11y| \leqslant 1 \\ |(5x+6y)-(9x+11y)| \leqslant |5x+6y|+|9x+11y| \leqslant 1 \end{cases},$$

即 $\begin{cases} |14x+17y| \leqslant 1 \\ |4x+5y| \leqslant 1 \end{cases}$，画出可行域得平行四边形,计算面积为 2.

【例 2】 若 $x_1, x_2, \cdots, x_{21} \in [0,1]$，则 $\sum\limits_{i=1}^{21} \sum\limits_{k=1}^{21} |x_i - x_k|$ 的最大值是(　　　).

A. 110　　　　　　　B. 120　　　　　　　C. 220　　　　　　　D. 240

(2020 年清华大学)

【解析】 对于每个确定的 $x_i(i=1,2,\cdots,21)$，将其余的 $x_j(j \neq i)$ 固定，则 $\sum\limits_{i=1}^{21} \sum\limits_{k=1}^{21} |x_i - x_k|$ 通过分段讨论去掉绝对值符号后是 x_i 的线性函数,因而其最大值只能在 $x_i = 0$ 或 $x_i = 1$ 时取到. 不妨设 $x_1 = x_2 = \cdots = x_t = 0, x_{t+1} = x_{t+2} = \cdots = x_{21} = 1$，得 $\sum\limits_{i=1}^{21} \sum\limits_{k=1}^{21} |x_i - x_k| \leqslant 2t(21-t)$，从而可得当且仅当 $t=10$ 或 11 时，$[2t(21-t)]_{\max} = 220$，进而可得所求最大值是 220,故选 C.

> 本题可扩充为一般性的结论：若 $x_1, x_2, \cdots, x_n \in [0,1](n \geqslant 2)$，则
>
> 当 n 为奇数时，$\sum\limits_{i=1}^{n} \sum\limits_{k=1}^{n} |x_i - x_k|$ 取得最大值为 $\dfrac{n^2-1}{2}$，当且仅当 $x_1 = x_2 = \cdots = x_{\frac{n+1}{2}} = 0$，$x_{\frac{n+1}{2}+1} = x_{\frac{n+1}{2}+2} = \cdots = x_n = 1$；
>
> 当 n 为偶数时，$\sum\limits_{i=1}^{n} \sum\limits_{k=1}^{n} |x_i - x_k|$ 取得最大值为 $\dfrac{n^2}{2}$，当且仅当 $x_1 = x_2 = \cdots = x_{\frac{n}{2}} = 0, x_{\frac{n}{2}+1} = x_{\frac{n}{2}+2} = \cdots = x_n = 1$.

【例 3】 已知 $a^2+b^2+c^2+d^2+e^2=1$，则 $|a-b|+|b-c|+|c-d|+|d-e|+|e-a|$ 的最大值为 _____.

(2022 年清华大学)

【解析】方法一

不妨设 $a, c, e \geqslant 0, b, d \leqslant 0, e \geqslant a$，则

$$|a-b|+|b-c|+|c-d|+|d-e|+|e-a| = a-b-b+c+c-d-d+e+e-a$$

$$= -2b+2c-2d+2e = 2(c+e-b-d) \leqslant 2\sqrt{(1+1+1+1)(c^2+e^2+b^2+d^2)}$$

$$= 2\sqrt{4(c^2+e^2+b^2+d^2)} = 4\sqrt{c^2+e^2+b^2+d^2} = 4\sqrt{1-a^2} \leqslant 4.$$

当 $a=0, c=e=\dfrac{1}{2}, b=d=-\dfrac{1}{2}$ 时，等号成立.

综上所述，$|a-b|+|b-c|+|c-d|+|d-e|+|e-a|$ 的最大值为 4.

方法二

令 $(x_1,x_2,x_3,x_4,x_5)=(a,b,c,d,e)$，则命题等价转化为 $\sum_{i=1}^{5} x_i^2=1$，求 $\sum_{i=1}^{5}|x_i-x_{i+1}|$ 的最大值（其中 $x_6=x_1$）. 因为 5 是奇数，所以 x_1,x_2,x_3,x_4,x_5 中必存在某个 x_i，使得 x_i 与 x_{i+1} 同号，不妨设 x_1,x_2 同号，且令 $0<x_1\leqslant x_2$，则

$$\sum_{i=1}^{5}|x_i-x_{i+1}|=|x_1-x_2|+\sum_{i=2}^{5}|x_i-x_{i+1}|\leqslant|x_1-x_2|+|x_2|+|x_1|+2\sum_{i=3}^{5}|x_i|$$

$$=x_2-x_1+x_2+x_1+2\sum_{i=3}^{5}|x_i|=2x_2+2\sum_{i=3}^{5}|x_i|=2\left(x_2+\sum_{i=3}^{5}|x_i|\right)$$

$$\leqslant 2\sqrt{\sum_{i=1}^{4}1^2}\cdot\sqrt{x_2^2+\sum_{i=3}^{5}x_i^2}=2\sqrt{4}\cdot\sqrt{\sum_{i=1}^{5}x_i^2}=4.$$

当且仅当 $x_1=0,x_2=x_4=\dfrac{1}{2},x_3=x_5=-\dfrac{1}{2}$，或 $x_1=0,x_2=x_4=-\dfrac{1}{2},x_3=x_5=\dfrac{1}{2}$ 时，上式等号成立.

综上所述，$|a-b|+|b-c|+|c-d|+|d-e|+|e-a|$ 的最大值为 4.

本题是多元函数绝对值之和的最值问题，解决问题的关键在于如何去掉绝对值符号.

思路 1　是将多元变量按大小顺序排列，使"无序问题有序化"，利用绝对值判断绝对值内代数式的符号，从而达到去绝对值的目的.

思路 2　是将多元问题转化成序列形式，以便推广命题，即将解决具体命题转换成解决某类问题的命题，将问题放置到更加广泛的动态问题中去，从而使问题能够解决.

本题具有很强的几何特征：

（1）二维情况

二维空间中，考虑单位圆上的点 (x,y)，则当 $|x-y|+|y-x|$ 取最大值时，满足 $x+y=0$ 的两个点 $(x,-x)$ 即为使目标函数取得最大值的点.

（2）三维情况

三维空间中，考虑单位球上的点 (x,y,z)，当 $|x-y|+|y-z|+|z-x|$ 取最大值时，单位球上的六个点 $A_1\left(0,\dfrac{\sqrt{2}}{2},-\dfrac{\sqrt{2}}{2}\right)$，$A_2\left(0,-\dfrac{\sqrt{2}}{2},\dfrac{\sqrt{2}}{2}\right)$，$A_3\left(-\dfrac{\sqrt{2}}{2},0,-\dfrac{\sqrt{2}}{2}\right)$，$A_4\left(-\dfrac{\sqrt{2}}{2},0,\dfrac{\sqrt{2}}{2}\right)$，$A_5\left(\dfrac{\sqrt{2}}{2},-\dfrac{\sqrt{2}}{2},0\right)$，$A_6\left(-\dfrac{\sqrt{2}}{2},-\dfrac{\sqrt{2}}{2},0\right)$ 的坐标使目标函数取得最大值，即这六个点为三条直线 $\begin{cases}x=0\\y+z=0\end{cases}$，$\begin{cases}y=0\\x+z=0\end{cases}$，$\begin{cases}z=0\\x+y=0\end{cases}$ 与单位球面的交点. 这六个点的坐标满足题目要求.

（3）n 维情况

n 维空间中，考虑单位球面 $\sum_{i=1}^{n}x_i^2=1$ 上的点 $(x_1,x_2,\cdots,x_n)$，记 $x_{n+1}=x_1$，则当 $\sum_{i=1}^{n}|x_i-x_{i+1}|$

取最大值时，n 条直线 $\begin{cases} x_1=0 \\ \sum\limits_{i\neq 1}^{n} x_i=0 \end{cases}$，$\begin{cases} x_2=0 \\ \sum\limits_{i\neq 2}^{n} x_i=0 \end{cases}$，$\cdots$，$\begin{cases} x_n=0 \\ \sum\limits_{i\neq n}^{n} x_i=0 \end{cases}$ 与 n 维空间中单位球面的交点，共有

$2n$ 个点，这些点的坐标满足题目要求.

（4）最大值的情况

$n(n\geqslant 2)$ 维空间中，考虑单位球面 $\sum\limits_{i=1}^{n} x_i^2=1$ 上的点 $(x_1,x_2,\cdots,x_n)$，记 $x_{n+1}=x_1$，则当

$\sum\limits_{i=1}^{n} |x_i-x_{i+1}|$ 取最大值的情况如下所示：

（ⅰ）n 为偶数时，最大值为 $2\sqrt{n}$；

（ⅱ）n 为奇数时，最大值为 $2\sqrt{n-1}$.

【例 4】 求 $\min\limits_{a,b\in\mathbf{R}}\max\limits_{x\in[0,4]}\{|(x-2)^3+ax+b|\}$ 的值.

（2019 年清华大学）

【解析】 记 $M=\min\limits_{a,b\in\mathbf{R}}\max\limits_{x\in[0,4]}\{|(x-2)^3+ax+b|\}$，很明显 M 是关于 a 的 a,b 的表达式，

记 $f(x)=(x-2)^3+ax+b$，$x\in[0,4]$. 令 $t=\dfrac{x-2}{2}$，则 $x=2t+2$，$t\in[-1,1]$，这样 $f(x)=$

$g(t)=8t^3+2at+2a+b$，使用 $g(t)$ 分别在 $t=-1,-\dfrac{1}{2},\dfrac{1}{2},1$ 四个节点处的拉格朗日插值公式，有

$g(t)\sum\limits_{j=1}^{4}\left(\prod\limits_{\substack{i=1\\i\neq j}}^{4}\dfrac{t-t_i}{t_j-t_i}g(t_j)\right)$，代入可得 $g(t)=\dfrac{\left(t+\frac{1}{2}\right)\left(t-\frac{1}{2}\right)(t-1)}{\left(-\frac{1}{2}\right)\times\left(-\frac{3}{2}\right)\times(-2)}g(-1)+\dfrac{(t+1)\left(t-\frac{1}{2}\right)(t-1)}{\frac{1}{2}\times(-1)\times\left(-\frac{3}{2}\right)}$

$g\left(-\dfrac{1}{2}\right)+\dfrac{\left(t+\frac{1}{2}\right)(t+1)(t-1)}{1\times\frac{3}{2}\times\left(-\frac{1}{2}\right)}g\left(\dfrac{1}{2}\right)+\dfrac{\left(t+\frac{1}{2}\right)(t+1)\left(t-\frac{1}{2}\right)}{\frac{3}{2}\times 2\times\frac{1}{2}}g(1)$ 将上述代数整理，得 $g(t)=$

$\dfrac{2}{3}\left(t^3-t^2-\dfrac{t}{4}+\dfrac{1}{4}\right)(-g(-1))+\dfrac{2}{3}\left(t^3+t^2-\dfrac{t}{4}-\dfrac{1}{4}\right)g(1)+\dfrac{4}{3}\left(t^3-\dfrac{1}{2}t^2-t+\dfrac{1}{2}\right)g\left(-\dfrac{1}{2}\right)+$

$\dfrac{4}{3}\left(t^3+\dfrac{1}{2}t^2-t-\dfrac{1}{2}\right)\left(-g\left(\dfrac{1}{2}\right)\right)$ 而显然的是 $-g(-1),g(1),g\left(-\dfrac{1}{2}\right),g\left(\dfrac{1}{2}\right)$ 这四个函数值的绝对

值均小于或等于 $g(t)_{\max}=M$，从而 $|g(t)|\leqslant|(4t^3-3t)M|$. 故 $|g(1)|\leqslant M$，$\left|g\left(\dfrac{1}{2}\right)\right|\leqslant M$，

$\left|g\left(-\dfrac{1}{2}\right)\right|\leqslant M$. 而 $g(1)=4a+b+8$，$g\left(\dfrac{1}{2}\right)=1+3a+b$，$g\left(-\dfrac{1}{2}\right)=-1+a+b$，消去参数 a,b 可

得 $g(1)-\dfrac{3}{2}g\left(\dfrac{1}{2}\right)+\dfrac{1}{2}g\left(-\dfrac{1}{2}\right)=6$. 根据绝对值不等式，有 $\left|g(1)-\dfrac{3}{2}g\left(\dfrac{1}{2}\right)+\dfrac{1}{2}g\left(-\dfrac{1}{2}\right)\right|\leqslant M+$

$\dfrac{3}{2}M+\dfrac{1}{2}M=3M$，从而 $3M\geqslant 6$，即 $M\geqslant 2$. 当且仅当 $a=-3,b=6$ 时等号成立.

在 2016 年天津卷理科数学的高考试题的压轴题中曾出现过一个类似的题. 有人将其总结成切比雪夫最佳逼近直线问题, 也有人利用"构造平口单峰函数"来解决, 还有一种方法是借助绝对值不等式采用三点、四点控制法进行放缩. 但无论使用哪一种方法都很难清楚地解释. 这里, 我们记 $M = \min\limits_{a,b\in\mathbf{R}} \max\limits_{x\in[0,4]} \{|(x-2)^3+ax+b|\}$, 很明显 M 是关于 a 的 a,b 的表达式, 记 $f(x) = (x-2)^3+ax+b (x\in[0,4])$. 由于极值点和区间的位置关系不确定, 再加上绝对值的原因, 在一般情况下很难求出相关最值. 然而, 熟悉切比雪夫逼近直线问题的话, 则可以首先进行基本的换元, 即令 $t = \dfrac{x-2}{2}$, 这样就自然产生本例的解法.

§2.4　平均值不等式

已知 $a_i > 0 (i=1,2,\cdots,n)$, 记

$$H_n = \dfrac{n}{\dfrac{1}{x_1}+\dfrac{1}{x_2}+\cdots+\dfrac{1}{x_n}}, G_n = \sqrt[n]{a_1 a_2 \cdots a_n}, A_n = \dfrac{a_1+a_2+\cdots+a_n}{n}, Q_n = \sqrt{\dfrac{a_1^2+a_2^2+\cdots+a_n^2}{n}},$$

H_n, G_n, A_n, Q_n 依次为 $a_1, a_2, \cdots, a_n$ 的调和平均、几何平均、算术平均、方幂平均, 则 $H_n \leqslant G_n \leqslant A_n \leqslant Q_n$, 当且仅当 $a_1 = a_2 = \cdots = a_n$ 时等号成立. 我们称上述不等式为平均值不等式.

如果记 $M_r = \left(\dfrac{a_1^r+a_2^r+\cdots+a_n^r}{n}\right)^{\frac{1}{r}}$, 其中 $a_i > 0 (i=1,2,\cdots,n, r\neq 0)$, 则称 M_r 为 $a_1, a_2, \cdots, a_n$ 的 r 次幂平均. 当 $\alpha > \beta$ 时, 有 $M_\alpha \geqslant M_\beta$, 即 $\left(\dfrac{a_1^\alpha+a_2^\alpha+\cdots+a_n^\alpha}{n}\right)^{\frac{1}{\alpha}} \geqslant \left(\dfrac{a_1^\beta+a_2^\beta+\cdots+a_n^\beta}{n}\right)^{\frac{1}{\beta}}$, 当且仅当 $a_1 = a_2 = \cdots = a_n$ 时等号成立.

【例 1】 已知 $x \in \left(0, \dfrac{\pi}{2}\right)$, 则函数 $y = \sin^2 x \cos x$ 的最大值为 _____.

(2022 年南京大学)

【解析】 由于 $x \in \left(0, \dfrac{\pi}{2}\right)$, 所以 $\cos x > 0$, 从而

$$y = \sin^2 x \cos x = \sqrt{\sin^4 x \cdot \cos^2 x} = \sqrt{(1-\cos^2 x)(1-\cos^2 x)\cos^2 x}$$

$$= \dfrac{\sqrt{2}}{2}\sqrt{(1-\cos^2 x)(1-\cos^2 x)\cdot 2\cos^2 x} \leqslant \dfrac{\sqrt{2}}{2}\sqrt{\left(\dfrac{(1-\cos^2 x)+(1-\cos^2 x)+2\cos^2 x}{3}\right)^3}$$

$$= \dfrac{\sqrt{2}}{2}\cdot\sqrt{\left(\dfrac{2}{3}\right)^3} = \dfrac{2\sqrt{3}}{9},$$

当且仅当 $2\cos^2 x = 1-\cos^2 x \left(\text{即 } \cos^2 x = \dfrac{1}{3}\right)$ 时等号成立. 故函数 $y = \sin^2 x \cos x$ 的最大值 $\dfrac{2\sqrt{3}}{9}$.

【例2】已知 x,y,z 为正数，则 $\dfrac{10x^2+10y^2+z^2}{xy+yz+zx}$ 的最小值为 _____．

（2022 年上海交通大学）

【解析】$\dfrac{10x^2+10y^2+z^2}{xy+yz+zx}=\dfrac{(2x^2+2y^2)+\left(8y^2+\frac{1}{2}z^2\right)+\left(\frac{1}{2}z^2+8x^2\right)}{xy+yz+zx}\geqslant\dfrac{4xy+4yz+4zx}{xy+yz+zx}=4$，当且仅当 $z=4x=4y$ 时，等号成立．从而所求最小值为 4．

【例3】已知实数 a,b,c 满足 $a^2+b^2+c^2=1$，且 $\dfrac{b}{a},\dfrac{c}{b},\dfrac{a}{c}\in\left[\dfrac{1}{2},2\right]$，使得 $ab+2bc$ 取得最大值的 (a,b,c) 的组数为 _____．

（2022 年北京大学寒假学堂）

【解析】由题意知，a,b,c 要么全为正数，要么全为负数，两种情形等价．因此，我们只需研究 $a,b,c>0$ 的情形即可．

$$
\begin{aligned}
1=a^2+b^2+c^2&=a+mb^2+c^2+(1-m)b^2(m\in(0,1))\\
&=a^2+(m-k)b^2+kb^2+c^2+(1-m)b^2\\
&\geqslant a^2+(m-k)b^2+kb^2+c^2+2(1-m)ab\text{（这里用到了 }b\geqslant 2a\text{）}\\
&\geqslant 2\sqrt{m-k}\,ab+2\sqrt{k}\,bc+2(1-m)ab\text{（这里用到了基本不等式）}\\
&=2[\sqrt{m-k}+(1-m)]ab+2\sqrt{k}\,bc.
\end{aligned}
$$

欲使上述两个等号同时成立，须有 $\begin{cases}\dfrac{\sqrt{m-k}+1-m}{\sqrt{k}}=\dfrac{1}{2}\\a=\sqrt{m-k}\cdot b\\\sqrt{k}\cdot b=c\end{cases}$ 且 $b=2a$，从而 $\sqrt{m-k}=\dfrac{1}{2}$，所以 $m=\dfrac{1}{4}+k$，

从而有 $\dfrac{5}{8}-k=\dfrac{1}{2}\sqrt{k}$，即 $8k+4\sqrt{k}-5=0$，此关于 $\sqrt{k}$ 的方程只有一个正根 $\dfrac{\sqrt{11}}{4}-\dfrac{1}{4}$，从而 $k=\dfrac{1}{8}(6-\sqrt{11})\in\left(\dfrac{1}{4},\dfrac{3}{8}\right)$，此时 $m\in\left(\dfrac{1}{2},\dfrac{5}{8}\right)$，符合取等条件．所以当 $a,b,c>0$ 时，符合条件的 (a,b,c) 仅有一组．根据对称性，当 $a,b,c<0$ 时，符合条件的 (a,b,c) 也仅有一组．综上所述，使得 $ab+2bc$ 取得最大值的 (a,b,c) 的组数为 2．

【例4】对非负实数 a,b,c,d，有 $a+b+c+d=3$，则 $a+ab+abc+abcd$ 的最大值是 _____．

（2022 年北京大学上海地区）

【解析】我们先看 2 元的情况：

对非负实数 a,b，若 $a+b=3$，则 $a+ab$ 的最大值为 _____．

这里可用二次函数求解：$a+ab=a+a(3-a)=-a^2+4a=-(a-2)^2+4\leqslant 4$；

再看 3 元的情况：

对于非负实数 a,b,c，若 $a+b+c=3$，则 $a+ab+abc$ 的最大值是 _____．

在 2018 年北京大学的博雅计划中,曾对三元的情形进行过考查,我们利用磨光变换,将其转化为关于 a 的单变量函数:

$$a + ab + abc = a + ab(c+1) \leqslant a + a\left(\frac{b+c+1}{2}\right)^2 = a + a\left(\frac{4-a}{2}\right)^2,$$

易通过求导,得出 $a=2,b=1,c=0$ 时,$a+ab+abc$ 取得最大值 4.

下面我们猜想 n 元的情况,即:

对非负实数 $a_1,a_2,\cdots,a_n$,如果 $a_1+a_2+\cdots+a_n=3$,则 $a_1+a_1a_2+\cdots+a_1a_2\cdots a_n \leqslant 4$,当 $a_1=2$,$a_2=1,a_3=a_4=\cdots=a_n=0$ 时取等号.

下面我们通过调整法解决推广后的问题:

令 $F(a_1,a_2,\cdots,a_n)=a_1+a_1a_2+\cdots+a_1a_2\cdots a_n$,则

$$F(a_1,a_2,\cdots,a_{n-1}+a_n,0)-F(a_1,a_2,\cdots,a_n)$$
$$=a_1a_2\cdots a_{n-2}(a_{n-1}+a_n)-(a_1a_2+\cdots_{n-1}+a_1a_2\cdots a_{n-1}a_n)=a_1a_2\cdots a_{n-2}a_n(1-a_{n-1}).$$

而如果 $a_{n-1}\geqslant 1$,则 $F(a_1+a_{n-1}+1,a_2,\cdots,a_{n-2},1,a_n)-F(a_1,a_2,\cdots,a_{n-2},a_{n-1},a_n)=(a_{n-1}-1)$
$(1+a_2+a_2a_3+\cdots+a_2a_3\cdots a_{n-2})+(a_1+a_{n-1}-1-a_1a_{n-1})(a_2a_3\cdots a_{n-2})(1+a_n)=(a_{n-1}-1)[1+$
$a_2+a_2a_3+\cdots+a_2a_3\cdots a_{n-2}-(a_1-1)(1+a_n)(a_2a_3\cdots a_{n-2})]$.

注意到 $(a_1-1)(1+a_n)\leqslant\left(\frac{a_1-1+1+a_n}{2}\right)^2=\left(\frac{a_1+a_n}{2}\right)^2\leqslant 1$,则

$$a_2a_3\cdots a_{n-2}-(a_1-1)(1+a_n)(a_2a_3\cdots a_{n-2})\geqslant 0,$$

于是 $F(a_1+a_{n-1}+1,a_2,\cdots,a_{n-2},1,a_n)-F(a_1,a_2,\cdots,a_{n-2},a_{n-1},a_n)\geqslant 0$. 这表明,当 $n\geqslant 3$ 时,$F(a_1,a_2,\cdots,a_n)$ 取最大值时,$a_{n-1}\leqslant 1$,于是 $F(a_1,a_2,\cdots,a_{n-1}+a_n,0)-F(a_1,a_2,\cdots,a_{n-1},a_n)\geqslant 0$. 因此,当 $n\geqslant 3$ 时,$F(a_1,a_2,\cdots,a_n)$ 取最大值时,有 $a_n=0$. 于是就转化为 $n-1$ 的情形. 由数学归纳法,可知对任意 $n\geqslant 3$,$F(a_1,a_2,\cdots,a_n)$ 的最大值为 4,且当 $a_1=2,a_2=1,a_3=a_4=\cdots=a_n=0$ 时取等号.

【例 5】设 $x_1,x_2,\cdots,x_n$ 均为正数,且满足 $\dfrac{1}{x_1+2022}+\dfrac{1}{x_2+2022}+\cdots+\dfrac{1}{x_n+2022}=\dfrac{1}{2022}$.

证明:$\dfrac{\sqrt[n]{x_1x_2\cdots x_n}}{n-1}\geqslant 2022$.

(2022 年武汉大学)

【证明】方法一

由题意可知 $\dfrac{2022}{x_1+2022}+\dfrac{2022}{x_2+2022}+\cdots+\dfrac{2022}{x_n+2022}=1$. 令 $\dfrac{2022}{x_i+2022}=a_i(i=1,2,\cdots,n)$,从而 $x_n=$

$2022\left(\dfrac{1}{a_n}-1\right)$,于是待证不等式等价于:当 $a_1+a_2+\cdots+a_n=1$ 时,$\dfrac{\sqrt[n]{2022^n\left(\dfrac{1}{a_1}-1\right)\left(\dfrac{1}{a_2}-1\right)\cdots\left(\dfrac{1}{a_n}-1\right)}}{n-1}\geqslant$

2022,即 $\dfrac{(1-a_1)(1-a_2)\cdots(1-a_n)}{a_1a_2\cdots a_n}\geqslant(n-1)^n$.

由平均值不等式,知

$$1-a_1=a_2+a_3+\cdots+a_n\geqslant(n-1)\sqrt[n-1]{a_2a_3\cdots a_n},$$

$$1-a_2=a_1+a_3+\cdots+a_n\geqslant(n-1)\sqrt[n-1]{a_1a_3\cdots a_n},$$

$$\cdots\cdots$$

$$1-a_{n-1}=a_1+a_2+\cdots+a_{n-1}\geqslant(n-1)\sqrt[n-1]{a_1a_2\cdots a_{n-1}}.$$

则 $\dfrac{(1-a_1)(1-a_2)\cdots(1-a_n)}{a_1a_2\cdots a_n}\geqslant\dfrac{(n-1)^n a_1a_2\cdots a_n}{a_1a_2\cdots a_n}=(n-1)^n$,证毕.

方法二

设 $(x_1+2022)(x_2+2022)\cdots(x_n+2022)=A$,由 $\dfrac{1}{x_1+2022}+\dfrac{1}{x_2+2022}+\cdots+\dfrac{1}{x_n+2022}=\dfrac{1}{2022}$,

得 $\dfrac{1}{x_2+2022}+\cdots+\dfrac{1}{x_n+2022}=\dfrac{x_1}{2022(x_1+2022)}$. 由 $n-1$ 元均值不等式,得

$$\frac{x_1}{2022(x_1+2022)}\geqslant(n-1)^{n-1}\sqrt{\frac{x_1+2022}{A}}.$$

同理,有

$$\frac{x_2}{2022(x_2+2022)}\geqslant(n-1)^{n-1}\sqrt{\frac{x_2+2022}{A}},$$

$$\frac{x_3}{2022(x_3+2022)}\geqslant(n-1)^{n-1}\sqrt{\frac{x_3+2022}{A}},$$

$$\vdots$$

$$\frac{x_n}{2022(x_n+2022)}\geqslant(n-1)^{n-1}\sqrt{\frac{x_n+2022}{A}}.$$

将上述 n 个不等式相乘,得

$$\frac{x_1x_2\cdots x_n}{2022^n A}\geqslant(n-1)^{n-1}\sqrt{\frac{(x_1+2022)(x_2+2022)\cdots(x_n+2022)}{A^n}}=\frac{(n-1)^n}{A},$$

故 $\dfrac{\sqrt[n]{x_1x_2\cdots x_n}}{n-1}\geqslant2022$.

§2.5　常用不等式

一、柯西不等式

我们知道,两个向量 $\boldsymbol{a}=(a_1,a_2)$,$\boldsymbol{b}=(b_1,b_2)$ 满足 $\boldsymbol{a}\cdot\boldsymbol{b}=|\boldsymbol{a}||\boldsymbol{b}|\cos\langle\boldsymbol{a},\boldsymbol{b}\rangle$,由于 $|\cos\langle\boldsymbol{a},\boldsymbol{b}\rangle|\leqslant$

1,从而可得 $|\boldsymbol{a} \cdot \boldsymbol{b}| \leqslant |\boldsymbol{a}||\boldsymbol{b}|$,即 $|a_1 b_1 + a_2 b_2| \leqslant \sqrt{a_1^2 + a_2^2} \cdot \sqrt{b_1^2 + b_2^2}$,两边平方得 $(a_1 b_1 + a_2 b_2)^2 \leqslant (a_1^2 + a_2^2)(b_1^2 + b_2^2)$. 显然,等号在 $\boldsymbol{a}$ 与 $\boldsymbol{b}$ 共线时成立,即 $b_i = \lambda a_i$(λ 为常数,$i=1,2$)时等号成立. 因此,我们可以得到如下定理:

定理 1(Cauchy 不等式)　设 a_1, a_2, b_1, b_2 为任意实数,则 $(a_1 b_1 + a_2 b_2)^2 \leqslant (a_1^2 + a_2^2)(b_1^2 + b_2^2)$,当且仅当 a_i, b_i 不全为 0 且 $b_i = \lambda a_i$(λ 为常数,$i=1,2$)时等号成立.

此即为柯西不等式的二元形式. 类似地,我们可以得到 n 元形式的柯西不等式:

设 $a_1, a_2, \cdots, a_n$ 及 $b_1, b_2, \cdots, b_n$ 为任意实数,则

$$(a_1 b_1 + a_2 b_2 + \cdots + a_n b_n)^2 \leqslant (a_1^2 + a_2^2 + \cdots + a_n^2)(b_1^2 + b_2^2 + \cdots + b_n^2),$$

当且仅当 a_i, b_i 不全为 0 且 $b_i = \lambda a_i$(λ 为常数,$i=1,2,\cdots,n$)时等号成立.

【例 1】 已知实数 x, y, z 满足 $x + y + z = 1$,则 $x^2 + 4y^2 + 9z^2$ 的最小值为_____.

(2022 年南京大学)

【解析】 由柯西不等式,得 $\left[1^2 + \left(\dfrac{1}{2}\right)^2 + \left(\dfrac{1}{3}\right)^2\right] \cdot \left[x^2 + (2y)^2 + (3z)^2\right] \geqslant \left(1 \times x + \dfrac{1}{2} \times 2y + \dfrac{1}{3} \times 3z\right)^2 = (x + y + z)^2 = 1$,从而 $x^2 + 4y^2 + 9z^2 \geqslant \dfrac{36}{49}$,等号显然能够取到. 从而 $x^2 + 4y^2 + 9z^2$ 的最小值为 $\dfrac{36}{49}$.

【例 2】 已知正实数 x, y 满足 $\dfrac{8}{x} + \dfrac{1}{y} = 1$,则 $\sqrt{x^2 + y^2}$ 的最小值为_____.

(2021 年中国科学技术大学)

【解析】 方法一　利用柯西不等式

由柯西不等式,$2x + y = (2x + y)\left(\dfrac{8}{x} + \dfrac{1}{y}\right) \geqslant \left(\sqrt{2x} \cdot \sqrt{\dfrac{8}{x}} + \sqrt{y} \cdot \dfrac{1}{\sqrt{y}}\right)^2 = 25$,可得 $\sqrt{x^2 + y^2} \geqslant \dfrac{\sqrt{(4+1)(x^2 + y^2)}}{\sqrt{5}} \geqslant \dfrac{2x + y}{\sqrt{5}} \geqslant 5\sqrt{5}$,当且仅当 $x = 2y = 10$ 时取等号. 从而 $\sqrt{x^2 + y^2}$ 的最小值为 $5\sqrt{5}$.

方法二　利用平均值不等式

一方面,调整结构,利用三元平均值不等式,得

$$\sqrt{x^2 + y^2} = \sqrt{(x^2 + y^2)\left(\dfrac{8}{x} + \dfrac{1}{y}\right)^2} = \sqrt{(x^2 + y^2)\left(\dfrac{64}{x^2} + \dfrac{1}{y^2} + \dfrac{16}{xy}\right)}$$

$$= \sqrt{65 + \dfrac{x^2}{y^2} + \dfrac{64y^2}{x^2} + 16\left(\dfrac{x}{y} + \dfrac{y}{x}\right)}$$

$$= \sqrt{65 + \left(\dfrac{x^2}{y^2} + \dfrac{8y}{x} + \dfrac{8y}{x}\right) + 8\left(\dfrac{8y^2}{x^2} + \dfrac{x}{y} + \dfrac{x}{y}\right)} \geqslant \sqrt{65 + 3\sqrt[3]{64} + 24\sqrt[3]{8}} = 5\sqrt{5}.$$

从而 $\sqrt{x^2 + y^2} \geqslant 5\sqrt{5}$.

另一方面,取 $(x, y) = (10, 5)$,得 $\sqrt{x^2 + y^2} = 5\sqrt{5}$.

综上所述,$\sqrt{x^2 + y^2}$ 的最小值为 $5\sqrt{5}$.

方法三　利用赫尔德不等式

由赫尔德不等式,得 $(x^2+y^2)\left(\dfrac{8}{x}+\dfrac{1}{y}\right)\left(\dfrac{8}{x}+\dfrac{1}{y}\right) \geqslant (4+1)^3 = 125$,所以有 $\sqrt{x^2+y^2} \geqslant 5\sqrt{5}$,当且仅当 $x=2y=10$ 时等号成立,故最小值为 $5\sqrt{5}$.

> 本题的解析中的方法一两次利用了柯西不等式求得最小值.而解析中的方法三直接利用赫尔德不等式得出结论.
>
> 赫尔德(Holder)不等式:设 $a_i, b_i \in \mathbf{R}$,$p > 1$,且 $\dfrac{1}{p} + \dfrac{1}{q} = 1$,则 $\left(\sum\limits_{i=1}^{n} a_i^p\right)^{\frac{1}{p}}\left(\sum\limits_{i=1}^{n} b_i^q\right)^{\frac{1}{q}} \geqslant \sum\limits_{i=1}^{n} a_i b_i$,当且仅当 $a_i^p = \lambda b_i^q (i=1,2,\cdots,n)$ 时取等号.当 $p < 0$ 时,上述不等式反向成立,即
> $$\left(\sum\limits_{i=1}^{n} a_i^p\right)^{\frac{1}{p}}\left(\sum\limits_{i=1}^{n} b_i^q\right)^{\frac{1}{q}} \leqslant \sum\limits_{i=1}^{n} a_i b_i.$$

【例3】 已知 $ab+bc+cd+da=1$,则 $a^2+2b^2+3c^2+4d^2$ 的最小值为_____.

(2021 年北京大学)

【解析】 由柯西不等式,得 $(a^2+2b^2+3c^2+4d^2)\left(\dfrac{3}{2}+\dfrac{4}{3}+\dfrac{1}{2}+\dfrac{2}{3}\right) \geqslant 4 \times \dfrac{\sqrt{6}}{2} \times \dfrac{2\sqrt{6}}{3} = 8$,从而 $a^2+2b^2+3c^2+4d^2 \geqslant 2$.故 $a^2+2b^2+3c^2+4d^2$ 的最小值为 2.

> 本题的题设条件 $ab+bc+cd+da=1$ 可转化为 $(a+c)(b+d)=1$,显然这里积为定值,而目标式是一个平方和式,故可以考虑使用柯西不等式.而使用柯西不等式的关键在于找到两组数,为了调控 a,c 和 b,d 的系数,可利用待定系数法,具体如下:
> $$(a^2+2b^2+3c^2+4d^2)\left(\lambda^2+\dfrac{1}{2}\mu^2+\dfrac{1}{3}\lambda^2+\dfrac{1}{4}\mu^2\right)$$
> $$\geqslant (\lambda a+\lambda c+\mu b+\mu d)^2 = [\lambda(a+c)+\mu(c+d)]^2$$
> $$\geqslant 4\lambda\mu(a+c)(b+d) = 4\lambda\mu.$$
>
> 下面结合取等条件,可知 $\dfrac{a}{\lambda}=\dfrac{2b}{\mu}=\dfrac{3c}{\lambda}=\dfrac{4d}{\mu}=k$,$\lambda(a+c)=\mu(b+d)$,$(a+c)(b+d)=1$,取 $k=1$,可得 $a=\lambda$,$c=\dfrac{1}{3}\lambda$,$b=\dfrac{1}{2}\mu$,$d=\dfrac{1}{4}\mu$,代入 $\lambda(a+c)=\mu(b+d)$,得 $\dfrac{4}{3}\lambda^2=\dfrac{3}{4}\mu^2$.再代入 $(a+c)(b+d)=1$,得 $\lambda\mu=2$,解得 $\lambda^2=\dfrac{3}{2}$,$\mu^2=\dfrac{8}{3}$,即 $\lambda=\dfrac{\sqrt{6}}{2}$,$\mu=\dfrac{2\sqrt{6}}{3}$.从而即可得本题的解答.

二、排序不等式

定理 2　(排序不等式)设有两组数 $a_1, a_2, \cdots, a_n$ 和 $b_1, b_2, \cdots, b_n$,满足 $a_1 \leqslant a_2 \leqslant \cdots \leqslant a_n$,$b_1 \leqslant$

$b_2 \leqslant \cdots \leqslant b_n$，则有 $a_1 b_n + a_2 b_{n-1} + \cdots + a_n b_1 \leqslant a_1 b_{j_1} + a_2 b_{j_2} + \cdots + a_n b_{j_n} \leqslant a_1 b_1 + a_2 b_2 + \cdots + a_n b_n$，其中 $j_1, j_2, \cdots, j_n$ 是 $1, 2, \cdots, n$ 的一个排列. 简称为"逆序和≤乱序和≤顺序和".

【例 4】 设 a, b, c 和 $\left(a - \dfrac{1}{b}\right)\left(b - \dfrac{1}{c}\right)\left(c - \dfrac{1}{a}\right)$ 均为正整数，则 $2a + 3b + 5c$ 的最大值与最小值的差为（　　）.

A. 9　　　　　　　　B. 15　　　　　　　　C. 22　　　　　　　D. 前三个答案都不对

（2017 年北京大学）

【解析】 由于 $\left(a - \dfrac{1}{b}\right)\left(b - \dfrac{1}{c}\right)\left(c - \dfrac{1}{a}\right) = abc - a - b - c + \dfrac{1}{a} + \dfrac{1}{b} + \dfrac{1}{c} - \dfrac{1}{abc}$ 是正整数，因此 $m = \dfrac{1}{a} + \dfrac{1}{b} + \dfrac{1}{c} - \dfrac{1}{abc}$ 是正整数，接下来探究所有可能的解，不妨设 $a \leqslant b \leqslant c$. 显然 $a \leqslant 2$，否则 $m < 1$，不合题意，因此 $a = 1$，或 $a = 2$. 当 $a = 1$ 时，$b \geqslant 2$（否则 $a - \dfrac{1}{b} = 0$，不符合题意），因此 $0 < \dfrac{1}{b} + \dfrac{1}{c} - \dfrac{1}{bc} < 1$，因此 m 不可能是正整数；当 $a = 2$，此时 $0 < \dfrac{1}{a} + \dfrac{1}{b} + \dfrac{1}{c} - \dfrac{1}{abc} < 2$，于是 $m = 1$. 因此，$\dfrac{1}{b} + \dfrac{1}{c} - \dfrac{1}{2bc} = \dfrac{1}{2}$，即 $(b - c)(c - 2) = 3$，解得 $b = 3, c = 5$.

综上所述，符合题意的解为 $\{a, b, c\} = \{2, 3, 5\}$. 由排序不等式，可知 $2a + 3b + 5c$ 的最大值与最小值分别为 38 与 29，故所求的差为 9. 从而选 A.

【例 5】 W. Janous 猜想：设 $x, y, z > 0$，则 $\dfrac{y^2 - x^2}{z + x} + \dfrac{z^2 - y^2}{x + y} + \dfrac{x^2 - z^2}{y + z} \geqslant 0$.

【证明】 方法一　用排序不等式

考察两组实数 x^2, y^2, z^2 及 $y + z, z + x, x + y$，由对称性，不妨设 $x \geqslant y \geqslant z$，由此可得 $x^2 \geqslant y^2 \geqslant z^2$，$x + y \geqslant x + z \geqslant y + z$，从而 $\dfrac{1}{y + z} \geqslant \dfrac{1}{x + z} \geqslant \dfrac{1}{x + y}$，由排序不等式，得 $x^2 \dfrac{1}{y + z} + y^2 \dfrac{1}{x + z} + z^2 \dfrac{1}{x + y} \geqslant x^2 \dfrac{1}{z + x} + z^2 \dfrac{1}{y + z} + y^2 \dfrac{1}{x + y}$（顺序和不小于乱序和），移项后得 $\dfrac{y^2 - x^2}{z + x} + \dfrac{z^2 - y^2}{x + y} + \dfrac{x^2 - z^2}{y + z} \geqslant 0$.

方法二　代换法

令 $\begin{cases} z + x = u \\ x + y = v \\ y + z = w \end{cases}$，则 $\begin{cases} x = \dfrac{1}{2}(u + v - w) \\ y = \dfrac{1}{2}(v + w - u) \\ z = \dfrac{1}{2}(u + w - v) \end{cases}$，代入原不等式后转化为证明 $\dfrac{vw}{u} + \dfrac{wu}{v} + \dfrac{uv}{w} - (u + v + w) \geqslant$

0. 由于 $\dfrac{vw}{u} + \dfrac{wu}{v} \geqslant 2\sqrt{\dfrac{vw}{u} \cdot \dfrac{wu}{v}}$，则 $\dfrac{vw}{u} + \dfrac{wu}{v} \geqslant 2w$. 同理可得 $\dfrac{wu}{v} + \dfrac{uv}{w} \geqslant 2u$，$\dfrac{vw}{u} + \dfrac{uv}{w} \geqslant 2v$. 上述三个

不等式相加,得 $\dfrac{vw}{u}+\dfrac{wu}{v}+\dfrac{uv}{w}\geqslant u+v+w$,从而原不等式得证.

> 由本题的证法一,我们很容易将 W. Janous 猜想推广:设 $x_i>0(i=1,2,\cdots,n)$,$S=x_1+x_2+\cdots+x_n$,则 $\dfrac{x_2^2-x_1^2}{S-x_2}+\dfrac{x_3^2-x_2^2}{S-x_3}+\cdots+\dfrac{x_1^2-x_n^2}{S-x_1}\geqslant 0$.

三、琴生(Jensen)不等式

对于函数 $y=f(x)(x\in I)$,连接曲线上任意不同两点,所得线段称为曲线过这两点的弦.如果曲线 $y=f(x)(x\in I)$ 上任何弦都不在曲线在此弦两端点之间部分的下方,则函数 $y=f(x)$ 叫作 I 上的下凸函数,也可以说 $f(x)$ 在区间 I 上是下凸的.

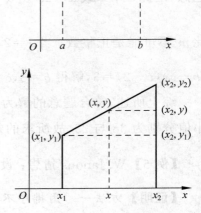

在 (x_1,y_1) 与 (x_2,y_2) 所确定的线段上任取一点 (x,y),则由三角形的相似关系,可知 $\dfrac{y-y_1}{y_2-y_1}=\dfrac{x-x_1}{x_2-x_1}=t$. 所以 $y=(1-t)y_1+ty_2$,$t\in(0,1)$. 设点 $(x_1,f(x_1))$,$(x_2,f(x_2))$ 确定的一条弦,那么前述的几何定义可表示为 $f((1-t)x_1+tx_2)\leqslant(1-t)f(x_1)+tf(x_2)$,$t\in(0,1)$.

为了表达式的对称性,设 $a_1=1-t$,$a_2=t$,于是 $a_1,a_2>0$ 且 $a_1+a_2=1$. 这样就得到了下凸函数的定义:

定义 1　设函数 $f(x)$ 在区间 I 上有定义,如果 $\forall x_1,x_2\in I(x_1\neq x_2)$,$\forall a_1,a_2>0$ 且 $a_1+a_2=1$,都有 $f(a_1x_1+a_2x_2)\leqslant a_1f(x_1)+a_2f(x_2)$,则称 $f(x)$ 为 I 上的下凸函数,如果不等号总成立,则称 $f(x)$ 为 I 上的严格下凸函数.

定义 2　设 $f(x)$ 在区间 I 上有定义,若 $a_1=a_2=\dfrac{1}{2}$,$f(x)$ 在区间 I 上称为下凸函数,当且仅当 $\forall x_1,x_2\in I$,有 $f\left(\dfrac{x_1+x_2}{2}\right)\leqslant\dfrac{f(x_1)+f(x_2)}{2}$.

我们可以将上面的两个定义推广到 n 个点的情形,从而可得到如下的定理:

定理 3　设 $f(x)$ 是定义在区间 I 上的下凸函数,则对 $x_1,x_2,\cdots,x_n\in I$ 及 $a_1,a_2,\cdots,a_n>0$ 且 $a_1+a_2+\cdots+a_n=1$,都有 $f(a_1x_1+a_2x_2+\cdots+a_nx_n)\leqslant a_1f(x_1)+a_2f(x_2)+\cdots+a_nf(x_n)$. 特别地,当 $a_1=a_2=\cdots=a_n=\dfrac{1}{n}$ 时,有 $f\left(\dfrac{x_1+x_2+\cdots+x_n}{n}\right)\leqslant\dfrac{1}{n}[f(x_1)+f(x_2)+\cdots+f(x_n)]$,当且仅当 $x_1=x_2=\cdots=x_n$ 时等号成立.

此即为**琴生(Jensen)不等式**.

此定理可用数学归纳法证明,有兴趣的读者可自行证明之.

【例 6】 已知 $\alpha,\beta\in\left(\dfrac{\pi}{4},\dfrac{\pi}{2}\right)$ 且 $\cos\alpha+\cos\beta-\cos(\alpha+\beta)=\dfrac{3}{2}$,求 α,β 的值.

(2022 年南京大学改编)

【解析】 函数 $y=\cos x$ 在 $x\in\left(\dfrac{\pi}{4},\dfrac{\pi}{2}\right)$ 上是上凸函数,因为 $\alpha,\beta\in\left(\dfrac{\pi}{4},\dfrac{\pi}{2}\right)$,所以 $\pi-(\alpha+\beta)\in\left(0,\dfrac{\pi}{2}\right)$,由琴生不等式,得

$$\cos\alpha+\cos\beta+\cos(\pi-\alpha-\beta)=\leqslant 3\cos\frac{\alpha+\beta+\pi-\alpha-\beta}{3}=\frac{3}{2},$$

即 $\cos\alpha+\cos\beta-\cos(\alpha+\beta)\leqslant\dfrac{3}{2}$. 由已知条件,上述不等式取等号,从而 $\alpha=\beta=\pi-\alpha-\beta$,解得 $\alpha=\beta=\dfrac{\pi}{3}$.

§2.6　不等式的应用

不等式是研究方程和函数的重要工具,通过运用不等式,我们可以解决与函数性质相关的问题,以及讨论方程中根与系数的关系等. 此外,不等式还可以帮助我们解决一些实际问题.

一、最值问题

【例 1】 设正实数 a,b 满足 $a+2b=1$,I 为 $\dfrac{b^2+a+2}{ab}$ 的最小值,则 $I=$ _____.

(2022 年清华大学)

【解析】 因为 $a>0,b>0,a+2b=1$,所以 $a=1-2b>0$,解得 $0<b<\dfrac{1}{2}$,从而 $\dfrac{b^2+a+2}{ab}=$

$\dfrac{b^2+3-2b}{(1-2b)b}=\dfrac{b(1-2b)+3}{(1-2b)b}=1+\dfrac{3}{b(1-2b)}=1+\dfrac{6}{2b(1-2b)}\geqslant 1+\dfrac{6}{\left(\dfrac{2b+1-2b}{2}\right)^2}=25$,当且仅当 $b=\dfrac{1}{4}$,

$a=\dfrac{1}{2}$ 时等号成立. 故 $I=25$.

【例 2】 已知 $a^2+b^2+ab=3$,求 a^2+b^2-ab 的最大值与最小值.

(2022 年清华大学)

【解析】 方法一　构造对偶式＋判别式法

令 $a=x+y,b=x-y$,从而

$$3 = a^2 + b^2 + ab = (x+y)^2 + (x-y)^2 + (x+y)(x-y) = 3x^2 + y^2,$$

因为 $a^2 + b^2 - ab = (x+y)^2 + (x-y)^2 - (x+y)(x-y) = x^2 + 3y^2$，令 $x^2 + 3y^2 = t$，则 $x^2 = t - 3y^2$，代入 $3x^2 + y^2 = 3$，得 $8y^2 + 3(1-t) = 0$，从而 $\Delta_1 = -4 \times 8 \times 3(1-t) \geqslant 0$，解得 $t \geqslant 1$；又因为 $y^2 = \dfrac{t-x^2}{3}$，代入 $3x^2 + y^2 = 3$，得 $8x^2 + t - 9 = 0$，从而 $\Delta_2 = -4 \times 8(t-9) \geqslant 0$，所以 $t \leqslant 9$.

综上所述，$1 \leqslant t \leqslant 9$. 所以 $a^2 + b^2 - ab$ 的最大值为 9，最小值为 1.

方法二　构造对偶式+对称引参

令 $a = x+y, b = x-y$，则 $3 = a^2 + b^2 + ab = (x+y)^2 + (x-y)^2 + (x+y)(x-y) = 3x^2 + y^2$，再令 $3x^2 = \dfrac{3}{2} - t, y^2 = \dfrac{3}{2} + t$，则 $-\dfrac{3}{2} \leqslant t \leqslant \dfrac{3}{2}$，从而 $a^2 + b^2 - ab = (x+y)^2 + (x-y)^2 - (x+y)(x-y) = x^2 + 3y^2 = \left(\dfrac{1}{2} - \dfrac{t}{3}\right) + \left(\dfrac{9}{2} + 3t\right) = 5 + \dfrac{8}{3}t$. 由于 $-\dfrac{3}{2} \leqslant t \leqslant \dfrac{3}{2}$，则 $1 \leqslant 5 + \dfrac{8}{3}t \leqslant 9$，所以 $a^2 + b^2 - ab$ 的最大值为 9，最小值为 1.

方法三　构造对偶式+三角换元

令 $a = x+y, b = x-y$，从而 $3 = a^2 + b^2 + ab = (x+y)^2 + (x-y)^2 + (x+y)(x-y) = 3x^2 + y^2$，令 $x = \cos\theta, y = \sqrt{3}\sin\theta$，所以

$$a^2 + b^2 - ab = (x+y)^2 + (x-y)^2 - (x+y)(x-y) = x^2 + 3y^2 = \cos^2\theta + 9\sin^2\theta = 1 + 8\sin^2\theta$$

易知 $1 \leqslant 1 + 8\sin^2\theta \leqslant 9$，从而 $1 \leqslant a^2 + b^2 - ab \leqslant 9$. 所以 $a^2 + b^2 - ab$ 的最大值为 9，最小值为 1.

方法四　重要不等式+配方法

由于 $3 = a^2 + b^2 + ab \geqslant 3ab$，则 $ab \leqslant 1$. 由 $3 = a^2 + b^2 + ab = (a+b)^2 - ab \geqslant -ab$，可知 $ab \geqslant -3$，所以 $a^2 + b^2 - ab = a^2 + b^2 + ab - 2ab = 3 - 2ab \in [1, 9]$. 故 $a^2 + b^2 - ab$ 的最大值为 9，最小值为 1.

本题解决方法较多，也可直接采用三角换元加以解决：

由 $a^2 + b^2 + ab = 3$，得 $\left(a + \dfrac{b}{2}\right)^2 + \dfrac{3}{4}b^2 = 3$，令 $a + \dfrac{b}{2} = \sqrt{3}\cos\theta, b = 2\sin\theta$，从而 $a = \sqrt{3}\cos\theta - \sin\theta$，代入 $a^2 + b^2 - ab$，得

$$
\begin{aligned}
a^2 + b^2 - ab &= (\sqrt{3}\cos\theta - \sin\theta)^2 + 4\sin^2\theta - 2(\sqrt{3}\cos\theta - \sin\theta)\sin\theta \\
&= 3 - 4\sqrt{3}\sin\theta\cos\theta + 4\sin^2\theta \\
&= 3 - 2\sqrt{3}\sin 2\theta + 4 \cdot \dfrac{1 - \cos 2\theta}{2} \\
&= 5 - 2(\sqrt{3}\sin 2\theta + \cos 2\theta) \\
&= 5 - 4\sin\left(2\theta + \dfrac{\pi}{6}\right)
\end{aligned}
$$

故 $1 \leqslant a^2 + b^2 - ab \leqslant 9$.

【例 3】 已知函数 $f(x) = \sin x \cos x + \sin x + \dfrac{2}{5}\cos x \left(0 \leqslant x \leqslant \dfrac{\pi}{2}\right)$ 的最大值与最小值分别是 M, m，

则（　　）.

A. $M = \dfrac{23}{8}$ 　　　　B. $m = \dfrac{2}{5}$ 　　　　C. $M = \dfrac{38}{25}$ 　　　　D. $m = \dfrac{1}{5}$

（2021 年清华大学）

【解析】 因为 $f'(x) = \cos^2 x - \sin^2 x + \cos x - \dfrac{2}{5}\sin x$，$f''(x) = -4\cos x \sin x - \sin x - \dfrac{2}{5}\cos x < 0$，所

以 $f'(x)$ 在 $\left[0, \dfrac{\pi}{2}\right]$ 上为减函数. 由 $f'(0) = 2 > 0$，$f'\left(\dfrac{\pi}{2}\right) = -\dfrac{7}{5} < 0$，以及零点存在性定理，知 $\exists x_0 \in$

$\left(0, \dfrac{\pi}{2}\right)$ 使得 $f'(x_0) = 0$，而且 $x \in (0, x_0)$ 时，$f(x)$ 单调递增；$x \in \left(x_0, \dfrac{\pi}{2}\right)$ 时，$f(x)$ 单调递减. 由待定

系数法及平均值不等式，可得

$$f(x) = \sin x \cos x + \sin x + \frac{2}{5}\cos x \leqslant \left(\frac{3}{8}\sin^2 x + \frac{2}{3}\cos^2 x\right) + \left(\frac{5}{8}\sin^2 x + \frac{2}{5}\right) + \left(\frac{1}{3}\cos^2 x + \frac{3}{25}\right) = \frac{28}{25},$$

当且仅当 $\begin{cases} \dfrac{3}{8}\sin^2 x = \dfrac{2}{3}\cos^2 x \\[2mm] \dfrac{5}{8}\sin^2 x = \dfrac{2}{5} \\[2mm] \dfrac{1}{3}\cos^2 x = \dfrac{3}{25} \end{cases}$，即 $\sin x_0 = \dfrac{4}{5}$，$\cos x_0 = \dfrac{3}{5}$ 时等号成立. 再由 $f(0) = \dfrac{2}{5}$，$f\left(\dfrac{\pi}{2}\right) = 1$，知 $m =$

$\dfrac{2}{5}$. 故选 BC.

> 本题若只求最大值时，也可直接利用平均值不等式：
>
> $$f(x) = \left(\sin x - \frac{4}{5}\right)\left(\cos x - \frac{3}{5}\right) + \frac{8}{5}\sin x + \frac{6}{5}\cos x - \frac{12}{25}$$
>
> $$\leqslant \frac{2 - \dfrac{8}{5}\sin x - \dfrac{6}{5}\cos x}{2} + \frac{8}{5}\sin x - \frac{6}{5}\cos x - \frac{12}{25}$$
>
> $$= \frac{4}{5}\sin x + \frac{3}{5}\cos x + \frac{13}{25} \leqslant \frac{38}{25}.$$
>
> 当且仅当 $\sin x = \dfrac{4}{5}$，$\cos x = \dfrac{3}{5}$ 时，等号成立. 所以 $M = \dfrac{38}{25}$.

【例 4】 已知二元函数

$$f(x, y) = \sqrt{4y^2 - 12y + 10} + \sqrt{18x^2 - 18x + 5} + \sqrt{18x^2 + 4y^2 - 12xy + 6x - 4y + 1}$$

的最小值为 a，求 $[8a^2]$ 的值.（$[x]$ 表示不超过 x 的最大整数，如 $[2.3] = 2$，$[-1.2] = -2$）

（2021 年邱成桐数学营）

【解析】 由闵可夫斯基不等式可得

$$f(x,y)=\sqrt{(2y-3)^2+1}+\sqrt{(1-3x)^2+(2-3x)^2}+\sqrt{(3x-2y+1)^2+(3x)^2}$$

$$\geqslant\sqrt{(2y-3+1-3x+3x-2y+1)^2+(1+2-3x+3x)^2}=\sqrt{10},$$

当且仅当 $x=\dfrac{5}{12},y=\dfrac{4}{3}$ 时等号成立. 故 $a=\sqrt{10}$,从而 $[8a^2]=80$.

为了方便,我们介绍一下闵可夫斯基不等式(这里,我们只介绍二维形式)

形式一(二元)

$$\sqrt{a_1^2+b_1^2}+\sqrt{a_2^2+b_2^2}\geqslant\sqrt{(a_1+a_2)^2+(b_1+b_2)^2}.$$

形式二(n 元)

$$\sqrt{a_1^2+b_1^2}+\sqrt{a_2^2+b_2^2}+\cdots+\sqrt{a_n^2+b_n^2}\geqslant\sqrt{(a_1+a_2+\cdots+a_n)^2+(b_1+b_2+\cdots+b_n)^2}$$

等号成立的条件为 $\dfrac{a_1}{b_1}=\dfrac{a_2}{b_2}=\cdots=\dfrac{a_n}{b_n}(b_i\neq0,i=1,2,\cdots,n)$,或 $a_i=b_i=0$.

证明:设点 $A_i(S_i,T_i)$,其中 $S_i=a_1+a_2+\cdots+a_i$,$T_i=b_1+b_2+\cdots+b_i$,则 $\sqrt{a_1^2+b_1^2}+\sqrt{a_2^2+b_2^2}+\cdots+\sqrt{a_n^2+b_n^2}=|OA_1|+|A_1A_2|+\cdots+|A_{n-1}A_n|\geqslant|OA_n|$,又因为 $|OA_n|=\sqrt{(a_1+a_2+\cdots+a_n)^2+(b_1+b_2+\cdots+b_n)^2}$,从而不等式得证.

二、范围问题

【例5】 设 $\triangle ABC$ 三边长为等差数列,则 $\cos A+\cos B+\cos C$ 的取值范围是_____.

(2022 年北京大学)

【解析】 不妨设 $\triangle ABC$ 的三边长为 $1-d,1,1+d$,则 $1-d+1>1+d$,从而 $0\leqslant d<\dfrac{1}{2}$. 由余弦定理,三内角的余弦值分别为 $\dfrac{1-4d}{2(1-d)}$,$\dfrac{2d^2+1}{2(1+d)(1-d)}$,$\dfrac{4d+1}{2(1+d)}$,所以 $y=\cos A+\cos B+\cos C=\dfrac{3-6d^2}{2-2d^2}$,其中 $d\in\left[0,\dfrac{1}{2}\right)$,即 $d^2\in\left[0,\dfrac{1}{4}\right)$. 易得 $y\in\left(1,\dfrac{3}{2}\right]$.

本题是一道非常典型的试题. 我们得到最大值的方法有很多,比如:

方法一　利用琴生不等式

在任意的 $\triangle ABC$ 中,由琴生不等式 $\cos A+\cos B+\cos C\leqslant3\cos\dfrac{A+B+C}{3}=\dfrac{3}{2}$,易知其最大值为 $\dfrac{3}{2}$.

方法二　配方法

$3-2(\cos A+\cos B+\cos C)=3-2\cos A+\cos B+2\cos A+\cos B-2\sin A\sin B=(\sin A-\sin B)^2+(\cos A+\cos B-1)^2\geqslant 0$，从而可以得到 $\cos A+\cos B+\cos C\leqslant\dfrac{3}{2}$．

方法三　放缩法

$$\cos A+\cos B+\cos C=\cos A+2\sin\frac{A}{2}\cos\frac{B-C}{2}\leqslant-2\sin^2\frac{A}{2}+2\sin\frac{A}{2}+1$$

$$=-2\left(\sin\frac{A}{2}-1\right)^2+\frac{3}{2}\leqslant\frac{3}{2}.$$

方法四　欧拉不等式$(R\geqslant 2r)$

$$\cos A+\cos B+\cos C=1+\frac{r}{R}\leqslant 1+\frac{r}{2r}=\frac{3}{2}.$$

方法五　和差化积

$\cos A+\cos B+\cos C=1+4\sin\dfrac{A}{2}\sin\dfrac{B}{2}\sin\dfrac{C}{2}$，再由 $\sin\dfrac{A}{2}\sin\dfrac{B}{2}\sin\dfrac{C}{2}\leqslant\dfrac{1}{8}$ 即得答案．而关于 $\cos A+\cos B+\cos C>1$ 的假设，则可采用反证法证明：假设 $\cos A+\cos B+\cos C\leqslant 1$，则 $\cos A+\cos B\leqslant 1-\cos C$，即 $2\cos\dfrac{A+B}{2}\cos\dfrac{A-B}{2}\leqslant 1-\left(1-2\sin^2\dfrac{C}{2}\right)$，整理得 $2\sin\dfrac{C}{2}\cos\dfrac{A-B}{2}-2\sin^2\dfrac{C}{2}\leqslant 0$，即 $2\sin\dfrac{C}{2}\left(\cos\dfrac{A-B}{2}-\sin\dfrac{C}{2}\right)\leqslant 0$．因为 $2\sin\dfrac{C}{2}>0$，所以 $\cos\dfrac{A-B}{2}-\sin\dfrac{C}{2}\leqslant 0$，即 $\cos\dfrac{A-B}{2}-\cos\dfrac{A+B}{2}\leqslant 0$，即 $\sin A\leqslant 0$，矛盾．

三、不等式的证明

【**例 6**】设 $x,y,z\in[0,1]$，证明：$\dfrac{1-x}{3-y-z}+\dfrac{1-y}{3-z-x}+\dfrac{1-z}{3-x-y}\leqslant 1-xyz$．

(2021 年南京大学)

【**证明**】不妨设 $x\geqslant y\geqslant z$，则

$$\frac{1-x}{3-y-z}+\frac{1-y}{3-x-z}+\frac{1-z}{3-x-y}\leqslant\frac{1-x}{3-x-y}+\frac{1-y}{3-x-y}+\frac{1-z}{3-x-y}$$

$$=\frac{3-x-y-z}{3-x-y}=1-\frac{z}{3-x-y}.$$

因此，只需证 $\dfrac{z}{1-x-y}\geqslant xyz$．由于 $z\in[0,1]$，故只需证 $\dfrac{1}{3-x-y}\geqslant xy$，也就是 $xy(3-x-y)\leqslant 1$．

由平均值不等式，可知 $xy(3-x-y)\leqslant\left(\dfrac{x+y+3-x-y}{3}\right)^3=1$ 成立，当且仅当 $x=y=3-x-y$

（即 $x=y=1$）时等号成立．从而原不等式得证．

【例 7】 若 $a_i,b_i\in\mathbf{R},i=1,2,\cdots,n,n\in\mathbf{N}^*$，证明：

(1) $|a_1+a_2+\cdots+a_n|\leqslant|a_1|+|a_2|+\cdots+|a_n|$；

(2) $\sqrt{a_1^2+a_2^2+\cdots+a_n^2}\leqslant|a_1|+|a_2|+\cdots+|a_n|$；

(3) $\left|\sqrt{a_1^2+a_2^2+\cdots+a_n^2}-\sqrt{b_1^2+b_2^2+\cdots+b_n^2}\right|\leqslant|a_1-b_1|+|a_2-b_2|+\cdots+|a_n-b_n|$．

（2022 年北京大学基础学科招生）

【证明】 (1) 因为 $-|a_i|\leqslant a_i\leqslant|a_i|$，所以 $-(|a_i|+|a_j|)\leqslant a_i+a_j\leqslant|a_i|+|a_j|$，从而得 $|a_i+a_j|\leqslant|a_i|+|a_j|(i,j=1,2,\cdots,n)$．由此结合归纳法，可知

$$|a_1+a_2+\cdots+a_n|\leqslant|a_1|+|a_2+\cdots+a_n|\leqslant|a_1|+|a_2|+|a_3|+\cdots+|a_n|$$

$$\leqslant\cdots\leqslant|a_1|+|a_2|+\cdots+|a_n|.$$

(2) 因为 $(|a_1|+|a_2|+\cdots+|a_n|)^2=a_1^2+a_2^2+\cdots+a_n^2+2|a_1||a_2|+2|a_1||a_3|+\cdots\geqslant a_1^2+a_2^2+\cdots+a_n^2$，所以 $\sqrt{a_1^2+a_2^2+\cdots+a_n^2}\leqslant|a_1|+|a_2|+\cdots+|a_n|$．

(3) $\left|\sqrt{a_1^2+a_2^2+\cdots+a_n^2}-\sqrt{b_1^2+b_2^2+\cdots+b_n^2}\right|=\dfrac{|(a_1^2+a_2^2+\cdots+a_n^2)-(b_1^2+b_2^2+\cdots+b_n^2)|}{\sqrt{a_1^2+a_2^2+\cdots+a_n^2}+\sqrt{b_1^2+b_2^2+\cdots+b_n^2}}=$

$\dfrac{|(a_1^2-b_1^2)+(a_2^2-b_2^2)+\cdots+(a_n^2-b_n^2)|}{\sqrt{a_1^2+a_2^2+\cdots+a_n^2}+\sqrt{b_1^2+b_2^2+\cdots+b_n^2}}\leqslant\dfrac{|a_1-b_1||a_1+b_1|+|a_2-b_2||a_2+b_2|+\cdots+|a_n-b_n||a_n+b_n|}{\sqrt{a_1^2+a_2^2+\cdots+a_n^2}+\sqrt{b_1^2+b_2^2+\cdots+b_n^2}}.$

因为 $\dfrac{|a_i+b_i|}{\sqrt{a_1^2+a_2^2+\cdots+a_n^2}+\sqrt{b_1^2+b_2^2+\cdots+b_n^2}}\leqslant\dfrac{|a_i|+|b_i|}{|a_i|+|b_i|}=1$，所以

$\dfrac{|a_1-b_1||a_1+b_1|+|a_2-b_2||a_2+b_2|+\cdots+|a_n-b_n||a_n+b_n|}{\sqrt{a_1^2+a_2^2+\cdots+a_n^2}+\sqrt{b_1^2+b_2^2+\cdots+b_n^2}}\leqslant|a_1-b_1|+|a_2-b_2|+\cdots+|a_n-b_n|.$

从而原不等式得证．

> 有趣的是，对于有些不含绝对值的不等式，也可以借助绝对值不等式来加以证明．

第 3 章 集合与逻辑

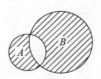

§3.1 集合及其运算

一、集合的概念

中学阶段已经深入探究了集合的概念、元素、交集、并集、补集、空集、集合的相等,本书不再赘述.
在上述内容的基础上,给出以下补充:

1. 差集

定义 1 由属于集合 A 但不属于集合 B 的元素组成的集合称为集合 A 和集合 B 的差集,记作
$A \backslash B$(也可记作 $A-B$),即 $A \backslash B=\{x \mid x \in A$ 且 $x \notin B\}$.

显然,如果 $B \subseteq A$,则 $A \backslash B=\complement_A B$.

2. 积集（也称直积）

集合 $A \times B$ 叫作集合 A 和集合 B 的直积(积集),定义为 $A \times B=\{(x, y) \mid x \in A, y \in B\}$.

3. 对称差集

定义 $(A-B) \bigcup(B-A)$ 为集合 A 和集合 B 的对称差集,记作 $A \triangle B$,即 $A \triangle B=\{x \mid x \in A$,或 $x \in B$,但 $x \notin A \bigcap B\}$.

$A \triangle B$ 可用韦恩图表示,即图中的阴影部分.

【例 1】 已知 $A=\{(x, y) \mid x+y+1 \geqslant \sqrt{2(x^2+y^2)}\}$,$B=\{(x, y) \mid |x-a|+|y-1| \leqslant 1\}$,若 $A \bigcap B=\varnothing$,则实数 a 的取值范围是_____.

（2022 年北京大学寒假学堂）

【解析】 我们先看集合 A:$\dfrac{x+y+1}{\sqrt{2}} \geqslant \sqrt{x^2+y^2}$,从而 A 中点到直线 $x+y+1=0$ 的距离大于或等于其到原点的距离,且 A 中点在直线 $x+y+1=0$ 的上方,从而可得 A 中点在以 $x+y+1=0$ 为准线,$(0,0)$ 为焦点的抛物线内部(包括边界).

再看集合 B:由题可知 B 中点在由 $y=x-a$,$y=a-x$,$y-2=x-a$,$y-2=a-x$ 所围成的正方形的内部,如图所示.

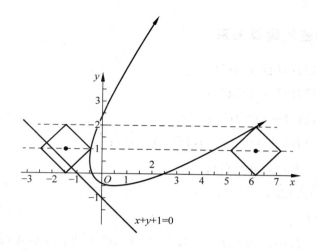

若 B 中点在抛物线的右侧,只需满足点 $(a,2)$ 在抛物线外侧即可,从而 $a+3 < \sqrt{2(a^2+4)}$,解得 $a < 3-\sqrt{10}$ 或 $a > 3+\sqrt{10}$,这里我们取 $a > 3+\sqrt{10}$;

若 B 中点在抛物线的左侧,只需满足点 $(a+1,1)$ 在抛物线外即可,所以 $a+3 < \sqrt{2[(a+1)^2+1]}$,解得 $a < 1-\sqrt{6}$ 或 $a > 1+\sqrt{6}$,这里我们取 $a < 1-\sqrt{6}$.

综上所述,实数 a 的取值范围是 $(-\infty, 1-\sqrt{6}) \cup (3+\sqrt{10}, +\infty)$.

本题我们也可以采用数形结合的方法进行解决:由题意知 A 是以原点为焦点,直线 $x+y+1=0$ 为准线的抛物线及其凹口内侧的点集,B 是以 $(a,1)$ 为中心的正方形及其内部的点集(如图所示).

令 $y=1$,代入方程 $|x+y+1|=\sqrt{2(x^2+y^2)}$,得 $x^2-4x-2=0$,解得 $x=2\pm\sqrt{6}$,所以 $a < 2-\sqrt{6}-1=1-\sqrt{6}$;

令 $y=2$,代入方程 $|x+y+1|=\sqrt{2(x^2+y^2)}$,得 $x^2-6x-1=0$,解得 $x=3\pm\sqrt{10}$,所以 $a > 3+\sqrt{10}$.

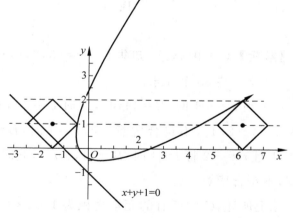

综上所述,实数 a 的取值范围是 $(-\infty, 1-\sqrt{6}) \cup (3+\sqrt{10}, +\infty)$.

二、集合的运算

1. 摩尔根法则

设 I 是全集,$A \subseteq I$,$B \subseteq I$,则 $\complement_I(A \cup B) = (\complement_I A) \cap (\complement_I B)$,$\complement_I(A \cap B) = (\complement_I A) \cup (\complement_I B)$.

2. 集合的并、交、差、对称差的运算关系

(1) $A \cup (B \cap C) = (A \cup B) \cap (A \cup C)$;

(2) $A \cap (B \cup C) = (A \cap B) \cup (A \cap C)$;

(3) $(A - B) \cap C = (A \cap C) - (B \cap C)$;

(4) $(A - B) - C = A - (B \cup C) = (A - B) \cap (A - C)$;

(5) $A - (B \cap C) = (A - B) \cup (A - C)$;

(6) $C \cap (A \triangle B) = (C \cap A) \triangle (C \cap B)$;

(7) $A \cup (A \triangle B) = A \cup B$.

【例2】(1) 已知 $A = \{1, 2, \cdots, 100\}$, $B = \{3x \mid x \in A\}$, $C = \{2x \mid x \in A\}$, 求 $B \cap C$ 中元素个数.

(2022 年上海交通大学)

(2) 集合 $A = \{1, 2, t\}$, $B = \{a^2 \mid a \in A\}$, $C = A \cup B$, 若 C 中元素和为 6, 则其元素之积为(　　).

A. 1　　　　　　　B. -1　　　　　　　C. 8　　　　　　　D. -8

(2022 年上海交通大学)

(3) 已知全集 $U = \{1, 2, 3, 4, 5, 6, 7\}$, $A \cap \complement_U B = \{1, 3, 4, 6\}$, 则 $(\complement_U A) \cup B = (\quad)$.

A. $\{2, 5, 7\}$　　　B. $\{1, 3, 4, 6\}$　　　C. $\{1, 2, 3, 4, 5, 6, 7\}$　　D. $\varnothing$

(2021 年清华大学文科营暨工科营)

(4) 已知集合 $A = \{x \mid x^2 - a < 0\}$, $B = \left\{x \mid \dfrac{x-1}{x-4} < 0\right\}$, 且 $A \cap B = (1, 3)$, 则实数 a 等于(　　).

A. 3　　　　　　　B. 4　　　　　　　C. 9　　　　　　　D. 16

(2021 年清华大学语言类保送暨高水平艺术团)

【解析】(1) 由题意, 知集合 $B = \{3, 6, 9, \cdots, 300\}$, $C = \{2, 4, 6, \cdots, 200\}$, 从而 $B \cap C = \{6, 12, 18, \cdots, 198\}$, 共 33 个元素.

(2) 当 $t = -1$ 时, $B = \{1, 4\}$, 此时 $C = \{1, 2, -1, 4\}$, 符合题意; 当 $t = -2$ 时, $B = \{1, 4\}$, 此时 $C = \{1, 2, -2, 4\}$, 不符合题意; 当 $t = 4$ 时, $B = \{1, 4, 16\}$, 此时 $C = \{1, 2, 4, 16\}$, 不符合题意; 当 $t \neq -1$ 且 $t \neq -2$ 且 $t \neq 4$ 时, $B = \{1, 4, t^2\}$, 此时 $C = \{1, 2, t, 4, t^2\}$, 从而 $1 + 2 + t + 4 + t^2 = 6$, 此方程无解, 不符合题意.

综上所述, C 中所有的元素之积为 $1 \times 2 \times (-1) \times 4 = -8$, 故选 D.

(3) $(\complement_U A) \cup B = \complement_U (A \cap \complement_U B) = \{2, 5, 7\}$, 故选 A.

(4) 因为 $B = \left\{x \mid \dfrac{x-1}{x-4} < 0\right\} = \{x \mid 1 < x < 4\}$, $A = \{x \mid x^2 - a < 0\} = \{x \mid x^2 < a\}$, $A \cap B = (1, 3)$, 所以 $x^2 < a$ 必有解, 从而 $-\sqrt{a} < x < \sqrt{a}$, 则 $\sqrt{a} = 3$, 即 $a = 9$. 故选 C.

【例3】已知 A_1, A_2, A_3, A_4, A_5 是五个矩形区域(边平行于坐标轴). 证明: 存在两个集合 A_4, A_5, 满足 $(A_1 \cap A_2 \cap A_3) \subsetneqq (A_4 \cup A_5)$.

(2022 年中国科学技术大学)

【证明】 首先,任意三个矩形的交集非空,否则取这个三个集合即可. 所以 $A_1 \cap A_2 \cap A_3 \cap A_4 \cap A_5$ 非空.

注意 5 个矩形的交集仍是矩形,其左侧横坐标是这 5 个矩形左侧横坐标的最大值,其右侧横坐标是这 5 个矩形右侧横坐标的最小值. (如图所示,定义 x_1, x_2 为左右横坐标 y_1, y_2 为上下纵坐标)

取出左侧横坐标最大,右侧横坐标最小的 2 个矩形(可能是同一个),记为①.

再考虑剩下 3 个矩形的纵坐标,删去上侧纵坐标最大,或下侧纵坐标最小的矩形,取剩下的 1 个或 2 个矩形,记为②. 再与前面横坐标选出的 1 个或 2 个矩形构成 $A_1 \cap A_2 \cap A_3$,另外的两个构成 $A_4 \cup A_5$,则 $A_1 \cap A_2 \cap A_3$ 的横坐标的范围包含在 A_4, A_5 中,且 A_4, A_5 的纵坐标范围覆盖了②的纵坐标范围.

所以 $(A_1 \cap A_2 \cap A_3) \subsetneqq (A_4 \cup A_5)$.

三、有限集的子集个数

n 元有限集合有 2^n 个子集.

【例 4】 A, B, C 均为 $U = \{1, 2, 3, \cdots, 2020\}$ 的子集,且 $A \subseteq C, B \subseteq C$,则有序集合对 (A, B, C) 有 _____ 对.

(2020 年清华大学)

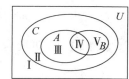

【解析】 由题意,集合 A, B, C 与 I 的关系如图所示,从而任何一个元素都等可能地落在图中的 Ⅰ, Ⅱ, Ⅲ, Ⅳ, Ⅴ 五块区域内,故 (A, B, C) 有 5^{2020} 对.

设 C 为 U 的 n 元子集,那么 A, B 均有 2^n 种,则 (A, B, C) 的个数为 $\sum_{n=0}^{2020} C_{2020}^n \cdot 2^n \cdot 2^n = \sum_{n=0}^{2020} C_{2020}^n \cdot 4^n = (1 + 4)^{2020} = 5^{2020}$.

四、整点

在平面直角坐标系中,横、纵坐标均为整数的点叫作整点,整点也叫作格点. 类似地,可定义空间直角坐标系中的整点.

1. 整点多边形的面积公式

顶点都在整点上的简单多边形(即不自交的多边形),其面积为 S,多边形内的整点数为 N,多边

形边上的整点数为 L，则 $S = N + \dfrac{L}{2} - 1$.

2. 正方形内的整点

(1) 各边均平行于坐标轴的正方形，如果内部不含整点，则它的面积最大是 1；

(2) 内部不含整点的正方形面积最大是 2；

(3) 内部只含一个整点的正方形面积最大是 4.

3. 圆内整点问题

设 $A(r)$ 表示区域 $x^2 + y^2 \leqslant r^2$ 上的整点数，r 是正实数，则

$$A(r) = 1 + 4[r] + 4\sum_{1 \leqslant s \leqslant r} \left[\sqrt{r^2 - s^2}\right] \ \text{或} \ A(r) = 1 + 4[r] + 8\sum_{1 \leqslant s \leqslant \frac{r}{\sqrt{2}}} \left[\sqrt{r^2 - s^2}\right] - 4\left[\frac{r}{\sqrt{2}}\right]^2.$$

其中，$[x]$ 表示不超过 x 的最大整数.

此外，当 r 充分大时，区域 $x^2 + y^2 \leqslant r^2$ 的格点数 $A(r)$ 接近 πr.

4. 整点的其他性质

(1) 不存在整点正三角形.

(2) 当 $n \geqslant 5$ 时，不存在整点正 n 边形.

【例 5】 已知集合 $A = \{(x, y) \mid x^2 + y^2 \leqslant 3, x \in \mathbf{Z}, y \in \mathbf{Z}\}$，则 A 中元素的个数为（　　）.

A. 4　　　　　　　　B. 5　　　　　　　　C. 8　　　　　　　　D. 9

（2022 年上海交通大学）

【解析】 *方法一*

易知 $x^2 \leqslant 3, y^2 \leqslant 3$，又因为 $x, y \in \mathbf{Z}$，故 x, y 的可能取值为 $-1, 0, 1$. 此时 $x^2 + y^2 \leqslant 3$ 必然成立，故满足条件的 (x, y) 有 $3 \times 3 = 9$ 对，选 D.

方法二　直接利用圆内的整点个数

由题意知圆内整点数为 $A(3) = 1 + 4 \times [\sqrt{3}] + 4 \times [\sqrt{3-1}] = 1 + 4 + 4 = 9$. 从而选 D.

§3.2　容斥原理与抽屉原理

容斥原理与抽屉原理是数学中两个极为朴素的原理，它们能很好地考查学生的思维灵活性和构造能力，在高校的强基计划命题中颇受青睐.

一、容斥原理

容斥原理：用 $\text{card}(X)$ 表示集合 X 所含元素的个数，则

（1）$\text{card}(A \cup B) = \text{card}(A) + \text{card}(B) - \text{card}(A \cap B)$；

（2）$\text{card}(A \cup B \cup C) = \text{card}(A) + \text{card}(B) + \text{card}(C) - \text{card}(A \cap B) -$
$\text{card}(A \cap C) - \text{card}(B \cap C) + \text{card}(A \cap B \cap C)$.

我们不难将其推广到 n 个集合的情况，即

$$\text{card}\left(\bigcup_{i=1}^{n} A_i\right) = \sum_{i=1}^{n} \text{card}(A_i) - \sum_{1 \leq i < j \leq n} \text{card}(A_i \cap A_j) +$$
$$\sum_{1 \leq i < j < k \leq n} \text{card}(A_i \cap A_j \cap A_k) - \cdots + (-1)^{n-1} \text{card}\left(\bigcap_{i=1}^{n} A_i\right).$$

【例1】 现有 7 把钥匙和 7 把锁，用这些钥匙随机开锁，则 D_1, D_2, D_3 这三把钥匙不能打开对应锁的概率是_____．

（2021 年北京大学）

【解析】 全部情形共有 $A_7^7 = 7!$ 种．记第 i 把锁被打开的情形构成集合 $A_i (i = 1, 2, 3)$，则 $\text{card}(A_i) = 6!$，$\text{card}(A_i \cap A_j) = 5!$，$\text{card}(A_1 \cap A_2 \cap A_3) = 4!$. 由容斥原理知所求概率为 $\dfrac{7! - C_3^1 \times 6! + C_3^2 \times 5! - 4!}{7!} = \dfrac{67}{105}$.

【例2】 设集合 A 与集合 B 都是有限集合，定义 $d(A, B) = \text{card}(A \cup B) - \text{card}(A \cap B)$，其中 $\text{card}(A)$ 表示有限集 A 中的元素个数．

命题①：对任意有限集 A, B，"$A \neq B$"是"$d(A, B) > 0$"的充要条件；

命题②：对任意有限集 A, B, C，有 $d(A, C) \leq d(A, B) + d(B, C)$.

则（　　）.

A. 命题①与命题②都成立

B. 命题①与命题②都不成立

C. 命题①成立，命题②不成立

D. 命题①不成立同，命题②成立

（2018 年清华大学）

【解析】 由题意，$d(A, B) = \text{card}(A \cup B) - \text{card}(A \cap B) = \text{card}(A) + \text{card}(B) - 2\text{card}(A \cap B) = \text{card}(A - B) + \text{card}(B - A)$ 即 $d(A, B)$ 表示集合 A, B 中不属于 $A \cap B$ 元素个数．

① 充分性：对任意有限集合 A, B，若 $A \neq B$，则 A, B 中至少存在一个元素．不妨设 a 满足 $a \in A$，但 $a \notin B$，即集合 A, B 中至少有一个元素不属于集合 $A \cap B$，因此 $d(A, B) > 0$ 成立；

必要性：若 $d(A, B) > 0$，则集合 A, B 中至少有一个元素不属于集合 $A \cap B$，因此 $A \neq B$，故命题①成立．

② 设 $A_1 = A - (B + C)$，$B_1 = B - (A + C)$，$C_1 = C - (A + B)$，$M = A \cap B \cap C$，$D = (A \cap B) - M$，$E = (B \cap C) - M$，$F = (A \cap C) - M$，则 $A_1 \cap B_1 \cap C_1 \cap D \cap E \cap F \cap M = \varnothing$，因此

$$d(A,B)+d(B,C)-d(A,C)$$
$$=\operatorname{card}(A_1)+\operatorname{card}(F)+\operatorname{card}(B_1)+\operatorname{card}(E)+\operatorname{card}(B_1)+\operatorname{card}(D)+$$
$$\operatorname{card}(C_1)+\operatorname{card}(F)-\operatorname{card}(A_1)-\operatorname{card}(D)-\operatorname{card}(C_1)-\operatorname{card}(E)$$
$$=2[\operatorname{card}(B_1)+\operatorname{card}(F)]\geqslant 0,$$

即 $d(A,C)\leqslant d(A,B)+d(B,C)$,故命题②成立.

综上所述,命题①②都成立. 故选 A.

二、抽屉原理

我们知道,把三个苹果放进两个抽屉,必有一个抽屉里至少有两个苹果. 这就是著名的抽屉原理. 抽屉原理常见的形式有

(1) 把 $n+k(k\geqslant 1)$ 个物体以任意的方式全部放入 n 个抽屉中,一定存在一个抽屉中至少有两个物体;

(2) 把 $mn+k(k\geqslant 1)$ 个物体以任意的方式全部放入 n 个抽屉中,一定存在一个抽屉中至少有 $m+1$ 个物体;

(3) 把 $m_1+m_2+\cdots+m_n+k(k\geqslant 1)$ 个物体以任意方式全部放入 n 个抽屉中,则要么在一个抽屉里至少放入了 m_1+1 个物体,要么在第二个抽屉里至少放入了 m_2+1 个物体,$\cdots$,要么在第 n 个抽屉里至少放入了 m_n+1 个物体;

(4) 把 m 个物体以任意方式全部放入 n 个抽屉中,有两种情况:

① 当 $n\mid m$ 时 $(n\mid m$ 表示 n 整除 $m)$,一定存在一个抽屉中至少放入了 $\dfrac{m}{n}$ 个物体;

② 当 n 不能整除 m 时,一定存在一个抽屉中至少放入了 $\left[\dfrac{m}{n}\right]+1$ 个物体($[x]$ 表示不超过 x 的最大整数).

抽屉原理使用的关键在于根据具体问题的情景构造相应的"抽屉".

【例 3】 设 $x_1,x_2,\cdots,x_n$ 是给定的 n 个实数.

证明:存在实数 x 使得 $\{x-x_1\}+\{x-x_2\}+\cdots+\{x-x_n\}\leqslant\dfrac{n-1}{2}$.

(这里 $\{x\}$ 表示 x 的小数部分)

【证明】 由 $\{x\}+\{-x\}=\begin{cases}1, & x\notin \mathbf{Z},\\ 0, & x\in \mathbf{Z},\end{cases}$ 知 $\{x\}+\{-x\}\leqslant 1$. 设 $f_i(x)=\{x_i-x_1\}+\{x_i-x_2\}+\cdots+\{x_i-x_n\}$,则

$$\sum_{i=1}^{n}f_i(x)=\sum_{1\leqslant i<j\leqslant n}(\{x_i-x_j\}+\{x_j-x_i\})\leqslant \sum_{1\leqslant i<j\leqslant n}1=\mathrm{C}_n^2=\dfrac{n(n-1)}{2}.$$

由抽屉原理,知必存在 $k(1{\leqslant}k{\leqslant}n)$,使 $f_k(x){\leqslant}\dfrac{1}{n}\mathrm{C}_n^2=\dfrac{n-1}{2}$. 取 $x=x_k$,由上式,得 $\{x-x_1\}+\{x-x_2\}+\cdots+\{x-x_n\}{\leqslant}\dfrac{n-1}{2}$.

§3.3　子集类与映射

一、子集的划分

把一个集合 M 分成若干个非空子集 $A_1,A_2,\cdots,A_n$,如果满足:

(1) $A_i\bigcap A_j=\varnothing(1{\leqslant}i,j{\leqslant}n)$;

(2) $\bigcup\limits_{i=1}^{n}A_i=M$;那么这些子集的全体称为集合 M 的一个 n 分划,其中每一个子集叫作集合 M 的一个类. 由集合划分的定义,我们容易证明一个非常有用的性质:

设 $A_1,A_2,\cdots,A_n$ 是有限集合 M 的一个 n 分划,则 $\mathrm{Card}(M)=\sum\limits_{i=1}^{n}\mathrm{Card}(A_i)$. 这是一个基本的计数公式,被称为**加法原理**.

对于集合问题,我们可以得到如下简单的事实:

最小数原理 Ⅰ:设 M 是正整数集的一个非空子集,则 M 中必有最小数.

最小数原理 Ⅱ:设 M 是实数集的一个有限非空子集,则 M 中必有最小数.

我们将上述两个简单的事实统称为**最小数原理**. 类似地,我们也可以得到相似的推论:

推论:设 M 是实数集的一个有限非空子集,则 M 中必有最大数.

【例 1】已知集合 $U=\{0,1,2,\cdots,2021\}$,$S{\subseteq}U$,且 S 中任意两项的和不是 5 的倍数,求 S 中元素个数的最大值.

(2021 年清华大学)

【解析】 *方法一*

将集合 $U=\{0,1,2,\cdots,2021\}$ 中的元素按照被 5 除所得的余数分为 5 个子集,即

$$A_1=\{1,6,11,\cdots,2021\},A_2=\{2,7,\cdots,2017\},A_3=\{3,8,\cdots,2018\},$$

$$A_4=\{4,9,\cdots,2019\},A_0=\{0,5,\cdots,2020\}.$$

易知集合 A_1,A_2,A_3,A_4,A_0 中分别含有 $405,404,404,404,405$ 个元素,故 S 最多包含 A_0 的一个元素,而如果 S 包含其他任意一个子集中的一个元素时,则它包含这个子集中的所有元素. 另外,S 不能同时包含 A_1,A_4 中的元素;同样,S 也不能同时包含 A_2,A_3 中元素.

故 S 的元素最多有 $1+405+404=810$ 个.

方法二

将集合 $U=\{0,1,2,\cdots,2021\}$ 按照被 5 除所得余数分成 5 个子集,即

$$A_1=\{1,6,11,\cdots,2021\},A_2=\{2,7,\cdots,2017\},A_3=\{3,8,\cdots,2018\},$$

$$A_4=\{4,9,\cdots,2019\},A_0=\{0,5,\cdots,2020\}.$$

下面证明 $S=A_1\cup A_2\cup\{5\}$ 为满足要求的元素最多的集合. 首先对 $a,b\in S,a\neq b$ 有 3 种可能:

(1) $a,b\in A_i(i=1,2)$,则 $a+b\equiv 2i(\bmod 5)$,故 $a+b$ 不能被 5 整除;

(2) $a\in A_i,b\in A_j(1\leqslant i\neq j\leqslant 2)$,则 $a+b\equiv i+j(\bmod 5)$,故 $a+b$ 不能被 5 整除;

(3) $a\in A_i(i=1,2),b=5$,则 $a+b\equiv i(\bmod 5)$,故 $a+b$ 不能被 5 整数.

综上所述,S 中任意两数之和不能被 5 整除.

之后证明若 S 中添加一个元素 c,则必存在 S 中的一个元素与 c 的和能被 5 整除. 添加的 c 有 3 种可能:

(1) 若 $c\in A_3$,则 c 与 A_2 中的元素之和能被 5 整除;

(2) 若 $c\in A_4$,则 c 与 A_1 中的元素之和能被 5 整除;

(3) 若 $c\in A_0$,则 c 与 5 的和能被 5 整除.

综上所述,S 中不能再添加元素.

故 S 中元素数目的最大值为 $\mathrm{Card}(S)=\mathrm{Card}(A_1)+\mathrm{Card}(A_2)+1=405+404+1=810$.

本题实际上是集合的划分问题,利用余数构造集合的划分是解决本题的关键,也是解决问题的一种常用手段. 对于两个不同的自然数 $m,n,m+n$ 不是 5 的倍数,即 $m+n$ 被 5 除的余数不为 0. 我们可以将集合 $U=\{0,1,2,\cdots,2021\}$ 按照其元素被 5 除的得的余数对集合进行划分,余数相同的组成一个集合,这样可得到 5 个子集. 然后再从这 5 个集合中适当抽取满足题意的元素组成集合 S 即可.

在本题的解析的方法二中,我们首先按模 5 的剩余类对集合 $U=\{0,1,2,\cdots,2021\}$ 中的元素进行分类的想法是很自然的,在后面的解答中又进行了两次分类,但是这两个分类的理由已经蕴含在最初的分类之中了.

本题最早出现在第 43 届美国中学生数学竞赛中:

设 S 为集合 $\{1,2,\cdots,50\}$ 的子集,并且 S 中任意两个元素之和不能被 7 整除,求 S 中元素最多有多少个?

有兴趣的读者可以一试.

【例 2】 从集合 $\{1,2,3,\cdots,12\}$ 中任取 3 个数,则这 3 个数的和能被 3 整除的概率是_____.

（2021 年清华大学自强计划）

【解析】 按 $\bmod 3$ 进行分类,将集合分为以下三类:

$$A_1=\{1,4,7,10\},A_2=\{2,5,8,11\},A_0=\{3,6,9,12\}.$$

任取三个数,若使其和是 3 的倍数,则取法有以下两种:

(1) 3 个数均取自于同一个集合,共有 $3C_4^3 = 12$ 种不同的取法;

(2) 3 个数分别取自于三个不同的集合,即一个集合中取一个数,则有 $C_4^1 C_4^1 C_4^1 = 64$ 种不同的取法.

因此,从集合 $\{1,2,3,\cdots,12\}$ 中任取 3 个数,其和能被 3 整除的取法共为 $64 + 12 = 76$ 种不同的取法. 而从集合 $\{1,2,3,\cdots,12\}$ 中任取 3 个数的取法有 $C_{12}^3 = 220$ 种. 故所求概率为 $\dfrac{76}{220} = \dfrac{19}{55}$.

【例 3】 将不大于 12 的正整数分成 6 个两两交集为空的二元集合,且每个集合中的两个元素互质,则不同的分法有_____种.

(2022 年北京大学)

【解析】 易知 $\{2,4,6,8,10,12\}$ 中的元素两两不互质,因此恰好在 6 个不同的集合中,设依次在集合 $Y_2,Y_4,\cdots,Y_{12}$ 中,则 $1,7,11$ 可以任意放在上述 6 个集合中,5 不能放在 Y_{10} 中,$3,9$ 不能放在 Y_6 或 Y_{12} 中,因此可以分为两种情况讨论:

(1) 若 5 放入了 Y_6 或 Y_{12} 中,有 A_2^1 种情况,此时 3 与 9 可在 4 个集合中选择,有 A_4^2 种情况,而 $1,7,11$ 放入其余 3 个集合有 A_3^3 种情况;

(2) 若 5 没有放入 Y_6 或 Y_{12} 中,则 5 有 3 个集合可以选择,有 A_3^1 种情况,进而 3 与 9 可在 3 个集合中选择,有 A_3^2 种情况,而 $1,7,11$ 放入其余 3 个集合有 A_3^3 种情况.

综上所述,不同的集合拆分的方法共有 $A_2^1 A_4^2 A_3^3 + A_3^1 A_3^2 A_3^3 = 252$ 种.

【例 4】 已知集合 A 中有 2022 个元素,它的两个子集记为 S,T,它们的交集不是空集,则这样的 (S,T) 有_____组.

(2022 年北京大学暑假学堂)

【解析】 设 $\mathrm{Card}(S) = k$. 当 $k = 0$ 时,(S,T) 有 2^{2022} 组;当 $k \geqslant 1$ 时,S 有 C_{2022}^k 种,对于同一个 S,T 有 2^{2022-k} 种,故共有 $C_{2022}^k 2^{2022-k}$ 种.

综上所述,如果 $S \bigcap T = \varnothing$,则 (S,T) 共有 $\sum\limits_{k=1}^{2022} C_{2022}^k 2^{2022-k} + 2^{2022}$ 组,即 3^{2022} 组. 而子集对共有 $2^{2022} \times (2^{2022} - 1)$ 组,所以满足 $S \bigcap T \neq \varnothing$ 的 (S,T) 有 $4^{2022} - 3^{2022} - 2^{2022}$ 组.

二、集合中的映射

设 A 和 B 是两个非空集合,如果存在一个确定的对应关系 f,使得对于集合 A 中的任意元素 x,在集合 B 中都有唯一的元素 y 与之对应,那么就称这种对应 $f: A \rightarrow B$ 为集合 A 到集合 B 的一个映射(mapping). 其中,元素 x 称为这个映射的**原像**,y 称为 x 在这个映射下的**像**.

理解映射 $f: A \rightarrow B$ 的关键是抓住集合 A 中元素在集合 B 中像的存在性与唯一性. 根据映射中像与原像的不同状态,有以下几种常用的特殊映射:

(1) 满射:如果在映射 $f: A \rightarrow B$ 下,集合 B 每一个元素在集合 A 中都至少有一个原像,那么

称映射 $f:A\rightarrow B$ 为集合 A 到集合 B 的满射;

(2) 单射:如果在映射 $f:A\rightarrow B$ 下,集合 A 中不同元素在集合 B 中有不同的像,那么称映射 $f:A\rightarrow B$ 为集合 A 到集合 B 的单射;

(3) 双射:如果映射 $f:A\rightarrow B$ 同时是集合 A 到集合 B 上的满射和单射,那么称映射 $f:A\rightarrow B$ 为集合 A 到集合 B 的双射,即一一映射;

(4) 如果 $f:A\rightarrow B$ 为满射,且 $\forall b\in B$,都有 A 中的 m 个元素 $a_1,a_2,\cdots,a_m$,使得 $f(a_i)=b(i=1,2,\cdots,m)$,则称 f 为 m 倍数映射.

关于映射,有如下结论:

(1) 如果 $f:A\rightarrow B$ 为满射,那么 $\text{Card}(A)\geqslant\text{Card}(B)$;

(2) 如果 $f:A\rightarrow B$ 是单射,那么 $\text{Card}(A)\leqslant\text{Card}(B)$;

(3) 如果 $f:A\rightarrow B$ 是双射(一一映射),那么 $\text{Card}(A)=\text{Card}(B)$(**配对原理**);

(4) 如果 $f:A\rightarrow B$ 为 m 倍数映射,则 $\text{Card}(A)=m\text{Card}(B)$.

【例 5】一个六元素集合到一个三元素集合的满射共有_____个.

（2022 年北京大学上海地区）

【解析】我们可先将六个元素分成三组,然后再分配到三个集合中:

(1) 把六个元素分成 $1,1,4$ 三组,再分配到三个集合,有 $C_6^4 A_3^3=90$ 种;

(2) 把六个元素分成 $1,2,3$ 三组,再分配到三个集合,有 $C_6^3 C_3^2 C_1^1 A_3^3=360$ 种;

(3) 把六个元素分成 $2,2,2$ 三组,再分配到三个集合,有 $\dfrac{C_6^2 C_4^2 C_2^2}{A_3^3}\cdot A_3^3=90$ 种.

所以一个六元素集合到一个三元素集合的满射共有 $90+360+90=540$ 个.

【例 6】集合 $A=\{1,2,3,\cdots,15\}$,集合 $B=\{1,2,3,4,5\}$,f 是集合 A 到集合 B 的映射,若满足 $f(x)=f(y)$,则称有序对 (x,y) 为"好对",求"好对"个数的最小值.

（2019 年清华大学）

【解析】若 A 中有 $a_i(a_i\in\mathbf{N})$ 个元素对应 B 中的元素 $i(i=1,2,3,4,5)$,则"好对"的个数为 $a_1^2+a_2^2+a_3^2+a_4^2+a_5^2$,且 $a_1+a_2+a_3+a_4+a_5=15(a_i\in\mathbf{N},i=1,2,3,4,5)$. 若 $a_i-a_j\geqslant 2$,则 $a_i-1-(a_j+1)\geqslant 0$,令 $a_k'=a_k(k\neq i,j)$,$a_i'=a_i-1$,$a_j'=a_j+1$,则 $a_1'+a_2'+\cdots+a_5'=15a(a_i'\in\mathbf{N},i=1,2,\cdots,5)$,此时 $a_1^2+a_2^2+a_3^2+a_4^2+a_5^2-(a_1'^2+a_2'^2+a_3'^2+a_4'^2+a_5'^2)=a_i^2-(a_i-1)^2+a_j^2-(a_j+1)^2=2(a_i-a_j-2)\geqslant 0$,所以,当且仅当 $a_1=a_2=a_3=a_4=a_5=3$ 时,"好对"的个数最少,最少为 45.

【例 7】设 $S=\{1,2,3,4,5\}$,则满足 $f(f(x))=x$ 的映射 $f:S\rightarrow S$ 的个数为_____.

（2018 年中国科学技术大学）

【解析】若满足对任意 $x\in S$,都有 $f(x)=x$,这样的映射只有一个;

若只有一组 (a,b),使得 $f(a)=b$ 且 $f(b)=a$,其余的三个 $x\in S$ 满足 $f(x)=x$,则这样的映射有 $C_5^2=10$ 个;

若有两组 $(a_i,b_i)(i=1,2)$,使得 $f(a_i)=b_i$ 且 $f(b_i)=a_i$,剩下的一个 $x\in S$ 满足 $f(x)=x$,则这

样的映射 $C_5^2 \cdot \dfrac{C_4^2 C_2^2}{A_2^2} = 15$ 个.

综上所述, 满足条件的映射个数为 $1+10+15=26$.

【例 8】 已知集合 $M=\{-1,0,1\}$, $N=\{2,3,4,5,6\}$, 设映射 $f:M \to N$ 满足: 对任意的 $x \in M$, $x+f(x)+xf(x)$ 是奇数, 则这样的映射 f 的个数是( ).

A. 25　　　　　　B. 45　　　　　　C. 50　　　　　　D. 100

(2017 年清华大学)

【解析】 由 $x+f(x)+xf(x)=x+(x+1)f(x)$ 可得

(1) 当 $x=-1$ 时, $x+(x+1)f(x)=x$ 是奇数, 所以 $f(-1)=2,3,4,5,6$ 均满足题设, 有 5 种可能;

(2) 当 $x=1$ 时, $x+(x+1)f(x)=1+2f(x)$ 是奇数, 所以 $f(1)=2,3,4,5,6$ 均满足题设, 有 5 种可能;

(3) 当 $x=0$ 时, $x+(x+1)f(x)=f(0)$ 是奇数, 所以 $f(0)=3,5$, 有 2 种可能.

由分步乘法计数原理, 可得所求答案是 $5 \times 5 \times 2=50$.

§3.4 命题的形式

逻辑学是研究人类思维、思维规律和思维方法的科学. 一般来说, 逻辑学主要包括形式逻辑、数理逻辑和辩证逻辑, 它们分别从不同的角度研究思维问题. 在高中阶段, 主要研究简易逻辑.

一、推出关系

命题是指可以判断真假的句子, 一般为反映事物情况的陈述句. 命题是由题设(条件)和结论两部分组成, 题设是已知事项, 结论是由已知事项推出的事项.

一般地, 如果事件 α 成立可以推出事件 β 成立, 则称 α 可以推出 β, 记作 $\alpha \Rightarrow \beta$. 换而言之, $\alpha \Rightarrow \beta$ 表示以 α 为条件, β 为结论的真命题. 如果事件 α 成立, 而事件 β 不成立, 那么就说事件 α 不能推出事件 β, 记作 $\alpha \nRightarrow \beta$. 换而言之, $\alpha \nRightarrow \beta$ 表示以 α 为条件, β 为结论的命题是假命题.

如果 $\alpha \Rightarrow \beta$, 而且 $\beta \Rightarrow \alpha$, 就说 α 与 β 等价, 记作 $\alpha \Leftrightarrow \beta$.

显然, 推出关系满足传递性: $\alpha \Rightarrow \beta$, $\beta \Rightarrow \gamma$, 则 $\alpha \Rightarrow \gamma$.

【例 1】 已知实数 a,b 满足 $a^3+b^3+3ab=1$, 设 $a+b$ 的所有可能取值构成的集合为 M, 则( ).

A. M 为单元素集　　　　　　　　　B. M 为有限集, 但不是单元素集

C. M 为无限集, 且有下界　　　　　D. M 为无限集, 且无下界

(2020 年清华大学)

【解析】 由题意, $(a+b)(a^2+b^2-ab)+3ab=1$, 即 $(a+b)[(a+b)^2-3ab]+3ab=1$, 从而 $(a+$

$b)^3-3ab(a+b-1)-1=0$，即 $(a+b-1)[(a+b)^2+(a+b)+1-3ab]=0$，所以 $a+b=1$ 或 $(a+b)^2+(a+b)+1-3ab=0$，后者可整理成 $a^2-(b-1)a+(b^2+b+1)=0$. 由 $\Delta\geqslant0$，可得 $(b+1)^2\leqslant0$，所以 $b=-1$，从而 $a=-1$，所以 $a+b=-2$.

综上所述，$a+b=1$ 或 $a+b=-2$，故选 B.

【例 2】 设数列 $\{a_n\}$ 的前 n 项和为 S_n，若数列 $\{a_n\}$ 满足：$\forall n\in\mathbf{N}^*$，$\exists m\in\mathbf{N}^*$，使得 $S_n=a_m$，则称数列 $\{a_n\}$ 为"T 数列"，下列命题正确的有（　　）.

A. 若 $a_n=\begin{cases}1,n=1\\2^{n-2},n\geqslant2\end{cases}$，则 $\{a_n\}$ 为"T 数列"

B. 若 $a_n=kn$（k 为常数），则 $\{a_n\}$ 为"T 数列"

C. 若 $\{b_n\}$，$\{c_n\}$ 均为"T 数列"，且 $a_n=b_n+c_n$，则 $\{a_n\}$ 为等差数列

D. 若 $\{a_n\}$ 为等差数列，则存在两个"T 数列"$\{b_n\}$，$\{c_n\}$，使得 $a_n=b_n+c_n$

【解析】 选项 A：当 $n\geqslant2$ 时，有 $S_n=1+1+2+\cdots+2^{n-2}=2^{n-1}$，当 $n=1$ 时，也符合，所以 $\forall n\in\mathbf{N}^*$，$S_n=a_{n+1}$，故选项 A 正确；

选项 B：$S_n=k+2k+\cdots+kn=\dfrac{(1+n)n}{2}k$，所以 $\forall n\in\mathbf{N}^*$，有 $S_n=a_{\frac{(1+n)n}{2}}$，故选项 B 正确；

选项 C：取 $b_n=\begin{cases}1,n=1\\2^{n-2},n\geqslant2\end{cases}$，$c_n=nk$，由选项 A，B 可知 $\{b_n\}$，$\{c_n\}$ 均为"T 数列"，令 $a_n=b_n+c_n$，则 $\{a_n\}$ 不是等差数列，故选项 C 错误；

选项 D：设 $a_n=kn+b$，取 $b_n=(k-b)n$，$c_n=b(n+1)$，易知 $\{b_n\}$，$\{c_n\}$ 均为"T 数列"，故选项 D 正确.

综上所述，选 ABD.

二、四种命题

一个命题由条件与结论两部分组成，如果将原命题中的条件与结论互换，所得的新命题为原命题的逆命题，显然它们互为逆命题；如果一个命题的条件与结论分别是另一个命题条件的否定与结论的否定，则称这两个命题为互否命题，其中一个命题是另一个命题的否命题；如果将一个命题结论的否定作为条件，而将此命题的条件的否定作为结论，所得到的新命题叫作原命题的逆否命题.

如果我们将 α 作为原命题的条件，β 为原命题的结论，则四种命题的形式及关系如下：

原命题：若 α，则 β；　　　　逆命题：若 β，则 α；

否命题：若 $\bar{\alpha}$，则 $\bar{\beta}$；　　　　逆否命题：若 $\bar{\beta}$，则 $\bar{\alpha}$.

（其中 $\bar{\alpha}$ 为 α 的否定，$\bar{\beta}$ 为 β 的否定）

【例 3】 "要使函数 $f(x) \geqslant 0$ 成立,只要 x 不在区间 $[a,b]$ 内就可以了"的意思是(　　).

A. 如果 $f(x) \geqslant 0$,则 $x \notin [a,b]$

B. 如果 $x \in [a,b]$,则 $f(x) < 0$

C. 如果 $x \notin [a,b]$,则 $f(x) \geqslant 0$

D. 前三个解释都不准确

（2019 年复旦大学）

【解析】 原命题是全称量词命题,即 "$\forall x \in [a,b]$,都有 $f(x) \geqslant 0$",所以 C 正确;其命题的否定为 "$\exists x_0 \in [a,b]$,使得 $f(x_0) < 0$",所以选项 A,B,D 错误. 从而选 C.

【例 4】 下列命题中正确的有(　　).

A. "$x > 1$"是"$x^2 > 1$"的充分不必要条件

B. 命题"若 a,b 都是奇数,则 $a+b$ 是偶数"的逆否命题是"若 $a+b$ 不是偶数,则 a,b 都不是奇数"

C. 命题"$\forall x > 0$,都有 $x + \dfrac{1}{x} \geqslant 2$"的否定是"$\exists x_0 > 0$,使得 $x_0 + \dfrac{1}{x_0} < 2$"

D. 已知 p,q 为简单命题,若 $\neg p$ 是假命题,则 $p \wedge q$ 是真命题

（2018 年清华大学 THUSSAT 测试）

【解析】 选项 A:由于集合 $\{x \mid x > 1\} \subsetneqq \{x \mid x^2 > 1\}$,所以 A 正确;

选项 B:其逆否命题应为"若 $a+b$ 不是偶数,则 a,b 不都是奇数",从而 B 错误;

选项 C:正确;

选项 D:$\neg p$ 是假命题,故 p 是真命题,但不知命题 q 的真假,故无法判断 $p \wedge q$ 的真假,从而 D 错误.

由上分析知,本题答案为 AC.

三、等价关系

在上面的分析中,我们发现原命题的逆命题与否命题互为逆否命题,而且互为逆否命题的两个命题是同时为真或同时为假的.

一般来说,原命题与它的逆否命题是同时为真或同时为假的,即如果 $\alpha \Rightarrow \beta$,那么 $\bar{\beta} \Rightarrow \bar{\alpha}$;如果 $\alpha \nRightarrow \beta$,那么 $\bar{\beta} \nRightarrow \bar{\alpha}$.

对于命题 A 与命题 B,如果有 $A \Rightarrow B$,且 $B \Rightarrow A$,那么命题 A 与命题 B 就叫作等价命题. 原命题与其逆否命题就是等价命题,所以当我们证明某个命题有困难时,我们可以尝试证明它的等价命题或逆否命题来代替证明原命题.

【例 5】 若集合 A,B 满足:$A \cap B = \varnothing$,$A \cup B = \mathbf{N}^*$,则称 (A,B) 为 $\mathbf{N}^*$ 的一个二分划,则(　　).

A. 设 $A = \{x \mid x = 3k, k \in \mathbf{N}^*\}$,$B = \{x \mid x = 3k \pm 1, k \in \mathbf{N}^*\}$,则 (A,B) 是 $\mathbf{N}^*$ 的一个二分划

B. 设 $A = \{x \mid x > 0,$ 且 x 为质数$\}$,$B = \{x \mid x > 0,$ 且 x 为合数$\}$,则 (A,B) 是 $\mathbf{N}^*$ 的一个二分划

C. 能找到 $\mathbf{N}^*$ 的一个二分划 (A,B) 满足:A 中不存在三个成等差数列的数,且 B 中不存在无穷

的等差数列

D. 能找到 $\mathbf{N}^*$ 的一个二分划 (A,B) 满足：A 中不存在三个成等比数列的数，且 B 中不存在无穷的等比数列

（2019 年清华大学）

【解析】选项 A,B：因为 $1\notin A$,$1\notin B$,所以 $A\cup B\neq\mathbf{N}^*$,故 (A,B) 不是 $\mathbf{N}^*$ 的一个二分划,从而选项 A、B 错误；

选项 C：我们构造 $A=\{n!+n\mid n\in\mathbf{N}^*\}$,$B=\mathbf{N}^*\setminus A$. 集合 A 中没有等差数列是因为 A 中数的大小差异比较大,$a_i+a_j=2a_k$ 不可能成立. "B 中没有无穷等差数列"等价于"对任意正整数 a,b,存在无穷多个 n,使得 $ax+b=n!+n$ 有解（即任意 $ax+b$ 的等比数列会有无穷项不在集合 B 中）"事实上,对于所有满足 $n>a$,且 $n\equiv b\pmod a$ 的 n,该方程都有解,从而选项 C 正确；

选项 D：我们能找到符合条件的数列.

$\mathbf{N}^*$ 中形成的等比数列可以唯一地用一正整数数对 (a,q) 来表示,其中 a 为数列的首项,q 为公比,反之每一对 (a,q) 也唯一地表示一个无穷的等比数列. 正整数数对 (a,q) 可以是

$$(1,2),(1,3),(2,2),(1,4),(2,3),(3,2),\cdots.$$

将这些数所对应的无穷等比数列依次记为 $s_1,s_2,\cdots,s_k,\cdots$.

先在 s_1 中任取一个数 a_1,在 s_2 中取数 a_2,使得 $a_2>a_1$；在 s_3 中取数 a_3,使得 $a_3>\dfrac{a_2^2}{a_1}$；在 s_4 中取数 a_4,使得 $a_4>\dfrac{a_3^2}{a_1}$,以此类推. 一般地,在 s_k 中取数 a_k,使得 $a_k>\dfrac{a_{k-1}^2}{a_1}$,如此得到正整数序列 a_1,$a_2,\cdots,a_k,\cdots$,由这些数组成集全 A,并令 $B=\complement_\mathbf{N}A$,可以证明上述构造的集合 A 和集合 B 同时满足选项 D 中的两个条件.

首先 $\mathbf{N}^*$ 中每一个无穷等比数列中至少有一项在集合 A 中,所以集合 B 中不存在无穷等比数列. 再证集合 A 中不存在三个数成等比数列. 任取 $a_m,a_n,a_r\in A$,不妨设 $m<n<r$,则 $a_m<a_n<a_r$,但由集合 A 的取法,知 $a_r>\dfrac{a_{r-1}^2}{a_1}\geqslant\dfrac{a_n^2}{a_1}\geqslant\dfrac{a_n^2}{a_m}$,故 $a_r a_m>a_n^2$,即 a_m,a_n,a_r 不成等比数列,所以集合 A 中不存在三个等比数列的数.

从而本题选 CD.

§3.5　充分条件与必要条件

在日常生活中,我们完成一件事情,往往需要具备一定的条件. 在数学中,若要得到一个结论,同样要也具备一定的条件.

一般地,如果事件 α 成立,可以推出事件 β 也成立,即 $\alpha\Rightarrow\beta$,那么称 α 是 β 的充分条件,β 是 α 的必

要条件. 如果既有 $\alpha \Rightarrow \beta$, 又有 $\beta \Rightarrow \alpha$, 则有 $\alpha \Leftrightarrow \beta$, 这时我们称 α 是 β 的充分必要条件, 简称为充要条件.

一、充分条件与必要条件的判定

对于充分条件与必要条件的判定, 通常来说有三种方法.

1. 定义法

在明确条件和结论的前提下, 直接利用定义进行判定.

2. 等价转化法

若 $p \Rightarrow q$, 则 p 是 q 的充分条件, 同时 q 是 p 的必要条件; 若 $\neg p \Rightarrow \neg q$, 则称 p 是 q 的必要条件, 同时 p 是 q 的充分条件.

3. 集合方法

记集合 $M = \{x \mid p(x)$ 成立 $\}$, $N = \{x \mid q(x)$ 成立 $\}$, 如果 $M \subseteq N$, 则 p 是 q 的充分条件; 若 $N \subseteq M$, 则 p 是 q 的必要条件.

【例 1】命题 p: "$\triangle ABC$ 的内心与外心重合"是命题 q: "$\triangle ABC$ 正三角形"的 (　　).

A. 充分不必要条件　　　　　　　　B. 必要不充分条件

C. 充要条件　　　　　　　　　　　　D. 既不充分也不必要条件

（2021 年复旦大学）

【解析】如图所示, 如果 D 既是 $\triangle ABC$ 的内心, 又是 $\triangle ABC$ 的外心, 则有 $AD = BD$, 所以 $\angle BAD = \angle ABD$, 即 $\frac{1}{2} \angle BAC = \frac{1}{2} \angle ABC$, 所以 $\angle BAC = \angle ABC$; 同理, 可知 $\angle BAC = \angle ABC = \angle BCA$, 从而 $\triangle ABC$ 是正三角形. 反之, 如果 $\triangle ABC$ 是正三角形, 则 $\triangle ABC$ 的内心与外心重合. 所以 p 是 q 的充要条件, 故选 C.

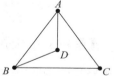

【例 2】已知 $f(x)$ 的周期是 1, 则命题 p: "$f(x) + f(x + \sqrt{3}) = 2$"是命题 q: "$f(x)$ 恒为 1"的 (　　).

A. 充分不必要条件　　　　　　　　B. 必要不充分条件

C. 充要条件　　　　　　　　　　　　D. 既不充分也不必要条件

（2021 年复旦大学）

【解析】如果 $f(x)$ 恒为 1, 则有 $f(x) + f(x + \sqrt{3}) = 2$, 必要性成立; 如果 $f(x) + f(x + \sqrt{3}) = 2$, 可知 $f(x + \sqrt{3}) + f(x + 2\sqrt{3}) = 2$, 两式作差得 $f(x) - f(x + 2\sqrt{3}) = 0$, 即 $f(x + 2\sqrt{3}) = f(x)$, 从而可知 $T = 2\sqrt{3}$ 是 $f(x)$ 的一个周期. 又因为 $f(x)$ 的一个周期为 1, 故可以构造函数

$$f(x)=\begin{cases}2+k, & x\in\{a+2k\sqrt{3}\,|\,a,k\in\mathbf{Z}\}\\-k, & x\in\{a+(2k+1)\sqrt{3}\,|\,a,k\in\mathbf{Z}\}\\1, & x\notin\{a+2k\sqrt{3}\,|\,a,k\in\mathbf{Z}\}\bigcup\{a+(2k+1)\cdot\sqrt{3}\,|\,a,k\in\mathbf{Z}\}\end{cases}\quad(k\in\mathbf{Z},\text{且}k\neq-1),$$

此时有 $f(x)$ 不恒为 1,故充分性不成立. 从而 p 是 q 的必要不充分条件,故选 B.

【例 3】 已知正数 a,b,则 $\log_a b=\log_b a$ 是 $a=b$ 的(　　)条件.

A. 充要　　　　　　B. 充分不必要　　　　C. 必要不充分　　　　D. 既不充分也不必要

(2018 年复旦大学)

【解析】 由 $\log_a b=\log_b a\Rightarrow\dfrac{\ln b}{\ln a}=\dfrac{\ln a}{\ln b}$,可知 $(\ln a)^2=(\ln b)^2$,从而 $\ln a=\ln b$ 或 $\ln a=-\ln b$,所以 $a=b$ 或 $a=\dfrac{1}{b}$. 当 $a=b=1$ 时,$\log_a b=\log_b a$ 无意义. 因此,$\log_a b=\log_b a$ 是 $a=b$ 的既不充分也不必要条件,故选 D.

【例 4】 已知 m,n 为两条不同的直线,α,β 为两个不同的平面,且 $m\perp\alpha,n\subset\beta$,则"$m\perp n$"是"$\alpha/\!/\beta$"的(　　)条件.

A. 充要　　　　　　B. 充分不必要　　　　C. 必要不充分　　　　D. 既不充分也不必要

(2021 年清华大学工科营)

【解析】 由已知,有 $m\perp\alpha,n\subset\beta$,当 $m\perp n$ 时,平面 α 与平面 β 可能平行,也可能相交,故充分性不满足. 当 $\alpha/\!/\beta$ 时,因为 $m\perp\alpha$,所以 $m\perp\beta$,又因为 $n\subset\beta$,所以 $m\perp n$,故必要性满足. 所以"$m\perp n$"是"$\alpha/\!/\beta$"的必要不充分条件,故选 C.

【例 5】 在 $\triangle ABC$ 中,$\tan A+\tan B+\tan C>0$ 是 $\triangle ABC$ 为锐角三角形的(　　).

A. 充分不必要条件　　　　　　　　　　B. 必要不充分条件

C. 充要条件　　　　　　　　　　　　　D. 前三个答案都不对

(2018 年北京大学)

【解析】 由于在三角形中 $\tan A+\tan B+\tan C=\tan(A+B)[1-\tan A\tan B]+\tan C=-\tan C[1-\tan A\tan B]+\tan C=\tan A\tan B\tan C$.

从而 $\tan A\tan B\tan C>0$,从而 $\tan A,\tan B,\tan C$ 均为正数. 所以 A,B,C 均为锐角,从而选 C.

【例 6】 在 $\triangle ABC$ 中,点 D 为边 BC 上一点,$AB=c,AC=b,AD=h,BD=x,CD=y$,则 $x^2+y^2+2h^2=b^2+c^2$ 是 AD 是中线的(　　).

A. 充分不必要条件　　　　　　　　　　B. 必要不充分条件

C. 充要条件　　　　　　　　　　　　　D. 既不充分也不必要条件

(2018 年复旦大学)

【解析】 在 $\triangle ADB$ 中,由余弦定理知 $\cos\angle ADB=\dfrac{x^2+h^2-c^2}{2xh}$. 在 $\triangle ADC$ 中由余弦定理,得 $\cos\angle ADC=\dfrac{y^2+h^2-b^2}{2yh}$. 由于 $\angle ADB+\angle ADC=180°$,所以 $\cos\angle ADB+\cos\angle ADC=0$,即

$\dfrac{x^2+h^2-c^2}{2xh}+\dfrac{y^2+h^2-b^2}{2yh}=0$，从而 $\dfrac{x^2+h^2-c^2}{x}=\dfrac{b^2-y^2-h^2}{y}$，又因为 $x^2+y^2+2h^2=b^2+c^2$，所以 $x^2+h^2-c^2=b^2-y^2-h^2$，即 $x=y$．同理可知，当 AD 为中线时，$x^2+y^2+2h^2=b^2+c^2$．从而 $x^2+y^2+2h^2=b^2+c^2$ 是 AD 是中线的充要条件，故选 C．

二、充分条件与必要条件应用

【例 7】已知 $A=\{(x,y)\mid y\geqslant x^2\}$，$B=\{(x,y)\mid x^2+(y-a)^2\leqslant 1\}$，则 $A\bigcap B=B$ 的充要条件是（　　）．

A．$a=\dfrac{5}{4}$　　　　　　B．$a\geqslant\dfrac{5}{4}$　　　　　　C．$a\geqslant 1$　　　　　　D．$0<a<1$

（2019 年上海交通大学）

【解析】如图所示，集合 A 表示抛物线及其内部的区域，集合 B 表示以 $(0,a)$ 为圆心，1 为半径的圆及其内部区域的点．$A\bigcap B=B$，即 $B\subseteq A$，联立 $\begin{cases}y=x^2\\x^2+(y-a)^2=1\end{cases}$，消去 x，得 $y^2+(1-2a)y+a^2-1=0$．

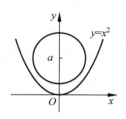

由图可知，当 $\Delta=(1-2a)^2-4(a^2-1)\leqslant 0$ 时，关于 y 的方程至多有一个解，满足 $B\subseteq A$，此时 $a\geqslant\dfrac{5}{4}$．故选 B．

【例 8】实轴 $\mathbf{R}$ 中的集合 X 如果满足：任意非空开区间都含有 X 中的点，则称 X 在 $\mathbf{R}$ 中稠密，那么"$\mathbf{R}$ 中集合 X 在 $\mathbf{R}$ 中不稠密"的充要条件是（　　）．

A．任意非空开区间都不含有 X 中的点　　　　B．存在非空开区间不含有 X 中的点

C．任意非空开区间都含有 X 的补集中的点　　D．存在非空开区间含有 X 的补集中的点

（2019 年复旦大学）

【解析】我们知道原命题与其逆否命题是等价命题．

原命题：任意非空开区间都含有 X 中的点，则 X 在 $\mathbf{R}$ 中稠密．

逆否命题：X 在 $\mathbf{R}$ 中不稠密，则存在非空开区间不含有 X 中的点．

从而可知选 B．

§3.6　数理逻辑

我们从小学接触逻辑推理的问题．逻辑推理常见的问题主要有以下几类．

1. 条件分析

处理条件分析问题，主要有三种方法．

（1）假设法

假设可能情况中的一种成立，然后按照这个假设去判断，如果有与题设矛盾的情况，则说明该假设情况不成立，从而与假设相反的情况成立.

（2）列表法

当题设条件比较多，需要多次假设才能完成时，就需要列表来辅助分析. 所谓列表法，就是把题目中出现的条件全部表示在一个图表中，观察表格中的题设情况，运用逻辑规律进行判断.

（3）图像法

当两个对象之间只有两种关系时，就可用连线表示两个对象之间的关系，有连线就表示"有"等肯定状态，没有连线就表示否定的状态.

【例1】甲、乙、丙三人一起做同一道题，甲说："我做错了."乙说："我做对了."丙说："我做错了."而事实上仅有一人做对了题目且仅有一人说谎了，那么可能做对题目的是（　　）.

A. 甲　　　　　　　B. 乙　　　　　　　C. 丙　　　　　　　D. 没有人

（2020 年清华大学）

【解析】如果甲说谎，则甲做对了，同时其他两个人均没有说谎，这是符合题目要求的；

如果乙说谎，则甲和丙都做错了题目，乙做对，同时也能确保其他两个人均没有说谎，也符合题目要求；

如果丙说谎，则丙做对了题目，这说明乙说谎了，与仅有一人说谎矛盾，不符合题意.

从而本题选 AB.

【例2】某项球类比赛的决赛阶段只有美国、德国、巴西、西班牙、法国六个国家参加，球迷甲、乙、丙对哪个国家会获得此次比赛的冠军进行了一番讨论，甲认为西班牙和法国都不可能获得冠军；乙认为冠军是美国或者是德国；丙坚定地认为冠军绝不会是巴西. 比赛结束后，三人发现他们中恰好有两人的看法是对的，那么获得冠军的国家是（　　）.

A. 英国　　　　　　B. 德国　　　　　　C. 巴西　　　　　　D. 西班牙

（2018 年清华大学）

【解析】利用假设分析法，逐一分析即可.

假设甲、乙的看法是正确的，丙的看法是错误的. 由乙知冠军是美国或德国，而由丙的看法是错误的，可知冠军是巴西，矛盾，故假设不成立；

假设乙、丙的看法是正确的，甲的看法是错误的. 由乙知冠军是美国或德国，而由甲的看法是错误的，可知冠军是西班牙或法国，矛盾，故假设不成立；

假设甲、丙的看法是正确的，乙的看法是错误的. 由甲知冠军绝不是巴西，而由乙的看法是错误的，可知冠军不是美国和德国，故冠军是英国.

从而选 A.

【例3】甲、乙、丙、丁四人共同参加 4 项体育比赛，每项比赛第一名到第四名的分数依次为 4,3,2,1 分. 比赛结束时，甲以 14 分获得第一名，乙以 13 分获得第二名，则（　　）.

A. 第三名不超过 9 分　　　　　　　　B. 第三名可能获得其中一场比赛的第一名

C. 最后一名不超过 6 分　　　　　　　　D. 第四名可能有一项比赛拿到 3 分

（2021 年清华大学）

【解析】 因为四个人的得分之和是 $4\times(4+3+2+1)=40$ 分，甲乙两人的得分之和是 $14+13=27$ 分，所以丙丁两人的得分之和是 $40-27=13$ 分. 同时，第四名至少得 4 分，所以 A 和 C 均正确.

所有项目的第一名与第二名分数之和是 $4\times(4+3)=28$ 分，只比甲乙得分之和高 1 分，这说明甲、乙两人包揽了所有项目的第一名，还拿到了 1 个第二名与 1 个第三名，因而 B 错误. 由下面的情形（表 1 的数字表示得分）知 D 正确.

综上所述，选 ACD.

表　1

	第一项比赛	第二项比赛	第三项比赛	第四项比赛
第一名	4	4	4	2
第二名	3	3	3	4
第三名	2	2	2	1
第四名	1	1	1	3

这类试题的解法是由题设、命题及简易逻辑知识找出矛盾，从而排除选项，并且还要验证其余选项是成立的.

2. 逻辑计算

在推理过程中，除了进行条件分析的推理之外，有时还需要相应的计算，根据计算的结果为推理提供一个新的判断筛选条件.

【例 4】 已知在时段 A：甲、乙、丙三人的年龄之和是 101 岁；在时段 B：甲 17 岁时乙、丙年龄之和是 67 岁；在时段 C：乙 35 岁时，甲丙年龄之差是 7 岁. 时段 ABC 的先后顺序是_____.

（2021 年香港中文大学）

【解析】 方便记见，我们不妨设时段 C 为第 0 年，甲的年龄为 x，则丙的年龄为 $x+7$ 或 $x-7$.

设经过 t 年到时段 B，则此时甲的年龄为 $x+t=17$，乙的年龄为 $35+t$，丙的年龄为 $x+t+7=24$ 或 $x+t-7=10$，所以乙、丙的年龄之和为 $35+t+24=67$ 或 $35+t+10=67$，从而 $t=8$ 或 $t=22$. 若 $t=8$，则 $x=17-8=9$；若 $t=22$，则 $x=17-22=-5$（舍去）. 从而 $t=8$. 由此可知在 C 时段，甲 9 岁，乙 35 岁，丙 16 岁或 2 岁.

再设从时段 C 经过 m 年到时段 A，则此时甲 $9+m$ 岁，乙为 $35+m$ 岁，丙 $16+m$ 岁或 $2+m$ 岁，由题意知 $(9+m)+(35+m)+(16+m)=101$ 或 $(9+m)+(35+m)+(2+m)=101$，从而 $m=13\dfrac{2}{3}$ 或 $18\dfrac{1}{3}$ 均大于 8.

综上所述,ABC 的先后顺序是顺序为 CBA.

【例 5】 甲、乙、丙三人的职业分别为 A,B,C. 现已知乙的年龄比 C 大,丙的年龄和 B 不同,B 比甲的年龄小,则甲、乙、丙三人的职业依次为(　　).

(2020 年上海交通大学)

【解析】 由 B 比甲的年龄小,得甲不能是 B,且甲>B;由丙的年龄与 B 不同,得丙不能是 B,所以乙的职业只能是 B. 再由乙的年龄比 C 大,知 B>C,结合甲>B,可得甲的职业是 A,丙的职业是 C.

综上所述,甲、乙、丙三人的职业依次为 A,B,C.

3. 简单归纳与推理

根据题目提供的特征和数据,分析其中存在的规律和方法,从特殊情况推广到一般情况,并推出相应的关系式,从而使问题得以解决.

【例 6】 以一个给定的正 2022 边形的 4 个顶点为顶点的梯形称为"好梯形",则"好梯形"的个数为(　　).

A. $1009 \cdot 1010 \cdot 1011$ B. $1008 \cdot 1009 \cdot 1010$

C. $1010 \cdot 1011 \cdot 1012$ D. 前三个答案都不对

(2023 年北京大学优秀中学生寒假学堂)

【解析】 以正 2022 边形为顶点的外接圆直径有 1011 条,而所有"好梯形"可以分为两类:一类底边平行于某条直径,这类"好梯形"的个数为 $1011 \times (C_{1011}^2 - 505) = 505 \times 1010 \times 1011$;另一类底边垂直于某条直径,这类"好梯形"的个数为 $1011 \times (C_{1010}^2 - 505) = 505 \times 1008 \times 1011$.

所以,"好梯形"的个数为 $505 \times 1010 \times 1011 + 505 \times 1008 \times 1011 = 1009 \times 1010 \times 1011$. 故选 A.

事实上,我们还可以考虑更一般的情况,即以正 $4n+2$ 边形的 4 个顶点为梯形的个数为 $2n(2n-1)(2n+1)$.

【例 7】 若 $x \& y(y \& z) = x \& y + z$,$x \& x = 0$,则 $2000 \& 2022 = $ _____.

(2022 年清华大学)

【解析】 方法一

令 $x = y = z$,由 $x \& y(y \& z) = x \& y + z$,$x \& x = 0$,可得 $x \& (x \& x) = x \& x + x$,从而 $x \& 0 = x$,记为①. 令 $y = z$,可得 $x \& (y \& y) = x \& y + y$,从而 $x \& 0 = x \& y + y$,记为②. 由①②,可得 $x \& y = x - y$. 从而,$2000 \& 2022 = 2000 - 2022 = -22$.

方法二

由于变量的任意性,不妨代入 $x = 2000$,$y = 2022$,$z = 2022$,于是有 $2000 \& (2022 \& 2022) = 2000 \& 0 = 2000 \& 2022 + 2022$,即 $2000 \& 0 = 2000 \& 2022 + 2022$,记为①. 再代入 $x = 2000$,$y = 2000$,$z = 2000$,则有 $2000 \& (2000 \& 2000) = 2000 \& 0 = 2000 \& 2000 + 2000$,即 $2000 \& 0 = 2000$,记为②. 由①②知,$2000 \& 2022 + 2022 = 2000$,因此 $2000 \& 2022 = 2000 - 2022 = -22$.

第 4 章 函 数

函数是描述客观世界变化规律的重要数学模型,高中阶段不仅把函数看成是变量之间的依赖关系,同时还用集合与映射的观点加以刻画. 函数现象广泛存在于我们周围,并与我们的生活、生产息息相关. 它是我们认识世界和改造世界的有力工具. 函数思想与方法贯穿整个高中数学,也是学习高等数学的基础.

§4.1 函数的概念

一、函数与映射

设 A,B 是两个非空数集,如果存在确定的对应关系 f,使得集合 A 中的任意一个数 x,在集合 B 中都有唯一确定的数 y 与之对应,那么就称 $f: A \rightarrow B$ 为集合 A 到集合 B 的一个函数,记作 $y = f(x)$,其中 $x \in A$. 这里 x 叫作自变量,x 的取值范围叫作函数的定义域;与 x 值对应的 y 的值叫作函数值,函数值的集合 $\{y \mid y = f(x), x \in A\}$ 叫作函数的值域.

【例 1】 已知函数 $f(x)$ 的定义域为 $(0,1)$,若 $c \in \left(0, \dfrac{1}{2}\right)$,则函数 $g(x) = f(x+c) + f(x-c)$ 的定义域为_____.

(2020 年上海交通大学)

【解析】 由题意知 $\begin{cases} 0 < x+c < 1 \\ 0 < x-c < 1 \end{cases}$,即 $\begin{cases} -c < x < 1-c \\ c < x < 1+c \end{cases}$,从而 $c < x < 1-c$,故函数 $g(x)$ 的定义域为 $(c, 1-c)$.

【例 2】 $f(x) = |x+1| + |x| - |x-2|$,则方程 $f(f(x)) + 1 = 0$ 的解的个数为(   ).

A. 1 　　　　　 B. 2 　　　　　 C. 3 　　　　　 D. 0

(2022 年上海交通大学)

【解析】 由已知可得 $f(x) = \begin{cases} x+3, & x \geqslant 2 \\ 3x-1, & 0 < x < 2 \\ x-1, & -1 \leqslant x \leqslant 0 \\ -x-3, & x < -1 \end{cases}$,由 $f(t) = -1$,得 $t = 0$ 或 $t = -2$. 又由 $f(x) = 0$ 或 $f(x) = -2$,解得 $x = \dfrac{1}{3}$ 或 $x = -3$ 或 $x = -1$. 所以方程 $f(f(x)) + 1 = 0$ 的解的个数为 3,故选 C.

二、函数关系的建立

建立函数关系式是表示函数对应关系的一种常用方法,它是独立且完整地表达了函数关系,并确定了"研究两个非空数集的两个变量之间的对应关系"的前提条件. 在建立函数关系式后, 必须标注函数的定义域, 并由定义域与对应法则唯一确定值域. 函数的三要素就齐全了.

【例 3】 已知 $f(x)$ 是二次函数, $f(-2)=0$, 且 $2x \leqslant f(x) \leqslant \dfrac{x^2+4}{2}$, 则 $f(10)=$ _____.

（2022 年北京大学）

【解析】 方法一

由 $2x \leqslant f(x) \leqslant \dfrac{x^2+4}{2}$, 得 $f(2)=4$. 设 $f(x)=ax^2+bx+c$, 则由 $f(-2)=0$, $f(2)=4$ 得 $\begin{cases} 4a-2b+c=0 \\ 4a+2b+c=4 \end{cases}$, 解得 $b=1$, $c=2-4a$, 所以 $f(x)=ax^2+x+2-4a$. 又因为 $f(x) \geqslant 2x$, 所以 $ax^2-x+2-4a \geqslant 0$, 故 $\begin{cases} a>0 \\ \Delta=1-4a(2-4a) \leqslant 0 \end{cases}$, 即 $16a^2-8a+1 \leqslant 0$, 整理得 $(4a-1)^2 \leqslant 0$, 从而 $a=\dfrac{1}{4}$, 所以 $f(x)=\dfrac{1}{4}x^2+x+1$, 代入 $x=10$ 可得 $f(10)=36$.

方法二

由 $f(-2)=0$, 可设 $f(x)=(x+2)(ax+b)=ax^2+(2a+b)x+2b$, 由 $f(x) \geqslant 2x$, 得 $ax^2+(2a+b-2)x+2b \leqslant 0$, 所以 $a \geqslant 0$, 且 $(2a+b-2)^2 \leqslant 8ab$, 整理后即为 $4a^2+b^2 \leqslant 4ab+8a+4b-4$, 记为①. 再由 $f(x) \leqslant \dfrac{x^2+4}{2}$, 得 $(2a-1)x^2+(4a+2b)x+4b-4 \leqslant 0$, 若 $2a-1=0$, 则 $4a+2b=0$, 此时与 $(2a+b-2)^2 \leqslant 8ab$ 矛盾. 所以 $2a-1<0$ 且 $(4a+2b)^2 \leqslant 4(2a-1)(4b-4)$, 整理得 $4a^2+b^2 \leqslant 4ab-8a-4b+4$, 记为②.

由①+②, 得 $4a^2+b^2 \leqslant 4ab$, 即 $(2a-b)^2 \leqslant 0$, 从而 $2a=b$, 所以 $f(x)=(x+2)(ax+2a)=a(x+2)^2$. 又由 $2x \leqslant f(x) \leqslant \dfrac{x^2+4}{2}$, 得 $f(2)=4$. 解得 $a=\dfrac{1}{4}$, 故 $f(x)=\dfrac{1}{4}(x+2)^2$, 故 $f(10)=36$.

方法三

$2x \leqslant f(x) \leqslant \dfrac{x^2+4}{2} \Rightarrow 0 \leqslant f(x)-2x \leqslant \dfrac{1}{2}(x-2)^2$. 令 $g(x)=f(x)-2x$, 则 $g(-2)=4$, $g(2)=0$, 因此可设 $g(x)=a(x-2)(x-m)(a \neq 0)$. 若 $m \neq 2$, 则 $\left[\dfrac{1}{2}(x-2)^2-g(x)\right]'\Big|_{x=2}=-g'(x)=a(m-2) \neq 0$. 于是 $a(m-2)>0$ 时, 存在 $x_0<2$, 使得 $\dfrac{1}{2}(x_0-2)^2-g(x_0)<0$, 矛盾; $a(m-2)<0$ 时, 存在 $x_0>2$, 使得 $\dfrac{1}{2}(x_0-2)^2-g(x_0)<0$, 矛盾. 综上所述, $m=2$, 令 $x=-2$, 则 $16a=g(-2)=4$, 得 $a=\dfrac{1}{4}$. 于是 $f(x)=g(x)+2x=\dfrac{1}{4}(x-2)^2+2x=\dfrac{1}{4}(x+2)^2$, 进而得 $f(10)=36$.

【例 4】 已知 $f(x)=x^4+ax^3+bx^2+cx+d$,且满足 $f(1)=5,f(2)=10,f(3)=15$,求 $f(8)+f(4)$ 的值.

（2022 年清华大学自强计划）

【解析】 不妨令 $g(x)=f(x)-x^4$,则有 $\begin{cases} g(1)=a+b+c+d=4 \\ g(2)=2^3a+2^2b+2c+d=-6 \\ g(3)=3^3a+3^2b+3c+d=-66 \end{cases}$. 我们注意到 $f(8)+$

$f(-4)=g(8)+g(-4)+8^4+4^4=448a+80b+4c+2d+4352=36g(1)-70g(2)+36g(3)+$

$4352=2450$.

【例 5】 记 $g(x)=x^2-k,h(x)=g(g(x)),k$ 为整数.

（1）写出 $h(x)$ 的表达式;

（2）求集合 $A=\{x\in\mathbf{R}\,|\,h(x)=x\}$;

（3）已知函数 $f:A\to A$ 满足 $f(f(x))=g(x)$,证明：f 既是单射也是满射;

（4）是否存在 $\mathbf{R}$ 上的函数 $s(x)$,使得 $s(s(x))=x^2-2$？证明你的结论.

（2022 年中国科学技术大学）

【解析】（1）由题意,$g(x)=x^2-k$,从而

$$h(x)=g(g(x))=g(x^2-k)=(x^2-k)^2-k=x^4-2kx^2+k^2-k.$$

（2）由 $h(x)=x$,可得 $(x^2-k)^2-k=x^4-2kx^2+k^2-k=x$,进而得 $(x^2-x-k)(x^2+x-k+$

$1)=0$. 对于方程 $x^2-x-k=0$,有 $\Delta_1=1+4k$,故当 $k\geqslant 0$ 时,有 $x_1=\dfrac{1+\sqrt{1+4k}}{2},x_2=\dfrac{1-\sqrt{1+4k}}{2}$.

对于方程 $x^2+x-k+1=0$,有 $\Delta_2=4k-3$,故当 $k\geqslant 1$ 时,有 $x_3=\dfrac{-1+\sqrt{4k-3}}{2},x_4=\dfrac{-1-\sqrt{4k-3}}{2}$.

所以 $A=\begin{cases} \varnothing, & k\leqslant -1 \\ \{0,1\}, & k=0 \\ \left\{\dfrac{1\pm\sqrt{4k+1}}{2},\dfrac{-1\pm\sqrt{4k-3}}{2}\right\}, & k\geqslant 1 \end{cases}$.

（3）我们延用（2）的记号,由函数的定义可知 $A\neq\varnothing$,所以 $k\geqslant 0$.

若 $k=0$,则 $A=\{0,1\}$,注意到 $f(f(0))=g(0)=0,f(f(1))=g(1)=1$. 由 $g(0)\neq g(1)$,可得 $f(0)\neq f(1)$ 且 $\text{card}(A)=2$,所以 $f(x)$ 既是单射又是满射.

若 $k\geqslant 1$,则 $A=\{x_1,x_2,x_3,x_4\}$. 因为 $\begin{cases} f(f(x_i))=g(x_i)=x_i^2-k=x_i, & i=1,2 \\ f(f(x_j))=g(x_j)=x_j^2-k=x_j, & j=3,4 \end{cases}$,所以

$f(f(x_1)),f(f(x_2)),f(f(x_3)),f(f(x_4))$ 四者两两不相等,且 $\text{card}(A)=4$,故 $f(x)$ 即是单射又是满射.

综上所述,f 即是单射又是满射.

(4) 不存在.

假设存在,记 $x_3=\dfrac{-1+\sqrt{5}}{2}$,$x_4=\dfrac{-1-\sqrt{5}}{2}$,$y_3=s(x_3)$,$y_4=s(x_4)$. 我们注意到 $s(y_3)=s(s(x_3))=x_3^2-2=x_4$,$s(y_4)=s(s(x_4))=x_4^2-2=x_3$. 从而 $\begin{cases} y_3^2-2=s(s(y_3))=s(x_4)=y_4 \\ y_4^2-2=s(s(y_4))=s(x_3)=y_3 \end{cases}$.

我们断言 $y_3\neq x_3$,若不然假设 $y_3=s(x_3)=x_3$,则 $s(s(x_3))=s(x_3)$,得 $x_3^2-2=x_3$,与 $x_3=\dfrac{-1+\sqrt{5}}{2}$ 矛盾. 同理,$y_4\neq x_4$.

同时我们断言 $y_3\neq x_4$. 事实上,由(3)可知 $s(x)$ 在 $A=\{-1,2,x_3,x_4\}$ 上是双射. 若 $y_3=s(x_3)=x_4$,则 $s(s(x_3))=s(x_4)$,即 $x_3^2-2=s(x_4)$. 从而 $x_3^2-2=-1$ 或 $x_3^2-2=2$ 或 $x_3^2-2=x_3$,均与 $x_3=\dfrac{-1+\sqrt{5}}{2}$ 矛盾. 同理 $y_4\neq x_3$.

综上所述,(x_3,x_4) 和 (y_3,y_4) 是方程组 $\begin{cases} x^2-2=y \\ y^2-2=x \\ y\neq x \end{cases}$ 的两组解,与上述方程只有一组解 (x_3,x_4) 矛盾.

故不存在 **R** 上的函数满足题设条件.

三、函数的运算及图像

【例 6】 已知函数 $f(x)=|x-p|+|kx-q|-|2x-r|(k>0)$ 的图像如下图所示:
则 (p,q,r) 需满足的条件是_____.

(2021 年复旦大学)

【解析】 考虑三个绝对值的零点 $p,\dfrac{q}{k},\dfrac{r}{2}$,因为 $k>0$,由图可知这三个零点两正一负,则 $\min\left\{p,\dfrac{q}{k},\dfrac{r}{2}\right\}<0$,$\max\left\{p,\dfrac{q}{k},\dfrac{r}{2}\right\}>0$.

当 $x<\min\left\{p,\dfrac{q}{k},\dfrac{r}{2}\right\}$ 时,有 $f(x)=(1-k)x+p+q-r$,由图像可知,此时 $f(x)$ 为常数,所以 $k=1$,且 $p+q>r$.

若 $r<0$,则 $p>0$,$q>0$,取 $\dfrac{r}{2}<x<\min\{p,q\}$,则有 $f(x)=p+q+r-4x$,所以 $f(x)$ 单调递减,与函数的图像不符合,所以 $r>0$,则 $\min\{p,q\}<0$,$\max\{p,q\}>0$.

若 $\min\{p,q\}<0<\max\{p,q\}<\dfrac{r}{2}$,则 $\max\{p,q\}<x<\dfrac{r}{2}$ 时,$f(x)=4x-p-q-r$ 与函数的

图像单调递减矛盾,所以 $\min\{p,q\}<0<\dfrac{r}{2}<\max\{p,q\}$.

综上所述,(p,q,r) 满足 $p+q>r$,$\min\{p,q\}<0<\dfrac{r}{2}<\max\{p,q\}$,又考虑到 $r<p+q<$

$2\max\{p,q\}$,必有 $\dfrac{r}{2}<\max\{p,q\}$,所以 (p,q,r) 满足 $\min\{p,q\}<0<r<p+q$.

【例7】 已知 $f(x)$ 的图像如图所示,则 $f(f(x))$ 的大致图像为(　　).

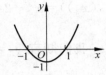

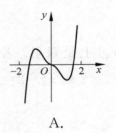　　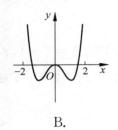　　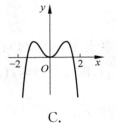　　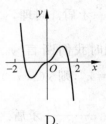

A.　　　　　　　B.　　　　　　　C.　　　　　　　D.

(2020 年复旦大学)

【解析】 注意到 $f(1)=f(-1)=0$,$f(0)=1$,$f(x)$ 为偶函数,所以 $f(f(x))$ 为偶函数,故 A,D 错误;又因为当 $x_0\in(0,1)$ 时,$f(x_0)\in(-1,0)$,此时 $f(f(x_0))<0$,所以 C 错误,故选 B.

§4.2　函数的性质

一、有界性

设 D 为函数 $f(x)$ 定义域的子集,若存在常数 M,对于所有的 $x\in D$,有 $f(x)\leqslant M$(或 $f(x)\geqslant M$),则称 $f(x)$ 在 D 上有上(或下)界,并称 M 为其一个上(或下)界. 如果 $f(x)$ 在区间 D 上既有上界又有下界,则称 $f(x)$ 为 D 上的有界函数.

对有界函数,必存在正数 M,使得对所有的 $x\in D$,恒有 $|f(x)|\leqslant M$.

在 $f(x)$ 的所有上界中,若存在一个最小的,则这个最小上界为 $f(x)$ 在 D 上的上确界,记作 $\sup(f(x))$;

在 $f(x)$ 的所有下界中,若存在一个最大的,则这个最大下界为 $f(x)$ 在 D 上的下确界,记作 $\inf(f(x))$.

【例1】 设函数 $f(x,y,z)=\dfrac{x}{x+y}+\dfrac{y}{y+z}+\dfrac{z}{z+x}$,其中 x,y,z 均为正实数,则(　　).

A. $f(x,y,z)$ 既有最大值,也有最小值　　　B. $f(x,y,z)$ 有最大值,但无最小值

C. $f(x,y,z)$ 有最小值,但无最大值　　　　D. 前三个答案都不对

(2020 年北京大学)

【解析】由已知 x,y,z 均为正实数,我们从两个方面考虑这个问题:

一方面,$f(x,y,z)=\dfrac{x}{x+y}+\dfrac{y}{y+z}+\dfrac{z}{z+x}<\dfrac{x+z}{x+y+z}+\dfrac{y+x}{x+y+z}+\dfrac{z+y}{x+y+z}=2$,且 $f(x,y,z)=$

$\dfrac{x}{x+y}+\dfrac{y}{y+z}+\dfrac{z}{z+x}>\dfrac{x}{x+y+z}+\dfrac{y}{x+y+z}+\dfrac{z}{x+y+z}=1$,由此可知 $1<f(x,y,z)<2$;

另一方面,将 x 作为主元,设 $g(x)=\dfrac{x}{x+y}+\dfrac{y}{y+z}+\dfrac{z}{z+x}$,当 $x\to+\infty$ 时,$g(x)\to1+\dfrac{y}{y+z}$,显然

当 $\dfrac{y}{y+z}=1$(此时 $z=0$)时,$g(x)\to2$;当 $x\to0$ 时,$g(x)\to\dfrac{y}{y+z}+1$,显然当 $\dfrac{y}{y+z}=0$(此时 $y=0$)时,

$g(x)\to1$.

所以 $f(x,y,z)$ 既无最大值,也无最小值. 故选 D.

二、单调性

设 D 为函数 $f(x)$ 定义域的一个子区间,对任意 $x_1,x_2\in D,x_1<x_2$,若 $f(x_1)<f(x_2)$,则称 $f(x)$ 是 D 上的(严格)增函数;若 $f(x_1)>f(x_2)$,则称 $f(x)$ 是 D 上的(严格)减函数.

关于函数的单调性有如下规律:

(1) 若函数 $y=f(x)$ 在区间 D 上单调递增(减),且在 D 上的值域为 E,则 $y=f(x)$ 在 D 上必有反函数 $y=f^{-1}(x)$,且反函数在 E 上也单调递增(减).

(2) 设 $f(x),g(x)$ 在集合 D 上有相同的单调性,则

(ⅰ) $f(x)+g(x)$ 是单调函数,且与 $f(x),g(x)$ 的单调性相同;

(ⅱ) 若 $f(x)$ 和 $g(x)$ 上恒为正(或恒为负),则 $f(x)g(x)$ 是单调函数,且与 $f(x),g(x)$ 的单调性相同(或相反).

(3) 复合函数的单调性. 若函数 $u=g(x)$ 在 D_g 上有定义,且为单调函数,$y=f(u)$ 在 D_f 上有定义且为单调函数,$g(x)$ 的值域为 G,且 $G\cap D_f\neq\varnothing$,则当 $u=g(x)$ 与 $y=f(u)$ 的增减性相同(或相反)时,复合函数 $y=f(g(x))$ 在定义域上是增(减)函数.

一般性,若讨论的复合函数是有限层的,且每层均有意义,并且是单调的,则其中减函数的层数为偶数时,复合函数是增函数,减函数的层数为奇数时,复合函数是减函数.

(4) 判断单调性的方法有定义法、图像法,对可导函数可用导数法.

(5) 在强基计划考试中,函数的单调性通常用来讨论函数值的大小,解方程、不等式或极值问题,也可用来解决参数范围问题.

【例 2】记函数 $f(x)=3^x-3^{-x}$ 的反函数为 $y=f^{-1}(x)$,则 $g(x)=f^{-1}(x-1)+1$ 在 $[-3,5]$ 的最大值与最小值的和为_____.

(2020 年复旦大学)

【解析】记 $f(x)=3^x-3^{-x}$ 的定义域为 $[a,b]$,值域为 $[m,n]$,则 $y=f^{-1}(x)$ 的定义域为 $[m,n]$,

值域为 $[a,b]$，所以求 $y=f^{-1}(x-1)$ 在 $[-3,5]$ 的值域，等价于求 $y=f^{-1}(x)$ 在 $[-4,4]$ 上的值域，所以等价于求 $f(x)=3^x-3^{-x}$ 的值域为 $[-4,4]$ 时的定义域.

注意到 $f(x)$ 是奇函数，且为单调递增函数，由 $-4\leqslant 3^x-3^{-x}$，解得 $a\leqslant x\leqslant b$ 必然满足 $a+b=0$，进而有 $g(x)=f^{-1}(x-1)+1$ 的最大值与最小值的和为 $a+1+b+1=2$.

【例 3】 已知实数 a,b,c 满足 $a\geqslant 3$，且 $abc=1$，则 $\dfrac{a^2}{3}+b^2+c^2-ab-bc-ca$ 的最小值为 _____.

(2022 年北京大学)

【解析】 $\dfrac{a^2}{3}+b^2+c^2-ab-bc-ca=(b+c)^2-(b+c)a-3bc+\dfrac{a^2}{3}=\left[(b+c)-\dfrac{a}{2}\right]^2-\dfrac{3}{a}+\dfrac{a^2}{12}\geqslant$

$-\dfrac{3}{a}+\dfrac{a^2}{12}$，令 $f(a)=-\dfrac{3}{a}+\dfrac{a^2}{12}$，注意到 $f(a)$ 在 $[3,+\infty)$ 上单调递增，所以 $f(a)\geqslant f(3)=-\dfrac{1}{4}$，当且

仅当 $\begin{cases} b+c=\dfrac{1}{2}a \\ abc=1 \\ a=3 \end{cases}$，即 $a=3,b=\dfrac{9+\sqrt{33}}{12},c=\dfrac{9-\sqrt{33}}{12}$ 或 $a=3,b=\dfrac{9-\sqrt{33}}{12},c=\dfrac{9+\sqrt{33}}{12}$ 时等号成立. 所

以 $\dfrac{a^2}{3}+b^2+c^2-ab-bc-ca$ 的最小值为 $-\dfrac{1}{4}$.

【例 4】 对于 $x\in\mathbf{R}$，$f(x)$ 满足 $f(x)+f(1-x)=1$，$f(x)=2f\left(\dfrac{x}{5}\right)$，且对于 $0\leqslant x_1\leqslant x_2\leqslant 1$，恒有 $f(x_1)\leqslant f(x_2)$，则 $f\left(\dfrac{1}{2022}\right)=$ _____.

(2022 年清华大学)

【解析】 由条件 $f(x)+f(1-x)=1$，知 $x=\dfrac{1}{2}$ 时，有 $f\left(\dfrac{1}{2}\right)=\dfrac{1}{2}$. 再由 $f(x)=2f\left(\dfrac{x}{5}\right)$，令 $x=0$，

可得 $f(0)=0$. 取 $0\leqslant x_0\leqslant 1$，则 $f(x_0)=1-f(1-x_0)=2f\left(\dfrac{x_0}{5}\right)=1-2f\left(\dfrac{1-x_0}{5}\right)$，所以 $f\left(\dfrac{x_0}{5}\right)+$

$f\left(\dfrac{1-x_0}{5}\right)=\dfrac{1}{2}$，又因为 $f(0)=0$，所以 $f\left(\dfrac{1}{5}\right)=\dfrac{1}{2}$.

对于 $0\leqslant x_1\leqslant x_2\leqslant 1$，恒有 $f(x_1)\leqslant f(x_2)$，所以 $f(x)$ 在 $x\in[0,1]$ 上单调递增，所以当 $\dfrac{1}{5}\leqslant x\leqslant\dfrac{1}{2}$

时，$f\left(\dfrac{1}{5}\right)\leqslant f(x)\leqslant f\left(\dfrac{1}{2}\right)$，由 $f\left(\dfrac{1}{5}\right)=f\left(\dfrac{1}{2}\right)=\dfrac{1}{2}$，可得 $f(x)=\dfrac{1}{2}$. 故 $f\left(\dfrac{1}{2022}\right)=\dfrac{1}{2}f\left(\dfrac{5}{2022}\right)=\dfrac{1}{2^2}f$

$\left(\dfrac{5^2}{2022}\right)=\dfrac{1}{2^3}f\left(\dfrac{5^3}{2022}\right)=\dfrac{1}{2^4}f\left(\dfrac{5^4}{2022}\right)$，因为 $\dfrac{1}{5}<\dfrac{5^4}{2022}=\dfrac{625}{2022}<\dfrac{1}{2}$，所以 $f\left(\dfrac{5^4}{2022}\right)=\dfrac{1}{2}$，从而 $f\left(\dfrac{1}{2022}\right)=\dfrac{1}{32}$.

三、对称性

（1）函数的奇偶性

设函数 $f(x)$ 的定义域 D 是关于原点对称的集合. 若对于所有的 $x\in D$，有 $f(-x)=f(x)$，则称

$f(x)$ 为偶函数；若对于所有的 $x \in D$，有 $f(-x) = -f(x)$，则称 $f(x)$ 为奇函数. 偶函数的图像关于 y 轴（$x = 0$）对称；奇函数的图像关于原点（0,0）对称.

（2）广义偶（奇）函数

对于定义域在实数集 $\mathbf{R}$ 上的函数，若存在常数 a，使得 $f(a+x) = f(a-x)$，则称 $f(x)$ 为广义偶函数；若存在常数 a，使得 $f(a+x) = -f(a-x)$，则称 $f(x)$ 为广义奇函数. 广义偶函数的图像关于直线 $x = a$ 轴对称；广义奇函数的图像关于点（a,0）中心对称.

（3）关于对称性有以下性质：

（ⅰ）任一定义在 $\mathbf{R}$ 上的函数 $f(x)$，总能表示为一个奇函数 $g(x)$ 与一个偶函数 $h(x)$ 的和，即 $f(x) = g(x) + h(x)$，其中 $g(x) = \dfrac{f(x) - f(-x)}{2}$，$h(x) = \dfrac{f(x) + f(-x)}{2}$.

（ⅱ）$f(a+x) = f(a-x)$ 也可表示为 $f(x) = f(2a-x)$ 或 $f(-x) = f(2a+x)$；$f(a+x) = -f(a-x)$ 也可表示为 $f(x) = -f(2a-x)$ 或 $f(-x) = -f(2a+x)$.

（ⅲ）若将函数 $f(x)$（$x \in \mathbf{R}$）的图像关于直线 $x = a$ 对称得到 $F(x)$ 的图像，则 $F(x)$ 的表达式为 $F(x) = f(2a-x)$.

若将函数 $f(x)$（$x \in \mathbf{R}$）的图像关于点（a,0）对称得到 $F(x)$ 的图像，则 $F(x)$ 的表达式为 $F(x) = -f(2a-x)$.

【例 5】函数 $f(x) = \dfrac{2\mathrm{e}^x}{\mathrm{e}^{-x} + \mathrm{e}^x} + \sin x$ 的最大值为 M，最小值为 N，则 $M + N$ 的值为（　　）.

A. 2　　　　　　　　B. 6　　　　　　　　C. 3　　　　　　　　D. 4

（2020 年清华大学）

【解析】由 $f(x) = 1 + \dfrac{\mathrm{e}^x - \mathrm{e}^{-x}}{\mathrm{e}^x + \mathrm{e}^{-x}} + \sin x$ 关于（0,1）对称，可知 $M + N = 2$，故选 A.

【例 6】使 $3^{|x-3|} + (x-3)\sin(x-3) + k\cos(x-3) = 0$ 具有唯一解的 k（　　）.

A. 不存在　　　　　B. 1 个　　　　　　C. 2 个　　　　　　D. 无穷多个

（2022 年上海交通大学）

【解析】由 $3^{|x-3|} + (x-3)\sin(x-3) + k\cos(x-3) = 0$，得 $3^{|x-3|} + k\cos(x-3) = -(x-3)\sin(x-3)$. 注意到，$f(x) = 3^{|x-3|} + k\cos(x-3)$ 关于 $x = 3$ 对称，$g(x) = -(x-3)\sin(x-3)$ 关于（3,0）对称，所以，若使原方程有唯一解，则有 $f(3) = g(3)$，所以 $1 + k = 0$，解得 $k = -1$，从而选 B.

【例 7】已知 $[x]$ 表示不超过 x 的最大整数，给定函数 $f(x) = \dfrac{\dfrac{1}{x} + x}{\left[\dfrac{1}{x}\right] + [x] + 2}$，下列说法正确的是（　　）.

A. $f(x)$ 在（0,$+\infty$）上单调递减　　　　　B. 存在实数 x_0，使得 $f(x_0) = \dfrac{4}{3}$

C. $f(x)$ 的图像关于直线 $x=-1$ 对称   D. 不存在实数 x_0,使得 $f(x_0)=\dfrac{8}{5}$

(2021 年清华大学)

【解析】 由 $f(1)=\dfrac{1}{2}$,$f\left(\dfrac{1}{2}\right)=f(2)=\dfrac{5}{8}>f(1)$,可知 $f(x)$ 在 $(0,+\infty)$ 上单调递减不成立,从而 A 错误;显然 $f(-2)$ 存在,$f(0)$ 没有意义,$f(x)$ 的图像不关于直线 $x=-1$ 对称,从而 C 错误;对于 B,D 选项:当 $x\geqslant 0$ 时,注意到 $[x]\leqslant x<[x]+1$,显然 $0<[x]+\left[\dfrac{1}{x}\right]\leqslant x+\dfrac{1}{x}<[x]+1+\left[\dfrac{1}{x}\right]+1=[x]+\left[\dfrac{1}{x}\right]+2$,$0<f(x)<1$,此时不存在实数 x_0,使得 $f(x_0)=\dfrac{4}{3}$ 或 $f(x_0)=\dfrac{8}{5}$,由此只需考虑 $x<0$ 的情况.

（1）当 $-1<x<-\dfrac{1}{2}$ 时,$-2<\dfrac{1}{x}<-1$,所以 $[x]=-1$,$\left[\dfrac{1}{x}\right]=-2$,由 $f(x)=\dfrac{4}{3}$,得 $3x^2+4x+3=0$,无解；又由 $f(x)=\dfrac{8}{5}$,得 $5x^2+8x+5=0$,无解；

（2）当 $-\dfrac{1}{2}<x<-\dfrac{1}{3}$ 时,$-3<\dfrac{1}{x}<-2$,所以 $[x]=-1$,$\left[\dfrac{1}{x}\right]=-3$,由 $f(x)=\dfrac{4}{3}$,得 $3x^2+8x+3=0$,解得 $x=\dfrac{-4+\sqrt{7}}{3}$ 或 $x=\dfrac{-4-\sqrt{7}}{3}$（舍）；由 $f(x)=\dfrac{8}{5}$,得 $5x^2+16x+5=0$,解得 $x=\dfrac{-8+\sqrt{39}}{5}$ 或 $x=\dfrac{-8-\sqrt{39}}{5}$（舍）；

（3）当 $-\dfrac{1}{3}<x<-\dfrac{1}{4}$ 时,$-4<\dfrac{1}{x}<-3$,所以 $[x]=-1$,$\left[\dfrac{1}{x}\right]=-4$,由 $f(x)=\dfrac{4}{3}$,得 $x^2+4x+1=0$,解得 $x=-2+\sqrt{3}$ 或 $x=-2-\sqrt{3}$（舍）；由 $f(x)=\dfrac{8}{5}$,得 $5x^2+24x+5=0$,解得 $x=\dfrac{-12+\sqrt{119}}{5}$ 或 $x=\dfrac{-12-\sqrt{119}}{5}$（舍）.

显然,存在实数 x_0,使得 $f(x_0)=\dfrac{4}{3}$,也存在实数 x_0 使得 $f(x_0)=\dfrac{8}{5}$,从而 B 正确、D 错误. 故选 B.

四、周期性

设函数 $f(x)$ 的定义域为 D,若存在非零常数 t,使 $f(x)$ 满足：①对所有的 $x\in D$,有 $x+t\in D$；②$f(x+t)=f(x)$. 则称 $f(x)$ 为周期函数,常数 t 是它的一个周期.

关于周期函数有以下性质：

（1）定义域 D 至少有一端无界；

(2) 若 t 是 $f(x)$ 的周期,则 $nt(n\in\mathbf{Z})$ 也是 $f(x)$ 的周期;

(3) $f(x)$ 可以没有正周期,也可以没有负周期,有正周期的函数可以没有最小正周期;

(4) 设 $\lambda\neq0$,对函数 $f(x)$ 定义域 D 中的任一 x,若满足下列条件之一:

(i) $f(x+\lambda)=-f(x)$;   (ii) $f(x+\lambda)=\dfrac{1}{f(x)}$;

(iii) $f(x+\lambda)=-\dfrac{1}{f(x)}$;   (iv) $f(x+\lambda)=\dfrac{f(x)+1}{f(x)-1}$;

(v) $f(x+\lambda)=\dfrac{1-f(x)}{1+f(x)}$;   (vi) $f(x+\lambda)=f(x-\lambda)$;

(vii) $f(x)$ 为奇函数,且 $f(\lambda+x)=-f(\lambda-x)$;

(viii) $f(x)$ 为偶函数,且 $f(\lambda+x)=f(\lambda-x)$.

则 $f(x)$ 是以 2λ 为一个周期的周期函数.

(5) 设 $\lambda\neq0$,对函数 $f(x)$ 定义域 D 中的任一 x,若满足下列条件之一:

(i) $f(x+\lambda)=-f(x-\lambda)$;

(ii) $f(x)$ 为奇函数,且 $f(\lambda+x)=f(\lambda-x)$;

(iii) $f(x)$ 为偶函数,且 $f(\lambda+x)=-f(\lambda-x)$;

(iv) $f(x+\lambda)=\dfrac{1+f(x)}{1-f(x)}$;

(v) $f(x+\lambda)=\dfrac{f(x)-1}{f(x)+1}$.

则 $f(x)$ 是以 4λ 为一个周期的周期函数.

【例 8】偶函数 $f(x)$ 满足 $f(x+4)=f(x)+2f(2)$,则 $f(2022)=$ _____.

（2022 年上海交通大学）

【解析】因为 $f(x)$ 是偶函数,所以 $f(-x)=f(x)$. 在 $f(x+4)=f(x)+2f(2)$ 中,令 $x=-2$, 得 $f(2)=0$,所以 $f(x+4)=f(x)$,从而 $f(x)$ 以 $T=4$ 为周期,故 $f(2022)=f(2)=0$.

五、周期性与对称性的关系

$f(x)$ 在 $\mathbf{R}$ 上有定义.

(1) 若 $f(a+x)=f(a-x)$,且 $f(b+x)=f(b-x)$,即 $f(x)$ 有两条对称轴 $x=a$, $x=b$,则 $f(x)$ 为周期函数,其中一个周期为 $2|b-a|$;

(2) 若 $f(a+x)=-f(a-x)$,且 $f(b+x)=-f(b-x)$,即 $f(x)$ 有两个对称中心 $(a,0)$, $(b,0)$,则 $f(x)$ 为周期函数,其中一个周期为 $2|b-a|$;

(3) 若 $f(a+x)=f(a-x)$,且 $f(b+x)=-f(b-x)$,即 $f(x)$ 有一条对称轴 $x=a$ 和一个对称中心 $(b,0)$,则 $f(x)$ 为周期函数,其中一个周期为 $4|b-a|$.

【例9】 已知函数 $f:\mathbf{R}\to\mathbf{R}$ 的图像关于点 $\left(-\dfrac{3}{4},0\right)$ 中心对称，且 $f(x)=-f\left(x+\dfrac{3}{2}\right)$，$f(-1)=1$，$f(0)=-2$，则 $f(1)+f(2)+\cdots+f(2022)$ 的值为（　　）.

A. -6　　　　　B. 6　　　　　C. 0　　　　　D. 前三个答案都不对

（2023 年北京大学寒假学堂）

【解析】 由于 $f(x)$ 关于 $\left(-\dfrac{3}{4},0\right)$ 对称，则 $f\left(-\dfrac{3}{4}+x\right)=-f\left(-\dfrac{3}{4}-x\right)$，所以 $f\left(x+\dfrac{3}{4}\right)=f\left(-x-\dfrac{3}{4}\right)$，这说明 $f(x)$ 是偶函数且 $f(x)=-f\left(x+\dfrac{3}{2}\right)=f(x+3)$，即 $f(x)$ 是周期为 3 的函数.

从而 $f(1)=f(-1)=1$，$f(2)=f(2-3)=f(-1)=1$，$f(3)=f(0)=-2$，注意到 $2022=3\times674$，故 $f(1)+f(2)+\cdots+f(2022)=674\times[f(1)+f(2)+f(3)]=674\times0=0$.

故选 C.

§4.3　函数的最值

一般地，设函数 $f(x)$ 的定义域为 D，如果存在实数 M 满足：①对任意 $x\in D$，都有 $f(x)\leqslant M$；②存在 $x_0\in D$，使得 $f(x_0)=M$.

那么，我们称 M 为函数 $f(x)$ 的最大值. 类似地，可以定义函数的最小值.

函数的最值问题常用的方法主要有以下几种：

一、单调性法

直接应用或构造函数再应用，利用函数的单调性求最值.

【例1】 已知 $\cos\theta\geqslant\dfrac{2}{3}$，求 $\cos2\theta+\cos3\theta+\cos4\theta$ 的最小值.

（2021 年香港中文大学（深圳）综合评价）

【解析】 由于 $\cos2\theta+\cos3\theta+\cos4\theta=\cos(3\theta-\theta)+\cos3\theta+\cos(3\theta+\theta)$

$$=2\cos3\theta\cos\theta+\cos3\theta$$
$$=(2\cos\theta+1)\cos3\theta$$
$$=(2\cos\theta+1)(4\cos^3\theta-3\cos\theta).$$

令 $x=\cos\theta\geqslant\dfrac{2}{3}$，$f(x)=(2x+1)(4x^3-3x)\left(x\geqslant\dfrac{2}{3}\right)$，则 $f'(x)=32x^3+12x^2-12x-3x$，$f''(x)=96x^2+24x-12$，由于 $f''(x)$ 在 $\left[\dfrac{2}{3},+\infty\right)$ 上单调递增，且 $f''(x)\geqslant f''\left(\dfrac{2}{3}\right)=96\times\dfrac{4}{9}+24\times\dfrac{2}{3}-12=$

$96 \times \dfrac{4}{9} + 4 > 0$，故 $f'(x)$ 在 $\left[\dfrac{2}{3}, +\infty\right)$ 上单调递增，故 $f'\left(\dfrac{2}{3}\right) \geqslant f'\left(\dfrac{2}{3}\right) = \dfrac{103}{27} > 0$，所以 $f(x)$ 在 $\left[\dfrac{2}{3}, +\infty\right)$ 上单调递增，从而 $f(x) \geqslant f\left(\dfrac{2}{3}\right) = -\dfrac{154}{81}$．即 $f(x)$ 的最小值为 $-\dfrac{154}{81}$．

二、不等式法

各种常见的不等式（如均值不等式、柯西不等式等）通常是解决函数最值问题的重要工具，通过不等式进行有效的放缩达到求最值的目的．

【例 2】 设 $x, y \in \left(0, \dfrac{\pi}{2}\right)$，则 $\dfrac{1}{\cos^2 x} + \dfrac{1}{\sin^2 x \sin^2 y \cos^2 y}$ 的最小值为（　　　）．

A. 8　　　　　　　　B. 10　　　　　　　　C. 9　　　　　　　　D. 前三个答案都不对

（2023 年北京大学寒假学堂）

【解析】 $\dfrac{1}{\cos^2 x} + \dfrac{1}{\sin^2 x \sin^2 y \cos^2 y} = \dfrac{1}{\cos^2 x} + \dfrac{4}{\sin^2 x \sin^2 2y} \geqslant \dfrac{1}{\cos^2 x} + \dfrac{4}{\sin^2 x}$

$$= (\sin^2 x + \cos^2 x)\left(\dfrac{1}{\cos^2 x} + \dfrac{4}{\sin^2 x}\right)$$

$$= 5 + \dfrac{\sin^2 x}{\cos^2 x} + \dfrac{4\cos^2 x}{\sin^2 x} \geqslant 5 + 2\sqrt{\dfrac{\sin^2 x}{\cos^2 x} \cdot \dfrac{4\cos^2 x}{\sin^2 x}} = 9,$$

当且仅当 $\sin^2 2y = 1, \tan x = \sqrt{2}$ 时等号成立，从而原式的最小值为 9．

【例 3】 已知对任意 $x \in \mathbf{R}, f(x) = 2x^4 + mx^3 + (m+6)x^2 + mx + 2 > 0$ 恒成立，求正整数 m 的最大值．

（2021 年清华大学邱成桐数学营）

【解析】 当 $x \geqslant 0$ 时，$x(x^2 + x + 1)m + 2(x^4 + 3x^2 + 1) > 0$ 显然成立；当 $x < 0$ 时，分离变量，可得

$m < \dfrac{2(x^4 + 3x^2 + 1)}{-x(x^2 + x + 1)}$，令 $t = -x > 0$，则 $m > \dfrac{2(t^4 + 3t^2 + 1)}{t(t^2 - t + 1)} = 2\,\dfrac{t^2 + \dfrac{1}{t^2} + 3}{t + \dfrac{1}{t} - 1}$，令 $u = t + \dfrac{1}{t} \geqslant 2$，则 $m <$

$2\,\dfrac{u^2 + 1}{u - 1} = 2\left(u - 1 + \dfrac{2}{u - 1} + 2\right)$，所以 $m < 4(\sqrt{2} + 1)$，故正整数 m 的最大值为 9．

三、判别式法

将等式 $y = f(x)$ 转化为 $p(y)x^2 + q(y)x + r(y) = 0$ 的形式，利用关于 x 的一元二次方程有解，考虑判别式 $\Delta = q^2(y) - 4p(y)r(y) \geqslant 0$，进而求得 y 的取值范围．

【例 4】 已知函数 $f(x)$ 满足 $f(m+1, n+1) = f(m, n) + f(m+1, n) + n, f(m, 1) = 1, f(1, n) =$

$n-1$,其中 $m,n \in \mathbf{N}^*$,则( ).

   A. 使 $f(2,n) \geqslant 100$ 的 n 的最小值为 11   B. 使 $f(2,n) \geqslant 100$ 的 n 的最小值为 13

   C. 使 $f(3,n) \geqslant 2016$ 的 n 的最小值为 19   D. 使 $f(3,n) \geqslant 2016$ 的 n 的最小值为 20

(2017 年清华大学能力测试)

【解析】 依题意,$f(2,1)=1$,$f(2,n)=f(1,n-1)+f(2,n-1)+n-1=2(n-1)+f(2,n-1)$,从而 $f(2,n)=1+2+4+\cdots+2(n-1)=n^2-n+1$,使得 $f(2,n) \geqslant 100$ 的 n 最小值为 11. $f(3,1)=1$,$f(3,n)=f(2,n-1)+f(3,n-1)+(n-1)=n^2-2n+2+f(3,n-1)$,从而 $f(3,n)=1+2^2+3^2+\cdots+n^2-2(1+2+3+\cdots+n)=\dfrac{1}{6}n(n+1)(2n+1)-n(n+1)+2n=\dfrac{1}{6}n(2n-1)(n-1)+n$. 因此,使得 $f(3,n) \geqslant 2016$ 的 n 最小值为 19. 故本题选 AC.

四、猜测法

先猜测 $f(x)$ 在某一点 x_0 处取得最大值,再证明对任意的 $x \in D$,都有 $f(x) \leqslant f(x_0)$.

【例 5】 已知 $a,b \in \mathbf{R}$,函数 $f(x)=a\cos x+b\cos 2x$ $(x \in \mathbf{R})$ 的最小值为 -1,则( ).

   A. $a+b$ 的最小值为 1,此时 $(a,b)=\left(\dfrac{1}{3},\dfrac{2}{3}\right)$

   B. $a+b$ 的最大值为 2,此时 $(a,b)=\left(\dfrac{4}{3},\dfrac{2}{3}\right)$

   C. $a+b$ 的最小值为 1,此时 $(a,b)=\left(\dfrac{2}{3},\dfrac{1}{3}\right)$

   D. $a+b$ 的最大值为 2,此时 $(a,b)=\left(\dfrac{2}{3},\dfrac{4}{3}\right)$

(2017 年清华大学能力测试)

【解析】 取 $x=\dfrac{2}{3}\pi$,得 $a+b \leqslant 2$. 若 $a+b=2$,则 $a=2-b$,令 $t=\cos x$,则 $-1 \leqslant t \leqslant 1$.

记 $f(t)=2bt^2+(2-b)t+(1-b)$,条件转化为

当 $-1 \leqslant t \leqslant 1$ 时,$f(t) \geqslant 0$ 恒成立. 特别地,$f(-1) \geqslant 0$,故 $b \geqslant \dfrac{1}{2}$.

$f(t)$ 是开口向上的二次函数,且容易验证对称轴 $t=-\dfrac{2-b}{4a} \in (-1,1)$,因此 $f(t)$ 在 $[-1,1]$ 上的最小值也就是 $f(t)$ 在实数集上的最小值,从而等价于

$$\Delta=(2-b)^2-4 \times 2b \times (1-b)=9b^2-12b+4=(3b-2)^2 \leqslant 0.$$

于是 $b=\dfrac{2}{3}$,进而得 $a=\dfrac{4}{3}$,所以 $a+b$ 的最大值为 2,且取得最大值时 $(a,b)=\left(\dfrac{4}{3},\dfrac{2}{3}\right)$ 唯一的.

本题还可以采用类似的方法求 $a+b$ 的最小值以及取最小值时所有的数对 (a,b)：

取 $x=0$，得 $a+b\geqslant-1$．若 $a+b=-1$，则 $a=-b-1$．令 $t=\cos x$，则 $-1\leqslant t\leqslant1$．

记 $g(t)=2bt^{2}-(b+1)t+(1-b)$，条件转化为：

当 $-1\leqslant t\leqslant1$ 时，$g(t)\geqslant0$ 恒成立，特别地，$g(-1)=2+2b\geqslant0$，故 $b\geqslant-1$．当 $-1\leqslant b\leqslant0$ 时，$g(t)$ 是开口向下的二次函数，最小值必在某端点处取得，而 $g(1)=0$，$g(-1)\geqslant0$，这样的 b 必满足要求．

当 $b=0$ 时，$g(t)=-t+1$ 为减函数，而 $g(1)=0$，则 $b=0$ 也满足要求．

当 $b>0$ 时，$g(t)$ 是开口向上的二次函数，对称轴为 $t=\dfrac{b+1}{4b}>0$．

(1) 若 $\dfrac{b+1}{4b}\geqslant1$，即 $0<b\leqslant\dfrac{1}{3}$ 时，$g(t)$ 在 $[-1,1]$ 上为减函数，而 $g(1)=0$，这样的 b 满足题意；

(2) 若 $\dfrac{b+1}{4b}<1$，即 $b>\dfrac{1}{3}$ 时，$g(t)$ 在 $[-1,1]$ 的最小值也就是 $g(t)$ 在实数集上的最小值，从而

等价于 $\Delta=(b+1)^{2}-4\times2b\times(1-b)=9b^{2}-6b+1=(3b-1)^{2}>0$，故当 $b>\dfrac{1}{3}$ 时不满足要求．

因此，$a+b$ 的最小值为 -1，取得最小值的数对为 $(a,b)=(-b-1,b)$，有无穷多对 $\left(\text{其中}-1\leqslant b\leqslant\dfrac{1}{3}\right)$．本题的试题背景是早年北京大学的自主招生试题．

五、数形结合法

数形结合法也称几何法，利用几何图形中的不等关系达到求最值的目的．

【例 6】 已知 $g(a,b)=(a+5-3|\cos b|)^{2}+(a-2|\sin b|)^{2}$，求 $g(a,b)$ 的最小值.

（2018 年上海交通大学）

【解析】 方法一

由题意知 $\sqrt{g(a,b)}$ 的几何意义是 $A(a+5,a)$，$B(3|\cos b|,2|\sin b|)$ 之间的距离 $|AB|$.

由图可知动点 A 的轨迹是直线 $x-y-5=0$，动点 B 的轨迹是曲线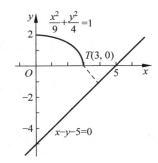

$\dfrac{x^{2}}{9}+\dfrac{y^{2}}{4}=1(x\geqslant0,y\geqslant0)$（即该曲线是椭圆 $\dfrac{x^{2}}{9}+\dfrac{y^{2}}{4}=1$ 在第一象限的部分及

其端点）．由数形结思想，可得 $\sqrt{g(a,b)}$ 的最小值即椭圆 $\dfrac{x^{2}}{9}+\dfrac{y^{2}}{4}=1$ 的右顶

点 $T(3,0)$ 到直线 $x-y-5=0$ 的距离 $\dfrac{|3-0-5|}{\sqrt{1^{2}+(-1)^{2}}}=\sqrt{2}$，所以 $g(a,b)$ 的最

小值是 2.

方法二

由题意知 $\sqrt{g(a,b)}$ 的几何意义是 $A(a+5,a)$，$B(3|\cos b|,2|\sin b|)$ 之间的距离 $|AB|$. 动点 A 的轨迹是直线 $x-y-5=0$，动点 B 到该直线的距离是

$$d=\frac{|3|\cos b|-2|\sin b|-5|}{\sqrt{1^2+(-1)^2}}=\frac{5+2|\sin b|-3|\cos b|}{\sqrt{2}}\geqslant\frac{5+2\times0-3\times1}{\sqrt{2}}=\sqrt{2}.$$

当且仅当 $b=2k\pi(k\in\mathbf{Z})$ 时取等号. 所以 $\sqrt{g(a,b)}\geqslant\sqrt{2}$（当且仅当 $a=-1$，$b=2k\pi(k\in\mathbf{Z})$ 时等号成立）. 进而得 $g(a,b)$ 的最小值是 2.

【例 7】 $\sqrt{(x-9)^2+4}+\sqrt{x^2+y^2}+\sqrt{(y-3)^2+9}$ 的最小值所属于的区间为（　　）.

A. $[10,11]$　　　　　　B. $(11,12]$　　　　　　C. $(12,13]$　　　　　　D. 前三个答案都不对

（2018 年北京大学）

【解析】 注意到 $0\leqslant x\leqslant9$，$0\leqslant y\leqslant3$，记 $f(y)=\sqrt{(x-9)^2+4}+\sqrt{x^2+y^2}+\sqrt{(y-3)^2+9}$，则 $\sqrt{x^2+y^2}+\sqrt{(y-3)^2+9}$ 即为动点 $P(0,y)$ 到定点 $A(-x,0)$ 和点 $B(3,3)$ 的距离之和，显然有 $f(y)\geqslant\sqrt{(x-9)^2+4}+|AB|=\sqrt{(x-9)^2+4}+\sqrt{(x+3)^2+9}$（当且仅当 A，P，B 三点共线时取等号），接下来记 $Q(x,0)$，$C(9,2)$，$D(-3,-3)$，则 $\sqrt{(x-9)^2+4}+\sqrt{(x+3)^2+9}$ 即为动点 $Q(x,0)$ 到定点 $C(9,2)$，$D(-3,-3)$ 的距离之和，所以 $\sqrt{(x-9)^2+4}+\sqrt{(x+3)^2+9}\geqslant|CD|=13$（当且仅当 Q，C，D 共线，即 $x=\dfrac{21}{5}$，$y=\dfrac{7}{4}$ 时取等号），所以 $f(y)$ 的最小值为 13，从而选 C.

六、换元法

先使用换元得到较为容易求值的函数解析式，再利用其他方法求最值.

【例 8】 求 $y=x(x+1)(x+2)(x+3)(x+4)(x+5)$ 的最小值.

（2022 年北京大学）

【解析】 $y=x(x+1)(x+2)(x+3)(x+4)(x+5)=x(x+5)(x+1)(x+4)(x+2)(x+3)$
$\qquad=(x^2+5x)(x^2+5x+4)(x^2+5x+6)$，

令 $t=x^2+5x=\left(x+\dfrac{5}{2}\right)^2-\dfrac{25}{4}$，从而 $t\geqslant-\dfrac{25}{4}$，所以原函数即为 $g(t)=t(t+4)(t+6)=t^3+10t^2+24t\left(t\geqslant-\dfrac{25}{4}\right)$. 因为 $g'(t)=3t^2+20t+24$，当 $t\in\left(-\dfrac{25}{4},-\dfrac{10+2\sqrt{7}}{3}\right)$ 时，$g'(t)>0$，$g(t)$ 单调递增；当 $t\in\left(-\dfrac{10+2\sqrt{7}}{3},-\dfrac{10-2\sqrt{7}}{3}\right)$ 时，$g'(t)<0$，$g(t)$ 单调递减；当 $t\in\left(-\dfrac{10-2\sqrt{7}}{3},+\infty\right)$ 时，$g'(t)>0$，$g(t)$ 单调递增；所以 $g(t)_{\min}=\min\left\{g\left(-\dfrac{25}{4}\right),g\left(\dfrac{-10+2\sqrt{7}}{3}\right)\right\}=\min\left\{-\dfrac{225}{64},\right.$

$$-\frac{160+112\sqrt{7}}{27}\Big\}=-\frac{160+112\sqrt{7}}{27}.$$

§4.4 简单的函数方程

我们将含有某一类函数的等式或具有特定性质的函数的等式叫作函数方程. 简单地说,我们把含有未知函数的等式叫作函数方程. 本节,我们对一些简单的函数方程作一些简单的探讨.

一、变数变换法

变数变换法通常适用于只有一个独立变量的情况;主要技巧是把原来的方程式通过适当的变量变换转换为一个或多个函数方程式,使得原来的函数方程和新得到的函数方程式形成一个含有未知函数的函数方程组,然后再用消去法(或行列式法)来解这个函数方程组以得到所求的函数.

【例 1】 对任意 $x,y\in\mathbf{R}$,有 $f(x+y)=f(x)\cos y+f(y)f\left(\frac{\pi}{2}-x\right)$,求 $f(x)$ 的解析式.

(2021 年中国科技大学)

【解析】 (1) 令 $x=\frac{\pi}{2},y=0$,从而可得 $f\left(\frac{\pi}{2}\right)=f\left(\frac{\pi}{2}\right)+f^2(0)$,故 $f(0)=0$.

(2) 再令 $y=\frac{\pi}{2},x=0$,从而可得 $f\left(\frac{\pi}{2}\right)=f^2\left(\frac{\pi}{2}\right)$,故 $f\left(\frac{\pi}{2}\right)=0$ 或 1.

若 $f\left(\frac{\pi}{2}\right)=0$,令 $x=\frac{\pi}{2}$,则 $f\left(y+\frac{\pi}{2}\right)=0$,进而可得 $f(x)=0$,检验知符合题目要求;

若 $f\left(\frac{\pi}{2}\right)=1$,令 $x=\frac{\pi}{2}$,则可得 $f\left(y+\frac{\pi}{2}\right)=\cos y=\sin\left(y+\frac{\pi}{2}\right)$,从而 $f(x)=\sin x$.

综上所述,$f(x)=0$ 或 $f(x)=\sin x$.

函数方程的问题,赋值法是永恒的主题.

二、待定系数法

当我们知道函数的类型(如有理函数、对数函数和指数函数等)及函数的某些特征(如已知函数在某些点的值或函数的对称性、周期性等),用待定系数法来求解较为简捷.

【例 2】 已知函数 $f(x)=a\sin 2\pi x+b\cos 2\pi x+c\sin 4\pi x+d\cos 4\pi x$,若 $f\left(x+\frac{1}{2}\right)+f(x)=f(2x)$,则 a,b,c,d 能够确定的参数有_____.

(2020 年复旦大学)

【解析】由 $f\left(x+\dfrac{1}{2}\right)+f(x)=f(2x)$,令 $x=0$,得 $f\left(\dfrac{1}{2}\right)=0$. 由 $f\left(\dfrac{1}{2}\right)=a\sin\pi+b\cos\pi+c\sin2\pi+d\cos2\pi=d-b=0$,可得 $d=b$. 注意到 $f\left(\dfrac{1}{4}\right)=a-d$,$f\left(\dfrac{3}{4}\right)=-a-d$,且 $f\left(x+\dfrac{1}{2}\right)+f(x)=f(2x)$,则令 $x=\dfrac{1}{4}$,可得 $f\left(\dfrac{3}{4}\right)+f\left(\dfrac{1}{4}\right)=f\left(\dfrac{1}{2}\right)=0$,即 $d=0$,从而 $d=b=0$. 此时 $f(x)=a\sin2\pi x+c\sin4\pi x$,又由 $f\left(x+\dfrac{1}{2}\right)+f(x)=f(2x)$,得 $a\sin(2\pi x+\pi)+c\sin(4\pi x+2\pi)+a\sin2\pi x+c\sin4\pi x=a\sin4\pi x+c\sin8\pi x$,即 $(2c-a)\sin4\pi x-c\sin8\pi x=0$,整理得 $\sin4\pi x\left[(2c-a)-2c\cos4\pi x\right]=0$,要使原式恒成立,则有 $\begin{cases}2c-a=0\\2c=0\end{cases}$,即 $a=c=0$. 综上所述,$a=b=c=d=0$,即参数 a,b,c,d 均能确定.

三、数值代入法

这种方法适用于函数的独立变量多于一个时,将其中部份独立变量以特别的数值代入,简化方程式,进而求解.

【例3】写出一个函数 $f(x)=\underline{\qquad}$,使得 $f(x-f(y))=f(f(y))+2xf(y)+f(x)-1$ 对任意的 $x,y\in\mathbf{R}$ 恒成立.

(2021 年中国科学技术大学)

【解析】令 $t=f(y)$,则 $f(x-t)=f(t)+2xt+f(x)-1$,令 $t=x$,则 $f(0)=2f(x)+2x^2-1$,再令 $x=0$,得 $f(0)=1$,从而 $f(x)=-x^2+1$.

四、递推数列法

(1)递推数列求和法

这种方法通常用于定义域为自然数的函数方程. 首先找出 $f(n)$ 的某个递推公式,然后依次取 n 为自然数 $1,2,\cdots,m$ 代入递推公式,得到 m 个等式. 设法利用这些等式消去 $f(n)$ 以外其他形式的函数,即可求出函数方程的解. 递推数列求和法实质上是将 $f(n)$ 的解析式表示成某个数列的前几项之和,所以需熟记等差及等比级数求和公式.

(2)递推数列求积法

这种方法与递推数列求和法类似,只是使用乘积的方式消去除了 $f(n)$ 以外其他形式的函数,取代前面的相加消除.

(3)同时用递推数列求和及递推数列求积法

一般而言,若函数方程能化成 $f(n)\pm f(n-1)=g(n)[f(n-1)\pm f(n-2)]$,其中 $g(n)$ 为已知

函数时,我们可用递推数列求积法先消去一个函数符号,再利用递推数列求和法解出 $f(n)$.

【例 4】 (1) 已知 T_1,T_2 为函数 $f(x)$ 的周期,a,b 为正整数,证明:aT_1+bT_2 为 $f(x)$ 的周期;

(2) 函数 $f(x)=\begin{cases} 1, & x\in \mathbf{Q} \\ 0, & x\notin \complement_{\mathbf{R}}\mathbf{Q} \end{cases}$,证明:任意正有理数都是 $f(x)$ 的周期;

(3) 已知任意正有理数都是函数 $f(x)$ 的周期,且 $|f(x)-f(y)|\leqslant|x-y|$ 恒成立,证明:$f(x)$ 是常值函数.

(2022 年中国科学技术大学)

【解析】 (1) 由题 $f(x+T_1)=f(x),f(x+T_2)=f(x)$,从而易得 $f(x+nT_k)=f(x)(k=1,2)$,所以 $f(aT_1+bT_2+x)=f(bT_2+x)=f(x)$,即 aT_1+bT_2 为 $f(x)$ 的周期.

(2) 我们注意到对任意的 $q\in\mathbf{Q}$,我们有

若 $x\in\mathbf{Q}$,则 $x+q\in\mathbf{Q}$,所以 $f(x+q)=f(x)=1$;

若 $x\in\complement_{\mathbf{R}}\mathbf{Q}$,则 $x+q\in\complement_{\mathbf{R}}\mathbf{Q}$,所以 $f(x+q)=f(x)=0$. 所以 $f(x+q)=f(x)=0$.

综上所述,$q\in\mathbf{R}$ 时,有 $f(x+q)=f(x)$,即任意正有理数都是 $f(x)$ 的周期.

(3) 注意到对任意的 $x_0\in\mathbf{R}$,有 $\lim\limits_{x\to x_0}|f(x)-f(x_0)|\leqslant\lim\limits_{x\to x_0}|x-x_0|=0\Rightarrow\lim\limits_{x\to x_0}f(x)=f(x_0)$,即函数 $f(x)$ 在 $\mathbf{R}$ 上连续.

设 $f(0)=c$,显然对任意的 $x\in\mathbf{Q}$,由于任意有理数都是 $f(x)$ 的周期,从而我们有 $f(x)=f(0)=c$. 以下考虑 $x\in\complement_{\mathbf{R}}\mathbf{Q}$,我们用有理数列 $\{x_n\}$ 逼近 x,即 $\lim\limits_{x\to\infty}x_n=x$. 于是 $|f(x)-f(0)|=|\lim\limits_{n\to\infty}[f(x_n)-f(0)]|=\lim\limits_{n\to\infty}|f(x_n)-f(0)|=0$. 即 $f(x)=f(0)=c$.

综上所述,$f(x)$ 是常值函数.

五、数学归纳法

数学归纳法常用来求某些定义在自然数上的函数方程的解. 通常我们先根据假设条件求出 $f(1),f(2),f(3)$ 的值,并观察这些函数值的规律,猜出 $f(k)$ 的解析式,再验证 $f(k+1)$ 也成立,则我们所猜的 $f(k)$ 即为此函数方程的解.

【例 5】 已知 $f:\mathbf{Z}\to\mathbf{Z}$ 是偶函数,且 $f(1)=1,f(2017)\neq1$,若对任意 $x,y\in\mathbf{Z}$ 均满足 $2f(x+y)-f(x)-f(y)\leqslant|f(x)-f(y)|$,求 $f(2018)$ 的所有可能值.

(2018 年希望联盟夏令营)

【解析】 对任意 $x,y\in\mathbf{Z}$,$f(x+y)\leqslant\dfrac{f(x)+f(y)+|f(x)-f(y)|}{2}=\max\{f(x),f(y)\}$.

由 $f(1)=1$,可证明对任意 $k\in\mathbf{Z}(k\neq0)$,均有 $f(k)\leqslant1$.

先证当 $k\in\mathbf{Z}^*$ 时,有 $f(k)\leqslant1$. 用数学归纳法证明:

当 $k=1$ 时,显然成立.

假设当 $n=k$ 时,有 $f(k)\leqslant1$,则 $f(k+1)\leqslant\max\{f(k),f(1)\}\leqslant1$.

又因为 $f(x)$ 为偶函数,所以当 $k \neq 0$ 时,对任意 $k \in \mathbf{Z}$,均有 $f(k) \leqslant 1$.

而 $f(1) = f(2018 - 2017) \leqslant \max\{f(2018), f(-2017)\}$.

因为 $f(2017) \neq 1$,所以 $f(-2017) \neq 1$,即 $f(-2017) < 1$,

所以 $1 = f(1) \leqslant f(2018) \leqslant 1$,从而 $f(2018) = 1$.

所以这样的 $f(x)$ 是存在的,如 $f(x) = \begin{cases} 1, & 2017 \nmid x \\ -1, & 2017 \mid x \end{cases}$.

六、辅助数列法

一般而言,若 $f(1) = a$,则形如 $f(n+1) = q f(n) + b$(a, b, q 为常数,$q \neq 1$)的函数方程都可用辅助数列法求解. 事实上,若 b 为 n 的函数,亦可利用这种方法求解.

【例 6】 求满足如下条件的所有函数 $f(x)$:

（ⅰ）定义域为 $\left[-\dfrac{1}{2}, \dfrac{1}{2}\right]$;

（ⅱ）$f(0) = 0$;

（ⅲ）$\sin f(x) - \dfrac{1}{3} \sin f\left(\dfrac{x}{3}\right) = x$ 恒成立.

(2022 年中国科学技术大学)

【解析】 令 $g(x) = \sin f(x)$,则 $-1 \leqslant g(x) \leqslant 1$,由 $f(0) = 0$,可知 $g(0) = \sin f(0) = 0$,且 $g(x) - \dfrac{1}{3} g\left(\dfrac{x}{3}\right) = x$,从而

$$\frac{1}{3} g\left(\frac{1}{3} x\right) - \frac{1}{3^2} g\left(\frac{1}{3^2} x\right) = \frac{1}{3^2} x,$$

$$\frac{1}{3^2} g\left(\frac{1}{3^2} x\right) - \frac{1}{3^3} g\left(\frac{1}{3^3} x\right) = \frac{1}{3^4} x,$$

$$\frac{1}{3^3} g\left(\frac{1}{3^3} x\right) - \frac{1}{3^4} g\left(\frac{1}{3^4} x\right) = \frac{1}{3^6} x,$$

$$\vdots$$

$$\frac{1}{3^{n-1}} g\left(\frac{1}{3^{n-1}} x\right) - \frac{1}{3^n} g\left(\frac{1}{3^n} x\right) = \frac{1}{3^{2(n-1)}} x.$$

将以上各式相加,得 $g(x) - \dfrac{1}{3^n} g\left(\dfrac{1}{3^n} x\right) = x\left(1 + \dfrac{1}{9} + \dfrac{1}{9^2} + \cdots + \dfrac{1}{9^{n-1}}\right)$,即 $g(x) = \dfrac{1}{3^n} g\left(\dfrac{1}{3^n} x\right) + x \cdot$

$\dfrac{1}{1 - \dfrac{1}{9}}\left[1 - \left(\dfrac{1}{9}\right)^n\right]$. 因为 $|g(x)| \leqslant 1$,所以 $\lim\limits_{n \to \infty} \dfrac{1}{3^n} g\left(\dfrac{1}{3^n} x\right) = 0$,而 $\lim\limits_{n \to \infty}\left(1 + \dfrac{1}{9} + \dfrac{1}{9^2} + \cdots + \dfrac{1}{9^{n-1}}\right) =$

$\lim\limits_{n \to \infty} \dfrac{1}{1 - \dfrac{1}{9}}\left[1 - \left(\dfrac{1}{9}\right)^n\right] = \dfrac{9}{8}$,于是 $g(x) = \dfrac{9}{8} x$,即 $\sin f(x) = \dfrac{9}{8} x$,所以 $f(x) = 2k\pi + \arcsin \dfrac{9}{8} x$ 或

$$f(x) = (2k-1)\pi + \arcsin\frac{9}{8}x \left(k \in \mathbf{Z}, x \in \left[-\frac{1}{2}, \frac{1}{2}\right]\right).$$

本题先进行了化简,然后求极限. 在得到 $g(x) = \frac{9}{8}x$ 后,最好加一步证明:

若存在 x_0,使得 $\left|g(x_0) - \frac{9}{8}x_0\right| = \varepsilon_0 \neq 0$,而 $g(x_0) - \frac{9}{8}x_0 = \frac{1}{3^n}\left[g\left(\frac{1}{3^n}x\right) - \frac{9}{8} \cdot \frac{1}{3^n}x\right]$,取 $n > \left[\log_3\frac{2}{\varepsilon_0}\right] + 1$,则 $\left|\frac{1}{3^n}g\left(\frac{x_0}{3^n}\right) - \frac{9}{8} \cdot \frac{x_0}{3^n}\right| < \left|\frac{1}{3^n} \times 2\right| < \left|\frac{1}{\frac{2}{\varepsilon_0}} \cdot 2\right| = |\varepsilon_0|$,矛盾. 所以 $g(x) = \frac{9}{8}x$.

这一步如果不加,解题过程会不太严谨. 但对高中生而言,没有学习过大学的《数学分析》,这个步骤的缺失属于正常现象.

七、不动点法

不动点是 20 世纪数学中的一个重要概念,其影响遍及数学的各个领域.

【例 7】 已知 $f(x) = \sqrt{5 + \sqrt{5 + \sqrt{5 + \sqrt{5 + x}}}}$,求 $f(x)$ 图像与它反函数图像交点的横坐标.

（2019 年北京大学寒假学堂）

【解析】 设 $g(x) = \sqrt{x+5}$,那么 $g^{(-1)}(x) = x^2 - 5$（定义域为 $x > -5$）,则 $f(x) = \sqrt{\sqrt{\sqrt{\sqrt{x+5}+5}+5}+5} = g^{(4)}(x)$,$f^{-1}(x) = (((x^2-5)^2-5)^2-5)^2-5 = g^{(-4)}(x)$.

若 $x > g(x)$,由 $g(x) = \sqrt{x+5}$ 单调递增,知 $g(x) > g^{(2)}(x)$,以此类推有 $g(x) > g^{(4)}(x)$. 而又由 $g^{(-1)}(x) = x^2 - 5$ 单调递增,可知 $x > g(x) \Leftrightarrow g^{(-1)}(x) > x$,同理 $g^{(-4)}(x) > g^{(-3)}(x) > \cdots > x$,于是 $g^{(-4)}(x) > g^{(4)}(x)$,矛盾;

若 $x < g(x)$,则 $x < g(x) < g^{(2)}(x) < \cdots < g^{(4)}(x)$,$g^{(-1)}(x) < x$,$g^{(-4)}(x) < g^{(-3)}(x) < \cdots < x$,于是 $g^{(-4)}(x) < g^{(4)}(x)$,矛盾.

综上所述,仅当 $x = g(x)$ 时有解,即 $x = \sqrt{x+5}$,解得 $x = \frac{1 \pm \sqrt{21}}{2}$.

函数迭代与不动点问题,常规的解法是与不动点进行比较.

八、假设论证法

假设论证法是指根据已知条件对函数方程进行归纳和猜想,假设函数方程解的形式,并利用数学归纳法等方法来论证其解的正确性.

【例 8】 已知 $f: \mathbf{R}^* \to \mathbf{R}^*$，满足 $\forall x, y > 0$，有 $f(x+y) = f(y)f(xf(y))$，求 $f(x)$.

（2018 年北京大学夏令营）

【解析】 当 $f(x)$ 为常函数时，可设 $f(x) = r$，则 $r = r^2$，而由 $r > 0$，有 $f(u) = 1$. 下面考虑 $f(x)$ 不为常函数的情况，即 $f(x)$ 恒等于 1，那么存在 $u > 0$，使 $f(u) \neq 1$.

先证明：$f(x)$ 是单射.

假设 $f(x)$ 不是单射，则存在 $a > b > 0$，使得 $f(a) = f(b)$，于是有

$$f(x+a) = f(a)f(xf(a)) = f(b)f(xf(b)) = f(x+b)$$

对 $\forall x > 0$ 均成立，所以 $f(x)$ 是以 $a-b$ 为周期的函数. 选取整数 k，使得 $\dfrac{u+k(a-b)}{f(u)-1} > 0$，这是可以办到的. 若 $f(u) > 1$，可取 $k = 0$；若 $f(u) < 1$，可取整数 $k < -\dfrac{u}{a-b}$. 在 $f(x+y) = f(y)f(xf(y))$ 中取 $x = \dfrac{u+k(a-b)}{f(u)-1}, y = u$，那么由

$$xf(y) - (x+y) = \dfrac{[u+k(a-b)]f(u)}{f(u)-1} - \dfrac{u+k(a-b)}{f(u)-1} - u = k(a-b).$$

可知 $f(xf(y)) = f(x+y)$，从而 $f(u) = 1$，这与 $f(u) \neq 1$ 矛盾. 故假设不成立，$f(x)$ 是单射. 记 $f(1) = m > 0$.

在 $f(x+y) = f(y)f(xf(y))$ 式中用 $\dfrac{x}{m}, 1$ 代替 x, y，可得 $f\left(\dfrac{x}{m}+1\right) = mf(x) \ (\forall x > 0)$，记为 ①.

在 $f(x+y) = f(y)f(xf(y))$ 中用 $\dfrac{1}{f(x)}, x$ 代替 x, y，可得 $f\left(\dfrac{1}{f(x)}+x\right) = f(x)f(1) = mf(x)$ $(\forall x > 0)$，记为 ②.

由 ①，② 式可得 $f\left(\dfrac{x}{m}+1\right) = f\left(\dfrac{1}{f(x)}+x\right)$，再由 $f(x)$ 是单射，可知 $\dfrac{x}{m}+1 = \dfrac{1}{f(x)}+x \ (\forall x > 0)$，即

$$f(x) = \dfrac{1}{1+\left(\dfrac{1}{m}-1\right)x}.$$

令 $C = \dfrac{1}{m}-1$，当 $C < 0$ 时，取 $x > \dfrac{1}{|C|}$，则 $1+Cx = 1-|C|x < 0$，此时，$f(x) < 0$，所以 $C \geq 0$；而 $C = 0$ 时，$f(x)$ 恒等于 1；当 $C > 0$ 时，$f(x) = \dfrac{1}{1+Cx}$，代入 $f(x+y) = f(y)f(xf(y))$ 检验知符合题意.

故 $f(x) = \dfrac{1}{1+Cx}$（C 为常数，且 $C \geq 0$）.

§4.5　二元函数方程

设有三元变量 x, y 和 z，如果按照某种对应法则 f，对于给定的二元有序实数对集 D 内任意 (x, y)，都有唯一的变量 z 与之对应，则变量 z 叫作 x, y 的二元函数，记作 $z = f(x, y)$，其中 x, y 为

自变量, z 为因变量, (x,y) 的取值范围 D 称为函数 z 的定义域. 设点 $(x_0,y_0) \in D$, 则 $z_0 = f(x_0,y_0)$ 称为点 (x_0,y_0) 的函数值, 函数值的总体称为函数的值域. 我们将含有二元函数的方程称为二元函数方程.

一、柯西方程

考虑二元函数方程 $f: \mathbf{R} \to \mathbf{R}$, $f(x+y) = f(x) + f(y)$, 记为①.

通常这类函数方程的解不是唯一的, 为了使①的解是唯一的, 我们大多给予一些附加条件. 例如, 要求该函数是连续的、在定义域中每一个有限区间内为有界的或者单调的等. 解方程式①的步骤是: 依次求出独立变量的正整数值、整数值、有理数值, 直至所有实数值, 而得到函数方程的解.

【例 1】(柯西方程) 设函数 $f(x)$ 在整个实数域上连续, 满足 $f(x+y) = f(x) + f(y)$, 求 $f(x)$.

【证明】 将 $f(x+y) = f(x) + f(y)$ 记为①. 由数学归纳法易知, 对任意的实数 $x_1, x_2, \cdots, x_n$ 有

$$f(x_1 + x_2 + \cdots + x_n) = f(x_1) + f(x_2) + \cdots + f(x_n).$$

特别地, 当 $x_1 = x_2 = \cdots = x_n = x$ 时, $f(nx) = nf(x)$, 记为②. 取 $x = 1$, 可得 $f(n) = nf(1)$, 在①式中取 $x = y = 0 \Rightarrow f(0) = f(0) + f(0) \Rightarrow f(0) = 0 = 0 \cdot f(1)$. 因此, 在①式中取 $x = 1, y = -1$, 可得 $f(0) = f(1) + f(-1) = 0 \Rightarrow f(-1) = -f(1)$. 在②式中取 $x = -1$, 则可得 $f(-n) = nf(-1) = -nf(1)$, 所以对任意的整数 $m \in \mathbf{Z}$, $f(m) = mf(1)$. 在②式中取 $x = \dfrac{m}{n}$ (m, n 为正整数), 有 $f\left(n \cdot \dfrac{m}{n}\right) = nf\left(\dfrac{m}{n}\right)$. 但 $f(m) = mf(1) \Rightarrow nf\left(\dfrac{m}{n}\right) = mf(1) \Rightarrow f\left(\dfrac{m}{n}\right) = \dfrac{m}{n}f(1)$. 在①式中取 $x = \dfrac{m}{n}$, $y = -\dfrac{m}{n}$, 则可得 $0 = f(0) = f\left(\dfrac{m}{n} - \dfrac{m}{n}\right) = f\left(\dfrac{m}{n}\right) + f\left(-\dfrac{m}{n}\right) \Rightarrow f\left(-\dfrac{m}{n}\right) = -f\left(\dfrac{m}{n}\right) = -\dfrac{m}{n}f(1)$. 所以对任意的有理数 r, $f(r) = rf(1)$. 因为有理数是实数的稠密子集, 且 f 为连续函数, 所以 $\forall x \in \mathbf{R}$, 有 $f(x) = xf(1)$, 记为③. 故 $f(x) = xf(1)$, $\forall x \in \mathbf{R}$ 是(1)在整个实数域上唯一的解.

本题若改为: 若函数 $f(x)$ 在某一充分小的区间 (a,b) 内为有界, 满足 $f(x+y) = f(x) + f(y)$, 求 $f(x)$. 则可得到下述解法:

在例 1 中, 我们已证明在给定 $f(1) = c$ 的条件下, $f(r) = cr$, $\forall r \in \mathbf{Q}$. 令 $g(x) = f(x) - cx$, $\forall x \in \mathbf{R}$, 则当 $x = r \in \mathbf{Q}$ 时, $g(r) = f(r) - cr = cr - cr = 0$, 记为①. 且对任意的实数 x,y, $g(x+y) = f(x+y) - c(x+y) = f(x) + f(y) - cx - cy = g(x) + g(y)$, 所以 $g(x)$ 也满足方程式 $f(x+y) = f(x) + f(y)$. 对任意的实数 x, 取 $r \in (x-b, x-a) \bigcap \mathbf{Q}$, 则 $x-b < r < x-a$. 令 $x_1 = x-r$, 则 $a < x_1 < b$ ($x_1 \in (a,b)$), $g(x) = g(x_1 + r) = g(x_1) + g(r) = g(x_1)$ 此即是说, 对任意的 $x \in \mathbf{R}$, 存在 $x_1 \in (a,b)$, 使得 $g(x) = g(x_1)$, 记为②. 由假设条件知, $f(x) = cx$ 在 (a,b) 内有界, 则 $g(x) = f(x) - cx$ 在 (a,b) 内有界, 所以由②知, g 在整个实数上都有界. 又由①知 $g(r) =$

$0, \forall r \in \mathbf{Q}$. 若存在一个无理数 x_0，使得 $g(x_0) = d \neq 0$，则 $\lim\limits_{n \to \infty} |g(nx_0)| = \lim\limits_{n \to \infty} [n|g(x_0)|] = \lim\limits_{n \to \infty} [n|d|] = \infty$，矛盾. 所以 $g(x) \equiv 0$ $\forall x \in \mathbf{R}$ 因此，$f(x) = cx$ $\forall x \in \mathbf{R}$.

若将本题继续改为：设 $f(x)$ 在某个足够小的区间 (a, b) 内是单调函数，满足 $f(x+y) = f(x) + f(y)$，求 $f(x)$. 在上述解法基础上，我们得到如下解法：

任取 $a_1, b_1 \in (a, b)$，使得 $a < a_1 < b_1 < b$. 因为 $f(x)$ 为单调函数，所以 $|f(x)| \leqslant |f(a_1)| + |f(b_1)|$，$\forall x \in (a_1, b_1)$，故 $f(x)$ 在 (a_1, b_1) 内有界. 因此由上题的结论可知 $f(x) = cx$.

【例 2】 满足对任意实数 a, b 都有 $f(a+b) = f(a) + f(b)$ 和 $f(ab) = f(a)f(b)$ 的实函数 $f(x)$ 的个数是（ ）.

A. 1　　　　　　　B. 2　　　　　　　C. 无穷多个　　　　　D. 前三答案都不对

（2018 年北京大学）

【解析】 由柯西方程，可知 $f(x) = kx$，从而 $f(ab) = kab$，$f(a)f(b) = k^2 ab$，从而 $k = 0$ 或 $k = 1$，从而 $f(x) = 0$ 或 $f(x) = x$. 所以满足条件的实函数有 2 个，故选 B.

【例 3】 若函数 $f(x)$ 满足：

(a) $f(x+y) = f(x) + f(y)$；(b) $f(xy) = f(x)f(y)$；(c) $f(1) \neq 0$.

证明：(1) 当 x 为有理数时，$f(x) = x$；

(2) 当 x 为实数时，$f(x) = x$.

（2017 年上海交通大学）

【证明】 (1) 在 (b) 中令 $x = y = 1$，得 $f(1) = f^2(1)$，由于 $f(1) \neq 0$，从而 $f(1) = 1$. 在 (a) 中令 $x = y = 1$，得 $f(2) = 2$. 再令 $x = 1, y = 2$，得 $f(3) = 3$，以此类推，由数学归纳法，易得 $f(n) = n$. 对任意有理数 a，则存在 $(p, q) = 1$，使得 $a = \dfrac{q}{p}$. 在 (b) 中令 $x = p, y = \dfrac{1}{p}$，则 $f(1) = f(p)f\left(\dfrac{1}{p}\right)$，所以 $f\left(\dfrac{1}{p}\right) = \dfrac{f(1)}{f(p)} = \dfrac{1}{p}$. 再令 $x = q, y = \dfrac{1}{p}$，从而得 $f\left(\dfrac{q}{p}\right) = f(q)f\left(\dfrac{1}{p}\right) = \dfrac{q}{p}$，代入得 $f(a) = a$，即当 x 为有理数时，$f(x) = x$.

(2) 设 $x_1 > x_2$，由 (a) 知 $f(x_1) = f(x_1) + f(x_1 - x_2)$，因为 $x_1 - x_2 > 0$，令 $t = \sqrt{x_1 - x_2}$，在 (b) 中令 $x = y = t$，则 $f(x_1 - x_2) = f^2(t) > 0$，故 $f(x)$ 在实数上单调递增.

下面我们来讨论自变量为无理数的情形：

设 $x = \xi$（ξ 为无理数），ξ 的精确到小数点后第 i 位的不足近似值和过剩近似值分别为 α_i 和 β_i. 根据 $f(x)$ 的单调性，有 $f(\alpha_i) < f(\xi) < f(\beta_i)$. 由于 α_i, β_i 都是有理数，则有 $\alpha_i < f(\xi) < \beta_i$，所以 $\lim\limits_{i \to \infty} \alpha_i \leqslant f(\xi) \leqslant \lim\limits_{i \to \infty} \beta_i$. 又因为 $\lim\limits_{i \to \infty} \alpha_i = \lim\limits_{i \to \infty} \beta_i = x$，从而得 $x \leqslant f(\xi) \leqslant x$，即 $f(x) = x$.

综上所述，当 x 为实数时，$f(x) = x$.

事实上,在假设函数 f 是连续函数时,对于常见的二元函数方程式我们有以下之结果:

(1) $f(x+y)=f(x)+f(y)$,$f(x)=af(1)$;

(2) $f(x+y)=f(x)f(y)$,$f(x)=[f(1)]^x$;

(3) $f(xy)=f(x)+f(y)$,$f(x)=\log_b x$;

(4) $f(xy)=f(x)f(y)$,$f(x)=x^a$.

在解二元函数方程式时,我们经常利用上述已知的结果进行求解.

§4.6　函数的零点

对于函数 $f(x)$,我们把方程 $f(x)=0$ 的实数根叫作函数 $f(x)$ 的零点. 函数 $y=f(x)$ 的零点也可以定义为函数 $y=f(x)$ 的图像与 x 轴交点的横坐标. 由于函数的零点可以较好地反映学生解决数学问题的能力,因此在高校强基计划招生命题中备受关注. 本节将重点介绍函数零点问题及其处理策略.

一、零点的判断

在高中阶段我们主要借助零点存在定理来确定函数零点是否存在.

零点存在定理　设函数 $f(x)$ 在闭区间 $[a,b]$ 上连续,且 $f(a)f(b)<0$,那么在开区间 (a,b) 内至少存在一点 x_0,使得 $f(x_0)=0$.

零点存在定理是大学《数学分析》中连续函数的介值定理的一个特例.

连续函数的介值定理　设函数 $f(x)$ 在闭区间 $[a,b]$ 上连续,其最大值与最小值分别为 M,m,则对任意 $y\in[m,M]$,至少存在一点 $\xi\in[a,b]$,使得 $f(\xi)=y$.

连续函数的介值定理表明,在连续函数的一个区间中的函数值肯定介于最大值和最小值之间.

特别地,如果连续函数 $f(x)$ 在闭区间 $[a,b]$ 内有 $f(a)$ 与 $f(b)$ 异号,那么它在开区间 (a,b) 内有根存在. 这就是**零点存在定理**,也称**博尔扎诺定理**.

【例 1】 若 $a<b<c$,则函数 $f(x)=(x-a)(x-b)+(x-b)(x-c)+(x-c)(x-a)$ 的两个零点分别位于区间(　　).

A. (a,b) 和 (b,c) 内

B. $(-\infty,a)$ 和 (a,b) 内

C. (b,c) 和 $(c,+\infty)$ 内

D. $(-\infty,a)$ 和 $(c,+\infty)$ 内

(2018 年清华大学)

【解析】 由于 $f(a)=(a-b)(a-c)<0$,$f(b)=(b-c)(b-a)>0$,$f(c)=(c-a)(c-b)>0$,从而根据零点存在定理知两个零点分别在 (a,b) 和 (b,c) 内,从而选 A.

二、零点的个数

对于基本初等函数,一般可以通过画图确定函数零点的个数;如果题目中的函数较为复杂,则可以转化为求两个函数交点个数的问题. 当然,对于部分题目,也可以直接求解其对应的方程,通过判断对应方程根的个数来考虑零点的个数.

【例 2】 $\sin(2022\pi x) = x^2$ 的实数根的个数为(   ).

A. 4044　　　　　　B. 2022　　　　　　C. 2020　　　　　　D. 1011

(2022 年上海交通大学)

【解析】 设 $f(x) = \sin(2022\pi x)$,$g(x) = x^2$,由 $g(-1) = g(1) = 1$,所以当 $x < -1$ 或 $x > 1$ 时,$g(x) > 1$,而 $f(x) \leqslant 1$,从而 $f(x)$ 的图像与 $g(x)$ 的图像没有交点.

$f(x) = \sin(2022\pi x)$ 的周期为 $T = \dfrac{2\pi}{2022\pi} = \dfrac{1}{1011}$,在 $[0,1]$ 上有 1011 个周期,同理在 $[-1,0)$ 上有 1011 个周期. 又因为 $f(-1) = \sin(-2022\pi) = 0$,$f(1) = \sin(2022\pi) = 0$,$x = -1$ 在 $f(x)$ 增区间上,$x = 1$ 在 $f(x)$ 的增区间上,所以在 $[-1,1]$ 的每一个子区间 $\left[-1 + \dfrac{k}{1011}, -1 + \dfrac{k+1}{1011}\right]$($k \in \mathbf{N}^*$,$k \leqslant 2021$)上,$f(x)$ 与 $g(x)$ 的图像都是两个交点,共 4044 个交点,即原方程有 4044 个解. 故选 A.

【例 3】 方程 $\sqrt[3]{15x + 1 - x^2} + \sqrt[3]{x^2 - 15x + 27} = 4$ 的实根个数为(   ).

A. 1　　　　　　B. 2　　　　　　C. 3　　　　　　D. 前三个答案都不对

(2018 年北京大学博雅计划)

【解析】 **方法一**

令 $u = \sqrt[3]{15x + 1 - x^2}$,$v = \sqrt[3]{x^2 - 15x + 27}$,从而有 $\begin{cases} u + v = 4, \\ u^3 + v^3 = 28 \end{cases}$,由于 $u^3 + v^3 = (u+v)[u^2 + v^2 - uv] = (u+v)[(u+v)^2 - 3uv] = 4(16 - 3uv)$,从而得 $uv = 3$. 从而 u,v 为一元二次方程 $t^2 - 4t + 3 = 0$ 的两根,即 $(t-1)(t-3) = 0$,即

$$\begin{cases} \sqrt[3]{15x + 1 - x^2} = 1 \\ \sqrt[3]{x^2 - 15x + 27} = 3 \end{cases} \quad \text{或} \quad \begin{cases} \sqrt[3]{15x + 1 - x^2} = 3 \\ \sqrt[3]{x^2 - 15x + 27} = 1 \end{cases},$$

解得 $x = 0$ 或 $x = 15$ 或 $x = 2$ 或 $x = 13$. 共 4 个实根,从而选 D.

方法二

令 $\begin{cases} \sqrt[3]{15x + 1 - x^2} = 2 - d \\ \sqrt[3]{x^2 - 15x + 27} = 2 + d \end{cases}$,从而 $(2-d)^3 + (2+d)^3 = 28$,$d^2 = 1$,解得 $d = -1$ 或 $d = 1$. 故 $x = 0$ 或 $x = 15$ 或 $x = 2$ 或 $x = 13$. 共 4 个实根,从而选 D.

方法三

令 $y=\sqrt[3]{15x+1-x^2}$，则 $y^3=15x-x^2+1$，所以 $x^2-15x=1-y^3$，从而原方程变为 $y+\sqrt[3]{28-y^3}=4$，所以 $28-y^3=(4-y)^3$，展开整理得 $y^2-4y+3=0$，即 $(y-1)(y-3)=0$，解得 $y=1$ 或 $y=3$．进而，得 $x=0$ 或 $x=15$ 或 $x=2$ 或 $x=13$．共 4 个实根，从而选 D．

> 我们对方程的两边同时三次方，显然是不可取的．因此，我们在解法一与解法二中采用了换元法，使得方程转化为两个易于处理的问题．其中解法二我们使用的换元方法称为对称引参．

三、零点的性质

【例 4】设 $a\in\mathbf{R}$，关于 x 的方程 $x^4-(4a-50)x^2+a^2=0$ 有四个实数根，且恰好成等差数列，则实数 a 的值是 _____．

（2021 年中国科学技术大学）

【解析】设四个实数解为 $-x_2,-x_1,x_1,x_2$，且 $x_1^2<x_2^2$，则有 $x_2-x_1=2x_1$，$x_1^2+x_2^2=4a-50$，$x_1^2x_2^2=a^2$，故 $a>\dfrac{25}{2}$，从而有 $10x_1^2=4a-50$，$9x_1^4=a^2$，可得 $\dfrac{10a}{3}=4a-50$，解得 $a=75$．

【例 5】已知 a 为正实数，二次函数 $f(x)=ax^2-x+1$，若任意长度为 1 的区间上存在两点函数值之差的绝对值不小于 1，则实数 a 的最小值为 _____．

（2021 年中国科学技术大学）

【解析】设区间为 $[x_1,x_2]$，其中 $x_2-x_1=1$，记 $f(x)=ax^2-x+1$，由对称性，只考虑 $x_2+x_1\geqslant\dfrac{1}{a}$ 情况，可得 $x_2\geqslant\dfrac{1}{2}+\dfrac{1}{2a}$．

(1) 若 $x_1\geqslant\dfrac{1}{2a}$，只需 $f(x_2)-f(x_1)=a(1+2x_1)-1\geqslant1$，可得 $a\geqslant1$；

(2) 若 $x_1\leqslant\dfrac{1}{2a}$，只需 $f(x_2)-f\left(\dfrac{1}{2a}\right)=a\left(x_2-\dfrac{1}{2a}\right)^2\geqslant1$，可得 $a\geqslant4$．

综上所述，a 的最小值为 4．

四、复合函数的零点

【例 6】已知函数 $f(x)=\begin{cases}|\log_3(2-x)|,x<2\\-(x-3)^2+2,x\geqslant2\end{cases}$，则方程 $f\left(x+\dfrac{1}{x}-1\right)=a$ 的实根个数不可能为（　　）．

A. 8　　　　　　　B. 7　　　　　　　C. 6　　　　　　　D. 5

（2018 年清华大学能力测试）

【解析】 每个函数都可以通过图像先拆掉第一层,找到内层函数能取得的值,从而统计出 x 的总数. 令 $g(x) = x + \dfrac{1}{x} - 1$.

作出 $f(x)$ 与 $g(x)$ 图像如下所示:

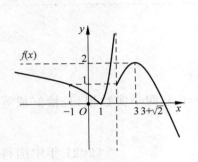
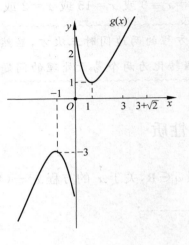

(1) 当 $a < 0$ 时,得 $g(x) > 3 + \sqrt{2}$,由图知有 2 个实根;

(2) 当 $a = 0$ 时,$g(x) = 1$ 或 $g(x) = 3 + \sqrt{2}$,结合 $g(x)$ 图像可知共有 3 个实根;

(3) 当 $0 < a < 1$ 时,得 $-1 < g(x) < 1$ 或 $1 < g(x) < 2$ 或 $3 < g(x) < 3 + \sqrt{2}$,由 $g(x)$ 的图像可知共有 4 个不同的实根;

(4) 当 $a = 1$ 时,$g(x) = -1$ 或 $1 < g(x) < 2$ 或 $g(x) = 2$ 或 $3 < g(x) < 3 + \sqrt{2}$,由 $g(x)$ 的图像可知共有 6 个不同的实根;

(5) 当 $1 < a < 2$ 时,$g(x) < -1$(其中 $g(x) < -3$ 时,有两个实根;$g(x) = -3$ 时,有一个实根)或 $1 < g(x) < 2$ 或 $2 < g(x) < 3$ 或 $3 < g(x) < 5$,由 $g(x)$ 的图像可知共有 7 或 8 个不同的实根;

(6) 当 $a > 2$ 时,$1 < g(x) < 2$,由 $g(x)$ 的图像知,有 2 个不同的实根.

(7) 当 $a = 2$ 时,$1 < g(x) < 2$ 或 $g(x) = 3$,有 4 个不同的实根.

综上所述,方程 $f\left(x + \dfrac{1}{x} - 1\right) = a$ 的实根个数不可能为 5,故选 D.

第 5 章　三角比与三角函数

三角比与三角函数是一个功能极其强大且内容丰富的知识模块,在代数学与几何学中占据重要的地位,并具有广泛的应用.高校的强基计划招生一直把三角比与三角函数作为重点进行考查.

§5.1　任意角的三角比

一、同角三角比的基本关系

从上面的分析可以发现,角 α 的六个三角比都是使用其终边上一点的坐标来定义的,因此这六个三角比存在着一定的关系:

(1) 倒数关系:$\sin\alpha \cdot \csc\alpha = 1$;$\cos\alpha \cdot \sec\alpha = 1$;$\tan\alpha \cdot \cot\alpha = 1$.

(2) 商数关系:$\tan\alpha = \dfrac{\sin\alpha}{\cos\alpha}$;$\cot\alpha = \dfrac{\cos\alpha}{\sin\alpha}$.

(3) 平方关系:$\sin^2\alpha + \cos^2\alpha = 1$;$1 + \tan^2\alpha = \sec^2\alpha$;$1 + \cot^2\alpha = \csc^2\alpha$.

【例1】方程 $|\sin x| + |\cos x| = \dfrac{\pi}{6}$ 的根是 _____.

（2022 年上海交通大学）

【解析】**方法一　三角函数线**

如图所示,由单位圆三角函数线可知,$|\sin x| = |\overrightarrow{MP}|$,$|\cos x| = |\overrightarrow{OM}|$,从

而 $|\sin x| + |\cos x| = |\overrightarrow{MP}| + |\overrightarrow{OM}| > |\overrightarrow{OP}| = 1 > \dfrac{\pi}{6}$,所以原方程无解.

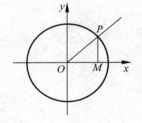

方法二　三角函数的图像

令 $f(x) = |\sin x| + |\cos x|$,则有 $f(-x) = f(x)$,从而 $f(x)$ 是偶函数,又

因为 $f\left(\dfrac{\pi}{2} - x\right) = \left|\sin\left(\dfrac{\pi}{2} - x\right)\right| + \left|\cos\left(\dfrac{\pi}{2} - x\right)\right| = |\cos x| + |\sin x| = f(x)$,故 $f(x)$ 关于 $x = \dfrac{\pi}{4}$ 对称,

所以 $T = \dfrac{\pi}{2}$ 是 $f(x)$ 的一个周期.

当 $0 \leqslant x \leqslant \dfrac{\pi}{2}$ 时,$f(x) = \sin x + \cos x = \sqrt{2}\sin\left(x + \dfrac{\pi}{4}\right)$.

当 $0 \leqslant x \leqslant \dfrac{\pi}{4}$ 时,$\dfrac{\pi}{4} \leqslant x + \dfrac{\pi}{4} \leqslant \dfrac{\pi}{2}$,$f(x)$ 单调递增;

当 $\dfrac{\pi}{4} < x \leqslant \dfrac{\pi}{2}$ 时,$\dfrac{\pi}{2} < x \leqslant \dfrac{3\pi}{4}$,$f(x)$ 单调递减.

综上所述,$1 \leqslant f(x) \leqslant \sqrt{2}$.又因为 $f(x)$ 是以 $T = \dfrac{\pi}{2}$ 为周期的函数,从而函数 $f(x)$ 的值域为

$[1, \sqrt{2}]$,而 $\dfrac{\pi}{6} < 1$,所以原方程无解.

【**例 2**】已知正方形 $ABCD$ 的边长为 1，P，Q 分别在 AB，AD 上，且 $\angle QCP = \dfrac{\pi}{3}$，则 $\triangle PQC$ 面积的最大值是 _____．

（2022 年北京大学）

【**解析**】如图所示，设 $\angle DQC = \alpha$，则 $\alpha \in \left[\dfrac{\pi}{12}, \dfrac{\pi}{6}\right]$，由于正方形的边长是 1，从

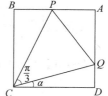

而 $CQ = \dfrac{1}{\cos\alpha}$，$BC = \dfrac{1}{\cos\left(\dfrac{\pi}{6} - \alpha\right)}$．

所以 $S_{\triangle PQC} = \dfrac{1}{2} CQ \cdot CP \cdot \sin\dfrac{\pi}{3} = \dfrac{\sqrt{3}}{4\cos\alpha\cos\left(\dfrac{\pi}{6} - \alpha\right)} = \dfrac{\sqrt{3}}{2\sin\left(2\alpha + \dfrac{\pi}{3}\right) + \sqrt{3}}$．

令 $f(\alpha) = \dfrac{\sqrt{3}}{2\sin\left(2\alpha + \dfrac{\pi}{3}\right) + \sqrt{3}}$ $\left(\alpha \in \left[\dfrac{\pi}{12}, \dfrac{\pi}{6}\right]\right)$，易知 $f(\alpha)$ 单调递增，所以当 $\alpha = \dfrac{\pi}{6}$ 时，$f(\alpha)$ 取得最大

值为 $\dfrac{1}{2}$，即 $\triangle PQC$ 面积的最大值是 $\dfrac{1}{2}$．

二、诱导公式

从上面的分析可以看出，已知角 α 的一个三角比，就可以由上面的同角三角比的关系求出其他的三角比．下面我们来研究与角 α 有关的角的三角比问题．这里需要提供一系列非常重要的三角比公式——即诱导公式．

（1）$\sin(2k\pi + \alpha) = \sin\alpha$，$\cos(2k\pi + \alpha) = \cos\alpha$，$\tan(2k\pi + \alpha) = \tan\alpha$；

（2）$\sin(-\alpha) = -\sin\alpha$，$\cos(-\alpha) = \cos\alpha$，$\tan(-\alpha) = -\tan\alpha$；

（3）$\sin(\pi - \alpha) = \sin\alpha$，$\cos(\pi - \alpha) = -\cos\alpha$，$\tan(\pi - \alpha) = -\tan\alpha$；

（4）$\sin(\pi + \alpha) = -\sin\alpha$，$\cos(\pi + \alpha) = -\cos\alpha$，$\tan(\pi + \alpha) = \tan\alpha$；

（5）$\sin\left(\dfrac{\pi}{2} - \alpha\right) = \cos\alpha$，$\cos\left(\dfrac{\pi}{2} - \alpha\right) = \sin\alpha$，$\tan\left(\dfrac{\pi}{2} - \alpha\right) = \cot\alpha$；

（6）$\sin\left(\dfrac{\pi}{2} + \alpha\right) = \cos\alpha$，$\cos\left(\dfrac{\pi}{2} + \alpha\right) = -\sin\alpha$，$\tan\left(\dfrac{\pi}{2} + \alpha\right) = -\cot\alpha$．

我们可以将上述六组诱导公式总结为"奇变偶不变，符号看象限"，就是对于角 $\dfrac{k\pi}{2} \pm \alpha (k \in \mathbf{Z})$，有

当 k 为偶数时，等于 α 的同名三角函数值，前面乘上一个把 α 看作锐角时原三角函数值的符号；

当 k 为奇数时，等于 α 的异名三角函数值，前面乘上一个把 α 看作锐角时原三角函数值的符号．

【**例 3**】设 $x, y \in \left[-\dfrac{\pi}{4}, \dfrac{\pi}{4}\right]$，若 $\begin{cases} x^3 + \cos\left(x + \dfrac{3\pi}{2}\right) + 2a = 0 \\ 4y^3 + \sin y \cos y - a = 0 \end{cases}$，则 $\cos(x + 2y) = $ _____．

（2020 年复旦大学）

【解析】 由 $\begin{cases} x^3 + \cos\left(x + \dfrac{3\pi}{2}\right) + 2a = 0 \\ 4y^3 + \sin y \cos y - a = 0 \end{cases} \Leftrightarrow \begin{cases} x^3 + \sin x = -2a \\ (2y)^3 + \sin(2y) = 2a \end{cases}$，从而 $x^3 + \sin x = -(2y)^3 -$

$\sin 2y = (-2y)^3 + \sin(-2y)$，令 $f(x) = x^3 + \sin x \left(x \in \left[-\dfrac{\pi}{4}, \dfrac{\pi}{4}\right]\right)$，易知 $f(x)$ 单调递增，且 $f(x) =$

$f(-2y)$，从而 $x = -2y$，即 $x + 2y = 0$，所以 $\cos(x + 2y) = 1$.

【例 4】 已知 $\alpha = \dfrac{\pi}{7}$，则 $\cos\alpha - \cos 2\alpha + \cos 3\alpha = $ _____.

（2019 年浙江大学）

【解析】 由诱导公式，知 $\cos\dfrac{\pi}{7} - \cos\dfrac{2\pi}{7} + \cos\dfrac{3\pi}{7} = \cos\dfrac{\pi}{7} + \cos\dfrac{3\pi}{7} + \cos\dfrac{5\pi}{7}$. 则 $2\sin\dfrac{\pi}{7}\left(\cos\dfrac{\pi}{7} + \right.$

$\left.\cos\dfrac{3\pi}{7} + \cos\dfrac{5\pi}{7}\right) = 2\sin\dfrac{\pi}{7}\cos\dfrac{\pi}{7} + 2\sin\dfrac{\pi}{7}\cos\dfrac{3\pi}{7} + 2\sin\dfrac{\pi}{7}\cos\dfrac{5\pi}{7} = \sin\dfrac{2\pi}{7} + \sin\left(\dfrac{\pi}{7} + \dfrac{3\pi}{7}\right) +$

$\sin\left(\dfrac{\pi}{7} - \dfrac{3\pi}{7}\right) + \sin\left(\dfrac{\pi}{7} + \dfrac{5\pi}{7}\right) + \sin\left(\dfrac{\pi}{7} - \dfrac{5\pi}{7}\right) = \sin\dfrac{2\pi}{7} + \sin\dfrac{4\pi}{7} - \sin\dfrac{2\pi}{7} + \sin\dfrac{6\pi}{7} - \sin\dfrac{4\pi}{7} = \sin\dfrac{6\pi}{7} = \sin\dfrac{\pi}{7}$，

从而 $\cos\dfrac{\pi}{7} + \cos\dfrac{3\pi}{7} + \cos\dfrac{5\pi}{7} = \dfrac{1}{2}$.

本题从本质上来讲属于常见的三角级数求和问题，我们来看更一般的情况：

求和：（1）$\cos\alpha + \cos 2\alpha + \cos 3\alpha + \cdots + \cos n\alpha$；

（2）$\sin\alpha + \sin 2\alpha + \sin 3\alpha + \cdots + \sin n\alpha$.

解析：令 $z = \cos\alpha + \mathrm{i}\sin\alpha$，那么对于任意自然数 k，有 $z^k = \cos k\alpha + \mathrm{i}\sin k\alpha$. 从而 $z + z^2 +$
$z^3 + \cdots + z^n = (\cos\alpha + \cos 2\alpha + \cdots + \cos n\alpha) + \mathrm{i}(\sin\alpha + \sin 2\alpha + \cdots + \sin n\alpha)$.

另一方面，$z + z^2 + z^3 + \cdots + z^n = \dfrac{z(1 - z^n)}{1 - z} = \dfrac{(\cos\alpha + \mathrm{i}\sin\alpha)[1 - (\cos n\alpha + \mathrm{i}\sin n\alpha)]}{1 - (\cos\alpha + \mathrm{i}\sin\alpha)} =$

$\dfrac{(\cos\alpha + \mathrm{i}\sin\alpha)\left(2\sin^2\dfrac{n\alpha}{2} - 2\mathrm{i}\sin\dfrac{n\alpha}{2}\cos\dfrac{n\alpha}{2}\right)}{2\sin^2\dfrac{\alpha}{2} - 2\mathrm{i}\sin\dfrac{\alpha}{2}\cos\dfrac{\alpha}{2}} = \dfrac{\sin\dfrac{n\alpha}{2}(\cos\alpha + \mathrm{i}\sin\alpha)\left(\cos\dfrac{n\alpha - \pi}{2} + \mathrm{i}\sin\dfrac{n\alpha - \pi}{2}\right)}{\sin\dfrac{\alpha}{2}\left(\cos\dfrac{\alpha - \pi}{2} - \mathrm{i}\sin\dfrac{\alpha - \pi}{2}\right)} = \dfrac{\sin\dfrac{n\alpha}{2}}{\sin\dfrac{\alpha}{2}}$

$\left[\cos\left(\alpha + \dfrac{n\alpha - \pi}{2} - \dfrac{\alpha - \pi}{2}\right) + \mathrm{i}\sin\left(\alpha + \dfrac{n\alpha - \pi}{2} - \dfrac{\alpha - \pi}{2}\right)\right] = \dfrac{\sin\dfrac{n\alpha}{2}}{\sin\dfrac{\alpha}{2}}\left(\cos\dfrac{n + 1}{2} + \mathrm{i}\sin\dfrac{n + 1}{2}\alpha\right) =$

$\dfrac{\sin\dfrac{n\alpha}{2}\cos\dfrac{n + 1}{2}\alpha}{\sin\dfrac{\alpha}{2}} + \mathrm{i}\dfrac{\sin\dfrac{n\alpha}{2}\sin\dfrac{n + 1}{2}\alpha}{\sin\dfrac{\alpha}{2}}$，即 $z + z^2 + z^3 + \cdots + z^n = \dfrac{\sin\dfrac{n\alpha}{2}\cos\dfrac{n + 1}{2}\alpha}{\sin\dfrac{\alpha}{2}} +$

i $\dfrac{\sin\dfrac{n\alpha}{2}\sin\dfrac{n+1}{2}\alpha}{\sin\dfrac{\alpha}{2}}$. 从而由复数相等的概念知 $\cos\alpha+\cos2\alpha+\cos3\alpha+\cdots+\cos n\alpha=\dfrac{\sin\dfrac{n\alpha}{2}\cos\dfrac{n+1}{2}\alpha}{\sin\dfrac{\alpha}{2}}$,

$$\sin\alpha+\sin2\alpha+\sin3\alpha+\cdots+\sin n\alpha=\dfrac{\sin\dfrac{n\alpha}{2}\sin\dfrac{n+1}{2}\alpha}{\sin\dfrac{\alpha}{2}}.$$

§5.2 三角公式

三角公式种类繁多,主要有和、差、倍、半角公式,以及和差化积、积化和差公式,还有万能置换公式等. 灵活运用这些公式是解决问题的关键. 在本节中,我们将重点介绍一些常用的三角公式及其应用.

一、常用的三角公式

1. 两角和与差的正弦、余弦和正切公式

$$\cos(\alpha-\beta)=\cos\alpha\cos\beta+\sin\alpha\sin\beta;\ \cos(\alpha+\beta)=\cos\alpha\cos\beta-\sin\alpha\sin\beta;$$

$$\sin(\alpha-\beta)=\sin\alpha\cos\beta-\cos\alpha\sin\beta;\ \sin(\alpha+\beta)=\sin\alpha\cos\beta+\cos\alpha\sin\beta;$$

$$\tan(\alpha-\beta)=\dfrac{\tan\alpha-\tan\beta}{1+\tan\alpha\tan\beta};\qquad \tan(\alpha+\beta)=\dfrac{\tan\alpha+\tan\beta}{1-\tan\alpha\tan\beta}.$$

2. 倍角与半角公式

二倍角公式

$$\sin2\alpha=2\sin\alpha\cos\alpha,$$

$$\cos2\alpha=\cos^2\alpha-\sin^2\alpha=2\cos^2\alpha-1=1-2\sin^2\alpha,$$

$$\tan2\alpha=\dfrac{2\tan\alpha}{1-\tan^2\alpha}.$$

半角公式

$$\sin\dfrac{\beta}{2}=\pm\sqrt{\dfrac{1-\cos\beta}{2}};\ \cos\dfrac{\beta}{2}=\pm\sqrt{\dfrac{1+\cos\beta}{2}};\ \tan\dfrac{\beta}{2}=\pm\sqrt{\dfrac{1-\cos\beta}{1+\cos\beta}}.$$

3. 万能公式

$$\sin\alpha = \frac{2\tan\frac{\alpha}{2}}{1+\tan^2\frac{\alpha}{2}}; \quad \cos\alpha = \frac{1-\tan^2\frac{\alpha}{2}}{1+\tan^2\frac{\alpha}{2}}, \tan\alpha = \frac{1-\tan^2\frac{\alpha}{2}}{1+\tan^2\frac{\alpha}{2}}.$$

4. 积化和差公式

$$\sin\alpha\cos\beta = \frac{1}{2}\left[\sin(\alpha+\beta)+\sin(\alpha-\beta)\right]; \quad \cos\alpha\sin\beta = \frac{1}{2}\left[\sin(\alpha+\beta)-\sin(\alpha-\beta)\right];$$

$$\cos\alpha\cos\beta = \frac{1}{2}\left[\cos(\alpha+\beta)+\cos(\alpha-\beta)\right]; \quad \sin\alpha\sin\beta = -\frac{1}{2}\left[\cos(\alpha+\beta)-\cos(\alpha-\beta)\right];$$

5. 和差化积公式

$$\sin A + \sin B = 2\sin\frac{A+B}{2}\cos\frac{A-B}{2}; \quad \sin A - \sin B = 2\cos\frac{A+B}{2}\cos\frac{A-B}{2};$$

$$\cos A + \cos B = 2\cos\frac{A+B}{2}\cos\frac{A-B}{2}; \quad \cos A - \cos B = -2\sin\frac{A+B}{2}\sin\frac{A-B}{2}.$$

【例 1】 求值：$\cos 48° - \cos 12° + \cos 36°$.

（2021 年香港中文大学）

【解析】 $\cos 48° - \cos 12° + \cos 36° = \sin 42° - \sin 78° + \sin 54° = \sin(60°-18°) - \sin(60°+18°) + \sin 54° = -2\cos 60°\sin 18° + \sin 54° = \sin 54° - \sin 18° = \sin(36°+18°) - \sin(36°-18°) = 2\cos 36°\sin 18° = \frac{2\cos 36°\sin 18°\cos 18°}{\cos 18°} = \frac{2\cos 36°\sin 36°}{2\cos 18°} = \frac{\sin 72°}{2\cos 18°} = \frac{1}{2}$.

【例 2】 在锐角 $\triangle ABC$ 中，满足 $\sin A = 2\sin B\sin C$，求 $\tan A\tan B\tan C$ 的最小值.

（2022 年复旦大学）

【解析】 由题知 $\sin(B+C) = \sin A = 2\sin B\sin C$，从而 $\sin B\cos C + \cos B\sin C = 2\sin B\sin C$，两边同时除以 $\cos B\cos C$，得 $\tan B + \tan C = 2\tan B\tan C$. 又因为 $\tan A = -\tan(B+C) = -\dfrac{\tan B + \tan C}{1-\tan B\tan C}$，代入可得

$$\tan A\tan B\tan C = \frac{\tan B + \tan C}{\tan B\tan C - 1}\tan B\tan C = 2\frac{(\tan B\tan C)^2}{\tan B\tan C - 1}$$

$$= \frac{2}{\dfrac{1}{\tan B\tan C} - \left(\dfrac{1}{\tan B\tan C}\right)^2} \geq \frac{2}{\frac{1}{4}} = 8,$$

当且仅当 $\tan B\tan C = 2$ 时取等号，所以 $\tan A\tan B\tan C$ 的最小值为 8.

【例 3】 在 $\triangle ABC$ 中，$A=3B=9C$，则 $\cos A\cos B+\cos B\cos C+\cos C\cos A=(\quad)$.

　A. $\dfrac{1}{4}$　　　　B. $-\dfrac{1}{4}$　　　　C. $\dfrac{1}{3}$　　　　D. $-\dfrac{1}{3}$

（2022 年上海交通大学）

【解析】 由 $A=3B=9C$，$A+B+C=\pi$，得 $C=\dfrac{\pi}{13}$，$B=\dfrac{3}{13}\pi$，$A=\dfrac{9}{13}\pi$. 由 $\cos\alpha\cos\beta=\dfrac{1}{2}\left[\cos(\alpha+\beta)+\cos(\alpha-\beta)\right]$，$\sin\alpha\sin\beta=\dfrac{1}{2}\left[\sin(\alpha+\beta)-\sin(\alpha-\beta)\right]$，得 $\cos A\cos B+\cos B\cos C+\cos C\cos A=$

$\dfrac{1}{2}\left(\cos\dfrac{12}{13}\pi+\cos\dfrac{6}{13}\pi+\cos\dfrac{4}{13}\pi+\cos\dfrac{2}{13}\pi+\cos\dfrac{10}{13}\pi+\cos\dfrac{8}{13}\pi\right)=-\dfrac{1}{2}\left(\cos\dfrac{\pi}{13}+\cos\dfrac{3}{13}\pi+\cos\dfrac{5}{13}\pi+\cos\dfrac{7}{13}\pi+\cos\dfrac{9}{13}\pi+\cos\dfrac{11}{13}\pi\right)=-\dfrac{1}{2\sin\frac{\pi}{13}}\left(\cos\dfrac{\pi}{13}\sin\dfrac{\pi}{13}+\cos\dfrac{3\pi}{13}\sin\dfrac{\pi}{13}+\cos\dfrac{5}{15}\pi\sin\dfrac{\pi}{13}+\cos\dfrac{7}{13}\pi\sin\dfrac{\pi}{13}+\cos\dfrac{9}{13}\pi\sin\dfrac{\pi}{13}+\cos\dfrac{11}{13}\pi\sin\dfrac{\pi}{13}\right)=-\dfrac{1}{2\sin\frac{\pi}{13}}\cdot\dfrac{1}{2}\left(\sin\dfrac{2}{13}\pi+\sin\dfrac{4}{13}\pi-\sin\dfrac{2}{13}\pi+\sin\dfrac{6}{13}\pi-\sin\dfrac{4}{13}\pi+\sin\dfrac{8}{13}\pi-\sin\dfrac{6}{13}\pi+\sin\dfrac{10}{13}\pi-\sin\dfrac{8}{13}\pi+\sin\dfrac{12}{13}\pi-\sin\dfrac{10}{13}\pi\right)=-\dfrac{1}{4}\cdot\dfrac{1}{\sin\frac{\pi}{13}}\cdot\sin\dfrac{12}{13}\pi=-\dfrac{1}{4}$. 故选 B.

【例 4】 设 $\alpha,\beta\in(0,\pi)$，且 $\cos\alpha+\cos\beta-\cos(\alpha+\beta)=\dfrac{3}{2}$，求 α 和 β 的值.

（2022 年南京大学）

【解析】 *方法一　配方法*

由 $\cos\alpha+\cos\beta-\cos(\alpha+\beta)=\dfrac{3}{2}$，得 $2\cos\alpha+2\cos\beta-2\cos\alpha\cos\beta+2\sin\alpha\sin\beta=3$，则 $\sin^2\alpha-2\sin\alpha\sin\beta+\sin^2\beta+\cos^2\alpha+\cos^2\beta+1^2-2\cos\alpha-2\cos\beta+2\cos\alpha\cos\beta=0$，即 $(\sin\alpha-\sin\beta)^2+(\cos\alpha+\cos\beta-1)^2=0$，所以 $\sin\alpha=\sin\beta$，且 $\cos\alpha+\cos\beta=1$. 因为 $\alpha,\beta\in(0,\pi)$，由 $\sin\alpha=\sin\beta$，知 $\alpha=\beta$，或 $\alpha+\beta=\pi$. 若 $\alpha=\beta$，代入 $\cos\alpha+\cos\beta=1$，得 $\cos\alpha=\dfrac{1}{2}$，从而 $\alpha=\dfrac{\pi}{3}$，所以 $\alpha=\beta=\dfrac{\pi}{3}$；若 $\alpha+\beta=\pi$，则 $\cos\alpha+\cos\beta=0$，与 $\cos\alpha+\cos\beta=1$ 矛盾.

综上所述，$\alpha=\beta=\dfrac{\pi}{3}$.

方法二　判别式法

由 $\cos\alpha+\cos\beta-\cos(\alpha+\beta)=\dfrac{3}{2}$，得 $2\cos\dfrac{\alpha+\beta}{2}\cos\dfrac{\alpha-\beta}{2}-\left(2\cos^2\dfrac{\alpha+\beta}{2}-1\right)=\dfrac{3}{2}$，即 $2\cos^2\dfrac{\alpha+\beta}{2}-2\cos\dfrac{\alpha-\beta}{2}\cos\dfrac{\alpha+\beta}{2}+\dfrac{1}{2}=0$，从而 $\Delta=4\cos^2\dfrac{\alpha-\beta}{2}-4\geqslant0$，$\cos^2\dfrac{\alpha-\beta}{2}\geqslant1$. 又因为 $\alpha,\beta\in(0,\pi)$，所以 $\dfrac{\alpha-\beta}{2}\in\left(-\dfrac{\pi}{2},\dfrac{\pi}{2}\right)$，$\cos\dfrac{\alpha-\beta}{2}=1$，从而 $\alpha=\beta$，代入 $\cos\alpha+\cos\beta-\cos(\alpha+\beta)=\dfrac{3}{2}$，得 $2\cos\alpha-\cos2\alpha=\dfrac{3}{2}$，

即 $4\cos^2\alpha-4\cos\alpha+1=0,(2\cos\alpha-1)^2=0$,解得 $\cos\alpha=\dfrac{1}{2}$,从而 $\alpha=\dfrac{\pi}{3}$,所以 $\alpha=\beta=\dfrac{\pi}{3}$.

方法三 平均值不等式法

由 $\cos\alpha+\cos\beta-\cos(\alpha+\beta)=\dfrac{3}{2}$,得 $\cos\alpha+\cos\beta-\cos\alpha\cos\beta+\sin\alpha\sin\beta=\dfrac{3}{2}$,$(1-\cos\beta)\cos\alpha+$

$\sin\alpha\sin\beta=\dfrac{3}{2}-\cos\beta$,记为 ①. 由平均值不等式,得 $(1-\cos\beta)\cos\alpha\leqslant\dfrac{(1-\cos\beta)^2+\cos^2\alpha}{2}=$

$\dfrac{1-2\cos\beta+\cos^2\alpha+\cos^2\beta}{2}$,记为 ②,整理得 $\sin\alpha\sin\beta\leqslant\dfrac{\sin^2\alpha+\sin^2\beta}{2}$,记为 ③. 由 ②+③,得 $(1-\cos\beta)$

$\cos\alpha+\sin\alpha\sin\beta\leqslant\dfrac{3}{2}-\cos\beta$,因为 ①不等式等号成立,所以 $\cos\alpha+\cos\beta=1$,且 $\sin\alpha=\sin\beta$,同方法一,得

$\alpha=\beta=\dfrac{\pi}{3}$.

方法四 万能变换法

设 $\tan\dfrac{\alpha}{2}=a$,$\tan\dfrac{\beta}{2}=b$,则 $\sin\alpha=\dfrac{2a}{1+a^2}$,$\cos\alpha=\dfrac{1-a^2}{1+a^2}$,$\sin\beta=\dfrac{2b}{1+b^2}$,$\cos\beta=\dfrac{1-b^2}{1+b^2}$. 由 $\cos\alpha+$

$\cos\beta-\cos(\alpha+\beta)=\dfrac{3}{2}$,得 $\cos\alpha+\cos\beta-\cos\alpha\cos\beta+\sin\alpha\sin\beta=\dfrac{3}{2}$,从而 $\dfrac{1-a^2}{1+a^2}+\dfrac{1-b^2}{1+b^2}-$

$\dfrac{(1-a^2)(1-b^2)}{(1+a^2)(1+b^2)}+\dfrac{4ab}{(1+a^2)(1+b^2)}=\dfrac{3}{2}$,整理得 $a^2+b^2+9a^2b^2-8ab+1=0$,则 $(a-b)^2+(3ab-$

$1)^2=0$,从而 $\begin{cases}a=b\\3ab=1\end{cases}$,由 $\alpha,\beta\in(0,\pi)$,得 $\tan\dfrac{\alpha}{2}>0$,$\tan\dfrac{\beta}{2}>0$,于是 $a=b=\dfrac{\sqrt{3}}{3}$,则 $\dfrac{\alpha}{2}=\dfrac{\beta}{2}=\dfrac{\pi}{6}$,所以

$\alpha=\beta=\dfrac{\pi}{3}$.

方法五 构造法

由 $\cos\alpha+\cos\beta-\cos(\alpha+\beta)=\dfrac{3}{2}$,得 $2\cos\dfrac{\alpha+\beta}{2}\cos\dfrac{\alpha-\beta}{2}-\left(2\cos^2\dfrac{\alpha+\beta}{2}-1\right)=\dfrac{3}{2}$,即 $2\cos\dfrac{\alpha+\beta}{2}$

$\left(\cos\dfrac{\alpha-\beta}{2}-\cos\dfrac{\alpha+\beta}{2}\right)+1=\dfrac{3}{2}$,即 $4\cos\dfrac{\alpha+\beta}{2}\sin\dfrac{\alpha}{2}\sin\dfrac{\beta}{2}+1=\dfrac{3}{2}$,所以 $\cos\dfrac{\alpha+\beta}{2}\sin\dfrac{\alpha}{2}\sin\dfrac{\beta}{2}=\dfrac{1}{8}$. 因为

$\alpha,\beta\in(0,\pi)$,所以 $\sin\dfrac{\alpha}{2}\sin\dfrac{\beta}{2}>0$,从而 $\cos\dfrac{\alpha+\beta}{2}>0$,因为 $\dfrac{\alpha+\beta}{2}\in(0,\pi)$,所以 $\dfrac{\alpha+\beta}{2}<\dfrac{\pi}{2}$,所以 $\alpha+$

$\beta<\pi$.

构造 $\triangle ABC$,其三个内角分别为 A,B,C,且 $A=\alpha,B=\beta$,则

$$\cos A+\cos B+\cos C=\cos\alpha+\cos\beta+\cos(\pi-\alpha-\beta)=\cos\alpha+\cos\beta-\cos(\alpha+\beta)=\dfrac{3}{2}.$$

因为 $\cos A+\cos B+\cos C=1-2\sin^2\dfrac{A}{2}+2\cos\dfrac{B+C}{2}\cos\dfrac{B-C}{2}=1-2\sin^2\dfrac{A}{2}+2\sin\dfrac{A}{2}\cos\dfrac{B-C}{2}\leqslant$

$$-2\sin^2\frac{A}{2}+2\sin\frac{A}{2}+1=-2\left(\sin\frac{A}{2}-\frac{1}{2}\right)^2+\frac{3}{2}\leqslant\frac{3}{2}.$$ 当且仅当 $B=C$，$\sin\frac{A}{2}=\frac{1}{2}$，即 $A=B=C=\frac{\pi}{3}$

时，$\cos A+\cos B+\cos C$ 取得最大值 $\frac{3}{2}$. 故 $\alpha=\beta=\frac{\pi}{3}$.

方法六　利用直线与圆的位置关系

由 $\cos\alpha+\cos\beta-\cos(\alpha+\beta)=\frac{3}{2}$，得 $\cos\alpha+\cos\beta-\cos\alpha\cos\beta+\sin\alpha\sin\beta=\frac{3}{2}$，则 $(1-\cos\beta)\cos\alpha+$

$\sin\beta\sin\alpha+\cos\beta-\frac{3}{2}=0$，由此可知直线 $(1-\cos\beta)x+\sin\beta\cdot y+\cos\beta-\frac{3}{2}=0$ 过点 $(\cos\alpha,\sin\alpha)$，即直线

$(1-\cos\beta)x+\sin\beta\cdot y+\cos\beta-\frac{3}{2}=0$ 与单位圆 $x^2+y^2=1$ 有公共点. 从而 $\dfrac{\left|\cos\beta-\dfrac{3}{2}\right|}{\sqrt{(1-\cos\beta)^2+\sin^2\beta}}\leqslant 1$，

整理得 $\cos^2\beta-\cos\beta+\frac{1}{4}=0$，解得 $\cos\beta=\frac{1}{2}$，则 $\beta=\frac{\pi}{3}$. 同理，$\alpha=\frac{\pi}{3}$. 故 $\alpha=\beta=\frac{\pi}{3}$.

二、三角公式的拓展与延伸

1. 三倍角公式

$$\sin3\alpha=3\sin\alpha-4\sin^3\alpha=4\sin\left(\frac{\pi}{3}-\alpha\right)\sin\alpha\sin\left(\frac{\pi}{3}+\alpha\right);$$

$$\cos3\alpha=4\cos^3\alpha-3\cos\alpha=4\cos\left(\frac{\pi}{3}-\alpha\right)\cos\alpha\cos\left(\frac{\pi}{3}+\alpha\right);$$

$$\tan3\alpha=\frac{3\tan\alpha-\tan^3\alpha}{1-3\tan^2\alpha}=\tan\left(\frac{\pi}{3}-\alpha\right)\tan\alpha\tan\left(\frac{\pi}{3}+\alpha\right);$$

$$\cot3\alpha=\frac{\cot^3\alpha-3\cot\alpha}{3\cot^2\alpha-1}.$$

2. 辅助角公式

$$a\sin x+b\cos x=\sqrt{a^2+b^2}\sin(x+\varphi)\left(\text{其中 }\tan\varphi=\frac{b}{a}\right)=\sqrt{a^2+b^2}\cos(x-\theta)\left(\text{其中 }\tan\theta=\frac{b}{a}\right).$$

【例5】已知 $x\in\left[0,\frac{\pi}{2}\right]$，则 $f(x)=3\sin^2x-2\sin2x+2\sin x-\cos x$ 的取值范围是_____.

【解析】 $f(x)=3\sin^2x-2\sin2x+2\sin x-\cos x=(2\sin x-\cos x)^2+(2\sin x-\cos x)-1=$

$\left(2\sin x-\cos x+\frac{1}{2}\right)^2-\frac{5}{4}$，

注意到 $x\in\left[0,\frac{\pi}{2}\right]$ 时，$2\sin x-\cos x=\sqrt{5}\sin(x-\varphi)\left(\text{其中 }\tan\varphi=\frac{1}{2}\right)$，所以 $\sin(x-\varphi)\in$

$\left[-\dfrac{1}{\sqrt{5}},\dfrac{2}{\sqrt{5}}\right]$，所以 $2\sin x-\cos x\in[-1,2]$，从而 $f(x)\in\left[-\dfrac{5}{4},5\right]$.

【例 6】 $\sin\left(\arctan 1+\arccos\dfrac{3}{\sqrt{10}}+\arcsin\dfrac{1}{\sqrt{5}}\right)=$ _____.

（2020 年清华大学）

【解析】 记 $\alpha=\arctan 1,\beta=\arccos\dfrac{3}{\sqrt{10}},\gamma=\arcsin\dfrac{1}{\sqrt{5}}$. 显然，$\alpha=\dfrac{\pi}{4},\cos\beta=\dfrac{3}{\sqrt{10}},\sin\beta=\dfrac{1}{\sqrt{10}},\sin\gamma=$

$\dfrac{1}{\sqrt{5}},\cos\gamma=\dfrac{2}{\sqrt{5}}$. 所以 $\sin(\alpha+\beta)=\dfrac{\sqrt{2}}{2}\times\dfrac{3}{\sqrt{10}}+\dfrac{\sqrt{2}}{2}\times\dfrac{1}{\sqrt{10}}=\dfrac{2}{\sqrt{5}},\cos(\alpha+\beta)=\dfrac{\sqrt{2}}{2}\times\dfrac{3}{\sqrt{10}}-\dfrac{\sqrt{2}}{2}\times\dfrac{1}{\sqrt{10}}=\dfrac{1}{\sqrt{5}}$，

故 $\sin(\alpha+\beta+\gamma)=\sin(\alpha+\beta)\cos\gamma+\cos(\alpha+\beta)\sin\gamma=\dfrac{2}{\sqrt{5}}\times\dfrac{2}{\sqrt{5}}+\dfrac{1}{\sqrt{5}}\times\dfrac{1}{\sqrt{5}}=1$.

§5.3 解三角形

三角学起源于古希腊. 为了预测天体运行路线、计算日历和航海等活动，古希腊人研究了球面三角形的边角关系. 在 15 世纪和 16 世纪，对三角形的研究从球面三角形转向平面三角形，以实现测量的目的. 在本节中，我们主要讨论正弦定理、余弦定理和解斜三角形的问题.

一、正弦定理

a,b,c 分别为 $\triangle ABC$ 角 A,B,C 所对的边长，R 为 $\triangle ABC$ 的外接圆半径，则 $\dfrac{a}{\sin A}=\dfrac{b}{\sin B}=\dfrac{c}{\sin C}=2R$.

换言之，在一个三角形中，各边与它对角的正弦值之比相等. 这个结论叫作**正弦定理**.

【例 1】 在 $\triangle ABC$ 中，$AB=\sqrt{2}BC$，D 在边 AC 上，满足 $AD=2DC$，且 $\angle ABD=2\angle CBD$，则 $\angle ABC=$ _____.

（2022 年上海交通大学）

【解析】 由正弦定理，可得 $\dfrac{\sqrt{2}BC}{\sin\angle BDA}=\dfrac{2CD}{\sin 2\angle DBC}$，又由正弦定理，可得 $\dfrac{BC}{\sin\angle BDA}=\dfrac{DC}{\sin\angle DBC}$，

因此 $\cos\angle DBC=\dfrac{\sqrt{2}}{2}$，故 $\angle ABC=3\angle DBC=\dfrac{3}{4}\pi$.

【例 2】 在 $\triangle ABC$ 中，$S_{\triangle ABC}=\dfrac{c}{2}(a-b)$，其外接接圆半径 $R=2$，且 $4(\sin^2 A-\sin^2 B)=(\sqrt{3}a-b)$

$\sin B$，则 $\sin\dfrac{A-B}{2}+\sin\dfrac{C}{2}=$ _____.

（2022 年北京大学）

【解析】因为 $R=2$，所以 $4(\sin^2 A-\sin^2 B)=(\sqrt{3}a-b)\sin B$，得 $a^2-b^2=(\sqrt{3}a-b)b$，即 $a=\sqrt{3}b$.

因为 $S_{\triangle ABC}=\dfrac{c}{2}(a-b)$，所以 $bc\sin A=c(a-b)$，$\sin A=\dfrac{ac-bc}{bc}=\sqrt{3}-1$，进而 $\sin B=\dfrac{\sin A}{\sqrt{3}}=1-\dfrac{\sqrt{3}}{3}$，所以 $\left(\sin\dfrac{A-B}{2}+\sin\dfrac{C}{2}\right)^2=\left(\sin\dfrac{A-B}{2}+\cos\dfrac{A+B}{2}\right)^2=\sin^2\dfrac{A-B}{2}+\cos^2\dfrac{A+B}{2}+2\sin\dfrac{A-B}{2}$

$\cos\dfrac{A+B}{2}=1-\dfrac{1}{2}\cos(A-B)+\dfrac{1}{2}\cos(A+B)+\sin A-\sin B=1-\sin A\sin B+\sin A-\sin B=1-(\sqrt{3}-$

$1)\left(1-\dfrac{\sqrt{3}}{3}\right)+(\sqrt{3}-1)-\left(1-\dfrac{\sqrt{3}}{3}\right)=1.$ 因为 $0<A-B<\pi,0<C<\pi$，所以 $\sin\dfrac{A-B}{2}+\sin\dfrac{C}{2}=1.$

【例 3】在 $\triangle ABC$ 中，角 A,B,C 所对的边分别为 a,b,c，已知 $a\cos C-b\cos^2 A=a\sin A\sin B-c\sin A$，则 $\tan A$ 的值为 _____.

（2022 年南京大学）

【解析】因为 $-a\cos(A+B)-b\cos^2 A=a\sin A\sin B-c\sin A$，所以 $a\cos A\cos B+b\cos^2 A=c\sin A$，从而 $\cos A\cdot c=c\cdot\sin A$，故 $\tan A=1.$

【例 4】凸四边形 $ABCD$ 满足 $\angle ABD=\angle BDC=50^\circ$，$\angle CAD=\angle ACB=40^\circ$，则符合题意且不相似的凸四边形 $ABCD$ 的个数为 _____.

（2022 年北京大学）

【解析】易知四边形 $ABCD$ 是平行四边形，如图所示，设 $AE=EC=x$，$\angle CBE=y$，$BE=r$，由正弦定理，得 $\dfrac{AE}{\sin 50^\circ}=\dfrac{r}{\sin(90^\circ-y)}$，即 $\dfrac{x}{r}=\dfrac{\sin 50^\circ}{\cos y}$；$\dfrac{CE}{\sin y}=\dfrac{r}{\sin 40^\circ}$，即 $\dfrac{x}{r}=\dfrac{\sin y}{\sin 40^\circ}$，所以 $\sin 2y=\sin 80^\circ.$ 从而 $y=40^\circ$ 或 $50^\circ.$

故不相似的凸四边形 $ABCD$ 有两种.

二、余弦定理

a,b,c 分别为 $\triangle ABC$ 角 A,B,C 所对的边长，则 $a^2=b^2+c^2-2bc\cos A$，$b^2=a^2+c^2-2ac\cos B$，$c^2=a^2+b^2-2ab\cos C$.

换言之，三角形的一边的平方等于其他两边的平方和减去这两边与它夹角的余弦值乘积的两倍. 此结论称为**余弦定理**. 余弦定理也可以写成下面的形式：

$$\cos A=\frac{b^2+c^2-a^2}{2bc};\ \cos B=\frac{c^2+a^2-b^2}{2ca};\ \cos C=\frac{a^2+b^2-c^2}{2ab}.$$

【例 5】在 $\triangle ABC$ 中，$AB=c$，$AC=b$，$BC=a$，$a^4+b^4+c^4=2c^2(a^2+b^2)$，$\angle A=72^\circ$，则 $\angle B=$（　　）.

A. 45°　　　　　　　　B. 60°　　　　　　　　C. 63°　　　　　　　　D. 前三个答案都不对

（2023 年北京大学寒假学堂）

【解析】 由 $a^4+b^4+c^4=2c^2(a^2+b^2)$，得 $(a^2+b^2-c^2)^2=2a^2b^2$，所以 $a^2+b^2-c^2=\pm\sqrt{2}ab$，从而 $\cos C=\pm\dfrac{\sqrt{2}}{2}$，所以 $\angle C=45°$ 或 $135°$. 因为 $\angle A=72°$，所以 $\angle C=45°$，从而 $\angle B=63°$，故选 C.

【例 6】 若 $\triangle ABC$ 三边长为等差数列，则 $\cos A+\cos B+\cos C$ 的取值范围是_____.

（2022 年北京大学）

【解析】 方法一

不妨设三边长为 $1,1+t,1+2t(t\geqslant0)$，则由 $1+(1+t)>1+2t$ 知，$t<1$，从而 $0\leqslant t<1$. 由余弦定理，得

$$\cos A+\cos B+\cos C=\frac{1^2+(1+t)^2-(1+2t)^2}{2\times1\times(1+t)}+$$

$$\frac{1^2+(1+2t)^2-(1+t)^2}{2\times1\times(1+2t)}+\frac{(1+t)^2+(1+2t)^2-1^2}{2\times(1+t)\times(1+2t)}$$

$$=\frac{1-3t}{2}+\frac{1+2t+3t^2}{2(1+2t)}+\frac{1+5t}{2(1+2t)}=\frac{1-3t}{2}+\frac{2+7t+3t^2}{2(1+2t)}.$$

令 $1+2t=x\in[1,3)$，则 $t=\dfrac{x-1}{2}$. 则 $\cos A+\cos B+\cos C=\dfrac{1-3\times\dfrac{x-1}{2}}{2}+\dfrac{2+7\times\dfrac{x-1}{2}+3\times\left(\dfrac{x-1}{2}\right)^2}{2x}=$

$\dfrac{9}{8}-\dfrac{3}{8}\left(x+\dfrac{1}{x}\right)$，由 $x\in[1,3)$，知 $\dfrac{9}{4}-\dfrac{3}{8}\left(x+\dfrac{1}{x}\right)\in\left(1,\dfrac{3}{2}\right]$.

综上所述，$\cos A+\cos B+\cos C$ 的取值范围是 $\left(1,\dfrac{3}{2}\right]$.

> 注：1. 当 $\triangle ABC$ 是正三角形时，$\cos A+\cos B+\cos C$ 取得最大值 $\dfrac{3}{2}$；当 $\triangle ABC$ 三边长无限接近 $1,1,2$ 时，$\cos A+\cos B+\cos C$ 无限接近 1；
>
> 2. 根据问题特点准确设元是解决问题的前提. 本题中，"不妨设 $a\leqslant b\leqslant c$"并设最小边长为 1，否则用 $1,\dfrac{b}{a},\dfrac{c}{a}$ 替换 a,b,c. 最后设等差数列的公差为 $t(t\geqslant0)$.

方法二

先证明一个引理：如果一个 $\triangle ABC$ 的三边长 a,b,c 成等差数列，则 $\cos A+2\cos B+\cos C=2$.

证明：不妨设 $b=1,a=1-d,c=1+d$，则

$$\cos A+2\cos B+\cos C=\frac{(1+d)^2+1^2-(1-d)^2}{2\times(1+d)\times1}+$$

$$2\cdot\frac{(1+d)^2+(1-d)^2-1^2}{2\times(1+d)(1-d)}+\frac{(1-d)^2+1^2-(1+d)^2}{2\times(1-d)\times1}$$

$$=\frac{4d+1}{2(1+d)}+2\cdot\frac{2d^2+1}{2(1+d)(1-d)}+\frac{-4d+1}{2(1-d)}$$

$$= \frac{(4d+1)(1-d)+4d^2+2+(1-4d)(1+d)}{2(1+d)(1-d)}$$

$$= \frac{(-4d^2+3d+1)+4d^2+2+(-4d^2-3d+1)}{2(1+d)(1-d)} = \frac{-4d^2+4}{2(1+d)(1-d)} = 2.$$

回到原题：

因为 $\cos A + 2\cos B + \cos C = 2$，所以 $\cos A + \cos B + \cos C = 2 - \cos B = 2 - \dfrac{a+c^2-b^2}{2ac} = 2 -$

$\dfrac{a^2+c^2-\left(\dfrac{a+c}{2}\right)^2}{2ac} = 2 - \dfrac{\dfrac{3}{4}(a^2+c^2)-\dfrac{ac}{2}}{2ac} = \dfrac{9}{4} - \dfrac{3}{8} \cdot \dfrac{a^2+c^2}{ac} \leqslant \dfrac{9}{4} - \dfrac{3}{8} \times \dfrac{2ac}{ac} = \dfrac{3}{2}$，当且仅当 $a=c$ 时，

$\cos A + \cos B + \cos C$ 取得最大值 $\dfrac{3}{2}$．因为 $\cos B < 1$，所以 $\cos A + \cos B + \cos C = 2 - \cos B > 1$，当且仅当

$B \to 0$ 时，$\cos A + \cos B + \cos C \to 1$．

综上所述，$\cos A + \cos B + \cos C$ 的取值范围是 $\left(1, \dfrac{3}{2}\right]$．

【例 7】在 $\triangle ABC$ 中，角 A, B, C 所对的边分别为 a, b, c，满足 $A = 2\sqrt{BC}$，$a^2 = b(b+c) = 1$，则 $\triangle ABC$ 的面积是_____．

（2022 年中国科学技术大学）

【解析】因为 $a^2 = b(b+c)$，所以 $a^2 = b^2 + bc$，所以 $\cos A = \dfrac{b^2+c^2-a^2}{2bc} = \dfrac{c^2-bc}{2bc} = \dfrac{c-b}{2b}$，从而

$2\sin B\cos A = \sin C - \sin A = \sin(A+B) - \sin B = \sin A\cos B + \cos A\sin B - \sin B$，即 $\sin(B-A) = \sin(-B)$．

又因为 $-\pi < -B < 0$，$-\pi < B - A < \pi$，所以 $B - A = -B$ 或 $B - A + (-B) = -\pi$，得 $A = 2B$ 或 $A = \pi$

（舍去）．又因为 $A = 2\sqrt{BC}$，所以 $B = C = \dfrac{1}{2}A = \dfrac{\pi}{4}$．又由 $a^2 = b(b+c) = 1$，得 $b = c = \dfrac{\sqrt{2}}{2}$，所以

$S_{\triangle ABC} = \dfrac{1}{2}bc = \dfrac{1}{4}$．

§5.4　三角函数

三角函数一直都是高考与强基计划考试中的重点内容之一，但题目的难度不大，主要是基础题或中档题．本节我们将主要研究有关三角函数的问题．

一、三角函数的性质

三角函数的性质主要包括定义域、值域、对称性、有界性、周期性、单调性以及最大值和最小值等问题．

【例 1】 函数 $y = 3\sin^2 x - 2\sin 2x + 2\sin x - \cos x \left(x \in \left[0, \dfrac{\pi}{2} \right] \right)$ 的值域是 _____.

（2020 年中国科学技术大学）

【解析】 易知 $y = 3\sin^2 x - 2\sin 2x + 2\sin x - \cos x = 4\sin^2 x - 4\sin x \cos x + \cos^2 x + 2\sin x - \cos x -$

$1 = (2\sin x - \cos x)^2 + 2\sin x - \cos x - 1 = \left(2\sin x - \cos x + \dfrac{1}{2} \right)^2 - \dfrac{5}{4}$. 又因为 $2\sin x - \cos x + \dfrac{1}{2} =$

$\sqrt{5} \sin(x + \varphi) + \dfrac{1}{2} \in \left[-\dfrac{1}{2}, \dfrac{5}{2} \right] \left(\text{其中 } \tan\varphi = -\dfrac{1}{2} \right)$，所以 $y \in \left[-\dfrac{5}{4}, 5 \right]$，从而所求值域为 $\left[-\dfrac{5}{4}, 5 \right]$.

【例 2】 函数 $f(x) = 5 + 6\cos x - 3\cos^2 x - 4\cos^3 x + \dfrac{1}{4}\sin\dfrac{3}{2}x$ 的最值范围是 _____.

（2021 年中国科学技术大学）

【解析】 记 $g(x) = 5 + 6\cos x - 3\cos^2 x - 4\cos^3 x, h(x) = \dfrac{1}{4}\sin\dfrac{3}{2}x$，则 $f(x) = g(x) + h(x)$. 令

$t = \cos x$，则 $g(x) = \varphi(t) = 5 - 6t - 3t^2 - 4t^3 (t \in [-1, 1])$，则 $\varphi'(t) = 6 - 6t - 12t^2 = -6(2t - 1)(t + 1)$，从

而知 $\varphi(t)$ 在 $\left[-1, \dfrac{1}{2} \right]$ 单调递增，在 $\left[\dfrac{1}{2}, 1 \right]$ 单调递减，且 $\varphi(1) = 4, \varphi(-1) = 0, \varphi\left(\dfrac{1}{2} \right) = \dfrac{27}{4}$，所以当 $x = \pi$

时，$g(x)$ 取得最小值 0，当 $x = \dfrac{\pi}{3}$ 时，$g(x)$ 取得最大值 $\dfrac{27}{4}$. 对于 $h(x) = \dfrac{1}{4}\sin\dfrac{3}{2}x$，当 $x = \pi$ 时，$h(x)$ 取

得最小值为 $-\dfrac{1}{4}$，当 $x = \dfrac{\pi}{3}$ 时，$h(x)$ 取得最大值 $\dfrac{1}{4}$. 故 $f(x) = g(x) + h(x) \in \left[-\dfrac{1}{4}, 7 \right]$.

【例 3】 令 $f(x) = \dfrac{\sin nx}{\sin x} (n \in \mathbf{N}^*)$，下列结论正确的是 _____.

(1) $f(x)$ 是周期函数；　　　　　　　　　　(2) $f(x)$ 是轴对称函数；

(3) $f(x)$ 的图像关于点 $\left(\dfrac{\pi}{2}, 0 \right)$ 对称；　　　(4) $|f(x)| \leqslant n$.

（2018 年复旦大学）

【解析】 由于 $f(x + 2\pi) = \dfrac{\sin n(x + 2\pi)}{\sin(x + 2\pi)} = \dfrac{\sin(nx + 2n\pi)}{\sin(x + 2\pi)} = \dfrac{\sin nx}{\sin x} = f(x)$，所以 $f(x)$ 是周期函数，

从而 (1) 正确；因为 $f(-x) = \dfrac{\sin n(-x)}{\sin(-x)} = \dfrac{-\sin nx}{-\sin x} = \dfrac{\sin nx}{\sin x} = f(x)$，从而 $f(x)$ 为偶函数，其图像关于

$x = 0$ 轴对称，从而 (2) 正确；由于 $f(x) + f(\pi - x) = \dfrac{\sin nx}{\sin x} + \dfrac{\sin n(\pi - x)}{\sin(\pi - x)} = \begin{cases} 0, (n \text{ 为偶数}) \\ \dfrac{2\sin nx}{\sin x}, (n \text{ 为奇数}) \end{cases}$，从

而可知当 n 为偶数时函数 $f(x)$ 关于 $\left(\dfrac{\pi}{2}, 0 \right)$ 对称，但 n 为奇数时，函数 $f(x)$ 并不一定关于 $\left(\dfrac{\pi}{2}, 0 \right)$ 对

称，从而 (3) 错误；可用数学归纳法证得 $|\sin nx| \leqslant n|\sin x|$，进而可得 (4) 正确. 综上所述，本题应填

(1)(2)(4).

二、三角函数的最值

这里所指的三角函数的最值是三角函数最大值与最小值的统称. 它是指以三角函数的值域为基础, 并大量使用三角恒等式、三角不等式及三角恒等变换等手段求最值.

【例 4】在 $\triangle ABC$ 中, $2ac=b^2$, $\sin A+\sin C=k\sin B$, 求实数 k 的范围.

(2022 年中国科学技术大学)

【解析】不妨设 $a\geqslant c$, 由 $b=\sqrt{2ac}$, 从而 $\begin{cases} a<c+\sqrt{2ac}, 记为①\\ \sqrt{2ac}<a+c, 记为② \end{cases}$, ②式显然成立. 由①可推出

$(a-c)^2<2ac$, 所以 $\dfrac{c}{a}+\dfrac{a}{c}<4$,

$$k^2=\left(\frac{\sin A+\sin C}{\sin B}\right)^2=\frac{(a+c)^2}{b^2}=\frac{a^2+c^2+2ac}{2ac}=\frac{1}{2}\left(\frac{c}{a}+\frac{a}{c}\right)+1,$$

所以 $k^2\in[2,3)$, 从而 $k\in[\sqrt{2},\sqrt{3})$.

【例 5】在锐角 $\triangle ABC$ 中, 角 A, B, C 的对边分别为 a, b, c, 若 $b^2-a^2=ac$, 则 $\dfrac{1}{\tan A}-\dfrac{1}{\tan B}$ 的取值范围是 _____.

(2022 年中国科学技术大学)

【解析】 $\cos A=\dfrac{b^2+c^2-a^2}{2bc}=\dfrac{c^2+ac}{2bc}=\dfrac{c+a}{2b}$, $\cos B=\dfrac{c^2+a^2-b^2}{2ac}=\dfrac{c^2-ac}{2ac}=\dfrac{c-a}{2a}$. 则

$\begin{cases} c+a=2b\cos A\\ c-a=2a\cos B \end{cases}$, 所以 $a=b\cos A-a\cos B$, 故 $\sin A=\sin B\cos A-\sin A\cos B=\sin(B-A)$. 因为 $\triangle ABC$

为锐三角形, 所以 $A=B-A$, 即 $B=2A$.

$$\frac{1}{\tan A}-\frac{1}{\tan B}=\frac{\cos A}{\sin A}-\frac{\cos B}{\sin B}=\frac{\sin B\cos A-\cos B\sin A}{\sin A\sin B}=\frac{1}{\sin B}.$$

由 $\begin{cases} 0<B=2A<\dfrac{\pi}{2}\\ 0<C=\pi-3A<\dfrac{\pi}{2} \end{cases}$, 可知 $\dfrac{\pi}{3}<B<\dfrac{\pi}{2}$, 故 $\dfrac{1}{\tan A}-\dfrac{1}{\tan B}=\dfrac{1}{\sin B}\in\left(1,\dfrac{2\sqrt{3}}{3}\right)$.

【例 6】已知 $f(x)=\sin x\cos x+\sin x+\dfrac{2}{5}\cos x\left(x\in\left[0,\dfrac{\pi}{2}\right]\right)$, 则 $f(x)$(　　).

A. 有最大值 $\dfrac{23}{8}$　　　　B. 有最小值 $\dfrac{2}{5}$　　　　C. 有最大值 $\dfrac{38}{25}$　　　　D. 有最小值 $\dfrac{1}{5}$

(2021 年清华大学)

【解析】由于 $f'(x)=\cos^2 x-\sin^2 x+\cos x-\dfrac{2}{5}\sin x=\cos 2x+\cos x-\dfrac{2}{5}\sin x$ 在 $\left[0,\dfrac{\pi}{2}\right]$ 上单调递

减，$f'\left(\dfrac{\pi}{2}\right)=\dfrac{3\sqrt{2}}{10}>0$，$f'\left(\dfrac{\pi}{3}\right)=-\dfrac{\sqrt{3}}{5}<0$，故存在唯一的 $x_0\in\left(\dfrac{\pi}{4},\dfrac{\pi}{3}\right)$，使得 $f'(x_0)=0$．当 $x\in[0,x_0]$

时，$f'(x)>0$，$f(x)$ 单调递增；当 $x\in\left[x_0,\dfrac{\pi}{2}\right]$ 时，$f'(x)<0$，$f(x)$ 单调递减．注意到 $f(0)=\dfrac{2}{5}$，

$f\left(\dfrac{\pi}{2}\right)=1$，又由于 $f'(x_0)=0$，可知 $\cos 2x_0+\cos x_0-\dfrac{2}{5}\sin x_0=0$．令 $t=\cos x_0$，则 $\dfrac{2}{5}\sin x_0=(2t-1)$

$(t+1)$，代入 $\left(\dfrac{2}{5}\sin x_0\right)^2+\left(\dfrac{2}{5}\cos x_0\right)^2=\dfrac{4}{25}$，整理得 $100t^3-71t+21=0$，即 $(5t-3)(20t^2+12t-7)=0$，

解得 $t_1=\dfrac{3}{5}$，$t_{2,3}=\dfrac{-12\pm\sqrt{704}}{40}$．注意到 $x_0\in\left(\dfrac{\pi}{4},\dfrac{\pi}{3}\right)$，即 $\cos x_0\in\left(\dfrac{1}{2},\dfrac{\sqrt{2}}{2}\right)$，显然 $t_{2,3}<\dfrac{1}{2}$，故舍去．所

以 $\cos x_0=\dfrac{3}{5}$，$\sin x_0=\dfrac{4}{5}$，从而 $f(x_0)=\sin x_0\cos x_0+\sin x_0+\dfrac{2}{5}\cos x_0=\dfrac{38}{25}$．

综上所述，$f(x)$ 的最大值为 $\dfrac{38}{25}$，最小值为 $\dfrac{2}{5}$，故选 BC．

三、$f(x)=A\sin(\omega x+\varphi)+B$ 的图像与性质

三角函数是基本初等函数之一，其图像与性质是我们运用数形结合解决三角问题的主要依据．在研究三角问题时，函数 $f(x)=A\sin(\omega x+\varphi)+B$ 的图像和性质是一个重点．

【例 7】已知 $f(x)=\cos\left(\omega x-\dfrac{\pi}{6}\right)(\omega>0)$，$f(x)\leqslant f\left(\dfrac{\pi}{4}\right)$，对 $x\in\mathbf{R}$ 恒成立，则 ω 的最小值为（   ）．

A. $\dfrac{3}{2}$　　　　　　　B. 1　　　　　　　C. $\dfrac{1}{3}$　　　　　　　D. $\dfrac{2}{3}$

（2022 年上海交通大学）

【解析】由题意，$\dfrac{\pi}{4}\omega-\dfrac{\pi}{6}=2k\pi$，从而得 $\omega=\dfrac{2}{3}+8k$，注意到 $\omega>0$，所以 $k=0$，从而 ω 的最小值为 $\dfrac{2}{3}$，故选 D．

第6章 数 列

数列是高中数学的主干知识之一,包含丰富的数学思想和方法,形式多变,考查方式较为灵活.数列问题融计算与推理于一体,综合性与灵活性都很强,是进一步学习高等数学的基础,与离散数学的兴起相协调,因此是各高校强基计划命题的热点.

§6.1 数列

一、数列的概念

数学研究的基本对象是数,按照一定的顺序排列起来的一列数叫作**数列**.数列中的每一个数都叫作这个**数列的项**.我们把项数有限的数列称为**有限数列**;项数无限多的数列称为**无穷数列**.

1. 数列的单调性

如果从第 2 项起,每一项都比它的前一项大的数列叫作**递增数列**;从第 2 项起,每一项都比它的前一项小的数列叫作**递减数列**;各项都相等的数列叫作**常数列**.如果存在正常数 M,使得每一项的绝对值都不大于 M 的数列叫作**有界数列**,否则叫作**无界数列**.

【例 1】 满足对任意 $n \geqslant 1$ 有 $a_{n+1} = 2^n - 3a_n$,且严格递增的数列 $\{a_n\}$ 的个数为( ).

A. 0　　　　　B. 1　　　　　C. 无穷多个　　　　　D. 前三个答案都不对

(2020 年北京大学)

【解析】 因为 $a_{n+1} = 2^n - 3a_n$,则 $\dfrac{a_{n+1}}{2^{n+1}} = -\dfrac{3}{2} \times \dfrac{a_n}{2^n} + \dfrac{1}{2}$,即 $\dfrac{a_{n+1}}{2^{n+1}} - \dfrac{1}{5} = -\dfrac{3}{2}\left(\dfrac{a_n}{2^n} - \dfrac{1}{5}\right)$,从而 $a_n = \dfrac{2^n}{5} + \left(a_1 - \dfrac{2}{5}\right)(-3)^{n-1}$.当 $a_1 = \dfrac{2}{5}$ 时,满足严格递增;当 $a_1 \neq \dfrac{2}{5}$ 时,则 $\{a_n\}$ 中的项正负相间.

从而选 B.

> 本题在得出通项为 $a_n = \dfrac{2^n}{5} + \left(a_1 - \dfrac{2}{5}\right)(-3)^{n-1}$ 后,也可考虑 $a_n < a_{n+1}$ 的等价条件即为 $4\left(a - \dfrac{2}{5}\right)(-3)^{n-1} < \dfrac{2^n}{5}$.当 n 为奇数时,$4\left(a - \dfrac{2}{5}\right) < \dfrac{2}{5}\left(\dfrac{2}{3}\right)^{n-1}$(单调递减)恒成立,故 $a \leqslant \dfrac{2}{5}$;当 n 为偶数时,$4\left(a - \dfrac{2}{5}\right) > -\dfrac{2}{5}\left(\dfrac{2}{3}\right)^{n-1}$(单调递增)恒成立,故 $a \geqslant \dfrac{2}{5}$.综上所述,$a = \dfrac{2}{5}$ 时首项唯一,所以数列唯一,从而选 B.

【例 2】 数列 $\{a_n\}_{n \geqslant 1}$ 满足 $a_1 = 1, a_2 = 9$ 且对任意 $n \geqslant 1$ 有 $a_{n+2} = 4a_{n+1} - 3a_n - 20$,其中前 n 项和为 S_n,则 S_n 的最大值等于( ).

A. 28　　　　　B. 35　　　　　C. 47　　　　　D. 前三个答案都不对

(2020 年北京大学)

【解析】因为 $a_{n+2}=4a_{n+1}-3a_n-20$，所以 $a_{n+2}-a_{n+1}-10=3(a_{n+1}-a_n-10)$，故 $a_{n+1}-a_n=10-2\times3^{n-1}$，则当 $n\geqslant3$ 时，数列为单调递减数列，可求得 $a_3=13$，$a_4=5$，当 $n\geqslant5$ 时，$a_n<0$，则 S_n 的最大值为 $S_4=28$，所以选 A.

2. 周期数列

如果数列 $\{a_n\}$ 满足：存在正整数 M 和 T，使得对于一切正整数 $n(n\geqslant M)$，都有 $a_{n+T}=a_n$，则称数列 $\{a_n\}$ 为从第 M 项起、周期为 T 的周期数列.

若 $a_{n+T}\equiv a_n(\mathrm{mod}\ m)$，则称数列 $\{a_n\}$ 为以 m 为模的周期数列.

【例3】设正整数数列以 14 为周期，且任意相邻四项之和为 30，则满足题意的数列的个数为（　　）.

A. 14　　　　　　　　B. 28　　　　　　　　C. 42　　　　　　　　D. 前三个答案都不对

（2021 年北京大学语言类保送）

【解析】设满足题意的数列为 $\{a_n\}(n\in\mathbf{N}^*)$，则对任意 $n\in\mathbf{N}^*$ 有 $a_n+a_{n+1}+a_{n+2}+a_{n+3}=30$，从而 $a_{n+1}+a_{n+2}+a_{n+3}+a_{n+4}=30$，两式作差，可得 $a_n=a_{n+4}$，从而数列 $\{a_n\}$ 是以 4 为周期的数列. 又因为 $\{a_n\}$ 以 14 为周期，所以 $\{a_n\}$ 的周期为 2. 由于 $a_1+a_2=15$，则 a_1 有 14 种取法，即满足题意的数列共有 14 个.

【例4】整数数列 $\{a_n\}_{(n>1)}$ 满足 $a_1=1$，$a_2=4$，且对任意 $n\geqslant2$，有 $a_n^2-a_{n+1}a_{n-1}=2^{n-1}$，则 a_{2020} 的个位数字是（　　）.

A. 8　　　　　　　　B. 4　　　　　　　　C. 2　　　　　　　　D. 前三个答案都不对

（2020 年北京大学）

【解析】因为 $a_n^2-a_{n+1}a_{n-1}=2^{n-1}$，则 $a_{n+1}^2-a_na_{n+1}=2^n$，因此 $2a_n^2-2a_{n-1}a_{n+1}=a_{n+1}^2-a_na_{n+2}$，从而 $\dfrac{2a_n+a_{n+2}}{a_{n+1}}=\dfrac{2a_{n-1}+a_{n+1}}{a_n}=\cdots=\dfrac{2a_1+a_3}{a_2}$. 因为 $a_2^2=a_1a_3+2$，所以 $a_3=14$，$\dfrac{2a_1+a_3}{a_2}=4$，从而 $a_{n+1}=4a_n-2a_{n-1}$，欲求 a_n 的个位数字，则需要令 a_n 模 10，得结果为 $1,4,4,8,4,0,2,8,8,6,8,0,4,6,6,2,6,0,8,2,2,4,2,0,6,4,4,8,4,0,\cdots$，从 a_2 开始周期为 24，从而 a_{2020} 的个位数字是 8，故选 A.

【例5】方程 $x^2-6x+1=0$ 的两根为 x_1,x_2，$a_n=\dfrac{x_1^n+x_2^n}{2}$.

（1）证明 $a_n\in\mathbf{Z}$；

（2）求 a_{2022} 的个位数字.

（2022 年南京大学）

【解析】（1）由题可解得 $x_1=3-2\sqrt{2}=(\sqrt{2}-1)^2$，$x_2=(\sqrt{2}+1)^2$. 从而 $x_1^n=(\sqrt{2}-1)^{2n}=\mathrm{C}_{2n}^0-\mathrm{C}_{2n}^1\sqrt{2}+\mathrm{C}_{2n}^2(\sqrt{2})^2-\mathrm{C}_{2n}^3(\sqrt{2})^3+\cdots-\mathrm{C}_{2n}^{2n-1}(\sqrt{2})^{2n-1}+\mathrm{C}_{2n}^{2n}(\sqrt{2})^{2n}$，$x_2^n=(\sqrt{2}+1)^{2n}=\mathrm{C}_{2n}^0+\mathrm{C}_{2n}^1\sqrt{2}+\mathrm{C}_{2n}^2(\sqrt{2})^2+\mathrm{C}_{2n}^3(\sqrt{2})^3+\cdots+\mathrm{C}_{2n}^{2n-1}(\sqrt{2})^{2n-1}+\mathrm{C}_{2n}^{2n}(\sqrt{2})^{2n}$，从而 $x_1^2+x_2^2=2(\mathrm{C}_{2n}^0+\mathrm{C}_{2n}^2(\sqrt{2})^2+\cdots+$

$\mathrm{C}_{2n}^{2n}(\sqrt{2})^{2n})=2(1+2\mathrm{C}_{2n}^2+2^2\mathrm{C}_{2n}^4+\cdots+2^n\mathrm{C}_{2n}^{2n})$. 所以 $a_n=\dfrac{x_1^n+x_2^n}{2}=1+2\mathrm{C}_{2n}^2+2^2\mathrm{C}_{2n}^4+\cdots+2^n\in\mathbf{Z}$.

（2）由 $x_1^2-6x_1+1=0$，可得 $x_1^n-6x_1^{n-1}+x_1^{n-2}=0$；又由 $x_2^2-6x_2+1=0$，可得 $x_2^n-6x_2^{n-1}+x_2^{n-2}=0$. 将上述两式相加，得 $a_n-6a_{n-1}+a_{n-2}=0$. 设 b_n 为 a_n 的个位数字，则 $b_1=3,b_2=7,b_3=9$，$b_4=7,b_5=3,b_6=1,b_7=3,b_8=7$，则数列 $\{b_n\}$ 是以 6 为周期的周期数列，所以 $b_{2022}=b_6=1$.

本题的第（1）小问，我们也可以采用递推方法进行，然后利用数列归纳法证明即可：

由 $x_1^2-6x_1+1=0$，可得 $x_1^n-6x_1^{n-1}+x_1^{n-2}=0$；又由 $x_2^2-6x_2+1=0$，可得 $x_2^n-6x_2^{n-1}+x_2^{n-2}=0$.

将上述两式相加，得 $a_n-6a_{n-1}+a_{n-2}=0$. 所以 $a_1=3,a_2=17$，由数学归纳法可知 $a_n\in\mathbf{Z}$.

二、通项公式与前 n 项和

从函数的观点来看，数列可以看作以正整数集 $\mathbf{N}^*$（或它的有限子集）$\{1,2,\cdots,n\}$ 为定义域的函数 $a_n=f(n)$，当自变量按从小到大的顺序依次取值时，$f(n)$ 所对应的一列数. 当数列 $\{a_n\}$ 的第 n 项 a_n 与项的序号 n 之间的关系 $a_n=f(n)$ 可以用一个公式来表示时，这个公式就叫作这个数列的**通项公式**. 在数列 $\{a_n\}$ 中，一般地，我们用 S_n 来表示数列 $\{a_n\}$ 的前 n 项和，即 $S_n=a_1+a_2+\cdots+a_n$，显然有

$$a_n=\begin{cases}S_1, & (n=1)\\ S_n-S_{n-1}, & (n\geqslant 2)\end{cases}.$$

【例 6】 数列 $\{a_n\}$ 为正数数列，前 n 项和记为 S_n，已知 a_n 与 2 的等差中项等于 S_n 与 2 的等比中项，则 $\dfrac{a_n}{n}$ 的取值范围是_____.

（2019 年清华大学暑期学校）

【解析】 由已知条件，有 $\dfrac{a_n+2}{2}=\sqrt{2S_n}$，从而 $\dfrac{(a_n+2)^2}{4}=2S_n$. 所以 $\dfrac{(a_{n+1}+2)^2}{4}=2S_{n+1}$，所以 $\dfrac{(a_{n+1}+2)^2-(a_n+2)^2}{4}=2a_{n+1}$，化简，得 $(a_{n+1}-2)^2=(a_n+2)^2$，解得 $a_{n+1}=a_n+4$，从而 $a_n=4n-2$. 故 $\dfrac{a_n}{n}=4-\dfrac{2}{n}\in[2,4)$.

和式与通项同时出现时，消去是一个基本的技巧.

【例 7】 已知正实数数列 $\{a_n\}$ 满足 $S_n=\dfrac{1}{2}\left(a_n+\dfrac{1}{a_n}\right)$，求 $\dfrac{1}{S_1}+\dfrac{1}{S_2}+\cdots+\dfrac{1}{S_{2018}}$ 的整数部分.

（2018 年北京大学暑假综合营）

【解析】 当 $n=1$ 时，有 $a_1=S_1=\dfrac{1}{2}\left(a_1+\dfrac{1}{a_1}\right)$，解得 $a_1=1$；

当 $n \geqslant 2$ 时，$a_n = S_n - S_{n-1}$，从而 $2S_n = a_n + \dfrac{1}{a_n} = S_n - S_{n-1} + \dfrac{1}{S_n - S_{n-1}}$，从而得 $S_n^2 - S_{n-1}^2 = 1$，所以 $S_{n-1}^2 - S_{n-2}^2 = 1$，$S_{n-2}^2 - S_{n-3}^2 = 1$，$\cdots$，$S_2^2 - S_1^2 = 1$. 累加上式，得 $S_n^2 - S_1^2 = n - 1$，又由 $S_1 = 1$，进而得 $S_n = \sqrt{n}$.

因此 $\dfrac{1}{S_1} + \dfrac{1}{S_2} + \cdots + \dfrac{1}{S_{2018}} = 1 + \dfrac{1}{\sqrt{2}} + \dfrac{1}{\sqrt{3}} + \cdots + \dfrac{1}{\sqrt{2018}} = 1 + \dfrac{2}{2\sqrt{2}} + \dfrac{2}{2\sqrt{3}} + \cdots + \dfrac{2}{2\sqrt{2018}} < 1 + \dfrac{2}{\sqrt{1} + \sqrt{2}} + \dfrac{2}{\sqrt{2} + \sqrt{3}} + \cdots + \dfrac{2}{\sqrt{2017} + \sqrt{2018}} < 1 + 2\left[(\sqrt{2} - \sqrt{1}) + (\sqrt{3} - \sqrt{2}) + \cdots + (\sqrt{2018} - \sqrt{2017})\right] = 1 + 2(\sqrt{2018} - 1)$. 又因为 $45^2 = 2025 > 2018$，所以 $\dfrac{1}{S_1} + \dfrac{1}{S_2} + \cdots + \dfrac{1}{S_{2018}} < 89$. 而由于当 $n \geqslant 4$ 时，有 $\dfrac{1}{\sqrt{n}} = \dfrac{2}{2\sqrt{n}} > 2\left(\dfrac{1}{\sqrt{n}} - \dfrac{1}{\sqrt{n+1}}\right)$，从而 $\dfrac{1}{S_4} + \dfrac{1}{S_5} + \cdots + \dfrac{1}{S_{2018}} = \dfrac{1}{\sqrt{4}} + \dfrac{1}{\sqrt{5}} + \cdots + \dfrac{1}{\sqrt{2018}} > \dfrac{2}{\sqrt{4} + \sqrt{5}} + \dfrac{2}{\sqrt{5} + \sqrt{6}} + \cdots + \dfrac{2}{\sqrt{2018} + \sqrt{2019}} = 2\left[(\sqrt{5} - \sqrt{4}) + (\sqrt{6} - \sqrt{5}) + \cdots + (\sqrt{2019} - \sqrt{2018})\right] = 2(\sqrt{2019} - 2)$.

所以 $\dfrac{1}{S_1} + \dfrac{1}{S_2} + \cdots + \dfrac{1}{S_{2018}} = 1 + \dfrac{1}{\sqrt{2}} + \dfrac{1}{\sqrt{3}} + \cdots + \dfrac{1}{\sqrt{2018}} > 1 + \dfrac{1}{\sqrt{2}} + \dfrac{1}{\sqrt{3}} + 2(\sqrt{2019} - 2) > 1 + 0.7 + 0.5 + 2(44.9 - 4) = 88$. 从而 $\dfrac{1}{S_1} + \dfrac{1}{S_2} + \cdots + \dfrac{1}{S_{2018}}$ 的整数部分为 88.

本题首先利用累加法计算出 S_n 的表达式，然后再利用放缩法求得结果. 在利用放缩法要注意"放"的"度"，既不能过大，也不能过小.

§6.2　等差数列与等比数列

等差数列与等比数列是数列问题的两种基本数学模型，解决这类问题的关键在于挖掘项与项之间的内在联系，并利用等差数列与等比数列的基本性质合理地转化问题.

一、等差数列

(1) 设公差为 d，则 $a_n = a_1 + (n-1)d$，前 n 项和 $S_n = na_1 + \dfrac{n(n-1)}{2}d = \dfrac{n(a_1 + a_n)}{2}$.

(2) 给定一个数列 $\{a_n\}$，将其连续两项的差求出，得到一个新数列 $\{b_n\}$，其中 $b_n = a_{n+1} - a_n$（$n = 1$，2，$\cdots$），这个数列称为原数列 $\{a_n\}$ 的一阶差数列. 再求出 $\{b_n\}$ 的连续两项的差，得到新数列 $\{c_n\}$，其中 $c_n = b_{n+1} - b_n$（$n = 1$，2，$\cdots$），这个数列称为原数列 $\{a_n\}$ 的二阶差数列，以此类推. 如果某一个数列的 p

阶差数列是一非零常数列,则称此数列为 p 阶等差数列.

特别地,一阶等差数列就是通常定义的等差数列,自然数的平方数数列是二阶等差数列.

（3）高阶等差数列的性质:

（ⅰ）如果数列 $\{a_n\}$ 是 p 阶等差数列,则它的一阶差数列是 $p-1$ 阶等差数列.

（ⅱ）设 $S_n^{(k)} = \sum\limits_{p=1}^{n} p^k (k=1,2,\cdots,n)$,则 $S_n^{(k)}$ 是关于 n 的 $k+1$ 次多项式.

（ⅲ）数列 $\{a_n\}$ 是 p 阶等差数列的充要条件是:通项 a_n 是关于 n 的 p 次多项式.

（ⅳ）数列 $\{a_n\}$ 是 p 阶等差数列,则 S_n 是关于 n 的 $p+1$ 次多项式.

【例1】 设 x,y,z 均不为 $\left(k+\dfrac{1}{2}\right)\pi$,其中 k 为整数,已知 $\sin(y+z-x)$,$\sin(x+z-y)$,$\sin(x+y-z)$ 成等差数列,则下列依然成等差数列的是(　　　).

A. $\sin x,\sin y,\sin z$ 　　　　　　B. $\cos x,\cos y,\cos z$

C. $\tan x,\tan y,\tan z$ 　　　　　　D. 前三个答案都不对

（2020 年北京大学）

【解析】 因为 $2\sin(x+z-y)=\sin(y+z-x)+\sin(x+y-z)=2\sin y\cos(x-z)$,则 $\sin(x+z)\cos y-\cos(x+z)\sin y=\sin y\cos(x-z)$,所以 $\sin(x+z)\cos y=\sin y[\cos(x+z)+\cos(x-z)]=2\sin y\cos x\cos z$,从而可得 $\tan x+\tan z=2\tan y$,故选 C.

【例2】 数列 $\{a_n\}$ 满足 $a_1=2,a_2=6,a_{n+2}-2a_{n+1}+a_n=2$,则 $\sum\limits_{i=1}^{2022} \dfrac{1}{a_i}=$ _____.

（2022 年上海交通大学）

【解析】 由 $a_{n+2}-2a_{n+1}+a_n=2$,得 $(a_{n+2}-a_{n+1})-(a_{n+1}-a_n)=2$,且 $a_2-a_1=4$,所以 $\{a_{n+1}-a_n\}$ 是以 4 为首项,2 为公差的等差数列,所以 $a_{n+1}-a_n=4+2(n-1)=2n+2$. 从而 $a_n-a_1=2(1+2+\cdots+n-1)+2(n-1)$,所以 $a_n=n^2+n=n(n+1)$,故 $\sum\limits_{i=1}^{2022} \dfrac{1}{a_i}=\sum\limits_{i=1}^{2022} \dfrac{1}{i(i+1)}=1-\dfrac{1}{2023}=\dfrac{2022}{2023}$.

【例3】 从等差数列 $2,5,8,11,\cdots$ 中抽取 k 个数,使它们的倒数之和为 1,求 k 的最小值.

（2023 年北京大学物理学科卓越人才培养计划）

【解析】 显然,等差数列的通项为 $a_n=3n-1\equiv 2(\bmod\ 3)$. 不妨设满足条件的 k 项为 $x_1,x_2,\cdots,x_k$,即 $\sum\limits_{i=1}^{k} \dfrac{1}{x_i}=1 \Rightarrow \sum\limits_{i=1}^{k} \dfrac{\prod\limits_{j=1}^{k} x_j}{x_i}=\prod\limits_{i=1}^{k} x_i$. 所以 $k2^{k-1}\equiv 2^k(\bmod\ 3) \Rightarrow k\equiv 2(\bmod\ 3)$. 注意到 $\dfrac{1}{2}+\dfrac{1}{5}+\dfrac{1}{8}+\dfrac{1}{11}+\dfrac{1}{14}<1$,且 $1=\dfrac{1}{2}+\dfrac{1}{5}+\dfrac{1}{8}+\dfrac{4+2+1}{40}=\dfrac{1}{2}+\dfrac{1}{5}+\dfrac{1}{8}+\dfrac{1}{20}+\dfrac{1}{40}+\dfrac{1}{10}=\dfrac{1}{2}+\dfrac{1}{5}+\dfrac{1}{8}+\dfrac{1}{20}+\left(\dfrac{1}{41}+\dfrac{1}{1640}\right)+\left(\dfrac{1}{11}+\dfrac{1}{110}\right)$,故 k 的最小值为 8.

二、等比数列

一般地,如果一个数列从第 2 项起,每一项与它前一项的比值等于同一个非零常数 q,即 $\dfrac{a_n}{a_{n-1}}=q$ $(n\geqslant2,q\neq0)$,那么这个数列叫作**等比数列**,这个常数 q 称为该等比数列的**公比**.

设公比 $q\neq0,a_1\neq0$,则 $a_n=a_1q^{n-1}$,$S_n=\begin{cases}\dfrac{a_1(1-q^n)}{1-q}, & q\neq1 \\ na_1, & q=1\end{cases}$.

【例 4】 已知实数 x,a_1,a_2,y 成等差数列,x,b_1,b_2,y 成等比数列,则 $\dfrac{(a_1+a_2)^2}{b_1b_2}$ 的取值范围是_____.

(2022 年南京大学)

【解析】 由题意 $\begin{cases}a_1+a_2=x+y \\ b_1b_2=xy\end{cases}$,从而 $\dfrac{(a_1+a_2)^2}{b_1b_2}=\dfrac{(x+y)^2}{xy}=\dfrac{x}{y}+\dfrac{y}{x}+2$. 设 $t=\dfrac{y}{x}$,则 $t+\dfrac{2}{t}+2\in(-\infty,-4]\cup[4,+\infty)$.

【例 5】 已知 $\{a_n\}$ 是公差 d 不等于 0 的等差数列,且 $\{a_{k_n}\}$ 是等比数列,其中 $k_1=3,k_2=5,k_3=9$.

(1) 求 $k_1+k_2+\cdots+k_n$ 的值;

(2) 设 $b_n=\dfrac{a_{n+1}}{a_{n+2}}+\sqrt{\dfrac{a_n}{a_{n+2}}}$ $(n\in\mathbf{N}^*)$,

证明:$\dfrac{1}{1\times2\sqrt{2b_1}}+\dfrac{1}{2\times3\sqrt{2b_2}}+\cdots+\dfrac{1}{n(n+1)\sqrt{2b_n}}<\sqrt{\dfrac{n}{n+1}}$.

(2021 年清华大学文科营暨工科营)

【解析】 (1) 设 $a_n=a_1+(n-1)d$,则 $a_{k_1}=a_3=a_1+2d$,$a_{k_2}=a_1+4d$,$a_{k_3}=a_9=a_1+8d$. 依题意,有 $(a_1+4d)^2=(a_1+2d)(a_1+8d)$,所以 $a_1=0$,则 $a_{k_n}=a_1+(k_n-1)d=(k_n-1)d$. 又因为 $\{a_{k_n}\}$ 是等比数列,且 $\dfrac{a_{k_2}}{a_{k_1}}=\dfrac{4d}{2d}=2$,则 $\{k_n-1\}$ 是以 $k_1-1=2$ 为首项,2 为公比的等比数列,故 $k_n-1=2\cdot2^{n-1}=2^n$. 从而 $k_1+k_2+\cdots+k_n=n+(2^1+2^2+\cdots+2^n)=2^{n+1}+n-2$.

(2) **方法一**

原不等式等价于证明 $\displaystyle\sum_{k=1}^n\dfrac{1}{k(k+1)\sqrt{b_k}}<\sqrt{\dfrac{2n}{n+1}}$. 由 (1) 的结论,得 $b_n=\dfrac{nd}{n(n+1)d}+\sqrt{\dfrac{(n-1)d}{(n+1)d}}=\dfrac{n+\sqrt{n^2-1}}{n+1}$. 由 Cauchy 不等式,得 $\left(\displaystyle\sum_{k=1}^n\dfrac{1}{k(k+1)\sqrt{b_k}}\right)^2=\left(\displaystyle\sum_{k=1}^n\dfrac{1}{\sqrt{k(k+1)}}\cdot\dfrac{1}{\sqrt{k}\cdot\sqrt{k+\sqrt{k^2-1}}}\right)^2\leqslant\displaystyle\sum_{k=1}^n\dfrac{1}{k(k+1)}\cdot\displaystyle\sum_{k=1}^n\dfrac{1}{k(k+\sqrt{k^2-1})}$.

一方面,有 $\sum\limits_{k=1}^{n}\dfrac{1}{k(k+1)}=\sum\limits_{k=1}^{n}\left(\dfrac{1}{k}-\dfrac{1}{k+1}\right)=1-\dfrac{1}{n+1}=\dfrac{n}{n+1}$;

另一方面,有 $\sum\limits_{k=1}^{n}\dfrac{1}{k(k+\sqrt{k^2-1})}=1+\sum\limits_{k=2}^{n}\dfrac{1}{k(k+\sqrt{k^2-1})}<1+\sum\limits_{k=2}^{n}\dfrac{1}{(k-1)k}=1+\sum\limits_{k=2}^{n}\left(\dfrac{1}{k-1}-\dfrac{1}{k}\right)=2-\dfrac{1}{n}<2.$

从而 $\left(\sum\limits_{k=1}^{n}\dfrac{1}{k(k+1)\sqrt{b_k}}\right)^2<\dfrac{2n}{n+1}.$ 即原不等式成立.

方法二

由(1)的结论,得 $\sqrt{2b_n}=\sqrt{\dfrac{2nd}{(n+1)d}+2\sqrt{\dfrac{(n-1)d}{(n+1)d}}}=\sqrt{\dfrac{2n+2\sqrt{n^2-1}}{n+1}}=\dfrac{\sqrt{n-1}+\sqrt{n+1}}{\sqrt{n+1}}.$ 则原

不等式等价于证明 $\sum\limits_{k=1}^{n}\dfrac{1}{k\sqrt{k+1}\cdot(\sqrt{k-1}+\sqrt{k+1})}=\sum\limits_{k=1}^{n}\dfrac{\sqrt{k+1}-\sqrt{k-1}}{2k\sqrt{k+1}}<\sqrt{\dfrac{n}{n+1}}.$ 又注意到

$\sqrt{\dfrac{n}{n+1}}=\sum\limits_{k=1}^{n}\left(\sqrt{\dfrac{k}{k+1}}-\sqrt{\dfrac{k-1}{k}}\right)=\sum\limits_{k=1}^{n}\dfrac{k-\sqrt{k^2-1}}{\sqrt{k}\cdot\sqrt{k+1}}=\sum\limits_{k=1}^{n}\dfrac{(\sqrt{k+1}-\sqrt{k-1})^2}{2\sqrt{k}\cdot\sqrt{k+1}}.$ 则只需要证明

$\dfrac{\sqrt{k+1}-\sqrt{k-1}}{2k\sqrt{k+1}}<\dfrac{(\sqrt{k+1}-\sqrt{k-1})^2}{2\sqrt{k}\cdot\sqrt{k+1}}$,记为①.

事实上,整理后可得 ① $\Leftrightarrow \dfrac{1}{\sqrt{k}}<\sqrt{k+1}-\sqrt{k-1}\Leftrightarrow\sqrt{k+1}+\sqrt{k-1}<2\sqrt{k}.$ 此即为Cauchy不等式,从而原不等式得证.

§6.3　递推数列与递推方法

递推数列是一类非常重要的数列,递推关系中存在着三大基本问题:

如何建立递推关系;

已给的递推关系有何性质;

如何求解递推关系.

如果能弄清楚这三个方面的问题,我们对递推关系的认识就会推进一步.建立递推关系的关键在于寻找第 n 项与前面几项的关系式,以及初始项的值.递推关系不是一种抽象的概念,而是需要针对某个具体题目或某类题目而言的.

一、递推数列

一个数列 $\{a_n\}$ 的第 n 项 a_n 与它前 k 项 $a_{n-1},a_{n-2},\cdots,a_{n-k}(k<n,k,n\in\mathbf{N}^*)$ 的关系 $a_n=f(a_{n-1},$

$a_{n-2}, \cdots, a_{n-k})$ 称为 k 阶递推关系. 这里 a_n 是关于 $a_{n-1}, a_{n-2}, \cdots, a_{n-k}$ 的 k 元函数, 称为递推函数.

由 k 阶递推关系及给定的前 k 项 $a_1, a_2, \cdots, a_k$ 的值(称为初始值)所确定的数列称为 k 阶递推数列.

满足 $a_n = p_1 a_{n-1} + p_2 a_{n-2} + \cdots + p_k a_{n-k}(k < n)$ 的数列称为 k 阶常系数齐次线性递推数列. 其对应的一元 k 次方程 $x^k = p_1 x^{k-1} + p_2 x^{k-2} + \cdots + p_{k-1} x + p_k(p_k \neq 0)$ 称为数列 $\{a_n\}$ 的特征方程, 其根称为特征根.

【例 1】 一个小球在 $0, 1, 2, \cdots, n$ 这 $n+1$ 个位置移动, 小球向前、向后移动一个单位的概率都是 $\dfrac{1}{2}$. 若在 0 处, 则小球只能向前移动. 若初始位置在 0 处, 则首次移动到 n 的步数的期望是_____.

(2021 年中国科学技术大学)

【解析】 设首次从 k 到 n 的步数期望为 a_k, 则有 $a_k = \dfrac{1}{2}(a_{k+1}+1) + \dfrac{1}{2}(a_{k-1}+1)$, 所以 $a_k - a_{k+1} = a_{k-1} - a_k + 2$, 可得 $a_k - a_{k+1} = 2k + a_1 - a_0$, 又因为小球在 0 处, 只能向前移动到 1, 则 $a_0 - a_1 = 1$, 所以 $a_0 - a_n = \sum\limits_{k=0}^{n-1}(2k+1) = n^2$, 又因为 $a_n = 0$, 则 $a_0 = n^2$.

【例 2】 已知数列 $\{a_n\}$ 满足 $a_1 = 12$, $a_{n+1} = \dfrac{1}{4}(3 + a_n + 3\sqrt{1+2a_n})$, 则 a_{10} 最接近的整数为_____.

(2022 年北京大学)

【解析】 令 $b_n = \sqrt{1+2a_n}$, 则 $b_1 = 5$, 且 $a_n = \dfrac{b_n^2 - 1}{2}$. 原递推式即为 $\dfrac{b_{n+1}^2 - 1}{2} = \dfrac{1}{4}\left(3 + \dfrac{b_n^2 - 1}{2} + 3b_n\right)$, 整理得 $4b_{n+1}^2 = b_n^2 + 6b_n + 9$, 由 $b_n > 0$, 得 $2b_{n+1} = b_n + 3$, 即 $2(b_{n+1} - 3) = b_n - 3$, 所以 $b_n - 3 = \dfrac{1}{2^{n-1}}(b_1 - 3) = \dfrac{1}{2^{n-2}}$, 故 $b_n = \dfrac{1}{2^{n-2}} + 3 > 3$, $a_n = \dfrac{b_n^2 - 1}{2} > 4$.

另外, $b_{10} = \dfrac{1}{256} + 3 < \dfrac{1}{\sqrt{10}+3} + 3 = \sqrt{10}$, 所以 $a_{10} = \dfrac{b_{10}^2 - 1}{2} < 4.5$.

综上所述, $4 < a_{10} < 4.5$, 所以与 a_{10} 最接近的整数是 4.

【例 3】 已知数列 $\{a_n\}$ 满足 $a_1 = 1$, $a_2 = 1$, $a_{n+1} = a_n + a_{n-1}(n \geq 2)$, 则 $a_{2020}a_{2023} - a_{2021}a_{2022}$ 的值为(　　).

A. -1　　　　　　B. 1　　　　　　C. -2　　　　　　D. 前三个答案都不对

(2023 年北京大学寒假学堂)

【解析】 $a_{2n}a_{2n+3} - a_{2n+1}a_{2n+2} = a_{2n}(a_{2n+2} + a_{2n+1}) - a_{2n+1}a_{2n+2} = (a_{2n} - a_{2n+1})a_{2n+2} + a_{2n}a_{2n+1} = -a_{2n-1}a_{2n+2} + a_{2n}a_{2n+1} = -a_{2n-1}(a_{2n} + a_{2n+1}) + a_{2n}a_{2n+1} = (a_{2n} - a_{2n-1})a_{2n+1} - a_{2n-1}a_{2n} = a_{2n-2}a_{2n+1} - a_{2n-1}a_{2n}$, 所以 $a_{2n}a_{2n+3} - a_{2n+1}a_{2n+2}$ 为常数列, 从而 $a_{2020}a_{2023} - a_{2021}a_{2022} = a_2 a_5 - a_3 a_4 = 1 \times 5 - 2 \times 3 = -1$. 故选 A.

本题所考查的是斐波那契数列的性质. 在所有的递推关系中, 斐波那契数列应该是最为大家所熟悉的, 如高考或强基试题中经常出现的"骨牌覆盖"问题、蜂巢问题和爬楼梯问题等都属于斐波那契数列问题.

【例 4】 $f(x)$ 是常数项不为 0 的整系数多项式, $a_1=0$, $a_{n+1}=f(a_n)$, 则 $a_2, a_4, \cdots, a_{2020}$ 中有 _____ 项 0.

(2021 年北京大学寒假学堂)

【解析】 易知 $a_2 \neq 0$, 一方面, 若 $a_3=0$, 则 $f(f(0))=0$, 得 $a_{2n}=0$, $a_{2n-1}=f(0)$, 有 0 项为 0(例如 $f(x)=x^2-1$); 另一方面, 若 $a_3 \neq 0$, 我们说明 $a_n \neq 0 (n \geq 1)$.

如果存在 $a_m=a_{m+1}=f(a_m)$(当 $n=1,2,\cdots,m-1$ 时, $a_n \neq a_{n+1}$), 则 $a_m \neq 0$, 否则 $f(0)=0$, 矛盾, 因此 $a_n \neq a_{n-1}(n \geq 2)$;

若存在 $a_{2k}=0$(当 $n=1,2,\cdots,2k-1$ 时, $a_n \neq 0$), 我们熟知整系数多项式的性质, $(a_n-a_{n-1}) \mid (f(a_n)-f(a_{n-1}))$, 从而 $(a_n-a_{n-1}) \mid (a_{n+1}-a_n)$, 即 $|a_{n+1}-a_n| \geq |a_n-a_{n-1}|$. 所以 $|f(0)|=|a_{k+1}|=|a_{k+1}-a_k| \geq |a_k-a_{k-1}| \geq |a_{k-1}-a_{k-2}| \geq \cdots \geq |a_2-a_1|=|f(0)|$, 从而 $|f(0)|=|a_{k+1}-a_k|=|a_k-a_{k-1}|=|a_{k-1}-a_{k-2}|=\cdots=|a_2-a_1|=|f(0)|$, 做变换 $b_n=\dfrac{a_n}{f(0)}$, 从而 $b_1=0, b_2=1$, $b_k=0, b_{k+1}=1, |b_n-b_{n-1}|=1$, 要证明 $b_{2k} \neq 0$, 易知 b_n 与 b_{n-1} 奇偶性互异, 于是 b_{2n} 为奇数, 不可能为 0. 得证.

本题其实是一个"蛛网模型"的问题, 通过画图可以直观地发现答案为 0.

二、递推数列的通项

1. 形如 $a_{n+1}=a_n+f(n)$ 的一阶递推式

$$a_n=a_1+\sum_{k=2}^{n}(a_k-a_{k-1})=a_1+\sum_{k=2}^{n}f(k-1)=a_1+\sum_{k=1}^{n}f(k).$$

2. 形如 $a_{n+1}=pa_n+q$ 的递推式

构造辅助数列 $\left\{a_n-\dfrac{q}{1-p}\right\}$, 则 $\left\{a_n-\dfrac{q}{1-p}\right\}$ 为以 $a_1-\dfrac{q}{1-p}$ 为首项, p 为公比的等比数列.

3. 形如 $a_{n+1}=qa_n^p$ 的递推式

对递归式两边取对数, 有 $\ln a_{n+1}=\ln q+p\ln a_n$, 从而 $b_{n+1}=pb_n+\ln q$, 转化为第 2 种形式.

4. 形如 $a_{n+1}=pa_n+qa_{n-1}$ 的递推式

其特征方程为 $x^2=px+q$, 其特征根为 α, β, 则

（1）当 $\alpha \neq \beta$ 时，$a_n = \lambda_1 \alpha^{n-1} + \lambda_2 \beta^{n-1}$，其中 λ_1, λ_2 用待定系数法由初始值 a_1, a_2 确定；

（2）当 $\alpha = \beta$ 时，$a_n = (\lambda_1 n + \lambda_2)\alpha^{n-1}$，其中 λ_1, λ_2 用待定系数法由初始值 a_1, a_2 确定.

5. 形如 $a_{n+1} = \dfrac{ba_n}{ca_n + d}$ 的递推式

取倒数，得 $\dfrac{1}{a_{n+1}} = \dfrac{ca_n + d}{ba_n} = \dfrac{d}{b} \cdot \dfrac{1}{a_n} + \dfrac{c}{b}$. 设 $t_n = \dfrac{1}{a_n}$，则有 $t_{n+1} = \dfrac{d}{b}t_n + \dfrac{c}{b}$，转化为第 2 种形式.

6. 其他非线性递推关系

可通过韦达定理、换元法和数学归纳法等方法求得.

【例5】已知 $\{a_n\}$ 满足 $a_0 = \dfrac{1}{4}$，$a_{n+1} = a_n^2 + a_n$，则 $\left[\sum\limits_{i=0}^{2022} \dfrac{1}{a_i + 1}\right] = ($　　$)$.

A. 1　　　　　　B. 2　　　　　　C. 3　　　　　　D. 4

（2022 年上海交通大学）

【解析】由 $a_{n+1} = a_n^2 + a_n$，得 $a_{n+1} = a_n(a_n + 1)$，从而 $\dfrac{1}{a_{n+1}} = \dfrac{1}{a_n} - \dfrac{1}{a_n + 1}$，所以 $\dfrac{1}{a_n + 1} = \dfrac{1}{a_n} - \dfrac{1}{a_{n+1}}$.

从而 $\sum\limits_{i=0}^{2022} \dfrac{1}{a_i + 1} = \dfrac{1}{a_0} - \dfrac{1}{a_{2022}} = 4 - \dfrac{1}{a_{2022}}$，易知 $a_{2022} > 1$，从而 $\left[4 - \dfrac{1}{a_{2022}}\right] = 3$，故选 C.

【例6】数列 $\{a_n\}$ 满足 $a_1 = 2, a_2 = 5, a_{n+2} = 5a_{n+1} + 4a_n$，$b_n = [\log_2 a_{n+1}]$，$S_n$ 为 $\left\{\dfrac{2000}{b_n b_{n+1}}\right\}$ 的前 n 和，则（　　）.

A. $a_n = 2^{n+1}$　　　B. $a_n = 4^{n-1} + 1$　　　C. $[S_{2022}] = 500$　　　D. $[S_{2022}] = 499$

E. 前四个答案都不对

（2022 年中国科学技术大学）

【解析】a_n 的特征方程为 $x^2 - 5x + 4 = 0$，解得 $\alpha = 1, \beta = 4$，从而 $a_n = A \times 4^n + B \times 1^n$. 由 $\begin{cases} 2 = 4A + B \\ 5 = 16A + B \end{cases}$，解得 $\begin{cases} A = \dfrac{1}{4} \\ B = 1 \end{cases}$，所以 $a_n = \dfrac{1}{4} \times 4^n + 1 = 4^{n-1} + 1$，B 正确.

$b_n = [\log_2(4^n + 1)] = 2n$，所以 $S_n = \sum\limits_{k=1}^{n} \dfrac{2000}{2k(2k+2)} = 500 \sum\limits_{k=1}^{500} \dfrac{1}{k(k+1)} = 500\left(1 - \dfrac{1}{n+1}\right)$，从而 D 正确.

综上所述，本题选 BD.

【例7】设数列 $\{a_n\}$ 满足 $a_1 = 3$，并且对于任意正整数 m, n，均有 $a_{2m+n} = 2a_m + a_n + 2m^2 + 4mn$，求数列 $\{a_n\}$ 的通项公式.

（2021 年中国科学技术大学）

【解析】 方法一

令 $m=1$，得 $a_{n+2}=a_n+4n+8$，即 $a_{n+2}-a_n=4n+8$.

当 n 为奇数时，$a_n=a_1+(a_3-a_1)+(a_5-a_3)+\cdots+(a_n-a_{n-2})(n>1)$
$$=3+4\times1+8+4\times3+8+\cdots+4(n-2)+8=n^2+2n;$$

当 n 为偶数时，$a_n=a_2+(a_4-a_2)+(a_6-a_4)+\cdots+(a_n-a_{n-2})$
$$=a_2+4\times2+8+4\times4+8+\cdots+4(n-2)+8.$$

令 $m=2,n=1$，得 $a_5=2a_2+a_1+16=35$，所以 $a_2=8$. 故 $a_n=n^2+2n$.

综上所述，$a_n=n^2+2n(n\in\mathbf{N}^*)$.

方法二

同方法一，得 $a_{n+2}-a_n=4n+8$，设 $a_{n+2}-a(n+2)^2-b(n+2)=a_n-an^2-bn$. 化简整理，得

$a_{n+2}=a_n+4an+2b+4a$，所以 $\begin{cases}4a=4\\2b+4a=8\end{cases}$，所以 $\begin{cases}a=1\\b=2\end{cases}$. 所以 $a_{n+2}-(n+2)^2-2(n+2)=a_n-n^2-2n$.

当 n 为奇数时，$a_{n+2}-(n+2)^2-2(n+2)=a_1-3^2-2\times3=0$，所以 $a_{n+2}=(n+2)^2+2(n+2)$；

当 n 为偶数时，$a_{n+2}-(n+2)^2-2(n+2)=a_2-2^2-2\times2=0$，所以 $a_{n+2}=(n+2)^2+2(n+2)$.

综上所述，$a_n=n^2+2n(n\in\mathbf{N}^*)$.

§6.4　数列求和

数列求和问题是高中数学的一个重要知识点. 由于数列的形式种类繁多，其求和方法也灵活多样. 在高考与强基考试中，数列求和问题一直是考查的重点.

一、公式法

对于等差数列、等比数列，以及涉及 $\sum_{k=1}^{n}k^2=\dfrac{n(n+1)(2n+1)}{6}$ 或 $\sum_{k=1}^{n}k^3=\dfrac{1}{4}n^2(n+1)^2$ 的数列，常可利用公式法求和.

【例 1】 已知数列 $\{a_n\}$，对任意正整数都有 $S_n=\dfrac{a_n^2+n^2}{2a_n}$，则 a_{100} 的整数部分为 _____.

（2022 年北京大学）

【解析】 注意到 $a_1=S_1=1$. 当 $n\geqslant2$ 时，$a_n=S_n-S_{n-1}$，所以 $S_n=\dfrac{(S_n-S_{n-1})^2+n^2}{2(S_n-S_{n-1})}$，整理得 $S_n^2-S_{n-1}^2=n^2$，又因为 $S_1^2=1$，所以 $S_n^2-S_1^2=(1^2+2^2+\cdots+n^2)-1$，从而 $S_n^2=\dfrac{n(n+1)(2n+1)}{6}$. 故 $a_{100}=$

$S_{100}-S_{99}=\sqrt{\dfrac{100\times101\times201}{6}}-\sqrt{\dfrac{99\times100\times199}{6}}=10\left(\sqrt{\dfrac{101\times201}{6}}-\sqrt{\dfrac{99\times199}{6}}\right)\in(8.5,9)$. 所以 a_{100}

的整数部分为 8.

【例 2】设 a_n 是距离 $\sqrt{n}$ 最近的整数，求数列 $\{a_n\}$ 的前 2021 项的和 S_{2021}.

（2021 年清华大学）

【解析】由题意 $a_1=a_2=1,a_3=a_4=a_5=a_6=2,a_7=a_8=a_9=a_{10}=a_{11}=a_{12}=3,\cdots,a_{2021}=$ $45(\sqrt{2021}\approx44.9),a_{1980}=44(\sqrt{1980}\approx44.49),a_{1981}=45(\sqrt{1981}\approx44.51)$. 所以 $S_{2021}=\underbrace{1+1}_{2\text{个}1}+$ $\underbrace{2+\cdots+2}_{4\text{个}2}+\underbrace{3+\cdots+3}_{6\text{个}3}+\cdots+\underbrace{44+\cdots44}_{88\text{个}44}+\underbrace{45+\cdots+45}_{41\text{个}45}=1\times2+2\times4+3\times6+4\times8+\cdots+44\times88+45\times$ $41=2(1^2+2^2+\cdots+44^2)+45\times41=2\times\dfrac{44\times45\times89}{6}+45\times41=58740+1845=60585$.

二、裂项法

裂项法包括裂项求和法与裂项求积法两种.

1. 裂项求和法

$$a_n=a_1+(a_2-a_1)+(a_3-a_2)+\cdots+(a_n-a_{n-1})，即 a_n=a_1+\sum_{k=1}^{n-1}(a_{k+1}-a_k)(n\geqslant2).$$

2. 裂项求积法

$$a_n=a_1\cdot\dfrac{a_2}{a_1}\cdot\dfrac{a_3}{a_2}\cdot\cdots\cdot\dfrac{a_n}{a_{n-1}}，即 a_n=a_1\cdot\prod_{k=1}^{n-1}\dfrac{a_{k+1}}{a_k}(a_k\neq0,n\geqslant2).$$

【例 3】设 $S=\dfrac{1^2}{1\times3}+\dfrac{2^2}{3\times5}+\cdots+\dfrac{1011^2}{2021\times2023}$，则 $[S]$ 的值为（　　　）.

A. 251　　　　　　　B. 252　　　　　　　C. 253　　　　　　　D. 前三个答案都不对

（2023 年北京大学寒假学堂）

【解析】因为 $\dfrac{k^2}{(2k-1)(2k+1)}=\dfrac{1}{4}\cdot\dfrac{4k^2-1+1}{(2k-1)(2k+1)}=\dfrac{1}{4}\left(1+\dfrac{1}{(2k-1)(2k+1)}\right)=\dfrac{1}{4}\Big[1+$ $\dfrac{1}{2}\left(\dfrac{1}{2k-1}-\dfrac{1}{2k+1}\right)\Big]=\dfrac{1}{4}+\dfrac{1}{8}\left(\dfrac{1}{2k-1}-\dfrac{1}{2k+1}\right)$，所以 $S=\dfrac{1011}{4}+\dfrac{1}{8}\left(1-\dfrac{1}{2023}\right)=253-\dfrac{1}{8}\left(1+\dfrac{1}{2023}\right)$. 故 $[S]=252$.

【例 4】已知 $\{a_n\}$ 是公差不等于 0 的等差数列，且 a_4 是 a_2,a_8 的等比中项，记数列 $\{a_n\}$ 的前 n 项和为 $S_n,S_7=14$.

（1）求数列 $\{a_n\}$ 的通项公式；

（2）设数列 $\{b_n\}$ 满足 $b_n=\dfrac{a_{n+1}}{a_{n-1}a_n2^n}(n\geqslant2)$，且 $b_1=-1$，求数列 $\{b_n\}$ 的前 n 项和 T_n.

（2021 年清华大学语言类保送暨高水平艺术团）

【解析】（1）设数列 $\{a_n\}$ 的公差为 $d(d\neq 0)$，则 $a_2=a_1+d$，$a_4=a_1+3d$，$a_8=a_1+7d$．因为 a_4 是 a_2，a_8 的等比中项，且 $S_7=14$，则 $\begin{cases}(a_1+3d)^2=(a_1+d)(a_1+7d)\\S_7=7a_1+21d=14\end{cases}$，解得 $a_1=d=\dfrac{1}{2}$．从而 $a_n=a_1+(n-1)d=\dfrac{n}{2}$．

（2）当 $n\geqslant 2$ 时，有 $b_n=\dfrac{\frac{n+1}{2}}{\frac{n-1}{2}\cdot\frac{n}{2}\cdot 2^n}=\dfrac{n+1}{(n-1)\cdot n\cdot 2^{n-1}}=\dfrac{2n-(n-1)}{(n-1)\cdot n\cdot 2^{n-1}}=\dfrac{1}{(n-1)\cdot 2^{n-2}}-\dfrac{1}{n\cdot 2^{n-1}}$．则当 $n\geqslant 2$ 时，有 $T_n=-1+\sum_{k=2}^{n}\left[\dfrac{1}{(k-1)\cdot 2^{k-2}}-\dfrac{1}{k\cdot 2^{k-1}}\right]=-1+\left(1-\dfrac{1}{n\cdot 2^{n-1}}\right)=-\dfrac{1}{n\cdot 2^{n-1}}$．又因为 $T_1=-1$ 也满足上式，从而 $T_n=-\dfrac{1}{n\cdot 2^{n-1}}(n\in\mathbf{N}^*)$．

　　裂项相消法是数列求和中的一类重要的方法，不仅考查形式多样，而且与放缩法的联系非常密切，需要引起足够的重视．对于形如 $\left\{\dfrac{1}{AB}\right\}$（其中 $\{A\}$，$\{B\}$ 为各项均不为 0 的等差数列，其中 $A<B$）的数列，我们经常将裂项为 $\dfrac{1}{AB}=\dfrac{1}{B-A}\left(\dfrac{1}{A}-\dfrac{1}{B}\right)$ 的形式．常见的公式有：

（1）$a_n=f(n+1)-f(n)$（裂项的原始公式）；

（2）$\dfrac{\sin 1°}{\cos n°\cos(n+1)°}=\tan(n+1)°-\tan n°$；

$\tan n°\tan(n+1)°=\dfrac{1}{\tan 1°}[\tan(n+1)°-\tan n°]-1$；

（3）$a_n=\dfrac{1}{n(n+k)}=\dfrac{1}{k}\left[\dfrac{1}{n}-\dfrac{1}{n+k}\right]$（其中 $k\in\mathbf{N}^*$）；

$a_n=\dfrac{1}{n(n+1)(n+2)}=\dfrac{1}{2}\left[\dfrac{1}{n(n+1)}-\dfrac{1}{(n+1)(n+2)}\right]$；

（4）$a_n=\dfrac{(2n)^2}{(2n-1)(2n+1)}=1+\dfrac{1}{2}\left(\dfrac{1}{2n-1}-\dfrac{1}{2n+1}\right)$；

（5）$a_n=\dfrac{1}{\sqrt{n+k}+\sqrt{n}}=\dfrac{1}{k}(\sqrt{n+k}-\sqrt{n})$（其中 $k\in\mathbf{N}^*$）；

（6）$a_n=\dfrac{n+2}{n(n+1)}\cdot\dfrac{1}{2^n}=\dfrac{2(n+1)-n}{n(n+1)}\cdot\dfrac{1}{2^n}=\dfrac{1}{n\cdot 2^{n-1}}-\dfrac{1}{(n+1)\cdot 2^n}$；

（7）$n(n+1)=\dfrac{1}{3}[n(n+1)(n+2)-(n-1)n(n+1)]$；

$n(n+1)(n+2)=\dfrac{1}{4}[n(n+1)(n+2)(n+3)-(n-1)n(n+1)(n+2)]$；

(8) $n \cdot n! = (n+1)! - n!$；$\dfrac{n}{(n+1)!} = \dfrac{1}{n!} - \dfrac{1}{(n+1)!}$.

三、错位相减法

若数列 $\{a_n\}$ 是等差数列，$\{b_n\}$ 是等比数列，则对于数列 $\{a_n b_n\}$ 的求和问题，可使用错位相减法解决.

【例 5】 记 $[x]$ 表示不超过实数 x 的最大整数. 记 $a_n = [\log_2 n] (n \in \mathbf{N}^*)$，则 $\displaystyle\sum_{n=1}^{2021} a_n = ($　　$)$.

A. 18154　　　　　　B. 18164　　　　　　C. 18174　　　　　　D. 前三个答案都不对

（2021 年北京大学语言类保送）

【解析】 当 $2^m \leqslant n \leqslant 2^{m+1} - 1 (m \in \mathbf{N}^*)$ 时，有 $[\log_2 n] = m$. 注意到 $1024 = 2^{10} < 2021 < 2^{11} = 2048$，

则 $\displaystyle\sum_{n=1}^{2021} a_n = \sum_{m=1}^{9} \sum_{n=2^m}^{2^{m+1}-1} [\log_2 n] + 10 \times (2021 - 1024 + 1) = \sum_{m=1}^{9} m 2^m + 9980 = 18174$.

其中差比数列 $\displaystyle\sum_{m=1}^{9} m 2^m$ 可利用错位相减法进行求和.

【例 6】 设 a_n 是与 $\sqrt{\dfrac{n}{2}}$ 的差的绝对值最小的整数，b_n 是与 $\sqrt{2n}$ 的差的绝对值最小的整数，记 $\left\{\dfrac{1}{a_n}\right\}$ 的前 n 项和为 S_n，$\left\{\dfrac{1}{b_n}\right\}$ 的前 n 项和为 T_n，则 $2T_{100} - S_{100}$ 的值为（　　）.

A. 2021　　　　　　B. 2022　　　　　　C. 2023　　　　　　D. 前三个答案都不对

（2021 年北京大学）

【解析】 不妨设 $a_n = k$，要使 a_n 与 $\sqrt{\dfrac{n}{2}}$ 的差的绝对值最小，则 $\sqrt{\dfrac{n}{2}} \in \left[k - \dfrac{1}{2}, k + \dfrac{1}{2}\right]$，此时 $n \in \left[2k^2 - 2k + \dfrac{1}{4}, 2k^2 + 2k + \dfrac{1}{4}\right]$，故共有 $4k$ 个整数 n 使得 $a_n = k$.

注意到 $100 = 4 \times 1 + 4 \times 2 + 4 \times 3 + 4 \times 4 + 4 \times 5 + 4 \times 6 + 16$，所以 $S_{100} = \dfrac{1}{1} \times 4 + \dfrac{1}{2} \times 8 + \dfrac{1}{3} \times 12 + \dfrac{1}{4} \times 16 + \dfrac{1}{5} \times 20 + \dfrac{1}{6} \times 24 + \dfrac{1}{7} \times 16 = 26 + \dfrac{2}{7}$.

类似地，设 $b_n = k$，要使得 b_n 是与 $\sqrt{2n}$ 的差的绝对值最小，则 $\sqrt{2n} \in \left[k - \dfrac{1}{2}, k + \dfrac{1}{2}\right]$，此时 $n \in \left[\dfrac{k^2}{2} - \dfrac{1}{2}k + \dfrac{1}{8}, \dfrac{1}{2}k^2 + \dfrac{1}{2}k + \dfrac{1}{8}\right]$，故有 k 个整数 n，使得 $b_n = k$.

注意到 $100 = 1 + 2 + 3 + \cdots + 13 + 9$，所以 $T_{100} = \dfrac{1}{1} \times 1 + \dfrac{1}{2} \times 2 + \dfrac{1}{3} \times 3 + \dfrac{1}{4} \times 4 + \cdots + \dfrac{1}{13} \times 13 +$

$\dfrac{1}{14} \times 9 = 13 + \dfrac{9}{14}$. 故 $2T_{100} - S_{100} = 2\left(13 + \dfrac{9}{14}\right) - \left(26 + \dfrac{2}{7}\right) = 1$, 从而选 D.

§6.5 归纳、猜想和论证

在数学问题的研究中,为了寻求一般规律,往往需要先考虑一些特例,进行归纳、猜想,再证明这些猜想的正确性. 一些与正整数有关的命题可以通过这种方法得到.

一、演绎推理

演绎推理指从一般性前提出发,通过推导(即"演绎")得出具体陈述或个别结论的过程. 演绎推理的逻辑形式对于理性的重要意义在于,它对人的思维保持严密性、一致性有着不可替代的重要作用.

【例1】 已知实数列 $\{a_n\}$ 满足 $a_{n+1} = a_n^2 - 2$, 且若存在正实数 m, 使得 $|a_n| \leqslant m$ 恒成立,则 a_{2021} 的最小值是_____.

(2021 年北京大学寒假学堂)

【解析】 若存在 $|a_{k-1}| > 2$, 则 $a_k = |a_{k-1}|^2 - 2 > 2$. 存在实数 $t > 1$, 使得 $a_k = t + \dfrac{1}{t}$, 于是 $a_{k+1} = t^2 + \dfrac{1}{t^2}$, 进而可得 $a_{k+r} = t^{2^r} + \dfrac{1}{t^{2^r}} > t^{2^r} \to +\infty$, 矛盾. 于是对任意 k, $|a_{k-1}| \leqslant 2$, 从而 $a_{2021} \geqslant -2$. 由蛛网模型,易知等号可以成立,只需满足 $a_n = \sqrt{a_{n+1} + 2}$. 设 $a_1 = 2\cos t$, 则 $a_2 = 2(2\cos^2 t - 1) = 2\cos 2t$, 从而 $a_{2021} = 2\cos 2^{2020} t = -2$, 故 $t = \dfrac{\pi}{2^{2020}}$.

综上所述,我们取 $a_1 = 2\cos \dfrac{\pi}{2^{2020}}$ 即满足取等条件.

【例2】 设 $\{a_n\}$ 是等差数列,且满足公差 $d > 0$, $a_1 > 0$, 以及 $k \geqslant 2$ 为自然数,其中 $n \geqslant 2$.

(1) 求证: $k\left(\sqrt[k]{a_{n+1}} - \sqrt[k]{a_n}\right) < \dfrac{d}{(\sqrt[k]{a_n})^{k-1}} < k\left(\sqrt[k]{a_n} - \sqrt[k]{a_{n-1}}\right)$;

(2) 求证: $k\left(\sqrt[k]{a_{n+1}} - \sqrt[k]{a_1}\right) < \displaystyle\sum_{i=1}^{n} \dfrac{d}{(\sqrt[k]{a_i})^{k-1}} < k\sqrt[k]{a_n}$;

(3) 若数列 $\{a_n\}$ 满足 $a_{n+1} - a_n = f(n)$, $f(n)$ 为一个自然数集上的正值函数.

求证: $k\left(\sqrt[k]{a_{n+1}} - \sqrt[k]{a_1}\right) < \displaystyle\sum_{i=1}^{n} \dfrac{f(i)}{(\sqrt[k]{a_i})^{k-1}} < k\sqrt[k]{a_n}$.

(2021 年北京大学基础学科招生)

【解析】（1）利用恒等式 $a^n - b^n = (a-b)(a^{n-1} + a^{n-2}b + \cdots + b^{n-1})$，易得

$$a_{n+1} - a_n = (\sqrt[k]{a_{n+1}})^k - (\sqrt[k]{a_n})^k$$

$$= (\sqrt[k]{a_{n+1}} - \sqrt[k]{a_n})[(\sqrt[k]{a_{n+1}})^{k-1} + (\sqrt[k]{a_{n+1}})^{k-2}\sqrt[k]{a_n} + \cdots + (\sqrt[k]{a_n})^{k-1}],$$

$$a_n - a_{n-1} = (\sqrt[k]{a_n})^k - (\sqrt[k]{a_{n-1}})^k$$

$$= (\sqrt[k]{a_n} - \sqrt[k]{a_{n-1}})[(\sqrt[k]{a_n})^{k-1} + (\sqrt[k]{a_n})^{k-2}\sqrt[k]{a_{n-1}} + \cdots + (\sqrt[k]{a_{n-1}})^{k-1}],$$

由已知条件，可得 $a_{n+1} - a_n = a_n - a_{n-1} = d > 0$，所以数列 $\{a_n\}$ 是单调递增数列，

$$d = a_{n+1} - a_n > (\sqrt[k]{a_{n+1}} - \sqrt[k]{a_n})[k(\sqrt[k]{a_n})^{k-1}], \quad d = a_n - a_{n-1} < (\sqrt[k]{a_n} - \sqrt[k]{a_{n-1}})[k(\sqrt[k]{a_n})^{k-1}],$$

所以 $k(\sqrt[k]{a_{n+1}} - \sqrt[k]{a_n}) < \dfrac{d}{(\sqrt[k]{a_n})^{k-1}} < k(\sqrt[k]{a_n} - \sqrt[k]{a_{n-1}})$.

（2）由（1）可知，$k(\sqrt[k]{a_2} - \sqrt[k]{a_1}) < \dfrac{d}{(\sqrt[k]{a_1})^{k-1}} < k(\sqrt[k]{a_1})$，$k(\sqrt[k]{a_3} - \sqrt[k]{a_2}) < \dfrac{d}{(\sqrt[k]{a_2})^{k-1}} < k(\sqrt[k]{a_2} - \sqrt[k]{a_1})$，$\cdots$，$k(\sqrt[k]{a_{n+1}} - \sqrt[k]{a_n}) < \dfrac{d}{(\sqrt[k]{a_n})^{k-1}} < k(\sqrt[k]{a_n} - \sqrt[k]{a_{n-1}})$，将上述 n 个不等式相加，得 $k(\sqrt[k]{a_{n+1}} - \sqrt[k]{a_1}) < \sum\limits_{i=1}^{n} \dfrac{d}{(\sqrt[k]{a_i})^{k-1}} < k\sqrt[k]{a_n}$.

（3）由（1）可知，

$$f(n) = a_{n+1} - a_n > (\sqrt[k]{a_{n+1}} - \sqrt[k]{a_n})[k(\sqrt[k]{a_n})^{k-1}],$$

$$f(n) = a_n - a_{n-1} < (\sqrt[k]{a_n} - \sqrt[k]{a_{n-1}})[k(\sqrt[k]{a_n})^{k-1}],$$

即 $k(\sqrt[k]{a_2} - \sqrt[k]{a_1}) < \dfrac{f(n)}{(\sqrt[k]{a_n})^{k-1}} < k(\sqrt[k]{a_n} - \sqrt[k]{a_{n-1}})$. 所以 $k(\sqrt[k]{a_2} - \sqrt[k]{a_1}) < \dfrac{f(1)}{(\sqrt[k]{a_1})^{k-1}} < k(\sqrt[k]{a_1})$，

$k(\sqrt[k]{a_3} - \sqrt[k]{a_2}) < \dfrac{f(2)}{(\sqrt[k]{a_2})^{k-1}} < k(\sqrt[k]{a_2} - \sqrt[k]{a_1})$，$\cdots$，$k(\sqrt[k]{a_{n+1}} - \sqrt[k]{a_n}) < \dfrac{f(n)}{(\sqrt[k]{a_n})^{k-1}} < k(\sqrt[k]{a_n} - \sqrt[k]{a_{n-1}})$，将

上述 n 个不等式相加，得 $k(\sqrt[k]{a_{n+1}} - \sqrt[k]{a_1}) < \sum\limits_{i=1}^{n} \dfrac{f(i)}{(\sqrt[k]{a_i})^{k-1}} < k\sqrt[k]{a_n}$.

二、数学归纳法

从特殊到一般的推理方法，叫作**归纳法**. 根据全部事例推出结论的推理方法，叫作**完全归纳法**；而根据部分事例推出更加一般结论的推理方法，叫作**不完全归纳法**. 归纳法可以帮助我们从一些具体事例中发现一般规律，但仅根据有限的特殊事例得出的结论不一定都是正确的. 因此，当使用归纳法得出结论后，必须对数学命题进行论证，以判断命题的正确性. 与正整数 n 有关的数学命题是数学研究中常见的一类问题. 对于这类问题，我们可以通过举反例来说明命题是错误的，但不

可能用穷举法来验证其正确性. 往往采用数学归纳法来进行证明. 数学归纳法的证明步骤如下所示：

(1) 证明当 n 取第一个值 $n_0(n_0 \in \mathbf{N}^*)$ 时，命题成立；

(2) 假设当 $n = k(k \in \mathbf{N}^*, k \geqslant n_0)$ 时命题成立，再证明当 $n = k + 1$ 时命题也成立.

根据 (1)(2) 两个步骤，我们可以断定这个命题对于从 n_0 开始的所有正整数 n 都成立. 这个数学归纳法，我们将其称之为**第一数学归纳法**. 第一数学归纳法是数学归纳法的基本形式，除此之外，还有许多"变式"，下面我们给出数学归纳法的其他形式：

设 $p(n)$ 是一个与正整数有关的命题.

第二数学归纳法：设 $p(n)$ 是一个含有正整数 n 的命题 $(n \geqslant a, a \in \mathbf{N}^*)$，如果

(1) 当 $n = a$ 时，$p(a)$ 成立；

(2) 由 $p(m)$ 对所有符合 $a \leqslant m \leqslant k$ 的正整数 m 成立的假定下，推得 $p(k+1)$ 命题也成立，那么 $p(n)$ 对所有正整数 $n \geqslant a$ 都成立.

反向数学归纳法：反向归纳法也叫倒推归纳法. 相应的两个步骤如下：

(1) 对于无穷多个自然数，命题成立；

(2) 假设 $p(k+1)$ 成立，可导出 $p(k)$ 也成立.

由 (1)(2) 可以判定对于任意的自然数 n，$p(n)$ 都成立.

二重归纳法：设 $p(n, m)$ 是一个含有两个独立正整数 n, m 的命题，如果

(1) $p(1, m)$ 对任意正整数 m 成立，$p(n, 1)$ 对任意正整数 n 成立；

(2) 在 $p(n+1, m)$ 与 $p(n, m+1)$ 成立的假设下，可以证明 $p(n+1, m+1)$ 成立. 那么 $p(n, m)$ 对任意正整数 n 和 m 都成立.

螺旋式归纳法：现有两个与自然数 n 有关的命题 $A(n), B(n)$. 如果满足

(1) $A(1)$ 成立；

(2) 假设 $A(k)$ 成立，能导出 $B(k)$ 成立，假设 $B(k)$ 成立，能导出 $A(k+1)$ 成立. 这样就能断定对于任意的自然数 n，$A(n)$ 和 $B(n)$ 都正确.

跳跃归纳法：若一个命题 T 对自然数 $1, 2, \cdots, l$ 都是正确的，而且如果假定命题 T 对自然数 k 正确，就能推出命题 T 对自然数 $k+l$ 正确，则命题对一切自然数都正确.

【例3】 已知数列 $\{a_n\}$ 满足 $a_1 = \dfrac{1}{2}$，$a_{n+1} = e^{a_n - 1}$，其中 $e = 2.71828\cdots$，记 T_n 表示数列 $\{a_n\}$ 的前 n 项乘积，则（　　）.

A. $a_{100} < \dfrac{1}{2}$ 　　　　B. $a_{100} > 1$ 　　　　C. $T_{99} \in \left(0, \dfrac{1}{100}\right)$ 　　　　D. $T_{99} \in \left(\dfrac{1}{100}, \dfrac{1}{10}\right)$

（2021年清华大学文科营暨工科营）

【解析】如图所示,作出曲线 $y=\mathrm{e}^{x-1}$ 与直线 $y=x$ 的图像.

设曲线 $y=\mathrm{e}^{x-1}$ 与直线 $y=x$ 相切于点 $P(1,1)$,借助蛛网模型,得 a_n 单调递增,且 $a_{100}\in\left(\dfrac{1}{2},1\right)$. 下面用数学归纳法证明 $a_n\leqslant\dfrac{n}{n+1}$ $(n\in\mathbf{N}^*)$. 当 $n=1$ 时,结论显然成立;假设结论对 n 成立,则当 $n+1$ 时,由归纳假设,只需要证明 $\mathrm{e}^{\frac{n}{n+1}-1}\leqslant\dfrac{n+1}{n+2}\Leftrightarrow\ln\dfrac{n+2}{n+1}=\ln\left(1+\dfrac{1}{n+1}\right)\leqslant$

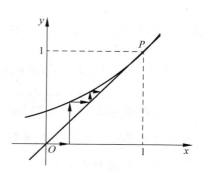

$\dfrac{1}{n+1}$. 注意到当 $x>-1$ 时,$\ln(1+x)<x$,则上式成立. 即 $n+1$ 时结论也成立. 由归纳法原理,知结论成立. 又因为 $a_2=\dfrac{1}{\sqrt{\mathrm{e}}}<\dfrac{2}{3}$,则 $T_{99}<\dfrac{1}{2}\cdot\dfrac{2}{3}\cdot\dfrac{3}{4}\cdot\cdots\cdot\dfrac{99}{100}=\dfrac{1}{100}$. 故选项 C 正确.

【例 4】已知数列 $\{a_n\}$ 满足 $a_1=2$,$a_{n+1}=2^{a_n}$. 数列 $\{b_n\}$ 满足 $b_1=5$,$b_{n+1}=5^{b_n}$. 若正整数 m 满足 $b_m>a_{25}$,则 m 的最小值为(　　).

A. 25　　　　　　B. 24　　　　　　C. 23　　　　　　D. 前三个答案都不对

（2021 年北京大学）

【解析】分两步证明:

(1) 先证明对任意正整数 n,有 $b_n>a_{n+1}$,用数学归纳法:

当 $n=1$ 时,有 $b_1=5>2^2=a_2$,显然成立. 假设 $n=k$ 时结论成立,即 $b_k>a_{k+1}$,则当 $n=k+1$ 时,有 $b_{k+1}=5^{b_k}>5^{a_{k+1}}>2^{a_{k+1}}=a_{k+2}$,所以对 $n=k+1$ 时结论也成立. 所以对任意正整数 n,有 $b_n>a_{n+1}$.

(2) 再证明对任意正整数 n,有 $a_{n+2}>3b_n$.

当 $n=1$ 时,有 $a_3=16>15=3b_1$. 假设当 $n=k$ 时结论成立,即 $a_{k+2}>3b_k$,则当 $n=k+1$ 时,$a_{k+3}=2^{a_{k+2}}>2^{3b_k}=8^{b_k}=\left(\dfrac{8}{5}\right)^{b_k}\times5^{b_k}>3\times5^{b_k}$,所以对 $n=k+1$ 结论也成立. 所以对任意正整数 n,有 $a_{n+2}>3b_n$.

因此,我们由(1)可以得到 $b_{24}>a_{25}$,由(2)可以得到 $a_{25}>3b_{23}>b_{23}$,所以满足 $b_m>a_{25}$ 的 m 的最小值为 24.

【例 5】已知实数 $x_0\in[0,1)$,数列 $\{x_k\}$ 满足:若 $x_{n-1}<\dfrac{1}{2}$,则 $x_n=2x_{n-1}$;若 $x_{n-1}\geqslant\dfrac{1}{2}$,则 $x_n=2x_{n-1}-1(n=1,2,\cdots)$. 现知 $x_0=x_{2021}$,则可能的 x_0 的个数为(　　).

A. 1　　　　　　B. 2021　　　　　　C. $2^{2021}-1$　　　　　　D. 前三个答案都不对

（2021 年北京大学）

【解析】首先我们证明 $x_n\in[0,1)$ 恒成立:

若 $x_i\in\left[0,\dfrac{1}{2}\right)$,则 $x_{i+1}=2x_i\in[0,1)$;若 $x_i\in\left[\dfrac{1}{2},1\right)$,则 $x_{i+1}=2x_i-1\in[0,1)$.

由数学归纳法知 $x_n \in [0,1)$ 对 $\forall n \in \mathbf{N}^*$ 成立,那么有 $x_n = \{x_n\} = \{2^n x_0\}$,其中 $\{\alpha\}$ 表示 α 的小数部分. 所以 $x_{2021} = \{2^{2021} x_0\}$,从而 $\{2^{2021} x_0\} = x_0$,则 $2^{2021} x_0 - x_0$ 为整数. 因此 $x_0 = \dfrac{k}{2^{2021}-1}$ $(k=0,1,2,\cdots,2^{2021}-2)$. 所以可能的 x_0 的值共有 $2^{2021}-1$ 个.

本题考察二进制思想,也可以将其视为周期数列简单处理,难度较大. 在二进制之下,其小数部分的每 2021 位是一个周期,而每个位置上各有 2 个可能,故共有 2^{2021} 种可能性,但要除去所有位上都是 1 的情形,故有 $2^{2021}-1$ 种可能性.

【例 6】 对任意的 $n \in \mathbf{N}^*$,有 $a_{a_n} = 3n$,且 a_n 为单调递增的正整数数列,求 a_{2022}.

(2023 年北京大学物理学科卓越人才培养计划)

【解析】 记 $a_n = f(n)$,由题意知 $f[f(n)] = 3n$,且 $f(n+1) > f(n)$. 显然 $f(1) \geqslant 1$,令 $n=1$,得 $f[f(1)] = 3 \geqslant f(1)$,从而 $f(1) = 1$ 或 2 或 3. 讨论易知 $f(1) = 2$,从而 $f(2) = f[f(1)] = 3$. 以下说明 $f(3^n) = 2 \times 3^n$,$f(2 \times 3^n) = 3^{n+1}$. 当 $n=0$ 时,结论显然成立. 假设 $n=k$ 时,结论成立. 当 $n=k+1$ 时,$f(3^{k+1}) = f[f(2 \times 3^k)] = 3 \times 2 \times 3^k = 2 \times 3^{k+1}$,$f(2 \times 3^{k+1}) = f[f(3^{k+1})] = 3 \times 3^{k+1} = 3^{k+2}$. 由归纳法原理,知结论成立.

由于自变量 x 从 3^{n+1} 增加到 $2 \times 3^{n+1}$ 时,函数值 $f(x)$ 从 $2 \times 3^{n+1}$ 增加到 3^{n+2},且注意到 $3^{n+2} - 3^{n+1} = 2 \times 3^{n+1}$,故 $f(3^n + m) = 2 \times 3^n + m$ $(0 \leqslant m < 3^n)$. 从而 $f(2 \times 3^n + l) = f[f(3^n + l)] = 3^{n+1} + 3l$ $(0 \leqslant l < 3^n)$.

综上所述,对任意的 $0 \leqslant m < 3^n$,有 $f(k \times 3^n + m) = \begin{cases} 2 \times 3^n + m, & k=1 \\ 3^{n+1} + 3m, & k=2 \end{cases}$. 所以 $a_{2022} = f(2022) = f(2 \times 3^6 + 564) = 3^7 + 3 \times 564 = 3879$.

三、数学证明

【例 7】 正整数 $n \geqslant 2$,证明:$\left(\dfrac{n+1}{3}\right)^n < n! < \left(\dfrac{n+1}{2}\right)^n$.

(2022 年南京大学)

【证明】 方法一

两边同时除以 $n!$,得 $\dfrac{(n+1)^n}{n!} \times \dfrac{1}{3^n} < 1 < \dfrac{(n+1)^n}{n!} \times \dfrac{1}{2^n}$. 设 $a_n = \dfrac{(n+1)^n}{n!}$,不等式化为 $2^n < a_n < 3^n$.

而 $\dfrac{a_n}{a_{n-1}} = \dfrac{(n+1)^n}{n^n} = \left(1 + \dfrac{1}{n}\right)^n = 1 + 1 + \mathrm{C}_n^2\left(\dfrac{1}{n}\right)^2 + \cdots + \mathrm{C}_n^n\left(\dfrac{1}{n}\right)^n > 2$,所以 $\dfrac{a_n}{a_{n-1}} \times \dfrac{a_{n-1}}{a_{n-2}} \times \cdots \times \dfrac{a_2}{a_1} > 2^{n-1}$,即

$a_n > 2^{n-1}a_1 = 2^n (n \geqslant 2)$. 又因为 $\dfrac{a_n}{a_{n-1}} = \dfrac{(n+1)^n}{n^n} = \left(1 + \dfrac{1}{n}\right)^n = 1 + 1 + C_n^2 \left(\dfrac{1}{n}\right)^2 + \cdots + C_n^n \left(\dfrac{1}{n}\right)^n < 2 + \dfrac{1}{2!} +$

$\dfrac{1}{3!} + \cdots + \dfrac{1}{n!} < 2 + \dfrac{1}{2} + \dfrac{1}{2^2} + \dfrac{1}{2^3} + \cdots + \dfrac{1}{2^{n-1}} = 3 - \dfrac{1}{2^{n-1}} < 3$, 所以 $\dfrac{a_n}{a_{n-1}} \times \dfrac{a_{n-1}}{a_{n-2}} \times \cdots \times \dfrac{a_2}{a_1} < 3^{n-1}$. 即 $a_n <$

$3^{n-1}a_1 = 3^n (n \geqslant 2)$.

综上所述, 当 $n \geqslant 2$ 时, $2^n < a_n < 3^n$, 即 $\left(\dfrac{n+1}{3}\right)^n < n! < \left(\dfrac{n+1}{2}\right)^n$.

方法二

由平均值不等式, 得 $\dfrac{1+2+3+\cdots+n}{n} > \sqrt[n]{n!}$, 两边 n 次方, 得 $\left(\dfrac{n+1}{2}\right)^n > n!$.

下面证明左边的不等式 $\left(\dfrac{n+1}{3}\right)^n < n! \Leftrightarrow \ln 1 + \ln 2 + \cdots + \ln n > n \ln \dfrac{n+1}{3}$.

只需要证明 $\ln n > n \ln \dfrac{n+1}{3} - (n-1) \ln \dfrac{n}{3} \Leftrightarrow \ln n + (n-1) \ln \dfrac{n}{3} > n \ln \dfrac{n+1}{3}$

$\Leftrightarrow \ln \dfrac{n^n}{3^{n-1}} > \ln \dfrac{(n+1)^{n+1}}{3^n} \Leftrightarrow \left(1 + \dfrac{1}{n}\right)^n > 3$.

由平均值不等式, 得 $\dfrac{1 + \left(1 + \frac{1}{n}\right) + \left(1 + \frac{1}{n}\right) + \cdots + \left(1 + \frac{1}{n}\right)}{n+1} > \sqrt[n+1]{\left(1 + \dfrac{1}{n}\right)^n}$, 即 $1 + \dfrac{1}{n+1} >$

$\sqrt[n+1]{\left(1 + \dfrac{1}{n}\right)^n}$, 也就是 $\left(1 + \dfrac{1}{n+1}\right)^{n+1} > \left(1 + \dfrac{1}{n}\right)^n$, 因此 $\left[\left(1 + \dfrac{1}{n}\right)^n\right]$ 单调递增. 当 $n \geqslant 2$ 时, $\left(1 + \dfrac{1}{n}\right)^n = 1 +$

$1 + C_n^2 \left(\dfrac{1}{n}\right)^2 + \cdots + C_n^n \left(\dfrac{1}{n}\right)^n < 2 + \dfrac{1}{2!} + \dfrac{1}{3!} + \cdots + \dfrac{1}{n!} < 2 + \dfrac{1}{2 \times 1} + \dfrac{1}{3 \times 2} + \cdots + \dfrac{1}{n(n-1)} = 3 - \dfrac{1}{n} < 3$. 所以

$\left(\dfrac{n+1}{3}\right)^n < n!$.

综上所述, $\left(\dfrac{n+1}{3}\right)^n < n! < \left(\dfrac{n+1}{2}\right)^n$.

本题也可以通过数学归纳法证明.

§6.6　数列的极限

数列极限问题是我们学习的一个比较重要的部分, 同时极限的理论也是高等数学的基础之一. 作为微积分的基础概念, 数列极限的建立与产生对微积分理论有着重要的意义. 本节我们主要来了解数列的极限.

一、基本概念

1. 数列极限的定义

一般地,如果当项数 n 无限增大时,无穷数列 $\{a_n\}$ 的项无限地趋近于某个常数 a,那么,我们就说数列 $\{a_n\}$ 以 a 为极限.

这是数列极限描述性的定义,通俗易懂. 它仅是形象描述,不符合数学的严密性和简洁性. 下面我们给出数列极限的严格定义:

设 $\{a_n\}$ 是一个数列,a 为一个确定的常数,如果对于任意的正数 ε,总存在一个正整数 N,使得当 $n > N$ 时,都有 $|a_n - a| < \varepsilon$,则称数列 $\{a_n\}$ 的极限为 a,或称数列 $\{a_n\}$ 收敛于 a,记作 $\lim\limits_{n \to \infty} a_n = a$.

如果数列 $\{a_n\}$ 单调递增,且有上界,则 $\lim\limits_{n \to \infty} a_n$ 存在;如果数列 $\{a_n\}$ 单调递减,且有下界,则 $\lim\limits_{n \to \infty} a_n$ 存在.

【例 1】 $\lim\limits_{n \to \infty} \left(\dfrac{1}{1 \times 4} + \dfrac{1}{2 \times 5} + \cdots + \dfrac{1}{n(n+3)} \right) = $ _____ .

(2020 年复旦大学)

【解析】 因为 $\dfrac{1}{n(n+3)} = \dfrac{1}{3}\left(\dfrac{1}{n} - \dfrac{1}{n+3}\right)$,所以 $\dfrac{1}{1 \times 4} + \dfrac{1}{2 \times 5} + \cdots + \dfrac{1}{n(n+3)} = \dfrac{1}{3}\left(1 - \dfrac{1}{4} + \dfrac{1}{2} - \dfrac{1}{5} + \dfrac{1}{3} - \dfrac{1}{6} + \dfrac{1}{4} - \dfrac{1}{7} + \cdots + \dfrac{1}{n-2} - \dfrac{1}{n+1} + \dfrac{1}{n-1} - \dfrac{1}{n+2} + \dfrac{1}{n} - \dfrac{1}{n+3}\right) = \dfrac{1}{3}\left(1 + \dfrac{1}{2} + \dfrac{1}{3} - \dfrac{1}{n+1} - \dfrac{1}{n+2} - \dfrac{1}{n+3}\right)$. 因此 $\lim\limits_{n \to \infty} \left(\dfrac{1}{1 \times 4} + \dfrac{1}{2 \times 5} + \cdots + \dfrac{1}{n(n+3)} \right) = \dfrac{1}{3}\left(1 + \dfrac{1}{2} + \dfrac{1}{3}\right) = \dfrac{11}{18}$.

2. 几个常用的数列极限

在进行极限求值或运算时,我们一般用下列几个常用的数列极限进行求值:

(1) $\lim\limits_{n \to \infty} C = C$($C$ 为常数);

(2) $\lim\limits_{n \to \infty} \dfrac{1}{n} = 0$;

(3) $\lim\limits_{n \to \infty} q^n = 0(|q| < 1)$;

(4) $\lim\limits_{n \to \infty} \dfrac{an^k + b}{cn^k + d} = \dfrac{a}{c}$($k \in \mathbf{N}^*$,$a, b, c, d \in \mathbf{R}$,且 $c \neq 0$);

(5) $\lim\limits_{n \to \infty} \dfrac{a^n - b^n}{a^n + b^n} = \begin{cases} 1, & |a| > |b| \\ 0, & |a| = |b| \\ -1, & |a| < |b| \end{cases}$.

【例 2】已知 $a_0 = 1 + 2021^{-1}$，$a_n = (1 + 2021^{-2^n}) a_{n-1}$，则 $\lim\limits_{n \to \infty} a_n =$ _____.

（2021 年北京大学寒假学堂）

【解析】$a_n = (1 + 2021^{-1})(1 + 2021^{-2}) \cdots (1 + 2021^{-2^{n-1}})(1 + 2021^{-2^n})$，从而 $(1 - 2021^{-1}) a_n = (1 - 2021^{-1})(1 + 2021^{-1})(1 + 2021^{-2}) \cdots (1 + 2021^{-2^{n-1}})(1 + 2021^{-2^n}) = (1 - 2021^{-2})(1 + 2021^{-2}) \cdots (1 + 2021^{-2^{n-1}})(1 + 2021^{-2^n}) \cdots \cdots = 1 - 2021^{-2^{n+1}} \to 1.$

于是 $\lim\limits_{n \to \infty} a_n = \dfrac{1}{1 - 2021^{-1}} = \dfrac{2021}{2020}.$

【例 3】已知 $a_n = \dfrac{(2^3 - 1)(3^3 - 1) \cdots (n^3 - 1)}{(2^3 + 1)(3^3 + 1) \cdots + (n^3 + 1)}$ $(n \geqslant 2)$，则 $\lim\limits_{n \to \infty} a_n = ($ 　　$).$

A. $\dfrac{1}{2}$　　　　　　　　B. $\dfrac{2}{3}$　　　　　　　　C. $\dfrac{3}{4}$　　　　　　　　D. 前三个答案都不对

（2021 年北京大学语言类保送）

【解析】注意到 $a_n = \prod\limits_{k=2}^{n} \dfrac{k^3 - 1}{k^3 + 1} = \prod\limits_{k=2}^{n} \dfrac{(k-1)(k^2 + k + 1)}{(k+1)(k^2 - k + 1)} = \prod\limits_{k=2}^{n} \dfrac{k-1}{k+1} \cdot \prod\limits_{k=2}^{n} \dfrac{k(k+1) + 1}{(k-1)k + 1} = \dfrac{1 \times 2}{n(n+1)} \cdot \dfrac{n(n+1) + 1}{3} = \dfrac{2}{3} \left[1 + \dfrac{1}{n(n+1)} \right].$ 从而 $\lim\limits_{n \to \infty} a_n = \dfrac{2}{3}.$ 故选 B.

3. 运算法则

仅凭定义与几个特殊的数列极限，还不足以解决较为复杂的数列极限问题. 为此，我们再给出数列极限的运算法则：

设数列 $\{a_n\}$ 与 $\{b_n\}$ 的极限存在，且 $\lim\limits_{n \to \infty} a_n = a$，$\lim\limits_{n \to \infty} b_n = b$，则

（1）$\lim\limits_{n \to \infty} (a_n \pm b_n) = \lim\limits_{n \to \infty} a_n \pm \lim\limits_{n \to \infty} b_n = a \pm b$；

（2）$\lim\limits_{n \to \infty} (a_n b_n) = \lim\limits_{n \to \infty} a_n \times \lim\limits_{n \to \infty} b_n = ab$；

（3）$\lim\limits_{n \to \infty} \dfrac{a_n}{b_n} = \dfrac{\lim\limits_{n \to \infty} a_n}{\lim\limits_{n \to \infty} b_n} = \dfrac{a}{b}$ $(b \neq 0).$

【例 4】已知数列 $\{a_n\}$ 满足 $a_n = \arctan \dfrac{1}{2n^2}$，其前 n 项和为 S_n，则 $\lim\limits_{n \to \infty} S_n =$ _____.

（2021 年上海交通大学）

【解析】由 $a_n = \arctan \dfrac{1}{2n^2}$，得 $\tan a_n = \dfrac{1}{2n^2} = \dfrac{(2n+1) - (2n-1)}{1 + (2n+1)(2n-1)} = \tan(c_{n+1} - c_n)$，其中 $\tan c_n = 2n - 1$，$c_n = \arctan(2n-1)$，则 $a_n = c_{n+1} - c_n$，所以 $S_n = c_{n+1} - c_1 = \arctan(2n+1) - \dfrac{\pi}{4}$，从而 $\lim\limits_{n \to \infty} S_n = \lim\limits_{n \to \infty} [\arctan(2n+1)] - \dfrac{\pi}{4} = \dfrac{\pi}{2} - \dfrac{\pi}{4} = \dfrac{\pi}{4}.$

二、数列极限的分类

常见的数列极限主要分为以下两类：

1. 关于自然数 n 的多项式商

$$\lim_{n\to\infty}\frac{a_kn^k+a_{k-1}n^{k-1}+\cdots+a_1n+a_0}{b_ln^l+b_{l-1}n^{l-1}+\cdots+b_1n+b_0}=\begin{cases}\dfrac{a}{b}, & \text{当 } l=k \text{ 时}\\[2mm]0, & \text{当 } l>k \text{ 时}\end{cases}\quad(k,l\in\mathbf{N}^*,a_k\neq0,b_l\neq0).\text{ 当 } k>l \text{ 时，上}$$

述极限不存在.

这里，我们介绍一个非常重要的定理——**夹逼定理**：

如果数列 $\{x_n\}$，$\{y_n\}$ 以及 $\{z_n\}$ 满足下列两个条件：①从某项起，即当 $n>n_0$（其中 $n_0\in\mathbf{N}$），有 $x_n\leqslant y_n\leqslant z_n(n=1,2,3,\cdots)$；②$\lim\limits_{n\to\infty}x_n=a$，且 $\lim\limits_{n\to\infty}z_n=a$. 那么，数列 $\{y_n\}$ 的极限也存在，且 $\lim\limits_{n\to\infty}y_n=a$.

【例 5】 计算 $\lim\limits_{n\to\infty}\left(\dfrac{1}{n^2+n+1}+\dfrac{2}{n^2+n+2}+\cdots+\dfrac{n}{n^2+n+n}\right)$.

【解析】 记 $x_n=\dfrac{1}{n^2+n+1}+\dfrac{2}{n^2+n+2}+\cdots+\dfrac{n}{n^2+n+n}$，则

$$\frac{1+2+\cdots+n}{n^2+n+n}\leqslant x_n\leqslant\frac{1+2+\cdots+n}{n^2+n+1}，\text{即}\frac{n(n+1)}{2(n^2+2n)}\leqslant x_n\leqslant\frac{n(n+1)}{2(n^2+n+1)}.$$

因为 $\lim\limits_{n\to\infty}\dfrac{n(n+1)}{2(n^2+2n)}=\lim\limits_{n\to\infty}\dfrac{n(n+1)}{2(n^2+n+1)}=\dfrac{1}{2}$，由夹逼定理，知

$$\lim_{n\to\infty}\left(\frac{1}{n^2+n+1}+\frac{2}{n^2+n+2}+\cdots+\frac{n}{n^2+n+n}\right)=\frac{1}{2}.$$

> 夹逼定理在求数列极限中应用广泛，常与其他各种方法综合使用，起着基础性的作用.

【例 6】 若数列 $\{a_n\}$ 满足 $4^{a_{n+2}}+4^{1+a_{n+1}}-12\times4^{a_n}=0$，则 $\lim\limits_{n\to\infty}\dfrac{a_n}{n}=$ _____.

（2021 年复旦大学）

【解析】 记 $b_n=4^{a_n}$，则有 $b_{n+2}+4b_{n+1}-12b_n=0$，所以 $b_{n+2}-2b_{n+1}+6(b_{n+1}-2b_n)=0$，得 $b_{n+1}-2b_n=(b_2-2b_1)(-6)^{n-1}$，则 $\dfrac{b_{n+1}}{2^{n+1}}-\dfrac{b_n}{2^n}=\dfrac{b_2-b_1}{4}(-3)^{n-1}$，得 $\dfrac{b_n}{2^n}=\dfrac{2b_1-b_2}{16}(-3)^n+\dfrac{b_2+6b_1}{16}$，由 $b_n>0$，可知 $2b_1-b_2=0$，从而 $b_n=b_12^{n-1}$，所以 $a_n=\log_4\dfrac{b_1}{2}+\dfrac{n}{2}$，则 $\lim\limits_{n\to\infty}\dfrac{a_n}{n}=\dfrac{1}{2}$.

2. 关于 n 的指数式

$$\lim_{n\to\infty}q^n=\begin{cases}0, & \text{当 } |q|<1 \text{ 时}\\1, & \text{当 } q=1 \text{ 时}\end{cases}.\text{ 当 } |q|>1 \text{ 或 } q=-1 \text{ 时，上述极限不存在.}$$

【例 7】等比数列 $\{a_n\}$ 满足 $a_1 = -3$，$\dfrac{S_6}{S_3} = \dfrac{7}{8}$，则 $\lim\limits_{n \to \infty} S_n = ($ 　　$)$.

A. 不存在　　　　　　B. $\dfrac{2}{3}$　　　　　　C. $-\dfrac{2}{3}$　　　　　　D. -2

（2022 年上海交通大学）

【解析】若 $q = 1$，则 $\dfrac{S_6}{S_3} = \dfrac{6}{3} = 2 \neq \dfrac{7}{8}$，不合题意，舍去．故 $q \neq 1$，从而 $\dfrac{S_6}{S_3} = \dfrac{1-q^6}{1-q^3} = 1 + q^3 = \dfrac{7}{8}$，解得

$q = -\dfrac{1}{2}$．因此 $\lim\limits_{n \to \infty} S_n = \lim\limits_{n \to \infty} \dfrac{a_1(1-q^n)}{1-q} = \dfrac{a_1}{1-q} = -3 \times \dfrac{2}{3} = -2$．故选 D.

第 7 章　微积分初步

微积分是研究函数的重要工具,是数学发展史上的里程碑. 其中,导数与定积分是微积分的两大核心内容. 导数是研究函数的单调性、变化快慢、最大值与最小值的常见且有效的工具;定积分是解决图形面积、变力做功等实际问题的有效方法. 在本章中,我们对微积分进行初步探讨.

§7.1 函数的极限

在本节中,有一点需要**特别说明**:由于函数的极限是大学高等数学的内容,因此我们只从高中生容易理解的角度加以介绍,并不进行过深的探讨!

一、函数的极限

1. $x \rightarrow +\infty$ 时的函数极限

当自变量 x 无限增大时,函数 $f(x)$ 无限趋近于常数 A,则称 A 为当 x 趋向于正无穷时函数 $f(x)$ 的极限,记作 $\lim\limits_{x \rightarrow +\infty} f(x) = A$. 例如 $\lim\limits_{x \rightarrow +\infty} \dfrac{1}{x} = 0$,$\lim\limits_{x \rightarrow +\infty} 2^{-x} = 0$. 与数列极限描述性的定义类似,函数极限的这种描述性的定义同样也不严格,下面我们给出精确的定义:

若对任意 $\varepsilon > 0$,总存在一个正数 m,使得当 $x > m$ 时,恒有 $|f(x) - A| < \varepsilon$ 成立(其中 A 为常数),则称 A 为当 x 趋近正无穷时函数 $f(x)$ 的极限,记作 $\lim\limits_{x \rightarrow +\infty} f(x) = A$.

2. $x \rightarrow -\infty$ 时的函数极限

与 $x \rightarrow -\infty$ 类似,我们给出 $x \rightarrow -\infty$ 时函数 $f(x)$ 极限的概念:

若对任意 $\varepsilon > 0$,总存在一个正数 m,使得当 $x < -m$ 时,恒有 $|f(x) - A| < \varepsilon$ 成立(其中 A 为常数),则称 A 为当 x 趋近负无穷时函数 $f(x)$ 的极限,记作 $\lim\limits_{x \rightarrow -\infty} f(x) = A$.

3. $x \rightarrow \infty$ 时的函数极限

我们将上述两个定义综合起来,就可以得到 $x \rightarrow \infty$ 时的函数 $f(x)$ 极限的概念:

若对任意 $\varepsilon > 0$,总存在一个正数 m,使得当 $|x| > m$ 时,恒有 $|f(x) - A| < \varepsilon$ 成立(其中 A 为常数),则称 A 为当 x 趋近正负无穷时函数 $f(x)$ 的极限,记作 $\lim\limits_{x \rightarrow \infty} f(x) = A$.

上述三个定义之间存在着如下关系:$\lim\limits_{x \rightarrow \infty} f(x) = A$ 的充分必要条件是 $\lim\limits_{x \rightarrow -\infty} f(x) = \lim\limits_{x \rightarrow +\infty} f(x) = A$.

根据上述关系可知,若 $\lim\limits_{x \rightarrow -\infty} \dfrac{1}{x} = \lim\limits_{x \rightarrow +\infty} \dfrac{1}{x} = 0$,则 $\lim\limits_{x \rightarrow \infty} \dfrac{1}{x} = 0$. 若 $\lim\limits_{x \rightarrow +\infty} \dfrac{|x|}{x} = 1$,而 $\lim\limits_{x \rightarrow -\infty} \dfrac{|x|}{x} = -1$,则 $\lim\limits_{x \rightarrow \infty} \dfrac{|x|}{x}$ 无意义.

4. 函数在某点 x_0 处的极限

若函数 $f(x)$ 在 x_0 的某一去心邻域 $U^\circ(x_0, \delta)$ 内有定义，对任意正数 ε，且 $x \in U^\circ(x_0, \delta)$，总存在正数 δ，使得当 $0 < |x - x_0| < \delta$ 时，恒有 $|f(x) - A| < \varepsilon$ 成立（A 为常数），则称 A 为函数 $f(x)$ 当 x 趋近 x_0 时的**极限**，记作 $\lim\limits_{x \to x_0} f(x) = A$.

如果 $f(x)$ 在 x_0 的某半个邻域 $(x_0, x_0 + \delta)$ 内有定义，而且对任意 $x \in (x_0, x_0 + \delta)$，总存在正数 δ，使得当 $0 < x - x_0 < \delta$ 时，恒有 $|f(x) - A| < \varepsilon$ 成立（A 为常数），则称 A 为函数 $f(x)$ 当 x 趋近 x_0 时的**右极限**，记作 $\lim\limits_{x \to x_0^+} f(x) = A$.

同样，我们可以定义当 x 趋近 x_0 时 $f(x)$ 的左极限：

如果 $f(x)$ 在 x_0 的某半个邻域 $(x_0 - \delta, x_0)$ 内有定义，对任意 $x \in (x_0 - \delta, x_0)$，总存在正数 δ，使得当 $-\delta < x - x_0 < 0$ 时，恒有 $|f(x) - A| < \varepsilon$ 成立（A 为常数），则称 A 为函数 $f(x)$ 当 x 趋近 x_0 时的**左极限**，记作 $\lim\limits_{x \to x_0^-} f(x) = A$. $\lim\limits_{x \to x_0} f(x)$ 存在的充要条件是 $f(x)$ 在 x_0 处的左、右极限都存在且相等，即

$$\lim_{x \to x_0} f(x) = A \Longleftrightarrow \lim_{x \to x_0^-} f(x) = \lim_{x \to x_0^+} f(x) = A.$$

【例 1】 证明：$\lim\limits_{x \to \infty} \left(1 + \dfrac{1}{x}\right)^x = \mathrm{e}$.

【证明】 所求证的极限等价于同时成立下述两个极限：

$$\lim_{x \to +\infty} \left(1 + \frac{1}{x}\right)^x = \mathrm{e}, \text{记为①}; \quad \lim_{x \to -\infty} \left(1 + \frac{1}{x}\right)^x = \mathrm{e}, \text{记为②}.$$

现在先应用数列极限 $\lim\limits_{n \to \infty} \left(1 + \dfrac{1}{n}\right)^n = \mathrm{e}$，证明①式成立.

设 $n \leqslant x < n + 1$，则有 $1 + \dfrac{1}{n+1} < 1 + \dfrac{1}{x} \leqslant 1 + \dfrac{1}{n}$ 及 $\left(1 + \dfrac{1}{n+1}\right)^n < \left(1 + \dfrac{1}{x}\right)^x < \left(1 + \dfrac{1}{n}\right)^{n+1}$ 记为③.

设 $f(x) = \left(1 + \dfrac{1}{n+1}\right)^n$，$n \leqslant x < n + 1$，$g(x) = \left(1 + \dfrac{1}{n}\right)^{n+1}$，$n \leqslant x < n + 1$. 由③有 $f(x) <$

$\left(1 + \dfrac{1}{x}\right)^x < g(x)$，$x \in [1, +\infty)$. 由于 $\lim\limits_{x \to +\infty} f(x) = \lim\limits_{n \to \infty} \left(1 + \dfrac{1}{n+1}\right)^n = \lim\limits_{n \to \infty} \dfrac{\left(1 + \dfrac{1}{n+1}\right)^{n+1}}{1 + \dfrac{1}{n+1}} = \mathrm{e}$,

$\lim\limits_{x \to +\infty} g(x) = \lim\limits_{n \to \infty} \left(1 + \dfrac{1}{n}\right)^{n+1} = \lim\limits_{n \to \infty} \left(1 + \dfrac{1}{n}\right)^n \left(1 + \dfrac{1}{n}\right) = \mathrm{e}$，根据夹逼定理可得①式.

现在证明②式. 为此作代换 $x = -y$，则 $\left(1 + \dfrac{1}{x}\right)^x = \left(1 - \dfrac{1}{y}\right)^{-y} = \left(1 + \dfrac{1}{y-1}\right)^y = \left(1 + \dfrac{1}{y-1}\right)^{y-1}$

$\left(1 + \dfrac{1}{y-1}\right)$. 因为当 $x \to -\infty$ 时，有 $y - 1 \to +\infty$，故上式右端以 e 为极限，因此证得 $\lim\limits_{x \to -\infty} \left(1 + \dfrac{1}{x}\right)^x = \mathrm{e}$.

以后还常常用到 e 的另一种极限形式 $\lim\limits_{a \to 0}(1+a)^{\frac{1}{a}}=e$ 因为,令 $a=\dfrac{1}{x}$,则 $x \to \infty$ 和 $a \to 0$ 是等价的,所以,$\lim\limits_{x \to \infty}\left(1+\dfrac{1}{x}\right)^{x}=\lim\limits_{a \to 0}(1+a)^{\frac{1}{a}}$.

二、函数极限的性质

函数的极限具有如下性质:

(1)(唯一性)若 $\lim\limits_{x \to x_0} f(x)=A$,$\lim\limits_{x \to x_0} f(x)=B$,则 $A=B$.

(2)(局部有界性)若 $\lim\limits_{x \to x_0} f(x)=A$,则存在 x_0 的去心邻域 $U^{\circ}(x_0,\delta)$ 和 $M>0$,使得对任意 $x \in U^{\circ}(x_0,\delta)$,有 $|f(x)| \leqslant M$.

(3)(保号性)若 $\lim\limits_{x \to x_0} f(x)=A$,且 $A>0$(或 $A<0$),则存在 $\delta>0$,使得对任意 $x \in U^{\circ}(x_0,\delta)$,有 $f(x)>0$(或 $f(x)<0$).

(4)(四则运算法则)$\lim\limits_{x \to x_0} f(x)=A$,$\lim\limits_{x \to x_0} g(x)=B$.

① $\lim\limits_{x \to x_0}(f(x) \pm g(x))=\lim\limits_{x \to x_0} f(x) \pm \lim\limits_{x \to x_0} g(x)=A \pm B$.

② $\lim\limits_{x \to x_0}(f(x) \cdot g(x))=\lim\limits_{x \to x_0} f(x) \cdot \lim\limits_{x \to x_0} g(x)=A \cdot B$.

③ $\lim\limits_{x \to x_0} \dfrac{f(x)}{g(x)}=\dfrac{\lim\limits_{x \to x_0} f(x)}{\lim\limits_{x \to x_0} g(x)}=\dfrac{A}{B}(B \neq 0)$.

【例 2】求 $\lim\limits_{x \to 0^+}\left[\dfrac{1}{2}(2^x+3^x)\right]^{\frac{4}{x}}$.

(2021 年清华大学邱成桐数学营)

【解析】$\lim\limits_{x \to 0^+}\left[\dfrac{1}{2}(2^x+3^x)\right]^{\frac{4}{x}}=\lim\limits_{x \to 0^+} e^{\frac{4}{x}\ln\left(\frac{2^x+3^x}{2}\right)}=e^{\lim\limits_{x \to 0^+}\frac{4}{x}\ln\left(\frac{2^x+3^x}{2}\right)}=e^{\lim\limits_{x \to 0^+}\frac{4}{2^x+3^x}(2^x \ln 2+3^x \ln 3)}=36$.

三、两个重要的极限

1. 迫敛准则(夹逼定理)

设 $f(x),g(x),h(x)$ 在 x_0 的去心邻域 $U^{\circ}(x_0,\delta)$ 内定义,且满足①对任意 $x \in U^{\circ}(x_0,\delta)$ 有 $g(x) \leqslant f(x) \leqslant h(x)$;②$\lim\limits_{x \to x_0} g(x)=\lim\limits_{x \to x_0} h(x)=A$. 则 $\lim\limits_{x \to x_0} f(x)=A$.

这是 6.6 节数列型极限夹逼定理的推广.

【例 3】(1) 已知 T_1,T_2 是函数 $f(x)$ 的周期,a,b 是正整数,证明:aT_1+bT_2 为 $f(x)$ 的周期;

(2) 函数 $f(x)$ 满足:x 为有理数时,$f(x)=1$;x 为无理数时,$f(x)=0$. 证明:任意正有理数都

是 $f(x)$ 的周期；

（3）已知任意正有理数都是函数 $f(x)$ 的周期，且 $|f(x)-f(y)|\leqslant|x-y|$ 恒成立，证明：$f(x)$ 是常值函数.

（2022 年中国科学技术大学）

【解析】（1）由题可知 $f(x+T_1)=f(x)$，$f(x+T_2)=f(x)$，所以 $f(x+nT_k)=f(x)(k=1,2)$，从而 $f(aT_1+bT_2+x)=f(bT_2+x)=f(x)$，即 aT_1+bT_2 为 $f(x)$ 的周期.

（2）注意到对任意 $q\in\mathbf{Q}$，我们有

（ⅰ）若 $x\in\mathbf{Q}$，则 $x+q\in\mathbf{Q}$，所以 $f(x+q)=f(x)=1$；

（ⅱ）若 $x\in\mathbf{R}-\mathbf{Q}$，则 $x+q\in\mathbf{R}-\mathbf{Q}$，所以 $f(x+q)=f(x)=0$. 因此 $f(x+q)=f(x)$，即任意正有理数都是 $f(x)$ 的周期.

（3）注意到对任意 $x_0\in\mathbf{R}$，有 $\lim\limits_{x\to x_0}|f(x)-f(x_0)|\leqslant\lim\limits_{x\to x_0}|x-x_0|=0$，解得 $\lim\limits_{x\to x_0}f(x)=f(x_0)$，即函数 $f(x)$ 在 $\mathbf{R}$ 上连续.

设 $f(0)=c$，显然对任意 $x\in\mathbf{Q}$，由于任意有理数都是 $f(x)$ 的周期，从而有 $f(x)=f(0)=c$.

下面考虑 $x\in\mathbf{R}-\mathbf{Q}$ 的情况，用有理数列 $\{x_n\}$ 逼近 x，即 $\lim\limits_{n\to\infty}x_n=x$. 于是 $|f(x)-f(0)|=|\lim\limits_{n\to\infty}[f(x_n)-f(0)]|=\lim\limits_{n\to\infty}|f(x_n)-f(0)|=0$，即 $f(x)=f(0)=c$.

综上所述，$f(x)$ 是常值函数.

§7.2 导数的概念

导数是微积分的核心概念之一. 它是研究函数单调性、变化快慢以及最值等问题的常见且有效的工具，也是解决运动速度、物种繁殖率、绿化面积增长率，以及如何用料最省、利润最大、效率最高等实际问题的有力工具.

一、导数的概念

1. 函数 $f(x)$ 在 $x=x_0$ 处的导数

一般地，函数 $y=f(x)$ 在 $x=x_0$ 处的瞬时变化率 $\lim\limits_{\Delta x\to 0}\dfrac{\Delta y}{\Delta x}=\lim\limits_{\Delta x\to 0}\dfrac{f(x_0+\Delta x)-f(x_0)}{\Delta x}$，我们称它为函数 $y=f(x)$ 在 $x=x_0$ 处的导数，记作 $f'(x_0)$ 或 $y'|_{x=x_0}$，即

$$f'(x_0)=\lim\limits_{\Delta x\to 0}\dfrac{\Delta y}{\Delta x}=\lim\limits_{\Delta x\to 0}\dfrac{f(x_0+\Delta x)-f(x_0)}{\Delta x}.$$

对于函数 $y=f(x)$ 而言，如果差商 $\dfrac{\Delta y}{\Delta x}$ 的左极限或右极限存在，就把差商的极限在 x_0 处的**左导数**

或**右导数**记作 $f'_-(x_0)$ 或 $f'_+(x_0)$，左导数与右导数统称为**单侧导数**. 由此可得**导数存在定理**：

函数 $y=f(x)$ 在点 x_0 处导数存在的充分必要条件是 $f'_-(x_0)$ 与 $f'_+(x_0)$ 都存在且相等.

2. 函数 $f(x)$ 的导数

如果函数 $f(x)$ 在开区间 (a,b) 内的每一点都有导数，其导数值在 (a,b) 内构成一个新的函数 $f'(x)$，我们将 $f'(x)=\lim\limits_{\Delta x\to 0}\dfrac{f(x+\Delta x)-f(x)}{\Delta x}$ 称为函数 $f(x)$ 的在开区间 (a,b) 内的导函数.

【例 1】 $\lim\limits_{x\to 2}\dfrac{f(x-5)-3}{x-2}=2,f(3)=3,f(x)$ 在点 $(3,f(3))$ 处切线方程为（　　　）.

A. $2x+y+9=0$　　　　　　　　　　B. $2x+y-9=0$

C. $-2x+y+9=0$　　　　　　　　　D. $-2x+y-9=0$

（2022 年上海交通大学）

【解析】 $\lim\limits_{x\to 2}\dfrac{f(x-5)-3}{x-2}=\lim\limits_{x\to 2}\dfrac{f(x-5)-3}{(x-5)+3}=-\lim\limits_{x\to 2}\dfrac{f(x-5)-3}{(5-x)-3}=2$，令 $t=5-x$，得 $\lim\limits_{t\to 3}\dfrac{f(t)-3}{t-3}=-2$，由导数的概念可知 $f'(3)=-2$. 所以 $f(x)$ 在 $(3,f(3))$ 处的切线方程为 $y-3=-2(x-3)$，即 $2x+y-9=0$. 故选 B.

【例 2】 罗尔中值定理：若函数 $f(x)$ 满足①$f(x)$ 在闭区间 $[a,b]$ 上连续；②$f(x)$ 在开区闭 (a,b) 上可导；③$f(a)=f(b)$. 则存在 $\xi\in(a,b)$，使得 $f'(\xi)=0$.

（1）试证明拉格日中值定理：若函数 $f(x)$ 满足①$f(x)$ 在闭区间 $[a,b]$ 上连续；②$f(x)$ 在开区闭 (a,b) 上可导；则存在 $\xi\in(a,b)$，使得 $f(a)-f(b)=f'(\xi)(a-b)$；

（2）设 $f(x)$ 的定义域与值域均为 $[0,1]$，$f(0)=0,f(1)=1$ 且 $f(x)$ 在其定义域上连续且可导. 求证：对任意正整数 n，存在互不相同的 $x_1,x_2,\cdots,x_n\in[0,1]$，使得 $f'(x_1)+f'(x_2)+\cdots+f'(x_n)=n$.

（2017 年清华大学暑期学校）

【证明】 我们先利用导数的概念证明罗尔中值定理：

（1）若函数 $f(x)$ 在闭区间 $[a,b]$ 上为常函数，则 $f'(x)=0$，因而在区间 (a,b) 的任意一点都可当作 ξ.

（2）若函数 $f(x)$ 在闭区间 $[a,b]$ 上不是常函数，由于 $f(x)$ 连续，从而必存在最大值 M 与最小值 m，且 M 与 m 中至少有一个与 $f(a)$ 不相等. 不妨设 $M\neq f(a)$，则在区间 (a,b) 内至少存在一点 ξ，使得 $f(\xi)=M$.

由于 $\xi\in(a,b)$，故 $f'(\xi)$ 存在. 由导数存在定理，知 $f'(\xi)=\lim\limits_{\Delta x\to 0^+}\dfrac{f(\xi+\Delta x)-f(\xi)}{\Delta x}=\lim\limits_{\Delta x\to 0^-}\dfrac{f(\xi+\Delta x)-f(\xi)}{\Delta x}$. 而 $f(\xi)=M$，且 M 函数 $f(x)$ 的最大值，所以对任意 Δx，有 $f(\xi+\Delta x)-$

$f(\xi)\leqslant 0$. 从而由极限的保号性,得 $f'(\xi)=\lim\limits_{\Delta x\to 0^+}\dfrac{f(\xi+\Delta x)-f(\xi)}{\Delta x}\leqslant 0$,且 $f'(\xi)=\lim\limits_{\Delta x\to 0^-}\dfrac{f(\xi+\Delta x)-f(\xi)}{\Delta x}\geqslant$

0. 所以 $f'(\xi)=0$.

> 　　罗尔中值定理的几何意义:一段连续曲线 $y=f(x)$ 除端点外,处处有不垂直于 x 轴的切线(即可导),且在两个端点处的纵坐标相等(即 $f(a)=f(b)$),则在该段曲线上至少有一点 $(\xi,f(\xi))$ 的切线与 x 轴平行.
>
> 　　拉格朗日中值定理的条件与罗尔中值定理的条件相比较,不难发现它们相差的是函 $y=f(x)$ 在 $[a,b]$ 上两端点的函数值 $f(a)=f(b)$. 为此,可以构建一个新的函数 $F(x)$ (满足 $F(x)$ 与 $f(x)$ 有关),即把问题转化为满足罗尔定理的条件,然后利用罗尔定理所得到的结论来证明拉格朗日定理. 根据罗尔中值定理的几何意义,如图所示,$\dfrac{f(b)-f(a)}{b-a}$
>
>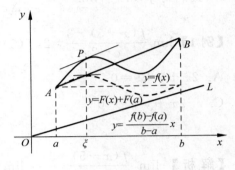
>
> 是曲线 $y=f(x)$ 在 $[a,b]$ 上两端点 $A(a,f(a))$,$B(b,f(b))$ 连线 AB 的斜率,则弦 AB 方程为 $y-f(a)=\dfrac{f(b)-f(a)}{b-a}(x-a)$. 用曲线 $y=f(x)$ 的纵坐标之差作辅助函数 $F(x)=f(x)-y_{AB}=$
>
> $f(x)-f(a)-\dfrac{f(b)-f(a)}{b-a}(x-a)$,它符合罗尔中值定理 $F(x)=F(b)$ 的条件.

　　(1) 证明:作辅助函数 $F(x)=f(x)-f(a)-\dfrac{f(b)-f(a)}{b-a}(x-a)$,显然 $F(a)=F(b)=0$,且 $F(x)$ 满足罗尔中值定理的另两个条件. 故至少存在一点 $\xi\in(a,b)$,使得 $F'(\xi)=f'(\xi)-\dfrac{f(b)-f(a)}{b-a}=0$,移项后得 $f'(\xi)=\dfrac{f(b)-f(a)}{b-a}$.

> 　　另外,也可以用原点与曲线 $y=f(x)$ 在 $[a,b]$ 上两端点的连线 AB 平行的直线 OL 代替弦 AB,而直线 OL 的方程为 $y=\dfrac{f(b)-f(a)}{b-a}x$. 因此,用曲线 $y=f(x)$ 的纵坐标与直线 OL 的总坐标之差,得到另一辅助函数 $F(x)=f(x)-y_{OL}=f(x)-\dfrac{f(b)-f(a)}{b-a}x$.
>
> 　　可以验证 $F(x)$ 在 $[a,b]$ 上满足罗尔中值定理条件,具体证明同上.

　　(2) 把区间 $[0,1]$ 划分为 n 个区间:$\left[0,\dfrac{1}{n}\right]$,$\left(\dfrac{1}{n},\dfrac{2}{n}\right]$,$\left(\dfrac{2}{n},\dfrac{3}{n}\right]$,$\cdots$,$\left(\dfrac{n-1}{n},1\right]$,对 $f(x)$ 在每个区间应用拉格朗日中值定理,可得存在 $x_i\in\left(\dfrac{n-1-i}{n},\dfrac{n-i}{n}\right]$,使得

$$f\left(\frac{n-1-i}{n}\right)-f\left(\frac{n-i}{n}\right)=-\frac{1}{n}f'(x_i)\quad(i=1,2,\cdots,n).$$

将上述 n 个等式相加即得结论.

二、导数的几何意义

从导数的定义可以看出,导数 $\lim\limits_{\Delta x \to 0} \dfrac{\Delta y}{\Delta x}$ 就是平均变化率的极限,即函数 $f(x)$ 在 $x \to x_0$ 时的瞬时变化率. 如果从几何观点来解释,差商 $\dfrac{\Delta y}{\Delta x}$ 即为曲线 $y=f(x)$ 割线的斜率,而当 $\Delta x \to 0$ 时的差商 $\dfrac{\Delta y}{\Delta x}$ 就是这条割线的极限位置(切线)的斜率,即曲线 $y=f(x)$ 上的点 $(x_0,f(x_0))$ 处的切线斜率.

【例 3】 设抛物线 $y=x^2$ 与 $x=ay^2+1$ 相切,则 $a=$ _____.

(2021 年中国科学技术大学)

【解析】 设直线 l_1 与抛物线 $y=x^2$ 相切,切点为 (x_0,x_0^2),则直线 l_1 的方程为 $y=2x_0 x-x_0^2$. 因为抛物线 $y=x^2$ 与 $x=ay^2+1$ 相切,从而直线 l_1 也与曲线 $x=ay^2+1$ 相切于点 (x_0,x_0^2). 此时直线 l_1 的方程为 $y=\dfrac{1}{2ax_0^2}x-\dfrac{1}{2ax_0+x_0^2}$,所以 $\begin{cases}\dfrac{1}{2ax_0^2}=x_0 \\ -\dfrac{1}{2ax_0}+x_0^2=-x_0^2 \\ x_0=ax_0^4+1\end{cases}$,解得 $x_0=\dfrac{4}{3}$,$a=\dfrac{27}{256}$.

【例 4】 设 $f(x)=e^x(x-3)$,过点 $(0,a)$ 可作 $f(x)$ 的三条切线,则(　　).

A. $a>-e$　　　B. $a<-3$　　　C. $a<-3$ 或 $a>-e$　　　D. $-3<a<-e$

(2018 年清华大学)

【解析】 对 $f(x)$ 求导,得 $f'(x)=e^x(x-2)$. 设切点为 (x_0,y_0),从而切线方程为 $y=e^{x_0}(x_0-2)(x-x_0)+e^{x_0}(x_0-3)$,所以 $a=e^{x_0}(x_0-2)(-x_0)+e^{x_0}(x_0-3)=e^{x_0}(-x_0^2+3x_0-3)$. 设 $g(x)=e^x(-x^2+3x-3)$,所以 $g'(x)=e^x(-x^2+x)=e^x x(1-x)$,所以 $g(x)$ 在 $(0,1)$ 上单调递增,在 $(-\infty,0)$,$(1,+\infty)$ 上单调递减. 又因为 $g(0)=e^0(-3)=-3$,$g(1)=e(-1)=-e$,所以实数 a 的取值范围是 $(-3,-e)$.

§7.3　导数在研究函数中的应用

一、函数的单调性

设函数 $f(x)$ 在区间 (a,b) 内可导. 如果在区间 (a,b) 内 $f'(x)>0$,那么函数 $f(x)$ 在区间 (a,b) 内是增函数;如果在区间 (a,b) 内 $f'(x)<0$,那么函数 $f(x)$ 在区间 (a,b) 内是减函数.

【例1】 已知函数 $f(x)=2x^3+3ax^2+6(3-a)x+2022a$，若 $f(x)$ 在区间 $[-2,2]$ 上是单调增函数，则实数 a 的取值范围是_____.

（2022 年武汉大学）

【解析】 对 $f(x)$ 求导，得 $f'(x)=6(x^2+ax+3-a)$，由 $f(x)$ 在区间 $[-2,2]$ 上是单调增函数，从而 $f'(x)\geqslant 0$ 恒成立，从而 $\begin{cases} -\dfrac{a}{2}<-2 \\ f'(-2)\geqslant 0 \end{cases}$ 或 $\begin{cases} -2\leqslant -\dfrac{a}{2}\leqslant 2 \\ \Delta\leqslant 0 \end{cases}$ 或 $\begin{cases} -\dfrac{a}{2}>2 \\ f'(2)\geqslant 0 \end{cases}$，解得 $-7\leqslant a\leqslant 2$.

因此，实数 a 的取值范围是 $[-7,2]$.

二、函数的极值与最值

一般地，设函数 $f(x)$ 在点 x_0 处有定义，如果对 x_0 附近的所有点，都有 $f(x)<f(x_0)$，就说 $f(x_0)$ 是函数 $f(x)$ 的一个**极大值**，此时称 x_0 为函数 $f(x)$ 的一个**极大值点**；如果对 x_0 附近的所有点，都有 $f(x)>f(x_0)$，就说 $f(x_0)$ 是函数 $f(x)$ 的一个**极小值**，此时称 x_0 为函数 $f(x)$ 的一个**极小值点**. 极大值与极小值统称为**极值**，极大值点与极小值点统称为**极值点**.

【例2】 $f(x)=\dfrac{a}{2}x^2-(1+2a)x+2\ln x\ (a>0)$ 在 $\left(\dfrac{1}{2},1\right)$ 上有极大值，则实数 a 的取值范围是（ ）.

A. $(1,2)$ B. $(1,+\infty)$ C. $(2,+\infty)$ D. $\left(\dfrac{1}{e},+\infty\right)$

（2022 年上海交通大学）

【解析】 对 $f(x)$ 求导，得 $f'(x)=ax-(1+2a)+\dfrac{2}{x}=\dfrac{(x-2)(ax-1)}{x}$. 令 $f'(x)=0$，得 $x=2$ 或 $x=\dfrac{1}{a}$. 若使 $f(x)$ 在 $\left(\dfrac{1}{2},1\right)$ 内有极大值，则 $\dfrac{1}{2}<\dfrac{1}{a}<1$，解得 $1<a<2$，从而选 A.

【例3】 函数 $f(x)=\dfrac{x-a}{\ln x}$ 的极值点为 m,n，且 $m<n$，则（ ）.

A. $a\geqslant 1$ B. $mn>1$ C. $m+n>2$ D. 前三个答案都不对

（2021 年复旦大学）

【解析】 由 $f(x)$ 有两个极值点，可知 $f'(x)$ 存在两个变号的零点. $f'(x)=\dfrac{\ln x+\dfrac{a}{x}-1}{(\ln x)^2}$，令 $g(x)=\ln x+\dfrac{a}{x}-1$，则 $g'(x)=\dfrac{x-a}{x^2}$.

若 $a\leqslant 0$，则当 $x\in(0,+\infty)$ 时，$g'(x)>0$，$g(x)$ 在 $(0,+\infty)$ 内单调递增，从而 $f'(x)$ 不可能存在两个变号的零点；

若 $a>0$，令 $g'(x)=0$，得 $x=a$.

当 $0<x<a$ 时，$g'(x)<0$，$g(x)$ 单调递减；

当 $x>a$ 时，$g'(x)<0$，$g(x)$ 单调递增.

从而 $g(x)_{\min}=g(a)=\ln a$. 若 $f'(x)$ 存在两个变号的零点，则 $g(a)<0$，此时 $0<a<1$，从而 A 错误；

其次，由题意得 $g(m)=g(n)=0$，即 $m\ln m-m=n\ln n-n$，记 $h(x)=x\ln x-x$，则 $h'(x)=\ln x$. 当 $0<x<1$ 时，$h'(x)<0$，$h(x)$ 单调递减；当 $x>1$ 时，$h'(x)>0$，$h(x)$ 单调递增. 由于 $h(m)=h(n)$，$m<n$，则 $0<m<1<n$. 记 $\varphi(x)=h(x)-h(2-x)(0<x<1)$，易得 $m+n>2$；记 $\tau(x)=h(x)-h\left(\dfrac{1}{x}\right)(0<x<1)$，易得 $mn<1$. 从而选 C.

【例 4】 设函数 $f(x)=|x-1|+|x+3|$，$g(x)=2\mathrm{e}^x$，则 $f(x)+g(x)$ 的最小值为 ＿＿＿＿＿＿.

（2019 年清华大学）

【解析】 令 $h(x)=f(x)+g(x)=\begin{cases}2\mathrm{e}^x-2x+4, & x\leqslant 1 \\ 2\mathrm{e}^x+2, & 1<x<3. \\ 2\mathrm{e}^x+2x-4, & x\geqslant 3\end{cases}$ 当 $x\leqslant 1$ 时，$h(x)=2\mathrm{e}^x-2x+4$，求导，得 $h'(x)=2\mathrm{e}^x-2$，令 $h'(x)=0$，得 $x=0$. 当 $x\in(-\infty,0)$ 时，$h'(x)<0$，$h(x)$ 单调递减；当 $x\in(0,+\infty)$ 时，$h'(x)>0$，$h(x)$ 单调递增，所以 $h(x)_{\min}=h(0)=2+4=6$；当 $1<x<3$ 时，由 $h(x)$ 单调递增，所以 $h(x)>h(1)=2\mathrm{e}+2>6$；当 $x\geqslant 3$ 时，由 $h(x)$ 单调递增，所以 $h(x)\geqslant h(3)=2\mathrm{e}^3+2>6$.

综上所述，$f(x)+g(x)$ 的最小值为 6.

三、不等关系

【例 5】 已知不等式 $\mathrm{e}^{ax}-x^5>0$ 在 $[0,+\infty)$ 上恒成立，求实数 a 的取值范围.

（2022 年中国科学技术大学）

【解析】 $\mathrm{e}^{ax}-x^5>0\Leftrightarrow a>\dfrac{\ln x^5}{x}\Leftrightarrow a>\dfrac{5\ln x}{x}$. 令 $f(x)=\dfrac{5\ln x}{x}(x\in(0,+\infty))$，求导，得 $f'(x)=5\dfrac{1-\ln x}{x^2}$. 当 $x\in(0,\mathrm{e})$ 时，$f'(x)>0$，$f(x)$ 单调递增；当 $x\in(\mathrm{e},+\infty)$ 时，$f'(x)<0$，$f(x)$ 单调递减. 所以 $f(x)_{\max}=f(\mathrm{e})=\dfrac{5}{\mathrm{e}}$，故 $a>\dfrac{5}{\mathrm{e}}$.

【例 6】 $f(x)=\ln x-mx^2+(1-2m)x+1$，$\forall x>0$，$f(x)\leqslant 0$，求整数 m 的最小值.

（2022 年上海交通大学）

【解析】 $f'(x)=\dfrac{1}{x}-2mx+1-2m=\dfrac{-2mx^2+(1-2m)x+1}{x}=\dfrac{-(2mx-1)(x+1)}{x}$.

当 $m\leqslant 0$ 时，$f'(x)>0$，所以 $f(x)$ 在 $(0,+\infty)$ 上单调递增，无最大值，故 $f(x)\leqslant 0$ 不满足题意；

当 $m>0$ 时,分两种情况:当 $0<x<\dfrac{1}{2m}$ 时, $f'(x)>0$, $f(x)$ 单调递增;当 $x>\dfrac{1}{2m}$ 时, $f'(x)<0$,

$f(x)$ 单调递减. 因此 $f(x)_{\max}=f\left(\dfrac{1}{2m}\right)=-\ln 2m-\dfrac{1}{4m}+(1-2m)\cdot\dfrac{1}{2m}+1$. 由题意,知 $f\left(\dfrac{1}{2m}\right)\leqslant 0$,

即 $\ln 2m-\dfrac{1}{4m}\geqslant 0$,记 $h(m)=\ln 2m-\dfrac{1}{4m}$,则 $h(m)$ 在 $(0,+\infty)$ 上单调递增,又因为 $h(1)=\ln 2-\dfrac{1}{4}>0$,

所以整数 m 的最小值为 1.

四、零点

函数的零点、方程的根和函数图像与横坐标轴交点的横坐标,从本质上来讲是同一问题的三种不同表现形式. 而导数是研究函数的图像与性质的一个有力工具,利用导数研究函数的零点与方程的根是最近几年高考与强基命题的热点.

【例 7】 恰好有一个实数 x 使得 $x^3-ax-1=0$ 成立,则实数 a 的取值范围为( ).

A. $\left(-\infty,\sqrt[3]{2}\right)$ 　　　B. $\left(-\infty,-\dfrac{3\sqrt[3]{2}}{2}\right)$ 　　　C. $(-\infty,2]$ 　　　D. $\left(-\infty,\dfrac{3\sqrt[3]{2}}{2}\right)$

(2021 年清华大学)

【解析】 若 $x=0$,则左式 $=-1\neq 0$,所以 $x\neq 0$. 因此恰好有一个实数 x 使得 $x^3-ax-1=0$ 成立 $\Leftrightarrow$

方程 $a=x^2-\dfrac{1}{x}$ 只有一个实数根. 令 $f(x)=x^2-\dfrac{1}{x}$, $f'(x)=2x+\dfrac{1}{x^2}=\dfrac{2x^3+1}{x^2}$.

令 $f'(x)=0$,得 $x=-\dfrac{1}{\sqrt[3]{2}}$,当 $x<-\dfrac{1}{\sqrt[3]{2}}$ 时, $f'(x)<0$, $f(x)$ 单调递减;当 $-\dfrac{1}{\sqrt[3]{2}}<$

$x<0$ 时, $f'(x)>0$, $f(x)$ 单调递增;当 $x>0$ 时, $f'(x)>0$, $f(x)$ 单调递增.

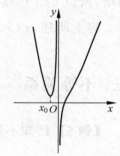

$f(x)$ 的大致图像如右图所示,故 $a<f\left(-\dfrac{1}{\sqrt[3]{2}}\right)=\dfrac{3\sqrt[3]{3}}{2}$,所以实数 a 的取值范围是

$\left(-\infty,\dfrac{3\sqrt[3]{2}}{2}\right)$. 故选 D.

【例 8】 已知直线 $y=ax+2$ 与三次曲线 $y=x^3-ax$ 有三个不同交点,则实数 a 的取值范围是_____.

(2022 年南京大学)

【解析】 **方法一**

依题意,可得 $ax+2=x^3-ax$ (即 $x^3=2ax+2$)有三个不同的解. 显然 $x\neq 0$,于是 $2a=\dfrac{x^3-2}{x}=$

$x^2-\dfrac{2}{x}$.

记 $f(x)=x^2-\dfrac{2}{x}$，则 $f'(x)=2x+\dfrac{2}{x^2}=\dfrac{2(x+1)(x^2-x+1)}{x^2}$．所以 $f(x)$ 在 $(-\infty,-1)$ 上单调递减，在 $(-1,0)$ 和 $(0,+\infty)$ 上单调递增，且 $\lim\limits_{x\to-\infty}f(x)\to+\infty$，$\lim\limits_{x\to0^-}f(x)\to+\infty$，$\lim\limits_{x\to0^+}f(x)\to-\infty$，$\lim\limits_{x\to+\infty}f(x)\to+\infty$，$f(-1)=3$．由图像可知，$2a>3$，解得 $a>\dfrac{3}{2}$．

方法二

因为 $ax+2=x^3-ax$，所以 $x^3-2ax-2=0$．

设 $f(x)=x^3-2ax-2$，$f'(x)=3x^2-2a$，易知 $f\left(\sqrt{\dfrac{2a}{3}}\right)$ 为极小值，$f\left(-\sqrt{\dfrac{2a}{3}}\right)$ 极大值．所以 $\dfrac{2a}{3}\sqrt{\dfrac{2a}{3}}-2a\sqrt{\dfrac{2a}{3}}-2<0$．显然，$-\sqrt{\dfrac{2a}{3}}\cdot\dfrac{2a}{3}+2a\sqrt{\dfrac{2a}{3}}-2>0$，即 $\dfrac{4a}{3}\sqrt{\dfrac{2a}{3}}>2$，所以 $\left(\sqrt{\dfrac{2a}{3}}\right)^3>1$，解得 $a>\dfrac{3}{2}$．

§7.4　定积分

一、定积分的概念

一般地，如果函数 $f(x)$ 在区间 $[a,b]$ 上连续，用分点 $a=x_0<x_1<\cdots<x_{i-1}<x_i<\cdots<x_n=b$ 将区间 $[a,b]$ 等分成 n 个小区间，在每个小区间 $[x_{i-1},x_i]$ 上任取一点 $\xi_i(i=1,2,\cdots,n)$，作和式 $\sum\limits_{i=1}^{n}f(\xi_i)\Delta x=\sum\limits_{i=1}^{n}\dfrac{b-a}{n}f(\xi_i)$，当 $n\to\infty$ 时，上述和式无限接近某个常数，这个常数叫作函数 $f(x)$ 在区间 $[a,b]$ 上的**定积分**，记作 $\displaystyle\int_a^b f(x)\mathrm{d}x$，即 $\displaystyle\int_a^b f(x)\mathrm{d}x=\lim\limits_{x\to\infty}\sum\limits_{i=1}^{n}\dfrac{b-a}{n}f(\xi_i)$．这里，$a$ 和 b 分别叫作**积分上限**和**积分下限**，区间 $[a,b]$ 叫作**积分区间**，x 叫作**积分变量**，$f(x)\mathrm{d}x$ 叫作**被积式**．

【例 1】 $\lim\limits_{n\to\infty}\sum\limits_{k=1}^{n}\dfrac{1}{n}\sin\dfrac{(2k-1)\pi}{2n}=\underline{\qquad}$．

（2022 年清华大学）

【解析】 $\lim\limits_{n\to\infty}\sum\limits_{k=1}^{n}\dfrac{1}{n}\sin\dfrac{(2k-1)\pi}{2n}=\displaystyle\int_0^1\sin(\pi x)\mathrm{d}x=\dfrac{1}{\pi}\int_0^1\sin(\pi x)\mathrm{d}(\pi x)=\dfrac{1}{\pi}\left[-\cos(\pi x)\big|_0^1\right]=-\dfrac{1}{\pi}(\cos\pi-\cos 0)=\dfrac{2}{\pi}$．

二、微积分基本定理

一般地,如果 $f(x)$ 是区间 $[a,b]$ 上的连续函数,并且 $F'(x)=f(x)$,那么

$$\int_a^b f(x)\mathrm{d}x = F(b)-F(a).$$

这个结论叫作**微积分基本定理**,又叫作**牛顿-莱布尼茨公式**. 为了方便,我们常常把 $F(b)-F(a)$ 简记为 $F(x)\big|_a^b$,即 $\int_a^b f(x)\mathrm{d}x = F(x)\big|_a^b = F(b)-F(a)$.

微积分基本定理表明,计算定积分 $\int_a^b f(x)\mathrm{d}x$ 的关键是找到满足 $F'(x)=f(x)$ 的函数 $F(x)$. 通常,我们可以运用基本初等函数的求导公式和导数的四则运算法则反向求出 $F(x)$.

【例 2】 $\int_0^{2\pi} \dfrac{\sin^2 x}{\sin^4 x + \cos^4 x}\mathrm{d}x = ($ $)$.

A. π B. $\sqrt{2}\pi$ C. 2π D. $\sqrt{5}\pi$

(2020 年清华大学)

【解析】 因为 $\sin^4 x + \cos^4 x = 1-\dfrac{1}{2}\sin^2 2x \in \left[\dfrac{1}{2},1\right]$,所以 $\int_0^{2\pi} \dfrac{\sin^2 x}{\sin^4 x + \cos^4 x}\mathrm{d}x > \int_0^{2\pi}\sin^2 x\,\mathrm{d}x = \pi$,

$\int_0^{2\pi} \dfrac{\sin^2 x}{\sin^4 x + \cos^4 x}\mathrm{d}x < 2\int_0^{2\pi}\sin^2 x\,\mathrm{d}x = 2\pi$,从而选 B.

【例 3】 求 $\int_0^{+\infty} x^6 \mathrm{e}^{-x}\mathrm{d}x$.

(2021 年清华大学邱成桐数学营)

【解析】 设 $I_n = \int_0^{+\infty} x^n \mathrm{e}^{-x}\mathrm{d}x$,则 $I_n = \int_0^{+\infty}(-x^n)\mathrm{d}(\mathrm{e}^{-x}) = -x^n \mathrm{e}^{-x}\Big|_0^{+\infty} - \int_0^{+\infty}(-nx^{n-1})\mathrm{e}^{-x}\mathrm{d}x =$

nI_{n-1},从而 $I_n = n!I_0 = n!\int_0^{+\infty}\mathrm{e}^{-x}\mathrm{d}x = n!$,故 $I_6 = 6! = 720$.

【例 4】 已知 $f(x) = 16\displaystyle\int_{\frac{\pi^2}{4}+\cos\left(3x+\frac{\pi}{2}\right)}^{\frac{25}{4}\pi^2+2x^2} \sin\sqrt{t}\,\mathrm{d}t$,求 $f'(0)$.

(2021 年清华大学邱成桐数学营)

【解析】 $f'(x) = 16\left[4x\sin\sqrt{\dfrac{25}{4}\pi^2+2x^2} - (-3\cos 3x)\sin\sqrt{\dfrac{\pi^2}{4}-\sin 3x}\right]$,所以 $f'(0) = 48$.

常见的原函数与被积函数的关系有

(1) $\int_a^b C\mathrm{d}x = Cx\big|_a^b$($C$ 为常数);   (2) $\int_a^b x^n\mathrm{d}x = \dfrac{1}{n+1}x^{n+1}\big|_a^b$ $(n\neq -1)$;

(3) $\int_a^b \sin x\,\mathrm{d}x = (-\cos x)\big|_a^b$;   (4) $\int_a^b \cos x\,\mathrm{d}x = \sin x\big|_a^b$;

$(5) \displaystyle\int_a^b \frac{1}{x}\,dx = \ln x \,\Big|_a^b;$　　　　　　　　　$(6) \displaystyle\int_a^b e^x\,dx = e^x \,\Big|_a^b;$

$(7) \displaystyle\int_a^b m^x\,dx = \frac{m^x}{\ln m}\,\Big|_a^b \,(m>0, \text{且}\, m \neq 1);$　　$(8) \displaystyle\int_a^b \sqrt{x}\,dx = \frac{2}{3}x^{\frac{3}{2}} \,\Big|_a^b.$

三、定积分的几何意义

（1）当函数 $f(x)$ 在区间 $[a,b]$ 上恒为正时，定积分 $\displaystyle\int_a^b f(x)\,dx$ 的几何意义是由直线 $x=a$，$x=b(a \neq b)$，$y=0$ 和曲线 $y=f(x)$ 所围成的曲边梯形的面积（图 1 中的阴影部分）；

（2）一般情况下，定积分 $\displaystyle\int_a^b f(x)\,dx$ 的几何意义是 x 轴，曲线 $f(x)$ 以及直线 $x=a$，$x=b$ 围成的曲边梯形面积的代数和（图 2 阴影部分所示），其中在 x 轴上方的面积等于该区间上的积分值，在 x 轴下方的面积等于该区间积分值的相反数．

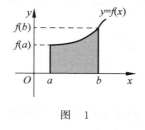

图　1

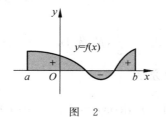

图　2

【例 5】已知函数 $f(x)$ 的图像如图所示，记 $y=f(x)$，$x=a$，$x=t(a<t<c)$ 及 x 轴围成的曲边梯形面积为 $S(t)$，则下列说法正确的是（　　）．

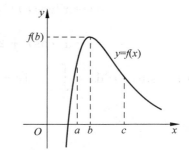

A. $S(t)<cf(b)$

B. $S'(t) \leqslant f(a)$

C. $S'(t) \leqslant f(b)$

D. $S'(t) \leqslant f(c)$

（2020 年清华大学）

【解析】由题意，$S(t)=\displaystyle\int_a^t f(x)\,dx = F(t)-F(a)$，其中 $F(x)$ 为 $f(x)$ 的原函数，所以 $S'(t)=F'(t)=f(t) \leqslant f(b)$，从而选 C．

【例 6】有 n 个质点，每个质的质量为 m_k，则质心位置 $x=\dfrac{\displaystyle\sum_{k=1}^n m_k x_k}{\displaystyle\sum_{k=1}^n x_k}$．对于一杆，长为 3 m，放于 $x \in [-1,2]$ 之间，且线密度满足 $\rho=2+x$，则质心位于（　　）．

A. $\dfrac{2}{15}$ B. $\dfrac{2}{5}$ C. $\dfrac{3}{5}$ D. $\dfrac{4}{5}$

（2020 年清华大学）

【解析】质心坐标为 $\dfrac{\displaystyle\int_{-1}^{2}x(2+x)\mathrm{d}x}{\displaystyle\int_{-1}^{2}(2+x)\mathrm{d}x}=\dfrac{\left(\dfrac{1}{3}x^{3}+x^{2}\right)\Big|_{-1}^{2}}{\left(\dfrac{1}{2}x^{2}+2x\right)\Big|_{-1}^{2}}=\dfrac{6}{\dfrac{15}{2}}=\dfrac{4}{5}$. 故选 D.

【例 7】$\displaystyle\int_{-1}^{1}(1-\sin x)x^{2}\mathrm{d}x=(\qquad)$.

A. 0 B. $\dfrac{2}{3}$ C. $\dfrac{1}{3}$ D. 1

（2019 年清华大学）

【解析】**方法一**　利用定积分的几何意义

$$\int_{-1}^{1}(1-\sin x)x^{2}\mathrm{d}x=\int_{-1}^{1}x^{2}\mathrm{d}x-\int_{-1}^{1}x^{2}\sin x\mathrm{d}x.$$

因为 $\displaystyle\int_{-1}^{1}x^{2}\mathrm{d}x=\dfrac{1}{3}x^{3}\Big|_{-1}^{1}=\dfrac{2}{3}$，且 $y=x^{2}\sin x$ 为奇函数，所以 $\displaystyle\int_{-1}^{1}x^{2}\sin x\mathrm{d}x=0$，从而 $\displaystyle\int_{-1}^{1}(1-\sin x)x^{2}\mathrm{d}x=\displaystyle\int_{-1}^{1}x^{2}\mathrm{d}x-\int_{-1}^{1}x^{2}\sin x\mathrm{d}x=\dfrac{2}{3}$，故选 B.

方法二　分步积分法

$$\int_{-1}^{1}x^{2}\sin x\mathrm{d}x=-\int_{-1}^{1}x^{2}\mathrm{d}\cos x=(-x^{2}\cos x)\Big|_{-1}^{1}+\int_{-1}^{1}\cos x\mathrm{d}(x^{2})=(-x^{2}\cos x)\Big|_{-1}^{1}+2\int_{-1}^{1}x\cos x\mathrm{d}x$$

$$=(-x^{2}\cos x)\Big|_{-1}^{1}+2\int_{-1}^{1}x\mathrm{d}\sin x=(-x^{2}\cos x+2x\sin x)\Big|_{-1}^{1}-2\int_{-1}^{1}\sin x\mathrm{d}x$$

$$=(-x^{2}\cos x+2x\sin x+2\cos x)\Big|_{-1}^{1}=0,$$

$$\int_{-1}^{1}(1-\sin x)x^{2}\mathrm{d}x=\int_{-1}^{1}x^{2}\mathrm{d}x-\int_{-1}^{1}x^{2}\sin x\mathrm{d}x=\int_{-1}^{1}x^{2}\mathrm{d}x=\dfrac{1}{3}x^{3}\Big|_{-1}^{1}=\dfrac{2}{3},$$ 故选 B.

第 8 章　平面向量与复数

平面向量与复数是高中数学的重要内容,它们是通过复平面联系在一起的.随着数学的发展,平面向量与复数已经成为相互对应、相互促进的知识模块的代表.复数中的概念和运算可以通过向量进行几何解释.向量的运算也可以对应相关的复数运算.这种向量与复数的联系,使得我们可以根据需求将它们结合起来,在计算与推理的过程中发挥它们的关联作用.

§8.1　平面向量基本概念与运算

一、平面向量的线性运算

1. 向量的运算

【例1】 在任意四边形 $ABCD$ 中,记 $\overrightarrow{AC}=\boldsymbol{a}$,$\overrightarrow{BD}=\boldsymbol{b}$,则 $(\overrightarrow{AD}+\overrightarrow{BC})\cdot(\overrightarrow{AB}+\overrightarrow{DC})=$ _____.（用 $\boldsymbol{a}$,$\boldsymbol{b}$ 表示）

(2022 年清华大学)

【解析】 $(\overrightarrow{AD}+\overrightarrow{BC})\cdot(\overrightarrow{AB}+\overrightarrow{DC})=(\overrightarrow{AC}+\overrightarrow{CD}+\overrightarrow{BD}+\overrightarrow{DC})\cdot(\overrightarrow{AC}+\overrightarrow{CB}+\overrightarrow{DB}+\overrightarrow{BC})=(\overrightarrow{AC}+\overrightarrow{BD})\cdot(\overrightarrow{AC}+\overrightarrow{DB})=(\boldsymbol{a}+\boldsymbol{b})\cdot(\boldsymbol{a}-\boldsymbol{b})=\boldsymbol{a}^2-\boldsymbol{b}^2$.

【例2】 已知 $|\boldsymbol{a}|=|\boldsymbol{b}|=|\boldsymbol{c}|=1$,$\boldsymbol{a}\cdot\boldsymbol{b}=\dfrac{1}{2}$,则 $(\boldsymbol{a}+\boldsymbol{b})\cdot(2\boldsymbol{b}-\boldsymbol{c})$ 的最小值为(　　).

A. $3+\sqrt{3}$ 　　　　B. $3-\sqrt{3}$ 　　　　C. $2+\sqrt{2}$ 　　　　D. $2-\sqrt{2}$

(2022 年上海交通大学)

【解析】 $(\boldsymbol{a}+\boldsymbol{b})\cdot(2\boldsymbol{b}-\boldsymbol{c})=2\boldsymbol{a}\cdot\boldsymbol{b}+2\boldsymbol{b}^2-\boldsymbol{a}\cdot\boldsymbol{c}-\boldsymbol{b}\cdot\boldsymbol{c}=3-(\boldsymbol{a}+\boldsymbol{b})\cdot\boldsymbol{c}\geqslant3-|\boldsymbol{a}+\boldsymbol{b}|\cdot|\boldsymbol{c}|=3-\sqrt{3}$.故选 B.

2. 两个定理

定理1　如图所示,已知 O 为 $\triangle ABC$ 内一点,且 $S_{\triangle BOC}:S_{\triangle AOC}:S_{\triangle AOB}=k_1:k_2:k_3$,则有 $k_1\cdot\overrightarrow{OA}+k_2\cdot\overrightarrow{OB}+k_3\cdot\overrightarrow{OC}=\boldsymbol{0}$.

【证明】 如图所示,设 $\overrightarrow{OA}=-\overrightarrow{OA_1}$.过 A_1 作 OC 的平行线交 OB 于 B_1,过 A_1 作 OB 的平行线交 OC 于 C_1,则 $\overrightarrow{OA_1}=\overrightarrow{OB_1}+\overrightarrow{OC_1}$,从而 $\dfrac{OB_1}{OB}=\dfrac{S_{\triangle B_1OC}}{S_{\triangle BOC}}=\dfrac{S_{\triangle A_1OC}}{S_{\triangle BOC}}=\dfrac{S_{\triangle AOC}}{S_{\triangle BOC}}=\dfrac{k_2}{k_1}$.所以 $\overrightarrow{OB_1}=\dfrac{k_2}{k_1}\overrightarrow{OB}$.同理,得 $\overrightarrow{OC_1}=\dfrac{k_3}{k_1}\overrightarrow{OC}$,所以 $-\overrightarrow{OA}=\dfrac{k_2}{k_1}\overrightarrow{OB}+\dfrac{k_3}{k_1}\overrightarrow{OC}$,即 $k_1\cdot\overrightarrow{OA}+k_2\cdot\overrightarrow{OB}+k_3\cdot\overrightarrow{OC}=\boldsymbol{0}$.

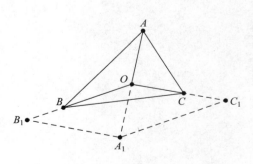

> 由于这个定理的图像与奔驰公司的 LOGO 很相似,于是网络上有人将该定理称为奔驰定理. 当然,这个定理也可以用三角恒等式加以证明. 有兴趣的读者可以自行证明.

【例 3】 已知 M 为 $\triangle ABC$ 所在平面上一点,若 $\overrightarrow{AM}=\dfrac{2}{3}\overrightarrow{AB}+\dfrac{1}{4}\overrightarrow{AC}$,则 $\dfrac{S_{\triangle ABM}}{S_{\triangle BCM}}=($ 　　　).

A. 3 　　　　　　 B. 8 　　　　　　 C. $\dfrac{8}{3}$ 　　　　　　 D. $\dfrac{3}{8}$

(2022 年上海交通大学)

【解析】 $\overrightarrow{AM}=\dfrac{2}{3}\overrightarrow{AB}+\dfrac{1}{4}\overrightarrow{AC}=\dfrac{2}{3}\overrightarrow{MB}-\dfrac{2}{3}\overrightarrow{MA}+\dfrac{1}{4}\overrightarrow{MC}-\dfrac{1}{4}\overrightarrow{MA}$,从而 $\dfrac{1}{12}\overrightarrow{MA}+\dfrac{2}{3}\overrightarrow{MB}+\dfrac{1}{4}\overrightarrow{MC}=\mathbf{0}$,
即 $\overrightarrow{MA}+8\overrightarrow{MB}+3\overrightarrow{MC}=\mathbf{0}$,由奔驰定理,得 $\dfrac{S_{\triangle ABM}}{S_{\triangle BCM}}=\dfrac{3}{1}=3$,选 A.

定理 2 设 O 是 $\triangle ABC$ 外的一点,A 与 O 位于直线 BC 的两侧,且 $S_{\triangle BOC}:S_{\triangle AOC}:S_{\triangle AOB}=k_1:k_2:k_3$,则 $-k_1\cdot\overrightarrow{OA}+k_2\cdot\overrightarrow{OB}+k_3\cdot\overrightarrow{OC}=\mathbf{0}$.

【证明】 如图所示,过点 A 作 OC 的平行线交 OB 于点 B_1,过点 A 作 OB 的平行线交 OC 于 C_1,则 $\overrightarrow{OA}=\overrightarrow{OB_1}+\overrightarrow{OC_1}$. 从而

$$\frac{OB_1}{OB}=\frac{S_{\triangle B_1 OC}}{S_{\triangle BOC}}=\frac{S_{\triangle AOC}}{S_{\triangle BOC}}=\frac{k_2}{k_1},$$
所以 $\overrightarrow{OB_1}=\dfrac{k_2}{k_1}\overrightarrow{OB}$.

同理,得 $\overrightarrow{OC_1}=\dfrac{k_3}{k_1}\overrightarrow{OC}$,所以 $\overrightarrow{OA}=\dfrac{k_2}{k_1}\overrightarrow{OB}+\dfrac{k_3}{k_1}\overrightarrow{OC}$,即 $-k_1\cdot\overrightarrow{OA}+k_2\cdot\overrightarrow{OB}+k_3\cdot\overrightarrow{OC}=\mathbf{0}$.

> 当点 O 在 $\triangle ABC$ 的某一边上,不妨设 O 在 BC 边上(不与 B、C 重合),则相当于 $k_1=0$,上面的定理仍然成立.

二、平面向量的坐标表示

我们知道,平面直角坐标系中,每一个点都可以用一对实数 (x,y) 来表示. 在向量中,每一个向量也可以用一对实数来表示,只要选定一组基底,就会有唯一确定的有序实数与之一一对应.

【例 4】 已知 $|\mathbf{a}|=4$,$|\mathbf{b}|=2$,$\langle\mathbf{a},\mathbf{b}\rangle=\dfrac{\pi}{3}$,$\mathbf{c}^2-\mathbf{a}\cdot\mathbf{c}=5$,则 $|\mathbf{b}-\mathbf{c}|$ 的最小值为 _____.

(2022 年复旦大学)

【解析】 不失一般性,可设 $\mathbf{a}=(4,0)$,$\mathbf{b}=(1,\sqrt{3})$,$\mathbf{c}=(x,y)$.
由 $\mathbf{c}^2-\mathbf{a}\cdot\mathbf{c}=5$,得 $x^2+y^2-4x=5$,即 $(x-2)^2+y^2=9$,从而可知 $\mathbf{c}$ 的终点在以 $(2,0)$ 为圆心,3 为半径的圆上运动. 而 $|\mathbf{b}-\mathbf{c}|=\sqrt{(x-1)^2+(y-\sqrt{3})^2}$ 表示点 (x,y) 到点 $(1,\sqrt{3})$ 的距离. 结合圆的

性质可知 $3-\sqrt{(1-2)^2+(\sqrt{3}-0)^2}\leqslant|\boldsymbol{b}-\boldsymbol{c}|\leqslant 3+\sqrt{(1-2)^2+(\sqrt{3}-0)^2}$，即 $1\leqslant|\boldsymbol{b}-\boldsymbol{c}|\leqslant 5$. 从而 $|\boldsymbol{b}-\boldsymbol{c}|$ 的最小值为 1.

【例 5】 已知向量 $\boldsymbol{a},\boldsymbol{b},\boldsymbol{c}$ 满足 $|\boldsymbol{a}|=3,|\boldsymbol{b}|=2\sqrt{2},\boldsymbol{a}\cdot\boldsymbol{b}=6$，且 $(\boldsymbol{a}+\boldsymbol{c})\cdot(\boldsymbol{b}+2\boldsymbol{c})=0$，则 $|\boldsymbol{b}+\boldsymbol{c}|$ 的最小值为 _____.

（2022 年南京大学）

【解析】 依题意，知 $\langle\boldsymbol{a},\boldsymbol{b}\rangle=\dfrac{\pi}{4}$，设 $-\boldsymbol{c}=\boldsymbol{m}$，所以 $(\boldsymbol{a}-\boldsymbol{m})\cdot\left(\dfrac{1}{2}\boldsymbol{b}-\boldsymbol{m}\right)=0$.

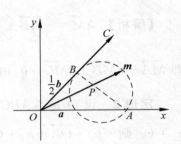

如图所示，将 $\boldsymbol{a},\boldsymbol{b}$ 放入平面直角坐标系中，并设 $\overrightarrow{OA}=\boldsymbol{a},\boldsymbol{b}=\overrightarrow{OC},OC$ 的中点为 B，则 $A(3,0),B(1,1),C(2,2)$，画图可知 $\boldsymbol{m}$ 的终点在以 AB 为直径的圆上，可得圆心坐标为 $P\left(2,\dfrac{1}{2}\right),|AB|=2r=\sqrt{5}$，所以 $|\boldsymbol{b}-\boldsymbol{m}|_{\min}=|\overrightarrow{CP}|-r=\dfrac{3-\sqrt{5}}{2}$.

【例 6】 向量 $\boldsymbol{a}=(-1,0),\boldsymbol{b}=(1,0),\boldsymbol{c}=(x,y),|\boldsymbol{c}-\boldsymbol{a}||\boldsymbol{c}-\boldsymbol{b}|=4$，则 $|\boldsymbol{c}|$ 可能为（　　）.

A. 1　　　　　B. 2　　　　　C. 3　　　　　D. 4　　　　　E. 前四个答案都不对

（2022 年中国科学技术大学）

【解析】 不失一般性，令 $A(-1,0),B(1,0),C(x,y)$，不妨设 $AC\geqslant BC$，有 $CA\cdot CB=4,OA=OB=1$. 由三角形中线长公式 $OC^2=\dfrac{AC^2+BC^2}{2}-OA^2$，即 $OC^2=\dfrac{1}{2}\left(AC^2+\dfrac{16}{AC^2}\right)-1$，记为①.

AC,BC,AB 之间存在关系 $AC\leqslant BC+AB$，即 $AC\leqslant\dfrac{4}{AC}+2$，得 $AC\leqslant\sqrt{5}+1$. 由 $AC\geqslant BC$，且 $AC\cdot BC=4$，可得 $AC\geqslant 2$，代入①式，得 $3\leqslant OC^2\leqslant 5$，从而 $\sqrt{3}\leqslant|OC|\leqslant\sqrt{5}$. 故选 B.

三、三角形的心

（1）三角形的重心

三角形的三条边上的中线的交点称为该三角形的重心.

设 O 是 $\triangle ABC$ 的重心，则有下列性质：

（i）设 D,E,F 分别是 BC,AC,AB 的中点，则
$$AO:OD=BO:OE=CO:OF=2:1;$$

（ii）$\overrightarrow{OA}+\overrightarrow{OB}+\overrightarrow{OC}=\boldsymbol{0}$；

（iii）$\triangle ABC$ 的三个顶点坐标分别为 $A(x_1,y_1),B(x_2,y_2),C(x_3,y_3)$，则 $\triangle ABC$ 的重心为 $O\left(\dfrac{x_1+x_2+x_3}{3},\dfrac{y_1+y_2+y_3}{3}\right)$.

推论 1　设 D,E,F 分别是 BC,AC,AB 的中点, 则 $\overrightarrow{AD}+\overrightarrow{BE}+\overrightarrow{CF}=\mathbf{0}$;

推论 2　若 P 是 $\triangle ABC$ 内的任一点, 则 O 是 $\triangle ABC$ 重心的充要条件是 $\overrightarrow{PO}=\dfrac{1}{3}(\overrightarrow{PA}+\overrightarrow{PB}+\overrightarrow{PC})$.

（2）三角形的外心

三角形三条边的中垂线的交点, 称为该三角形的外心. 三角形的外心具有以下性质:

（ⅰ）O 是 $\triangle ABC$ 的外心 $\Leftrightarrow |\overrightarrow{OA}|=|\overrightarrow{OB}|=|\overrightarrow{OC}|$（或 $\overrightarrow{OA}^2=\overrightarrow{OB}^2=\overrightarrow{OC}^2$）;

（ⅱ）O 是 $\triangle ABC$ 的外心, 则 $\sin 2A\cdot\overrightarrow{OA}+\sin 2B\cdot\overrightarrow{OB}+\sin 2C\cdot\overrightarrow{OC}=\mathbf{0}$.

（3）三角形的内心

三角形的三个内角平分线的交点, 称为该三角形的内角.

若 O 是 $\triangle ABC$ 的内心, 则 $a\cdot\overrightarrow{OA}+b\cdot\overrightarrow{OB}+c\cdot\overrightarrow{OC}=\mathbf{0}$;

（4）三角形的垂心

三角形的三条高线的交点, 称为该三角形的垂心.

若 O 是 $\triangle ABC$（非直角三角形）的垂心, 则 $\tan A\cdot\overrightarrow{OA}+\tan B\cdot\overrightarrow{OB}+\tan C\cdot\overrightarrow{OC}=\mathbf{0}$.

（5）三角形的旁心

三角形旁切圆的圆心, 简称为三角形的旁心, 它是三角形一个内角平分线与其他两个内角的外角平分线的交点. 显然, 任何一个三角形都存在三个旁切圆, 具有三个旁心.

设 O_1 是三角形的一个旁心, 则有 $-\sin A\cdot\overrightarrow{O_1A}+\sin B\cdot\overrightarrow{O_1B}+\sin C\cdot\overrightarrow{O_1C}=\mathbf{0}$.

【例 7】 H 是 $\triangle ABC$ 的垂心, $2\overrightarrow{HA}+3\overrightarrow{HB}+4\overrightarrow{HC}=\mathbf{0}$, 则 $\triangle ABC$ 最大内角的正弦值是 _____.

（2021 年北京大学优秀中学生寒假学堂）

【解析】 方法一

设 $|\overrightarrow{HA}|=x$, $|\overrightarrow{HB}|=y$, $|\overrightarrow{HC}|=z$, 由 $\overrightarrow{HA}\cdot(\overrightarrow{HB}-\overrightarrow{HC})=\overrightarrow{HB}\cdot(\overrightarrow{HA}-\overrightarrow{HC})=0$, 知 $\overrightarrow{HA}\cdot\overrightarrow{HB}=\overrightarrow{HA}\cdot\overrightarrow{HC}=\overrightarrow{HB}\cdot\overrightarrow{HC}$, 记 $\overrightarrow{HA}\cdot\overrightarrow{HB}=\overrightarrow{HA}\cdot\overrightarrow{HC}=\overrightarrow{HB}\cdot\overrightarrow{HC}=-m$. $\overrightarrow{HA}\cdot(2\overrightarrow{HA}+3\overrightarrow{HB}+4\overrightarrow{HC})=2x^2-7m=0$, 解得 $x^2=\dfrac{7}{2}m$, $\overrightarrow{HB}\cdot(2\overrightarrow{HA}+3\overrightarrow{HB}+4\overrightarrow{HC})=3y^2-6m=0$, 解得 $y^2=2m$, $\overrightarrow{HC}\cdot(2\overrightarrow{HA}+3\overrightarrow{HB}+4\overrightarrow{HC})=4z^2-5m=0$, 解得 $z^2=\dfrac{5}{4}m$.

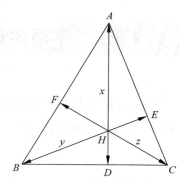

由 $A+\angle BHC=B+\angle CHA=C+\angle AHB=\pi$, 可知 $\cos A=-\cos\angle BHC=-\dfrac{\overrightarrow{HB}\cdot\overrightarrow{HC}}{|\overrightarrow{HB}||\overrightarrow{HC}|}=$

$\dfrac{m}{\sqrt{\dfrac{5}{2}m^2}}=\sqrt{\dfrac{2}{5}}$, $\cos B=\dfrac{1}{\sqrt{\dfrac{7}{2}\times\dfrac{5}{4}}}=\sqrt{\dfrac{8}{35}}$, $\cos C=\dfrac{1}{\sqrt{\dfrac{7}{2}\times 2}}=\sqrt{\dfrac{1}{7}}$, 正弦值 $\sin C=\dfrac{\sqrt{42}}{7}$.

方法二

设 $\tan A = 2a$，由 $\tan A : \tan B : \tan C = 2 : 3 : 4$，且 $\tan A + \tan B + \tan C = \tan A \cdot \tan B \cdot \tan C$，从而得 $2a + 3a + 4a = 24a^3$，解得 $a = \dfrac{\sqrt{6}}{4}$，从而 $\tan C = \sqrt{6}$.

由 $\cos^2 C = \dfrac{1}{1 + \tan^2 C} = \dfrac{1}{7}$，从而 $\tan C = \dfrac{\sqrt{42}}{7}$.

【例8】 已知 O 是 $\triangle ABC$ 的内心，$\cos \angle BAC = \dfrac{1}{3}$，且满足 $\overrightarrow{AO} = x\overrightarrow{AB} + y\overrightarrow{AC}$，则 $x + y$ 的最大值为 _____.

（2020 年复旦大学）

【解析】 如图所示，延长 AO 交 BC 于点 D，设 $\overrightarrow{AD} = \lambda \overrightarrow{AO} = \lambda x \overrightarrow{AB} + \lambda y \overrightarrow{AC}$，由 B, D, C 三点共线，可知 $\lambda x + \lambda y = 1$，即 $x + y = \dfrac{1}{\lambda} = \dfrac{AO}{AD} = \dfrac{AO}{AO + OD} = \dfrac{1}{1 + \dfrac{OD}{AO}}$. 又由

$\cos \angle BAC = \dfrac{1}{3}$，得 $\cos \angle OAF = \dfrac{\sqrt{2}}{\sqrt{3}}$，$\sin \angle OAF = \dfrac{1}{\sqrt{3}}$，所以 $\dfrac{OE}{OA} = \dfrac{OF}{OA} = \dfrac{1}{\sqrt{3}}$. 又因为 $OD \geqslant OE$，所以 $\dfrac{OD}{OA} \geqslant \dfrac{OE}{OA} = \dfrac{OF}{OA} = \dfrac{1}{\sqrt{3}}$，所以 $x + y \leqslant \dfrac{1}{1 + \dfrac{1}{\sqrt{3}}} = \dfrac{3 - \sqrt{3}}{2}$. 当且仅当 $OD = OE$，即 $AB = AC$ 时等号成立，所以 $x + y$ 的最大值为 $\dfrac{3 - \sqrt{3}}{2}$.

§8.2 平面向量的应用

平面向量与代数、几何融合考查的题目往往综合性强、难度大且要求高. 平面向量在实际生活中也有着较为重要的应用.

一、距离问题

【例1】 $\triangle ABC$ 中，$AB = 9$，$BC = 6$，$AC = 7$，则 BC 边上的中线长为 _____.

（2020 年复旦大学）

【解析】 由题意，知 BC 边上的中线 $\overrightarrow{AD} = \dfrac{1}{2}(\overrightarrow{AB} + \overrightarrow{AC})$，平方得 $\overrightarrow{AD}^2 = \dfrac{1}{4}(\overrightarrow{AB}^2 + \overrightarrow{AC}^2 + 2\overrightarrow{AB} \cdot \overrightarrow{AC})$，又由余弦定理，得 $\cos A = \dfrac{9^2 + 7^2 - 6^2}{2 \times 9 \times 7} = \dfrac{47}{63}$，所以 $AD^2 = \dfrac{1}{4}\left(9^2 + 7^2 + 2 \times 9 \times 7 \times \dfrac{47}{63}\right) = 56$，从而 BC

边上的中线长为 $AD=\sqrt{56}=2\sqrt{14}$.

二、夹角问题

【例2】 边长为 a 的正 $\triangle ABC$ 中,D,E 分别在边 AB,BC 上,且 $AD=BE=\dfrac{1}{3}a$,连接 AE,CD,则 AE 与 CD 的夹角为_____.

(2020 年上海交通大学)

【解析】 由题意,得 $\overrightarrow{AE}=\dfrac{2}{3}\overrightarrow{AB}+\dfrac{1}{3}\overrightarrow{AC}$,$\overrightarrow{CD}=\overrightarrow{AC}-\dfrac{1}{3}\overrightarrow{AB}$. 又因为 $|\overrightarrow{AE}|=|\overrightarrow{CD}|=$

$\sqrt{a^2+\left(\dfrac{1}{3}a\right)^2-2\times a\times\dfrac{1}{3}a\times\cos60°}=\dfrac{\sqrt{7}}{3}a$,$\overrightarrow{AE}\cdot\overrightarrow{CD}=\left(\dfrac{2}{3}\overrightarrow{AB}+\dfrac{1}{3}\overrightarrow{AC}\right)\cdot\left(\overrightarrow{AC}-\dfrac{1}{3}\overrightarrow{AB}\right)=\dfrac{7}{18}a^2$,所以

$\cos\langle\overrightarrow{AE},\overrightarrow{CD}\rangle=\dfrac{\overrightarrow{AE}\cdot\overrightarrow{CD}}{|\overrightarrow{AE}||\overrightarrow{CD}|}=\dfrac{7}{18}a^2\cdot\dfrac{9}{7a^2}=\dfrac{1}{2}$,从而 AE 与 CD 的夹角为 $\dfrac{\pi}{3}$.

三、最值问题

【例3】 已知向量 $\boldsymbol{a}$,$\boldsymbol{b}$,$\boldsymbol{c}$ 满足 $|\boldsymbol{a}|\leqslant1$,$|\boldsymbol{b}|\leqslant1$,$|\boldsymbol{a}+2\boldsymbol{b}+\boldsymbol{c}|=|\boldsymbol{a}-2\boldsymbol{b}|$,则 $|\boldsymbol{c}|$( ).

A. 最大值为 $4\sqrt{2}$　　　B. 最大值为 $2\sqrt{5}$　　　C. 最小值为 0　　　D. 最大值为 2

(2020 年清华大学)

【解析】 首先,由三角不等式,得 $|\boldsymbol{a}+2\boldsymbol{b}+\boldsymbol{c}|=|\boldsymbol{a}-2\boldsymbol{b}|\geqslant|\boldsymbol{c}|-|\boldsymbol{a}+2\boldsymbol{b}|$,所以 $|\boldsymbol{c}|\leqslant|\boldsymbol{a}-2\boldsymbol{b}|+$

$|\boldsymbol{a}+2\boldsymbol{b}|\leqslant\sqrt{2}\sqrt{(\boldsymbol{a}-2\boldsymbol{b})^2+(\boldsymbol{a}+2\boldsymbol{b})^2}=\sqrt{2}\sqrt{2\boldsymbol{a}^2+8\boldsymbol{b}^2}\leqslant2\sqrt{5}$,等号显然可以取到. 如 $\boldsymbol{a}=(1,0)$,$\boldsymbol{b}=$

$(1,0)$ 时等号成立. 考虑 $|\boldsymbol{c}|=0$ 时,要使得 $|\boldsymbol{a}+2\boldsymbol{b}+\boldsymbol{c}|=|\boldsymbol{a}-2\boldsymbol{b}|$,只需 $\boldsymbol{a}\perp\boldsymbol{b}$,显然正确. 从而选 BC.

【例4】 已知向量 $\boldsymbol{a}$,$\boldsymbol{b}$,$\boldsymbol{c}$ 是非零向量,且 $|\boldsymbol{a}-\boldsymbol{b}|=4$,$(\boldsymbol{c}-\boldsymbol{a})(\boldsymbol{c}-\boldsymbol{b})=-\dfrac{15}{4}$,设 λ 为任意实数,当

$\boldsymbol{a}-\boldsymbol{b}$ 与 $\boldsymbol{a}$ 的夹角为 $\dfrac{\pi}{6}$ 时,$|\boldsymbol{c}-\lambda\boldsymbol{a}|$ 的最小值为( ).

A. 1　　　　　B. $\dfrac{2}{3}$　　　　　C. $\dfrac{1}{2}$　　　　　D. $\dfrac{3}{4}$

(2021 年清华大学文科营暨工科营)

【解析】 分别记 $\boldsymbol{a}=\overrightarrow{OA}$,$\boldsymbol{b}=\overrightarrow{OB}$,$\boldsymbol{c}=\overrightarrow{OC}$,$\lambda\boldsymbol{a}=\overrightarrow{OA'}$. 设线段 AB 的中点为 D,由极化恒等式,得

$-\dfrac{15}{4}=(\boldsymbol{c}-\boldsymbol{a})\cdot(\boldsymbol{c}-\boldsymbol{b})=\overrightarrow{CA}\cdot\overrightarrow{CB}=|\overrightarrow{CD}|^2-|\overrightarrow{AD}|^2=|\overrightarrow{CD}|^2-4$,解得 $|\overrightarrow{CD}|=\dfrac{1}{2}$. 即 C 是以点 D

为圆心,$\dfrac{1}{2}$ 为半径的圆周上的动点. 从而 $|\boldsymbol{c}-\lambda\boldsymbol{a}|_{\min}=|\overrightarrow{A'C}|_{\min}=|\overrightarrow{AD}|\sin\dfrac{\pi}{6}-\dfrac{1}{2}=\dfrac{1}{2}$. 故选 C.

四、几何性质

【例5】 在 $\mathrm{Rt}\triangle ABC$ 中，$\angle B = 90°$，$AB = \sqrt{3}$，$BC = 1$，$\dfrac{\overrightarrow{PA}}{|\overrightarrow{PA}|} + \dfrac{\overrightarrow{PB}}{|\overrightarrow{PB}|} + \dfrac{\overrightarrow{PC}}{|\overrightarrow{PC}|} = \mathbf{0}$，则下列说法正确的是（　　）．

A. $\angle APB = 120°$　　B. $\angle BPC = 120°$　　C. $PC = 2PB$　　D. $PA = 2PC$

（2020 年清华大学）

【解析】 由 $\dfrac{\overrightarrow{PA}}{|\overrightarrow{PA}|} + \dfrac{\overrightarrow{PB}}{|\overrightarrow{PB}|} + \dfrac{\overrightarrow{PC}}{|\overrightarrow{PC}|} = \mathbf{0}$，知 $\angle APB = \angle BPC = $

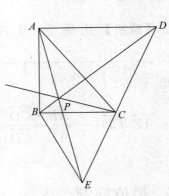

$\angle CPA = 120°$（费马点），如图所示，则 $\angle BPC = \angle BCD = 120°$，$E,C,D$

三点共线．所以 $\triangle BCP \backsim \triangle BCD$，可得 $\dfrac{BP}{CP} = \dfrac{BC}{CD} = \dfrac{BC}{AC} = \dfrac{1}{2}$，所以 $CP = $

$2BP$．从而 $\triangle ACP \backsim \triangle AEC$，可得 $\dfrac{AP}{AC} = \dfrac{CP}{CE}$，即 $\dfrac{AP}{CP} = \dfrac{AC}{CE} = \dfrac{AC}{CB} = 2$，有

$AP = 2PC$．

综上所述，选 ABCD．

【例6】 如图所示，G 为 $\triangle ABC$ 的重心，P,Q 分别在线段 AB，AC 上，$S_{\triangle APQ} = T$，$S_{\triangle ABC} = S$，

$\overrightarrow{AP} = x\overrightarrow{AB}$，$\overrightarrow{AQ} = y\overrightarrow{AC}$，则下列说法正确的是（　　）．

A. $x + y$ 为定值

B. $\dfrac{1}{x} + \dfrac{1}{y}$ 为定值

C. $\dfrac{1}{x} + \dfrac{1}{y}$ 不是定值

D. $\dfrac{4}{9} \leqslant \dfrac{T}{S} \leqslant \dfrac{1}{2}$

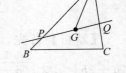

（2022 年中国科学技术大学）

【解析】 设 D 为 BC 的中点，则 $\overrightarrow{AG} = \dfrac{2}{3}\overrightarrow{AD} = \dfrac{1}{3}(\overrightarrow{AB} + \overrightarrow{AC}) = \dfrac{1}{3x}\overrightarrow{AP} + \dfrac{1}{3y}\overrightarrow{AQ}$，又因为 P,G,Q 共

线，则 $\dfrac{1}{3x} + \dfrac{1}{3y} = 1$，所以 $\dfrac{1}{x} + \dfrac{1}{y} = 3$ 为定值，可知 B 正确，AC 错误；

由 $\dfrac{1}{x} + \dfrac{1}{y} = 3$，有 $y = \dfrac{x}{3x-1}$，$\dfrac{T}{S} = \dfrac{S_{\triangle APQ}}{S_{\triangle ABC}} = \dfrac{AP \cdot AQ \cdot \dfrac{1}{2}\sin A}{AB \cdot AC \cdot \dfrac{1}{2}\sin A} = x \cdot y = x \cdot \dfrac{x}{3x-1}$，由 $\dfrac{1}{x} + \dfrac{1}{y} = 3$，

得 $3xy = x + y \geqslant 2\sqrt{xy}$，则 $xy \geqslant \dfrac{4}{9}$，而 $x \in [0,1]$，所以 $\dfrac{T}{S} = \dfrac{x^2}{3x-1} \leqslant \dfrac{1}{2}$，故 D 正确．

从而选 BD．

§8.3 复数的概念与运算

复数的产生与发展历经了漫长而又艰难的岁月. 早在 16 世纪, 意大利数学家卡丹研究了方程 $x(10-x)=40$ 的根, 他根据求根公式, 得出两根的形式为 $5\pm\sqrt{-15}$. 但由于这只是单纯从形式上的推广, 并且人们原先认为负数的平方根没有意义, 因此复数在历史上长期不被人们所接受. "虚数"这一词就恰好反映了这一点. 直到 18 世纪, 达郎贝尔和欧拉等数学家逐步阐明了复数的几何意义和物理意义, 建立了系统的复数理论, 从而使人们逐步地接受并理解了复数.

一、复数的三种形式

(1) 代数形式: $z=a+b\mathrm{i}(a,b\in\mathbf{R})$.

(2) 三角形式: $z=r(\cos\theta+\mathrm{i}\sin\theta)(r\geqslant 0,\theta\in\mathbf{R})$.

(3) 指数形式: $z=r\mathrm{e}^{\mathrm{i}\theta}(r\geqslant 0,\theta\in\mathbf{R})$.

其中, a 叫作复数 z 的实部, 记作 $a=\mathrm{Re}(z)$, b 叫作复数 z 的虚部, 记作 $b=\mathrm{Im}(z)$, r 叫作复数的模, 记作 $r=|z|=\sqrt{a^2+b^2}$, θ 叫作复数 z 的辐角, 记作 $\theta=\mathrm{Arg}z$, 当 $\theta\in[0,2\pi)$ 时, 叫作复数 z 的辐角主值, 记作 $\theta=\arg z$, 因此 $\mathrm{Arg}z=2k\pi+\arg z(k\in\mathbf{Z})$.

【例 1】 已知三个复数 a,b,c 满足 $a+b+c=2022\mathrm{i}$, $\dfrac{1}{a}+\dfrac{1}{b}+\dfrac{1}{c}=\dfrac{-\mathrm{i}}{2022}$, 则 $a^3+b^3+c^3=$ _____.

(2022 年北京大学)

【解析】 $a^3+b^3+c^3=(a+b+c)(a^2+b^2+c^2-ab-bc-ca)+3abc=(a+b+c)[(a+b+c)^2-3(ab+bc+ca)]+3abc=(a+b+c)\left[(a+b+c)^2-3abc\left(\dfrac{1}{a}+\dfrac{1}{b}+\dfrac{1}{c}\right)\right]+3abc=(2022\mathrm{i})\left[(2022\mathrm{i})^2-3abc\left(\dfrac{-\mathrm{i}}{2022}\right)\right]+3abc=(2022\mathrm{i})^3-3abc+3abc=-2022^3\mathrm{i}$.

【例 2】 已知复数 z 满足 $|z|=1$, 则 $|(z-2)(z+1)^2|$ 的最大值为 _____.

(2022 年清华大学)

【解析】 $|(z-2)(z+1)^2|=|z-2|\cdot|z+1|^2=\sqrt{(z-2)(\bar{z}-2)}(z+1)(\bar{z}+1)=\sqrt{5-2(z+\bar{z})}(z+\bar{z}+2)$.

令 $t=z+\bar{z}$, 则 $|t|<2$, 从而原式 $=\sqrt{(5-2t)(2+t)^2}\leqslant\sqrt{\left(\dfrac{5-2t+2+t+2+t}{3}\right)^3}=3\sqrt{3}$, 当且仅当 $\sqrt{5-2t}=\sqrt{t+2}$ (即 $t=1$) 时取等号. 又因为 $|z|=1$, 得 $z=\dfrac{1}{2}\pm\dfrac{\sqrt{3}}{2}\mathrm{i}$ 时取得最大值. 从而 $|(z-2)(z+1)^2|$ 的

最大值为 $3\sqrt{3}$.

二、复数的模与共轭复数

$\bar{z}=a-b\mathrm{i}$ 叫作 $z=a+b\mathrm{i}$ 的共轭复数；$|z|=\sqrt{a^2+b^2}$ 叫作复数 $z=a+b\mathrm{i}$ 的模. 有如下性质：

(1) $\overline{z_1\pm z_2}=\bar{z}_1\pm\bar{z}_2$；

(2) $\overline{z_1z_2}=\bar{z}_1\cdot\bar{z}_2$；

(3) $\overline{\left(\dfrac{z_1}{z_2}\right)}=\dfrac{\bar{z}_1}{\bar{z}_2}(z_2\neq 0)$；

(4) $\bar{z}=z\Leftrightarrow z\in\mathbf{R}$；

(5) $\mathrm{Re}(z)=\dfrac{1}{2}(z+\bar{z}),\mathrm{Im}(z)=\dfrac{1}{2\mathrm{i}}(z-\bar{z})$；

(6) $z\cdot\bar{z}=|z|^2=|\bar{z}|^2$；

(7) $|z_1z_2|=|z_1|\cdot|z_2|$；

(8) $|z_1+z_2|^2+|z_1-z_2|^2=2|z_1|^2+2|z_2|^2$；

(9) $||z_1|-|z_2||\leqslant|z_1\pm z_2|\leqslant|z_1|+|z_2|$；

(10) $|z|\geqslant\max\{\mathrm{Re}(z),\mathrm{Im}(z)\}$；

(11) $|z|\leqslant|\mathrm{Re}(z)|+|\mathrm{Im}(z)|\leqslant\sqrt{2}|z|$.

【例 3】 已知复数 $z=1+\mathrm{i}$，设 $\bar{z}$ 是 z 的共轭复数，则 $\left|\dfrac{1-4z}{2z\cdot\bar{z}+1}\right|=($ $)$.

A. 1   B. 2   C. 3   D. 4

（2021 年清华大学语言类保送暨高水平艺术团）

【解析】 因为 $z\cdot\bar{z}=(1+\mathrm{i})(1-\mathrm{i})=2$，所以 $\left|\dfrac{1-4z}{2z\cdot\bar{z}+1}\right|=\left|\dfrac{1-4(1+\mathrm{i})}{5}\right|=\dfrac{1}{5}|-3-4\mathrm{i}|=1$，故选 A.

【例 4】 已知 $a,b\in\mathbf{R}$，$z_1=5-a+(6-4b)\mathrm{i}$，$z_2=2+2a+(3+b)\mathrm{i}$，$z_3=3-a+(1+3b)\mathrm{i}$. 当 $|z_1|+|z_2|+|z_3|$ 取最小值时，$3a+6b=$ _____.

（2022 年北京大学）

【解析】 $|z_1|+|z_2|+|z_3|\geqslant|z_1+z_2+z_3|=|10+10\mathrm{i}|=10\sqrt{2}$，当且仅当 $\arg z_1=\arg z_2=\arg z_3=\arg(10+10\mathrm{i})=\dfrac{\pi}{4}$ 时等号成立，此时 $\dfrac{6-4b}{5-a}=\dfrac{3+b}{2+2a}=\dfrac{1+3b}{3-a}$，所以 $\begin{cases}3+7ab=15a-13b\\13+7ab=5a+27b\end{cases}$，作差得

$a=4b-1$，解得 $\begin{cases}a=5\\b=\dfrac{3}{2}\end{cases}$（舍去）或 $\begin{cases}a=\dfrac{5}{7}\\b=\dfrac{3}{7}\end{cases}$，所以 $3a+6b=\dfrac{15}{7}+\dfrac{18}{7}=\dfrac{33}{7}$.

【例 5】 复数 z 满足 $|z|\leqslant 2$，则 $\left|\dfrac{z^2+z+1}{z+\dfrac{1}{2}-\dfrac{\sqrt{3}}{2}\mathrm{i}}\right|$ 的最大值为 _____.

（2022 年北京大学寒假学堂试题）

【解析】$\left|\dfrac{z^2+z+1}{z+\dfrac{1}{2}-\dfrac{\sqrt{3}}{2}\mathrm{i}}\right|=\left|\dfrac{\left(z+\dfrac{1}{2}\right)^2+\dfrac{3}{4}}{z+\dfrac{1}{2}-\dfrac{\sqrt{3}}{2}\mathrm{i}}\right|=\left|\dfrac{\left(z+\dfrac{1}{2}\right)^2-\left(\dfrac{\sqrt{3}}{2}\mathrm{i}\right)^2}{\left(z+\dfrac{1}{2}\right)-\dfrac{\sqrt{3}}{2}\mathrm{i}}\right|=\left|z+\dfrac{1}{2}+\dfrac{\sqrt{3}}{2}\mathrm{i}\right|\leqslant|z|+$

$\left|\dfrac{1}{2}+\dfrac{\sqrt{3}}{2}\mathrm{i}\right|=3.$

三、棣莫弗公式

$$z^n=\left[r(\cos\theta+\mathrm{i}\sin\theta)^n\right]=r^n(\cos n\theta+\mathrm{i}\sin n\theta)(n\in\mathbf{Z}).$$

特别地,当 $|z|=1$ 时,$\cos n\theta=\mathrm{Re}(z^n)=\dfrac{1}{2}(z^n+\bar{z}^n)$,$\sin n\theta=\mathrm{Im}(z^n)=\dfrac{1}{2}(z^n-\bar{z}^n)$,$1+z=2\cos\dfrac{\theta}{2}\mathrm{e}^{\mathrm{i}\frac{\theta}{2}}$,

$1-z=-2\mathrm{i}\sin\dfrac{\theta}{2}\mathrm{e}^{\mathrm{i}\frac{\theta}{2}}.$

【例 6】已知复数 z 满足 $z^{111}=1$,$z^1+z^{10}-z^{11}=z^{-1}+z^{-10}-z^{-11}$,则满足条件的 z 有_____个.

（2021 年北京大学优秀中学生寒假学堂）

【解析】由 $z^1+z^{10}-z^{11}=z^{-1}+z^{-10}-z^{-11}$ 可得 $-1+z^1+z^{10}-z^{11}=-1+z^{-1}+z^{-10}-z^{-11}$,即 $(z-1)(1-z^{10})=(z^{-1}-1)(1-z^{-10})$,从而 $(z-1)(1-z^{10})z^{11}=(1-z)(z^{10}-1)=(z-1)(1-z^{10})$,即 $(1-z)(1-z^{10})(1-z^{11})=0.$

设 $z=\mathrm{e}^{\mathrm{i}\theta}=\cos\theta+\mathrm{i}\sin\theta$,则 $\mathrm{e}^{\mathrm{i}\cdot111\theta}=1$,从而可得 $\theta=\dfrac{2k\pi}{111}(k=0,1,\cdots,110)$.要使 $z=1$ 或 $z^{10}=1$ 或 $z^{11}=1$,则需 $\theta=\dfrac{2k\pi}{1}$ 或 $\theta=\dfrac{2k\pi}{10}$ 或 $\theta=\dfrac{2k\pi}{11}$.由于 $(10,111)=(11,111)=1$,所以这样的 z 只有 1 个,$z=0.$

【例 7】复数 z_1,z_2,$|z_1|=2$,$|z_1+z_2|^2=4(2+\sqrt{2})$,$|z_1-z_2|^2=4(2-\sqrt{2})$,则 $\log_2|(z_1\bar{z}_2)^{1011}+(z_2\bar{z}_1)^{1011}|=$_____.

（2022 年北京大学）

【解析】由题意得 $(z_1+z_2)(\bar{z}_1+\bar{z}_2)=4(2+\sqrt{2})$,$(z_1-z_2)(\bar{z}_1-\bar{z}_2)=4(2-\sqrt{2})$,从而 $|z_1|^2+|z_2|^2=8$,$z_1\bar{z}_2+z_2\bar{z}_1=4\sqrt{2}$.因为 $|z_1|=2$,所以 $|z_2|=2$,$|z_1\bar{z}_2|=|\bar{z}_1z_2|=4$.因为 $z_1\bar{z}_2$ 与 $\bar{z}_1z_2$ 互为共轭复数,所以 $z_1\bar{z}_2$ 与 $\bar{z}_1z_2$ 的实部均为 $2\sqrt{2}$.

设 $z_1\bar{z}_2=4(\cos\theta+\mathrm{i}\sin\theta)$,则 $\cos\theta=\dfrac{\sqrt{2}}{2}$,取 $\theta=\dfrac{\pi}{4}$,从而有 $z_1\bar{z}_2=4\left(\cos\dfrac{\pi}{4}+\mathrm{i}\sin\dfrac{\pi}{4}\right)$,$\bar{z}_1z_2=$

$4\left(\cos\dfrac{\pi}{4}-\mathrm{i}\sin\dfrac{\pi}{4}\right)$，所以 $(z_1\bar{z_2})^{1011}+(z_2\bar{z_1})^{1011}=4^{1011}\left(\cos\dfrac{1011\pi}{4}+\mathrm{i}\sin\dfrac{1011\pi}{4}\right)+4^{1011}\left(\cos\dfrac{1011\pi}{4}-\right.$

$\left.\mathrm{i}\sin\dfrac{1011\pi}{4}\right)=4^{1011}\times2\cos\dfrac{3\pi}{4}=-\sqrt{2}\times4^{1011}=-2^{2022+\frac{1}{2}}$. 因此 $\log_2|(z_1\bar{z_2})^{1011}+(z_2\bar{z_1})^{1011}|=$

$\log_2 2^{2022+\frac{1}{2}}=2022+\dfrac{1}{2}=\dfrac{4045}{2}$.

§8.4　复数的几何意义

一、复数的几何意义

设复数 z 对应复平面上的点 M 及向量 $\overrightarrow{OM}$，复数 z_1,z_2 对应复平面上的点 A,B. 则有以下结论：

(1) $|z_1-z_2|$ 表示 A,B 之间的距离；

(2) $|z-z_1|=|z-z_2|$ 表示点 M 的轨迹是 AB 的垂直平分线；

(3) $|z-z_1|=r$ 表示点 M 的以 A 为圆心，r 为半径的圆；

(4) $|z-z_1|+|z-z_2|=2a\,(2a>|z_1-z_2|)$ 表示点 M 的轨迹是以 A,B 为焦点，$2a$ 为长轴长的椭圆；

(5) $||z-z_1|-|z-z_2||=2a\,(2a<|z_1-z_2|)$ 表示点 M 的轨迹中以 A,B 为焦点，$2a$ 为实轴长的双曲线；

(6) $\dfrac{|z_1-z|}{|z-z_2|}=\lambda$ 表示点 M 是 AB 关于 λ 的定比分点；

(7) 设 z_1,z_2,z_3 对应于复平面上的点 A,B,C，则 $z=\dfrac{z_1+z_2+z_3}{3}$ 对应的点 M 是 $\triangle ABC$ 的重心；

(8) $\angle AMB=\arg\dfrac{z_2-z}{z_1-z}$；

(9) 平行与垂直.

设 z_1,z_2,z_3,z_4 对应于复平面上的四点 A,B,C,D，则 $\dfrac{z_2-z_1}{z_4-z_3}=k\Leftrightarrow AB/\!/CD$，$\dfrac{z_2-z_1}{z_4-z_3}=k\mathrm{i}\Leftrightarrow$

$AB\perp CD$，$\dfrac{z_2-z_1}{z_2-z_3}\in\mathbf{R}\Leftrightarrow A,B,C$ 三点共线.

【例1】若复数 z 满足 $z+\bar{z}=1$，则 $|z+1|-|z-\mathrm{i}|$ 的取值范围是_____.

（2020 年中国科学技术大学）

【解析】设复数 $z=a+b\mathrm{i}\,(a,b\in\mathbf{R})$，由 $z+\bar{z}=1$，得 $a=\dfrac{1}{2}$，所以 $z=\dfrac{1}{2}+b\mathrm{i}$. 从而 $|z+1|-|z-\mathrm{i}|=$

$\left|\dfrac{1}{3}+b\mathrm{i}\right|-\left|\dfrac{1}{2}-(b-1)\mathrm{i}\right|=\sqrt{\dfrac{9}{4}+b^2}+\sqrt{\dfrac{1}{4}+(b-1)^2}$，其几何意义为 x 轴上动点 $P(b,0)$ 到定点

$A\left(0,\dfrac{3}{2}\right),B\left(1,\dfrac{1}{2}\right)$ 的距离之差 $|PA|-|PB|$.

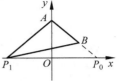

由图可知，$0-1<|PA|-|PB|\leqslant|AB|=\sqrt{2}$，所以 $|z+1|-|z-\mathrm{i}|$ 的取值范围是 $(-1,\sqrt{2}]$.

【例 2】复数 z_1,z_2 满足 $|z_1-3\mathrm{i}|=2,|z_2-8|=1$，则由复数 z_1-z_2 所围成的图形面积是（　　）.

A. 4π　　　　　　B. 8π　　　　　　C. 10π　　　　　　D. 前三个答案都不对

（2019 年北京大学）

【解析】根据复数的几何意义，知复数 z_1 所对应的点 Z_1 在以 $O_1(0,3)$ 为圆心，$r_1=2$ 为半径的圆上，复数 z_2 对应的点 Z_2 在以 $O_2(8,0)$ 为圆心，$r_2=1$ 为半径的圆上.

设 $z_1=x_1+y_1\mathrm{i},z_2=x_2+y_2\mathrm{i}(x_1,y_1,x_2,y_2\in\mathbf{R})$，则 $x_1^2+(y_1-3)^2=4,(x_2-8)^2+y_2^2=1$. 令 $\begin{cases}x_1=2\cos\alpha\\y_1=3+\sin\alpha\end{cases}$，$\begin{cases}x_2=8+\cos\beta\\y_2=\sin\beta\end{cases}$，则 z_1-z_2 所对应的点 (x,y) 满足 $\begin{cases}x=x_1-x_2=2\cos\alpha-\cos\beta-8\\y=y_1-y_2=2\sin\alpha-\sin\beta+3\end{cases}$，所以 $\begin{cases}x+8=2\cos\alpha-\cos\beta\\y-3=2\sin\alpha-\sin\beta\end{cases}$，两式平方相加，得 $(x+8)^2+(y-3)^2=5-4\cos(\alpha-\beta)\in[1,9]$. 所以 z_1-z_2 对应的点构成一个外径为 3，内径为 1 的圆环，其面积为 $S=\pi(3^2-1^2)=8\pi$. 从而选 B.

【例 3】设 $\triangle ABC$ 的三个顶点为复平面上的三点 z_1,z_2,z_3 满足 $z_1z_2z_3=0,z_1+z_2+z_3=8+2\mathrm{i}$，$z_1z_2+z_2z_3+z_3z_1=15+10\mathrm{i}$，则 $\triangle ABC$ 内心的复数坐标 z 的虚部所在区间为（　　）.

A. $(0.5,1)$　　　　B. $(1,2)$　　　　C. $(0,0.5)$　　　　D. 前三个答案都不对

（2023 年北京大学优秀中学生寒假学堂）

【解析】因为 $z_1z_2z_3=0$，不妨设 $z_3=0$，所以 $z_1+z_2=8+2\mathrm{i},z_1z_2=15+10\mathrm{i}$，且 z_1,z_2 是方程 $z^2-(8+2\mathrm{i})+15+10\mathrm{i}=0$ 的解，故 $z_1=5,z_2=3+2\mathrm{i}$. 所以 $\triangle ABC$ 的三个顶点的坐标分别为 $A(0,0)$，$B(5,0),C(3,2)$.

设 $\triangle ABC$ 的内心为 I，则 $\overrightarrow{AI}=\lambda\left(\dfrac{\overrightarrow{AB}}{|\overrightarrow{AB}|}+\dfrac{\overrightarrow{AC}}{|\overrightarrow{AC}|}\right)=\lambda(3+\sqrt{13},2),\overrightarrow{BI}=\mu\left(\dfrac{\overrightarrow{BA}}{|\overrightarrow{BA}|}+\dfrac{\overrightarrow{BC}}{|\overrightarrow{BC}|}\right)=$ $\mu(\sqrt{2}+1,1)$，解得 $y_I=\dfrac{10}{5+\sqrt{13}+2\sqrt{2}}\in(0.5,1)$. 故选 A.

【例 4】在复平面内，复数 z_1 终点在 $1+\mathrm{i}$ 和 $1+a\mathrm{i}$ 表示两点连成的线段上移动，$|z_2|=1$，若 $z=z_1+z_2$ 在复平面上表示的点围成的面积为 $\pi+4$，则 a 的可能值为 _____.

（2022 年清华大学）

【解析】如图所示,设 $z_2 = \cos\theta + i\sin\theta$,$z_1 = 1 + ti$,所以 $z = 1 + \cos\theta + i(t + \sin\theta) = x + yi$,则 $(x - 1)^2 + (y - t)^2 = 1(1 \leqslant t \leqslant a)$,故所求面积为 $S_{矩形} + \pi$,所以 $\pi + 4 = 2|a - 1| + \pi$,解得 $a = 3$.

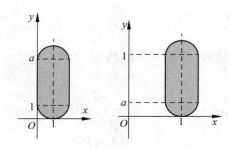

【例5】已知复数 z 满足 $\dfrac{z}{2}$ 与 $\dfrac{2}{z}$ 的实部和虚部均属于 $[-1, 1]$,则 z 在复平面上形成轨迹的面积为_____.

（2022 年北京大学）

【解析】设 $z = 2a + 2bi(a, b \in \mathbf{R})$,所以 $\dfrac{z}{2} = a + bi$,$\dfrac{2}{z} = \dfrac{1}{a + bi} = \dfrac{a - bi}{a^2 + b^2}$,从而

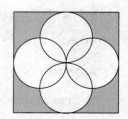

$\begin{cases} -1 \leqslant a \leqslant 1 \\ -1 \leqslant b \leqslant 1 \end{cases}$,且 $\begin{cases} -1 \leqslant \dfrac{a}{a^2 + b^2} \leqslant 1 \\ -1 \leqslant \dfrac{b}{a^2 + b^2} \leqslant 1 \end{cases}$,所以 $a^2 + b^2 \pm a \geqslant 0$,即 $\left(a \pm \dfrac{1}{2}\right)^2 + b^2 \geqslant \dfrac{1}{4}$,$a^2 +$

$b^2 \pm b \geqslant 0$,即 $a^2 + \left(b \pm \dfrac{1}{2}\right)^2 \geqslant \dfrac{1}{4}$,故右侧上图阴影部分即为 (a, b) 的可行域,我们

将第二象限分离出来,得如右侧下图所示图形.

弓形 BC 面积与弓形 AC 的面积相等,且均为

$$\left(\dfrac{1}{2}\pi \cdot \dfrac{1}{4} - \dfrac{1}{2} \times \dfrac{1}{2}\right) \times \dfrac{1}{2} = \dfrac{1}{4}\left(\dfrac{\pi}{2} - 1\right) \times \dfrac{1}{2} = \dfrac{1}{2}\left(\dfrac{\pi}{8} - 1\right).$$

所以 $S_{阴影} = 1 - \left[1 \times 1 \times \dfrac{1}{2} + \dfrac{1}{4}\left(\dfrac{\pi}{2} - 1\right)\right] = \dfrac{1}{2} - \dfrac{1}{4}\left(\dfrac{\pi}{2} - 1\right) = \dfrac{3}{4} - \dfrac{\pi}{8} = \dfrac{6 - \pi}{8}$.

所以所求面积为 $\dfrac{6 - \pi}{2} = 3 - \dfrac{\pi}{2}$,从而 z 在复平面上形成轨迹的面积为 $12 - 2\pi$.

【例6】复平面上 $3i, 1 + i, -1 + i$ 围成三角形,$z = x + yi$,该三角形的内切圆为 $z\bar{z} + \overline{az} + az + b = 0$,其中 a, b 为复数,求 $|a| + |b|$ 的值.

（北京大学 2022 优秀中学生暑期学堂）

【解析】三个复数对应的三个点分别为 $(0, 3), (1, 1), (-1, 1)$,则该三角形的面积为 2,三边长分别为 $2, \sqrt{5}, \sqrt{5}$,故内切圆半径为 $\dfrac{2 \times 2}{2 + \sqrt{5} + \sqrt{5}} = \dfrac{\sqrt{5} - 1}{2}$,从而内心坐标为 $\left(0, \dfrac{\sqrt{5} + 1}{2}\right)$.

因而内切圆对应的复数方程为 $\left|z-\dfrac{\sqrt{5}+1}{2}\mathrm{i}\right|=\dfrac{\sqrt{5}-1}{2}$,利用复数的模长公式,$z\bar{z}=|z|^2$,内切圆方

程转化为 $\left(z-\dfrac{\sqrt{5}+1}{2}\mathrm{i}\right)\left(\bar{z}+\dfrac{\sqrt{5}+1}{2}\mathrm{i}\right)=\left(\dfrac{\sqrt{5}-1}{2}\right)^2$,故 $a=\dfrac{\sqrt{5}+1}{2}\mathrm{i}$,$b=\sqrt{5}$,继而可得 $|a|+|b|=\dfrac{3\sqrt{5}+1}{2}$.

二、复数与向量的旋转

如图所示,设复数 $z_1=r_1(\cos\alpha+\mathrm{i}\sin\alpha)$ 对应的向量 $\overrightarrow{OZ_1}$,$z_2=r_2(\cos\beta+\mathrm{i}\sin\beta)$,由 $z_1\cdot z_2=$ $r_1(\cos\alpha+\mathrm{i}\sin\alpha)\cdot r_2(\cos\beta+\mathrm{i}\sin\beta)=r_1r_2[\cos(\alpha+\beta)+\mathrm{i}\sin(\alpha+\beta)]$ 可知,把向量 $\overrightarrow{OZ_1}$ 绕点 O 逆时针方向旋转角 β(当 $\beta<0$ 时,实际上是顺时针旋转 $-\beta$),再把 $\overrightarrow{OZ_1}$ 的模换成 $r_2\cdot|\overrightarrow{OZ_1}|$,即得积 $z_1\cdot z_2$ 对应的向量为 $\overrightarrow{OZ}$.

由复数的三角形式可知 $\dfrac{z_1}{z_2}=\dfrac{r_1(\cos\alpha+\mathrm{i}\sin\alpha)}{r_2(\cos\beta+\mathrm{i}\sin\beta)}=\dfrac{r_1}{r_2}[\cos(\alpha-\beta)+$ $\mathrm{i}\sin(\alpha-\beta)]$,把向量 $\overrightarrow{OZ_1}$ 绕点 O 顺时针方向旋转角 β(当 $\beta<0$ 时,实际上是逆时针旋转 $-\beta$),再把 $\overrightarrow{OZ_1}$ 的模换成 $\dfrac{1}{r_2}\cdot|\overrightarrow{OZ_1}|$,即得商 $\dfrac{z_1}{z_2}$ 对应的向量为 $\overrightarrow{OZ}$.

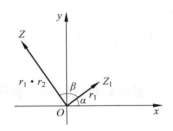

【例 7】 在直角坐标下,点 $A(4,5)$ 绕点 $B(1,1)$ 顺时针旋转 $60°$ 所得点的坐标为_____.

(2020 年复旦大学)

【解析】 首先,我们先作变换 $\begin{cases}x'=x-1\\y'=y-1\end{cases}$,从而 $A'(3,4)$,$B'(0,0)$,A' 对应的复数为 $z=3+4\mathrm{i}$,将 A' 在复平面内按顺时针方向绕 B' 旋转 $60°$,得 $(3+4\mathrm{i})(\cos(-60°)+\mathrm{i}\sin(-60°))=(3+4\mathrm{i})$ $\left(\dfrac{1}{2}-\dfrac{\sqrt{3}}{2}\mathrm{i}\right)=\dfrac{3+4\sqrt{3}}{2}+\dfrac{4-3\sqrt{3}}{2}\mathrm{i}$,对应的点 A'' 为 $\left(\dfrac{3+4\sqrt{3}}{2},\dfrac{4-3\sqrt{3}}{2}\right)$,再作变换 $\begin{cases}x=x'+1\\y=y'+1\end{cases}$,即得所求点的坐标为 $\left(\dfrac{5+4\sqrt{3}}{2},\dfrac{6-3\sqrt{3}}{2}\right)$.

【例 8】 设点 $P_0(1,0)$,$\overrightarrow{OP_i}$ 顺时针方向旋转 θ 得到向量 $\overrightarrow{OQ_i}$,Q_i 关于 y 轴的对称点为 P_{i+1},则 P_{2019} 的坐标为_____.

(2019 年中国科学技术大学)

【解析】 设 $P_0(1,0)$ 对应的复数为 $z_0=1+0\cdot\mathrm{i}$,从而 Q_0 所对应的复数为 $z_0[\cos(-\theta)+\mathrm{i}\sin(-\theta)]=$ $(1,0)(\cos\theta-\mathrm{i}\sin\theta)$,即 $Q_0(\cos\theta,-\sin\theta)$,所以 $P_1(-\cos\theta,-\sin\theta)$.

从而 Q_1 对应的复数为 $(-\cos\theta-\mathrm{i}\sin\theta)\cdot[\cos(-\theta)+\mathrm{i}\sin(-\theta)]=-(\cos\theta+\mathrm{i}\sin\theta)\cdot(\cos\theta-$ $\mathrm{i}\sin\theta)=-[\cos^2\theta+\sin^2\theta]=-1$,从而 $Q_1(-1,0)$,所以 $P_2=(1,0)$.

由此可见 P_2 与 P_0 是重合的,因此所有操作以 2 为周期,从而 $P_{2019}=P_{1009\times2+1}=P_1(-\cos\theta,$ $-\sin\theta)$.

§8.5 复数方程与单位根

一、复数方程

【例 1】 在复数范围内,关于 x 的方程 $x^4 - 3\mathrm{i}x^3 + ax^2 + 4\mathrm{i}x + b = 0$ 有一个根是 $1+\mathrm{i}$,则 $a+b = $ _____.

(2021 年复旦大学)

【解析】 将 $1+\mathrm{i}$ 代入方程 $x^4 - 3\mathrm{i}x^3 + ax^2 + 4\mathrm{i}x + b = 0$,整理得 $(10+2a)\mathrm{i} + b - 2 = 0$,所以
$$\begin{cases} 10+2a=0 \\ b-2=0 \end{cases}, \text{即 } a=-5, b=2, \text{从而 } a+b=-3.$$

【例 2】 若三次方程 $x^3 + ax^2 + 4x + 5 = 0$ 有一个根是纯虚根,则实数 $a = $ _____.

(2020 年复旦大学)

【解析】 设该三次方程的纯虚根为 $b\mathrm{i}(b \neq 0)$,代入方程得
$$b^3\mathrm{i}^3 + ab^2\mathrm{i}^2 + 4b\mathrm{i} + 5 = 0, \text{即 } 5 - ab^2 + (4b - b^2)\mathrm{i} = 0.$$

由复数相等,得 $\begin{cases} 5-ab^2=0 \\ 4b-b^3=0 \end{cases}$,解得 $\begin{cases} b=2 \\ a=\dfrac{5}{4} \end{cases}$ 或 $\begin{cases} b=-2 \\ a=\dfrac{5}{4} \end{cases}$. 所以 $a=\dfrac{5}{4}$.

【例 3】 设复数 a, b, c 满足 $a+b+c = a^2+b^2+c^2 = 0, a^3+b^3+c^3 = 3$,则 $a^{2023}+b^{2023}+c^{2023}$ 的值为( ).

A. 0   B. 3   C. 2023   D. 前三个答案都不对

(2023 年北京大学优秀中学生寒假学堂)

【解析】 因为 $-c = a+b$,所以 $0 = a^2+b^2+c^2 = a^2+b^2+(a+b)^2$,即 $a^2+ab+b^2 = 0$,故 $a = \dfrac{-1 \pm \sqrt{3}\mathrm{i}}{2}b$,记 $\omega = \dfrac{-1+\sqrt{3}\mathrm{i}}{2}$,则 $a = \omega b$ 或 $a = \omega^2 b$,且 $\omega^2 + \omega + 1 = 0$. 若 $a = \omega b$,则 $-c = (\omega+1)b = -\omega^2 b$,所以 $c = \omega^2 b$,从而 $a^{2023}+b^{2023}+c^{2023} = (\omega^{2023}+1+\omega^{4046})b^{2023} = (1+\omega+\omega^2)b^{2023} = 0$.

同理,$a = \omega^2 b$ 时,$a^{2023}+b^{2023}+c^{2023} = 0$.

二、单位根

方程 $x^n - 1 = 0$ 的 n 个根 $1, \varepsilon, \varepsilon^2, \cdots, \varepsilon^{n-1}$ 叫作 n 次单位根,其中 $\varepsilon = \mathrm{e}^{\mathrm{i}\frac{2\pi}{n}} = \cos\left(\dfrac{2\pi}{n}\right) + \mathrm{i}\sin\left(\dfrac{2\pi}{n}\right)$ 叫作 n 次单位原根. 关于 n 单位根有以下常用结果:

(1) $\varepsilon^{nq+r} = \varepsilon^r (n, q, r \in \mathbf{Z})$;

(2) $1 + x + x^2 + \cdots + x^{n-1} = (x - \varepsilon)(x - \varepsilon^2) \cdots (x - \varepsilon^{n-1})$;

(3) $\displaystyle\sum_{k=0}^{n-1} \varepsilon^{km} = \begin{cases} n, & n \mid m \\ 0, & n \nmid m \end{cases}$.

实系数一元二次方程 $ax^2 + bx + c = 0 (a \neq 0)$ 的两个根若满足 $\Delta = b^2 - 4ac \geqslant 0$, 则 $x_{1,2} = \dfrac{-b \pm \sqrt{\Delta}}{2a}$; 若 $\Delta = b^2 - 4ac \leqslant 0$, 则 $x_{1,2} = \dfrac{-b \pm \sqrt{\Delta} \cdot \mathrm{i}}{2a}$.

【例 4】 设 $p \in \mathbf{R}$, 方程 $z^3 + pz + 8\mathrm{i} = 0$ 的三个根在复平面上构成一个等边三角形的三个顶点, 则该等边三角形的面积为( ).

A. $12\sqrt{3}$ B. $6\sqrt{3}$ C. $3\sqrt{3}$ D. 前三个答案都不对

(2021 年北京大学优秀中学生暑期学堂)

【解析】 由韦达定理, 可知 $z^3 + pz + 8\mathrm{i} = 0$ 的三个根 z_1, z_2, z_3 满足 $z_1 + z_2 + z_3 = 0$. 于是由三角形的重心坐标公式知该等边三角形的重心为坐标原点. 进而 $z_1 z_2 + z_2 z_3 + z_3 z_1 = p$, $z_1 z_2 z_3 = -8\mathrm{i}$. 由 $r = |z|$ (r 为模长) 可知 $z_1 z_2 z_3 = -r^3 \mathrm{i}$, 代入上式解得 $r = 2$, 故 $|z_1| = |z_2| = |z_3| = 2 \Rightarrow S = 3\sqrt{3}$.

【例 5】 已知复数 $x_1, x_2, \cdots, x_{2021}$ 是方程 $x^{2021} - 1 = 0$ 的 2021 个相异的根, 则 $\displaystyle\sum_{j=1}^{2021} \dfrac{1}{\mathrm{i} + x_j} = $ _____.

(2021 年北京大学优秀中学生暑期学堂)

【解析】 $x^n - 1 = (x - 1)(x - \varepsilon) \cdots (x - \varepsilon^{n-1})$, 令 $f(x) = x^n - 1$, 对等式的两边求导, 可得 $f'(x) = f(x) \displaystyle\sum_{i=0}^{n-1} \dfrac{1}{x - \varepsilon^i}$.

利用上述结论, 可得 $\displaystyle\sum_{j=1}^{2021} \dfrac{1}{\mathrm{i} + x_j} = \dfrac{f'(-\mathrm{i})}{f(-\mathrm{i})}$, 代入可得 $\displaystyle\sum_{j=1}^{2021} \dfrac{1}{\mathrm{i} + x_j} = \dfrac{2021}{\mathrm{i} + 1}$.

【例 6】 已知 $\omega = \cos \dfrac{\pi}{5} + \mathrm{i}\sin \dfrac{\pi}{5}$, 则以 $\omega, \omega^3, \omega^7, \omega^9$ 为根的方程是( ).

A. $x^4 + x^3 + x^2 + x + 1 = 0$ B. $x^4 - x^3 + x^2 - x + 1 = 0$

C. $x^4 - x^3 - x^2 + x + 1 = 0$ D. $x^4 + x^3 + x^2 - x - 1 = 0$

(2021 年清华大学)

【解析】 显然, $\omega^k = \cos \dfrac{2k\pi}{10} + \mathrm{i}\sin \dfrac{2k\pi}{10}$ 是方程 $x^{10} = 1$ 的单位根.

另一方面, 若以 (m, n) 表示两个数的最大公因数, 由于 $(2, 10) = (4, 10) = (6, 10) = (8, 10) = 2$, 故 $\omega^2, \omega^4, \omega^6, \omega^8$ 为方程的 5 次单位根, 从而 $(x - \omega)(x - \omega^3)(x - \omega^5)(x - \omega^7)(x - \omega^9) = \dfrac{x^{10} - 1}{x^5 - 1} = x^5 + 1$.

又因为 $(5, 10) = 5$, 故 ω^5 为 2 次单位根, 即 $x - \omega^5 = x + 1$, 代入上式, 可得 $\omega, \omega^3, \omega^7, \omega^9$ 这四个根

为方程 $x^4-x^3+x^2-x+1=0$ 的根. 故选 B.

【例 7】 已知 $\omega=\cos\dfrac{\pi}{7}+\mathrm{i}\sin\dfrac{\pi}{7}$,请写出以 $\omega,\omega^3,\omega^5,\omega^9,\omega^{11},\omega^{13}$ 为根的一元六次方程.

(2022 年北京大学)

【解析】 依题意,得 $(x-\omega)(x-\omega^2)(x-\omega^3)\cdots(x-\omega^{12})(x-\omega^{13})(x-\omega^{14})=x^{14}-1$,又因为 $(x-\omega^2)(x-\omega^4)(x-\omega^6)(x-\omega^8)(x-\omega^{10})(x-\omega^{12})(x-\omega^{14})=x^7-1$,所以 $(x-\omega)(x-\omega^3)(x-\omega^5)(x-\omega^7)(x-\omega^9)(x-\omega^{11})(x-\omega^{13})=\dfrac{x^{14}-1}{x^7-1}=x^7+1$,所以 $(x-\omega)(x-\omega^3)(x-\omega^5)(x-\omega^9)(x-\omega^{11})(x-\omega^{13})=\dfrac{x^7+1}{x-\omega^7}=\dfrac{x^7+1}{x+1}=x^6-x^5+x^4-x^3+x^2-x+1$.

【例 8】 已知 $(5-3x)^{2023}=x^{2023}$ 有 $2k$ 个非负实数解,依次记为 $z_1,\bar z_1,z_2,\bar z_2,\cdots,z_k,\bar z_k$,求 $\left|\displaystyle\sum_{i=1}^{k}\dfrac{1}{|z_i|^2}\right|=$ _____.

(2022 年北京大学优秀中学生暑期学堂)

【解析】 记 $\omega=\mathrm{e}^{\frac{2\pi i}{2023}}$ 为 2023 次单位根,考虑方程 $5-3x=\omega^k x$ 的解 $x_k=\dfrac{5}{3+\omega^k}$,容易看出 $x_1,x_2,\cdots,x_{2023}$ 都是方程 $(5-3x)^{2023}=x^{2023}$ 互不相同的解,而该方程为 2023 次的,至多有 2023 个根,所以 $x_1,x_2,\cdots,x_{2023}$ 恰好为 $(5-3x)^{2023}=x^{2023}$ 的全部根.

所以全部非实数解为 $x_1,x_2,\cdots,x_{2022}$,其中 $\bar x_k=x_{2023-k}$,故 $\left|\displaystyle\sum_{i=1}^{k}\dfrac{1}{|z_i|^2}\right|=\displaystyle\sum_{i=1}^{1011}\dfrac{1}{x_i}\cdot\dfrac{1}{x_{2023-i}}=\displaystyle\sum_{i=1}^{1011}\dfrac{3+\omega^i}{5}\cdot\dfrac{3+\omega^{2023-i}}{5}=\dfrac{2}{5}\times1011+\displaystyle\sum_{i=1}^{2022}\dfrac{\omega^i}{25}=\dfrac{2022}{5}-\dfrac{1}{25}=\dfrac{10109}{25}$.

> 本题考查的是单位根的理解与应用,解题的关键点在于通过单位根实现复数域上的开根号,并通过多项式零点的个数限制,写出全部根.

第 9 章　平 面 几 何

几何学理论不仅广泛应用于 CT 扫描、无线电、高清电视等最新电子产品和最新医疗科学,而且本身也具有较强的直观效果、它有助于提高学生认识事物的能力,培养学生的逻辑推理能力,并帮助学生借助数形结合的思想解决问题. 因此,平面几何是高校强基考试中经常出现的内容.

§9.1　三角形

设 $\triangle ABC$ 的三边长分别为 a,b,c,三个内角分别为 A,B,C,内切圆、外接圆和三个旁切圆的半径分别记为 r,R,r_1,r_2,r_3,半周长为 p,三条高线长分别为 h_a,h_b,h_c,三条中线长分别为 m_a,m_b,m_c,三条内角平分线长分别为 t_a,t_b,t_c,$\angle A$ 的外角平分线长为 t_a',边 BC 上的斜高为 h,斜高与 BC 的夹角为 α,面积为 S. 内心,外心,重心,垂心分别为 I,O,G,H,三个旁心分别为 I_1,I_2,I_3.

一、三角形中的量

三角形中的量有各种各样的数量关系,除我们所熟悉的正弦定理和余弦定理外,三边边长与内角度数、面积之间存在着确定的数量关系,如下列公式所示.

1. 三角形的面积公式

(1) $S = \dfrac{1}{2}ah_a = \dfrac{1}{2}bh_b = \dfrac{1}{2}ch_c$;

(2) $S = \dfrac{1}{2}ab\sin C = \dfrac{1}{2}bc\sin A = \dfrac{1}{2}ca\sin B$;

(3) $S = \dfrac{abc}{4R} = 2R^2\sin A\sin B\sin C = \dfrac{R^2}{2}(\sin 2A + \sin 2B + \sin 2C)$;

(4) $S = \dfrac{a^2\sin B\sin C}{2\sin(B+C)} = \dfrac{b^2\sin C\sin A}{2\sin(C+A)} = \dfrac{c^2\sin A\sin B}{2\sin(A+B)}$;

(5) (海伦公式)$S = \sqrt{p(p-a)(p-b)(p-c)}$;

(6) $S = \dfrac{r^2}{2}\left(\cot\dfrac{A}{2} + \cot\dfrac{B}{2} + \cot\dfrac{C}{2}\right)$;

(7) $S = pr = (p-a)r_1 = (p-b)r_2 = (p-c)r_3$.

【例 1】 在 $\triangle ABC$ 中,D,E 分别为 BC,AC 的中点,$AD = 1$,$BE = 2$,则 $S_{\triangle ABC}$ 的最大值为_____.

(2021 年清华大学自强计划)

【解析】 方法一

如图所示,延长 AD 至 F,使得 $DF = AD$,设 AD 交 BE 于点 G,则有 $BF /\!/ AE$. 易知,$S_{\triangle ABC} =$

$$2S_{\triangle ADB}=\frac{2}{3}S_{\triangle ABF}=\frac{2}{3}\times\frac{1}{2}\cdot AF\cdot BE\cdot \sin\langle\overrightarrow{AF},\overrightarrow{BE}\rangle\leqslant\frac{1}{3}\times 2\times 2=\frac{4}{3}.$$

方法二

连接 DE，则 $DE/\!/AB$，从而

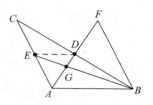

$$S_{\triangle ABC}=\frac{4}{3}S_{梯形ABDE}$$

$$=\frac{4}{3}\times\frac{1}{2}\cdot BE\cdot AD\cdot \sin\langle\overrightarrow{AD},\overrightarrow{BE}\rangle\leqslant\frac{2}{3}\times 2\times 1=\frac{4}{3}.$$

> 本题直接求 $S_{\triangle ABC}$ 不易，将 $S_{\triangle ABC}$ 转化为四边形的面积最值问题．而题设条件 BE 与 AD 为两条相交的线段，以其为对角线的四边形恰好为所需的．

【例 2】 设等边 $\triangle ABC$ 的边长为 1，过点 C 作以 AB 为直径的圆的切线交 AB 的延长线于点 D，$AD>BD$，则 $\triangle BCD$ 的面积为（　　）．

A. $\dfrac{6\sqrt{2}-3\sqrt{3}}{16}$　　　　B. $\dfrac{4\sqrt{2}-3\sqrt{3}}{16}$　　　　C. $\dfrac{3\sqrt{2}-2\sqrt{3}}{16}$　　　　D. 前三个答案都不对

（2020 年北京大学）

【解析】 如图所示，取 AB 为中点为 O，切线 CD 与圆 O 交于点 E，连接 OC，OE，则 $OE\perp CD$，$OC\perp AB$，且 $OC=\dfrac{\sqrt{3}}{2}$，$OE=\dfrac{1}{2}$，$CE=\dfrac{\sqrt{2}}{2}$．

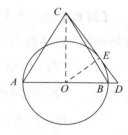

由 $\triangle ODC\backsim\triangle EOC$，得 $\dfrac{CE}{OC}=\dfrac{OC}{CD}$，从而 $OC^2=CE\cdot CD$，故 $CD=\dfrac{3\sqrt{2}}{4}$．所以

$$OD=\sqrt{\frac{9}{8}-\frac{3}{4}}=\frac{\sqrt{6}}{4},\ BD=\frac{\sqrt{6}-2}{4}.$$ 从而 $S_{\triangle BCD}=\dfrac{1}{2}\cdot BD\cdot OC=\dfrac{1}{2}\times\dfrac{\sqrt{6}-2}{4}\times$

$\dfrac{\sqrt{3}}{2}=\dfrac{3\sqrt{2}-2\sqrt{3}}{16}$．故选 C．

> 本题主要查了勾股定理和三角形相似的相关结论．另外，对本题而言，坐标法也是一种比较好的选择：以 O 为坐标原点，AB，OC 所在直线分别为 x，y 轴建立平面直角坐标系，则 $C\left(0,\dfrac{\sqrt{3}}{2}\right)$，设直线 CD 的方程为 $y=kx+\dfrac{\sqrt{3}}{2}$，因为直线 CD 与圆相切，所以 $\dfrac{\dfrac{\sqrt{3}}{2}}{\sqrt{k^2+1}}=\dfrac{1}{2}$，解得 $k=-\sqrt{2}$，所以直线 CD 的方程为 $y=-\sqrt{2}x+\dfrac{\sqrt{3}}{2}$．令 $y=0$，解得 $x=\dfrac{\sqrt{6}}{4}$，从而 $BD=\dfrac{\sqrt{6}-2}{4}$，以下略．本题如果采用解三角形的方法，则运算量较大．

2. 内切圆、外接圆与旁切圆

（1）半径

$$r = 4R \sin \frac{A}{2} \sin \frac{B}{2} \sin \frac{C}{2};$$

$$r_1 = 4R \sin \frac{A}{2} \cos \frac{B}{2} \cos \frac{C}{2}; \quad r_2 = 4R \cos \frac{A}{2} \sin \frac{B}{2} \cos \frac{C}{2}; \quad r_3 = 4R \cos \frac{A}{2} \cos \frac{B}{2} \sin \frac{C}{2}.$$

$$r_1 + r_2 + r_3 = r + 4R.$$

（2）切线长

由顶点 A, B, C 引出内切圆的切线长分别为 $p-a, p-b, p-c$，所对角内的旁切圆的切线长为 p. 点 B, C 到 $\angle A$ 内的旁切圆的切线长分别为 $p-c, p-b$. 点 C, A 到 $\angle B$ 的旁切圆的切线长分别为 $p-a, p-c$. 点 A, B 到 $\angle C$ 内的旁切圆的切线长分别为 $p-b, p-a$.

（3）若 AI 与 $\triangle ABC$ 的外接圆交于点 D，则 $DI = DB = DC = DI_1$，即 I, B, C, I_1 四点共圆，圆心为 D. 若在线段 AD 及其延长线上存在点 I', I_1'，满足 $DI' = DB = DC = DI_1'$，则 I', I_1' 分别为 $\triangle ABC$ 的内心和 $\angle A$ 的旁心.

【例 3】 在 $\triangle ABC$ 中，D 为 BC 边上的中点，$\angle CAD = 15°$，则 $\angle ABC$ 的最大值为（　　）.

A. $120°$ 　　　　 B. $105°$ 　　　　 C. $90°$ 　　　　 D. $60°$

（2021 年清华大学）

【解析】 由 $\angle CAD = 15°$，在 D, C 确定的情况下，点 A 的轨迹是一段圆弧. 如图所示，作出 $\triangle ACD$ 的外接圆 O，显然当 $\angle ABC$ 最大时，BA 是圆 O 的一条切线.

在四边形 $OABC$ 中，$\angle BAO = 90°$，$\angle OCB = 75°$，求 $\angle ABC$ 的问题，转化为求 $\angle AOC$ 的问题，进而转化为求 $\angle AOD$ 或者求 $\angle ACD$ 的问题.

由切割线定理，可得 $\triangle BAD \backsim \triangle BCA$，$BA^2 = BD \cdot BC = 2BD^2$，进而 $\dfrac{AC}{DA} = \dfrac{BA}{BD} = \sqrt{2}$.

在 $\triangle ADC$ 中，$\angle CAD = 15°$，设 $\angle ACD = \alpha$，则 $\angle ADC = 165° - \alpha$，由正弦定理，可得 $\dfrac{\sin \angle ADC}{\sin \angle ACD} = \dfrac{AC}{AD} = \sqrt{2}$，即 $\dfrac{\sin(165° - \alpha)}{\sin \alpha} = \sqrt{2}$，$\dfrac{\sqrt{6} - \sqrt{2}}{4} \sin \alpha + \dfrac{\sqrt{6} + \sqrt{2}}{4} \cos \alpha = \sqrt{2} \sin \alpha$，$\tan \alpha = \dfrac{\sqrt{3}}{3}$，即 $\alpha = 30°$，进而可得 $\angle AOD = 2\alpha = 60°$，$\angle AOC = \angle AOD + \angle DOC = 90°$. 所以 $\angle ABC = 180° - \angle BAO - \angle AOC - \angle BCO = 105°$. 故选 B.

3. 圆周角与圆心角

（1）$\angle BOC = 2\angle A$，$\angle COA = 2\angle B$，$\angle AOB = 2\angle C$；

（2）$\angle BIC = 90° + \dfrac{1}{2}\angle A$，$\angle CIA = 90° + \dfrac{1}{2}\angle B$，$\angle AIB = 90° + \dfrac{1}{2}\angle C$；

（3）$\angle BI_1C = 90° - \dfrac{1}{2}\angle A$，$\angle CI_2A = 90° - \dfrac{1}{2}\angle B$；$\angle AI_3B = 90° - \dfrac{1}{2}\angle C$.

【例 4】 非等边 $\triangle ABC$ 中，$BC = AC$，O，P 分别为 $\triangle ABC$ 的外心和内心，D 在 BC 上，$OD \perp BP$，下列选项正确的是（　　）.

A. B，O，D，P 四点共圆
B. $OD /\!/ AC$

C. $OD /\!/ AB$
D. $DP /\!/ AC$

（2020 年清华大学）

【解析】 如图所示，设 DO 交 BP 于点 R，E 为 AB 的中点，则 $\angle R = \angle CEB = 90°$，所以 O，R，E，B 四点共圆，所以 $\angle CBP = \angle RBE = \angle ROP$，从而 O，D，B，P 四点共圆. 所以 $\angle ROP = \angle AB = \angle CBE$，且 $\angle PDB = \angle POB$，又因为 O 为 $\triangle ABC$ 的外心，故 $OC = OB$，所以 $\angle ACE = \angle BCE = \angle OBC = \dfrac{1}{2}\angle BOP$，从而 $\angle PDB = \angle POB = 2\angle BCE = \angle ACB$，所以 $DP /\!/ AC$. 故选 AD.

二、相似关系

1. 三角形相似

（1）若两个三角形相似，则面积比等于相似比的平方；

（2）若两个三角形有一条边相等，则面积比等于对应边上的高的比或斜高的比；

（3）若两个三角形有一条高相等，则面积比等于高对应的边的比.

【例 5】 在 $\triangle ABC$ 中，$C = \dfrac{\pi}{2}$，$AC \neq BC$，直线 AB 上一点 D 满足 $CD^2 = AD \times BD$，这样的 D 点有 _____ 个.

（2021 年北京大学优秀中学生寒假学堂）

【解析】 如图所示，不妨设 $A > B$，将点 D 从左向右无穷移动.

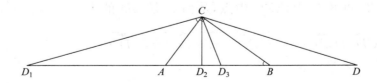

（1）当点 D 位于 A 左侧时，由于 $DC^2 = DA \cdot DB$，可得 $\triangle DCA \sim \triangle DBC$，从而 $\angle DCA = \angle B$ 时满足题设条件，仅有一个点 D_1；

（2）当点 D 位于线段 AB 上时，通过计算可得垂足 D_2，中点 D_3 满足题设条件. 由于 $AC \neq BC$，

所以 D_2,D_3 不重合,则满足题设条件的点有 2 个;

（3）当点 D 位于 B 右侧时,由于 $DC^2=DA\cdot DB$,则 $\triangle DAC\backsim\triangle DAC$,可得 $\angle DCB=\angle A$ 时满足条件,但是 $\angle DCB<\angle B<\angle A$,矛盾.故此时不存在满足题设条件的点 D.

综上所述,满足题设条件的点 D 共有 3 个.

2. 三角形的中线长公式

（1）帕普斯定理(中线长公式)

$$m_a=\frac{1}{2}\sqrt{2b^2+2c^2-a^2},\quad m_b=\frac{1}{2}\sqrt{2c^2+2a^2-b^2},\quad m_c=\frac{1}{2}\sqrt{2a^2+2b^2-c^2}.$$

（2）内角平分线长公式

$$t_a=\frac{2}{b+c}\sqrt{bcp(p-a)},\quad t_b=\frac{2}{c+a}\sqrt{cap(p-b)},\quad t_c=\frac{2}{a+b}\sqrt{abp(p-c)}.$$

（3）外角平分线长公式

$$t'_a=\frac{2}{|b-c|}\sqrt{bc(p-b)(p-c)},$$

$$t'_b=\frac{2}{|c-a|}\sqrt{ca(p-c)(p-a)},$$

$$t'_c=\frac{2}{|b-a|}\sqrt{ba(p-b)(p-a)}.$$

（4）$\angle BHC=180°-\angle A$, $\angle CHA=180°-\angle B$, $\angle AHB=180°-\angle C$.

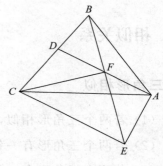

图 1

【例 6】 如图 1 所示,AD 是 $\triangle ABC$ 中 $\angle A$ 的平分线.过点 A 作 AD 的垂线 AH,过点 C 作 $CE\parallel AD$ 交 AH 于点 E.若 BE 与 AD 交于点 F,且 $AB=6$,$AC=8$,$BC=7$,则 $CF=($ 　　$)$.

A. $\sqrt{31}$　　　　　B. $\sqrt{41}$

C. $\sqrt{51}$　　　　　D. 前三个答案都不对

（2021 年北京大学）

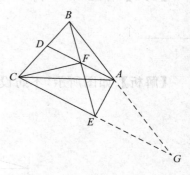

图 2

【解析】 如图 2 所示,延长 CE,BA 交于点 G,AE 是 $\angle BAC$ 的外角平分线,结合 $AE\perp CE$ 可知 E 为 CG 的中点,从而 F 是 AD 的中点.

因此,$|\overrightarrow{CF}|=\frac{1}{2}|\overrightarrow{CD}+\overrightarrow{CA}|=\frac{1}{2}\sqrt{|\overrightarrow{CD}|^2+|\overrightarrow{CA}|^2+2\overrightarrow{CD}\cdot\overrightarrow{CA}}=\sqrt{31}$.故选 A.

【例 7】 在 $\triangle ABC$ 中,M 为 BC 的中点,$AB=3$,$AM=1$,则 $\cos\angle BAC$ 的最大值是 　　　　.

（2022 年北京大学优秀中学生寒假学堂）

【解析】 *方法一*

如图所示,设 $BM=x$,则 $2<x<4$,并设 $\angle AMB=\theta$. 在 $\triangle ABM$ 中,由余弦定理,得 $AB^2=AM^2+BM^2-2AM\cdot BM\cos\theta$,即 $9=1+x^2-2x\cos\theta$. 在 $\triangle ACM$ 中,$AC^2=AM^2+CM^2-2AM\cdot CM\cos(\pi-\theta)=1+x^2+2x\cos\theta$. 从而 $AC^2=2x^2-7$. 从而在 $\triangle ABC$ 中,由余弦定理,得

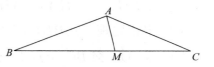

$$\cos\angle ABC=\frac{AB^2+AC^2-BC^2}{2AB\cdot AC}=\frac{-2x^2+2}{6\sqrt{2x^2-7}}$$

$$=-\frac{1}{6}\cdot\frac{2x^2-2}{\sqrt{2x^2-7}}=-\frac{1}{6}\left(\sqrt{2x^2-7}+\frac{5}{\sqrt{2x^2-7}}\right)$$

$$\leqslant-\frac{1}{6}\times2\sqrt{5}=-\frac{\sqrt{5}}{3}.$$

当且仅当 $2x^2-7=5$,即 $x=\sqrt{6}$(符合题意)时取等号. 从而 $\cos\angle BAC$ 的最大值为 $-\dfrac{\sqrt{5}}{3}$.

方法二

如图所示,设 $\angle ABM=\alpha$,由 $\overrightarrow{AC}=2\overrightarrow{AM}-\overrightarrow{AB}$,所以 $\overrightarrow{AC}^2=4\overrightarrow{AM}^2+\overrightarrow{AB}^2-4\overrightarrow{AM}\cdot\overrightarrow{AB}=4\overrightarrow{AM}^2+\overrightarrow{AB}^2-4|\overrightarrow{AM}||\overrightarrow{AB}|\cos\alpha=13-12\cos\alpha$,$\overrightarrow{AB}\cdot\overrightarrow{AC}=\overrightarrow{AB}\cdot(2\overrightarrow{AM}-\overrightarrow{AB})=2\overrightarrow{AM}\cdot\overrightarrow{AB}-\overrightarrow{AB}^2=2|\overrightarrow{AM}||\overrightarrow{AB}|\cos\alpha-\overrightarrow{AB}^2=6\cos\alpha-9.$

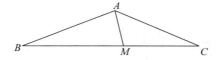

从而 $\cos\angle BAC=\dfrac{\overrightarrow{AB}\cdot\overrightarrow{AC}}{|\overrightarrow{AB}||\overrightarrow{AC}|}=\dfrac{6\cos\alpha-9}{3\sqrt{13-12\cos\alpha}}=-\dfrac{1}{6}\cdot\dfrac{18-12\cos\alpha}{\sqrt{13-12\cos\alpha}}=-\dfrac{1}{6}\left(\dfrac{5}{\sqrt{13-12\cos\alpha}}+\sqrt{13-12\cos\alpha}\right)\leqslant-\dfrac{\sqrt{5}}{3}.$ 当且仅当 $13-12\cos\alpha=5$,即 $\cos\alpha=\dfrac{3}{4}$(符合题意)时取等号,所以 $\cos\angle BAC$ 的最大值为 $-\dfrac{\sqrt{5}}{3}.$

> 本题利用两种方法求解,但两种解法有一个共同点,即想方设法将 AC 表示出来,这是解决整个问题的关键. 最后求最值时,两种方法均借助了基本不等式进行求解,但需要注意取等的条件是否满足,如果不满足取等号的条件,则需要寻求其他方法(如转化为函数,并利用导数工具)求其最值.

三、三角形的心

(1) 锐角三角形的垂心是其垂足三角形内心;钝角三角形的垂心是其垂足三角形的旁心;锐角三

角形的三个顶点是其垂足三角形的旁心；

（2）$\triangle BHC,\triangle CHA,\triangle AHB$ 的外接圆半径都等于 R；

（3）卡诺定理　$\triangle BHC,\triangle CHA,\triangle AHB$ 的垂心分别为 A,B,C；

（4）设 AH 交 BC 于点 D，交 $\triangle ABC$ 的外接圆于点 K，则 $HD = DK$；

（5）设 AH,BH,CH 分别交 BC,CA,AB 于点 D,E,F，则 $AH \cdot HD = BH \cdot HE = CH \cdot HF$；

（6）设边 BC 的中点为 L，则 $AH /\!/ OL$，且 $AH = 2OL = 2R\cos A$.

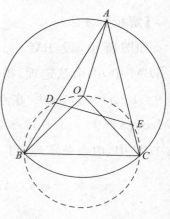

图　1

【例8】如图 1 所示，O 是 $\triangle ABC$ 的外心，AB,AC 与 $\triangle OBC$ 的外接圆交于点 D,E，若 $DE = OA$，则 $\angle OBC = ($　　$)$.

A．$30°$　　　　　　B．$45°$

C．$60°$　　　　　　D．前三个答案都不对

（2021 年北京大学）

【解析】如图 2 所示，由 $DE = OA = OB$，得 $\angle DBE = \angle OCB = \alpha$，设 $\angle ABO = \beta$，则 $\angle OBE = \alpha - \beta$，又因为 $\angle OBE = \angle OCE = \alpha - \beta$，所以 $\angle A = \alpha - \beta + \beta = \alpha$.

又由于 $\angle BOC = 180° - 2\alpha = 2\angle A = 2\alpha$，则 $4\alpha = 180°$，从而 $\alpha = 45°$. 故选 B.

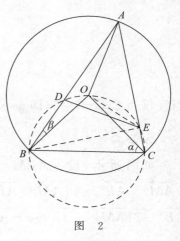

图　2

§9.2　多边形

一、多边形的性质

n 边形的内角和等于 $(n-2)\pi$.

【例1】边长为 1 的正五边形的对角线长为 _____.

（2021 年上海交通大学）

【解析】如图所示，五边形 $ABCDE$ 为正五边形，所以五边形的每个内角都为 $108°$，从而 $\angle BAG = \angle ABF = FBG = 36°$，所以 $\angle ABG = \angle AGB = \angle BGF = \angle BFG = 72°$，故 $\triangle ABG \backsim \triangle BGF$.

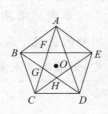

设对角线围成的正五边形的边长 $FG = x$，则 $BG = 1 - x$，从而有 $\dfrac{x}{1-x} = \dfrac{1-x}{1}$，即 $x^2 - 3x + 1 = 0$，解得 $x = \dfrac{3-\sqrt{5}}{2}$ 或 $x = \dfrac{3+\sqrt{5}}{2}$（舍去）. 所以 $AF = CG = 1 - FG = \dfrac{\sqrt{5}-1}{2}$. 故对角线

$$AC = \frac{1+\sqrt{5}}{2}.$$

【例2】若存在 n 边形可分成有限个平行四边形,则 n 的取值范围包括(　　).

A. 大于等于 4 的偶数

B. 大于等于 5 的奇数

C. 大于等于 4 的整数

D. 前三个答案都不对

(2021 年北京大学优秀中学生寒假学堂)

【解析】一方面,易知存在 $2n(n \geqslant 2)$ 边形可以分成有限个平行四边形(同一个方向叠加即可);另一方面,考虑 $2n+1$ 边形的内角和为 $(2n-1)\pi$,若最后分成 K 个平行四边形有 M 个内点,则 $(2n-1)\pi + M \cdot \pi = K \cdot \pi$,显然无解,故选 A.

【例3】边长为 1 的正九边形的最长对角线与最短对角线之差等于(　　).

A. $\dfrac{\sqrt{6}+\sqrt{2}}{4}$ 　　　　 B. $\dfrac{\sqrt{6}+\sqrt{3}}{4}$ 　　　　 C. $\dfrac{\sqrt{6}-\sqrt{2}}{4}$ 　　　　 D. 前三个答案都不对

(2021 年北京大学语言类保送)

【解析】设正九边形的外接圆半径为 r,则 $2r\sin 20° = 1$. 如图所示,正九边形的一条最长对角线为 AF,一条最短对角线为 AH. 由积化和差公式,得

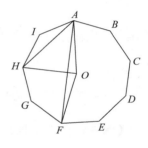

$$\begin{aligned} AF - AH &= 2r\sin 80° - 2r\sin 40° \\ &= 2r(\sin 80° - \sin 40°) \\ &= 2r \times 2\sin 20° \cos 60° \\ &= 2r\sin 20° = 1, \end{aligned}$$

即正九边形的最长对角线与最短对角线的差为 1. 从而选 D.

> 正九边形的最长对角线与最短对角线之差等于其边长.

二、四边形

1. 四边形的面积

（1）矩形

$S = ab$（a，b 分别为矩形的邻边长）.

（2）平行四边形

$S = ah = ab\sin\theta$（a，b 分别为平行四边形的邻边长，θ 是这两边的夹角，h 为底边 a 上的高）.

（3）梯形

$S = \dfrac{1}{2}(a+b)h$（a，b 分别为上、下底的长，h 为底）.

（4）任意四边形

$S = \dfrac{1}{2}mn\sin\varphi$（$m, n$ 分别为两条对角线的长，φ 为对角线的夹角）.

（5）贝利契纳德面积公式

$S = \dfrac{1}{4}\sqrt{4m^2n^2 - (a^2 - b^2 + c^2 - d^2)^2}$（$m, n$ 分别为两条对角线长，a, b, c, d 为四条边长）.

【例4】在四边形 $ABCD$ 中，$BC = 8$，$CD = 1$，$\angle ABC = 30°$，$\angle BCD = 60°$. 如果四边形 $ABCD$ 的面积为 $\dfrac{13\sqrt{3}}{2}$，那么 AB 的值为（　　　　）.

A. $\sqrt{3}$　　　　　　　B. $2\sqrt{3}$　　　　　　　C. $3\sqrt{3}$　　　　　　　D. $4\sqrt{3}$

（2020 年北京大学高水平艺术团）

【解析】如图所示，延长 BA，CD 交于点 E，则 $\angle E = 180° - 30° - 60° = 90°$. 因为 $BC = 8$，$\angle BCD = 60°$，所以 $CE = \dfrac{1}{2}BC = 4$，$BE = \sqrt{8^2 - 4^2} = 4\sqrt{3}$. $S_{\triangle BCE} = \dfrac{1}{2} \times 4 \times 4\sqrt{3} = 8\sqrt{3}$，则 $S_{\triangle ADE} = S_{\triangle BCE} - S_{四边形ABCD} = 8\sqrt{3} - \dfrac{13\sqrt{3}}{2} = \dfrac{3}{2}\sqrt{3}$. $DE = CE - CD = 3$，$AE = \dfrac{2S_{\triangle ADE}}{DE} = \dfrac{2 \cdot \dfrac{3}{2}\sqrt{3}}{3} = \sqrt{3}$，$AB = BE - AE = 4\sqrt{3} - \sqrt{3} = 3\sqrt{3}$，故选 C.

【例5】在直角梯形 $ABCD$（其中顶点 A 对应直角）中放置两个圆，其中一个圆相切于两条腰和长边，另一个圆相切于两条腰、短边和第一个圆. 如果两个圆的半径分别为 $\dfrac{28}{3}$ 和 $\dfrac{7}{3}$，求梯形 $ABCD$ 的面积.

（2020 年深圳北理莫斯科大学）

【解析】如图所示，取两圆的圆心分别为 N，M，连接 MN，过 M 作 $ME \perp AB$ 于点 E，过 N 作 $NF \perp AB$ 于点 F，过 M 作 $MG \perp FN$ 于点 G. 设 $EF = x$，则 $FG = EM = AE = \dfrac{7}{3}$，$FN = BF = \dfrac{28}{3}$，$MN = \dfrac{7}{3} + \dfrac{28}{3} = \dfrac{35}{3}$，所以 $FG = FN - FG = 7$，$MN = \dfrac{35}{3}$，$MG \perp FN$，所以 $MG = \dfrac{28}{3}$，从而 $\tan\angle NMG = \dfrac{3}{4}$.

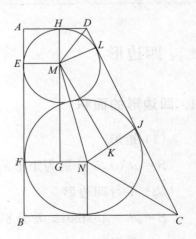

过 M 作 $MH \perp AD$ 于点 H，过点 N 作 $NI \perp BC$ 于 I，连接 MD，CN，过 N 作 $NJ \perp CD$ 于点 J，过 M 作 $MK \perp NJ$ 于点 K. $ML \perp CD$ 于点 L.

$$\angle DMH = \dfrac{\dfrac{\pi}{2} - \angle GMK}{2} = \dfrac{\pi}{4} - \angle GMN,$$

$$DH = \tan\angle DMH \cdot MH = \tan\left(\frac{\pi}{4} - \angle GMN\right) \cdot MH$$

$$= \frac{1 - \tan\angle GMN}{1 + \tan\angle GMN} \cdot MH = \frac{1}{7} \times \frac{7}{3} = \frac{1}{3}.$$

$$\angle INC = \frac{\dfrac{3\pi}{2} - \angle GNK}{2} = \frac{\dfrac{3\pi}{2} - (\pi - \angle GMK)}{2} = \frac{\pi}{4} + \angle GMN.$$

$$\tan\angle INC = \tan\left(\frac{\pi}{4} + \angle GMN\right) = \frac{1}{\tan\left(\dfrac{\pi}{4} - \angle GMN\right)} = 7,$$

$IC = \tan\angle INC \cdot NI = 7 \times \dfrac{28}{3} = \dfrac{196}{3}$，所以 $AO = OH + AH = \dfrac{8}{3}$，$BC = BI + IC = \dfrac{224}{3}$，$AB = AE + EF + BF = 21$，故 $S_{梯形ABCD} = \dfrac{1}{2}\left(\dfrac{8}{3} + \dfrac{224}{3}\right) \times 21 = 812.$

2. 圆与四边形

（1）圆内接四边形

$S = \sqrt{(p-a)(p-b)(p-c)(p-d)}$（$p$ 为半周长，a,b,c,d 为四条边长）.

（2）圆外切四边形

$S = \sqrt{abcd}\,\sin\dfrac{A+C}{2}$（$a,b,c,d$ 为四条边长）.

（3）双心四边形（既有内切圆又有外接圆的四边形）

$S = \sqrt{abcd}$（a,b,c,d 为四条边长）.

【例 6】 已知圆内接四边形的边长为 $AB = 2, BC = 6, CD = DA = 4$，则四边形的面积为（　　）.

A. $8\sqrt{3}$　　　　　　B. $6\sqrt{3}$　　　　　　C. $4\sqrt{3}$　　　　　　D. 前三个答案都不对

（2023 年北京大学优秀中学生寒假学堂）

【解析】 由题意知该圆内接四边形的半周长 $p = \dfrac{1}{2}(2 + 6 + 4 + 4) = 8$，从而 $S = \sqrt{(8-2)(8-6)(8-4)(8-4)} = \sqrt{6 \times 2 \times 4 \times 4} = 8\sqrt{3}$. 故选 A.

【例 7】 在梯形 $ABCD$ 中，$AD \parallel BC$，M 在边 CD 上，有 $\angle ABM = \angle CBD = \angle BCD$，则 $\dfrac{AM}{BM}$ 的取值范围是_____.

（2022 年北京大学）

【解析】 如图所示，$\angle ADM = 180° - \angle BCD = 180° - \angle ABM$，所以 A,B,M,D 四点共圆，因为 $\angle BAM$，$\angle BDM$ 是弧 BM 所对的圆周角，所以 $\angle BAM = \angle BDM$，于是

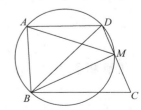

$$\frac{AM}{BM} = \frac{\sin\angle ABM}{\sin\angle BAM} = \frac{\sin\angle ABM}{\sin\angle BDM} = \frac{\sin\angle DCB}{\sin\angle BDC} = \frac{DB}{BC}.$$

又因为 $\angle DBC = \angle BCD$，所以 $BD = CD$．在 $\triangle BCD$ 中，$BD + CD > BC$，即 $2BD > BC$，所以 $2\dfrac{BD}{BC} > 1$，即有 $\dfrac{BD}{BC} > \dfrac{1}{2}$，所以 $\dfrac{DB}{BC} \in \left(\dfrac{1}{2}, +\infty\right)$．

因此，$\dfrac{AM}{BM}$ 的取值范围是 $\left(\dfrac{1}{2}, +\infty\right)$．

3. 贝利契纳德关于四边形的余弦定理

设 a, b, c, d 为四条边长，m, n 分别为两条对角线的长，则有 $m^2 n^2 = a^2 c^2 + b^2 d^2 - 2abcd\cos(A + C)$．

下面是 n 个常用性质：

(1) 在周长一定的 n 边形的集合中，正 n 边形的面积最大；

(2) 在周长一定的简单闭曲线的集合中，圆的面积最大；

(3) 在面积一定的 n 边形的集合中，正 n 边形的周长最小；

(4) 在面积一定的简单闭曲线中，圆的周长最小．

【例 8】 凸四边形 $ABCD$，AC 交 BD 于点 E，$S_{\triangle ABE} = S_{\triangle DEC} = 1$．则 $AB^2 + BC^2 + CD^2 + DA^2$ 的最小值为 _____．

（2022 年北京大学寒假学堂）

【解析】 如图所示，设 $\angle AEB = \theta$，则由 $S_{\triangle ABE} = S_{\triangle CDE} = \dfrac{1}{2} EA \cdot EB\sin\theta = \dfrac{1}{2} EC \cdot ED\sin\theta = 1$，可知 $EA \cdot EB = EC \cdot ED = \dfrac{2}{\sin\theta}$，从而 $\dfrac{EA}{EC} = \dfrac{ED}{EB}$．

设 $\dfrac{EA}{EC} = \dfrac{ED}{EB} = \lambda$，$EC = a$，$EB = b$，则 $EA = \lambda a$，$ED = \lambda b$，从而得 $\lambda ab = \dfrac{2}{\sin\theta}$，

得 $\lambda = \dfrac{2}{ab\sin\theta}$．由余弦定理，得 $AB^2 + BC^2 + CD^2 + DA^2 = (\lambda^2 a^2 + b^2 - 2\lambda ab\cos\theta) + (a^2 + b^2 + 2ab\cos\theta) + (a^2 + \lambda^2 b - 2\lambda ab\cos\theta) + (\lambda^2 a^2 + \lambda^2 b^2 + 2\lambda^2 ab\cos\theta) = 2(\lambda^2 + 1)(a^2 + b^2) + 2(\lambda^2 - 2\lambda + 1)ab\cos\theta = 2(\lambda^2 + 1)(a^2 + b^2) + 2(\lambda - 1)^2 ab\cos\theta \geqslant 2(\lambda^2 + 1)(a^2 + b^2)$（这里用到 $\cos\theta \geqslant 0$，直接放缩）$\geqslant 8\lambda ab = \dfrac{16}{\sin\theta}$（这里用到基本不等式及 $ab = \dfrac{2}{\lambda\sin\theta}$）$\geqslant 16$，当 $\theta = \dfrac{\pi}{2}$ 时等号成立，即 $AB^2 + BC^2 + CD^2 + DA^2$ 的最小值为 16．

【例 9】 已知凸四边形 $ABCD$ 满足 $AB = 1$，$BC = 2$，$CD = 4$，$DA = 3$，则其内切圆半径的取值范围是 _____．

（2022 年北京大学）

【解析】 先证明一个引理：平面四边形 $ABCD$ 的四条边长分别为 a, b, c, d，则 $S_{ABCD} = \sqrt{(p-a)(p-b)(p-c)(p-d) - 2abcd\cos^2\dfrac{A+C}{2}}$，其中 p 是四边形 $ABCD$ 的半周长．

引理的证明：在 $\triangle ABD$ 和 $\triangle BCD$ 中分别运用余弦定理，有 $BD^2=a^2+d^2-2ad\cos A$ 和 $BD^2=b^2+c^2-2bc\cos C$，又因为 $S_{ABCD}=\dfrac{1}{2}ad\sin A+\dfrac{1}{2}bc\sin C$，于是可得

$$ad\cos A-bc\cos C=\frac{1}{2}(a^2-b^2-c^2+d^2),ad\sin A+bc\sin C=2S_{ABCD},$$

将上述两式平方相加,移项得

$$S_{ABCD}^2=\frac{1}{4}(a^2d^2+b^2c^2)-\frac{1}{16}(a^2-b^2-c^2+d^2)-\frac{1}{2}abcd\cos(A+C)$$

整理得 $S_{ABCD}=\sqrt{(p-a)(p-b)(p-c)(p-d)-2abcd\cos^2\dfrac{A+C}{2}}$.

回到本题：一方面,$r=\dfrac{S}{p}\leqslant\dfrac{\sqrt{(p-a)(p-b)(p-c)(p-d)}}{p}=\dfrac{2\sqrt{6}}{5}$.

另一方面,欲求 r 的最小值,只需使 S 最小即可,只需使 $\cos^2\dfrac{A+C}{2}=\cos^2\dfrac{B+D}{2}$ 最大即可. 而 $\max\left\{\dfrac{A+C}{2},\dfrac{B+D}{2}\right\}\geqslant\dfrac{\pi}{2}$,所以只需令 $\max\left\{\dfrac{A+C}{2},\dfrac{B+D}{2}\right\}$ 最大即可.

假设 $AC=x$,$BD=y$,有 $1<x<3$,$2<y<4$,易知 $\angle A$,$\angle C$ 随着 y 的增大而增大,$\angle B$,$\angle D$ 随着 x 的增大而增大,所以只需比较 $x\to 3$,$y\to 4$ 的情况即可. 此时四边形 $ABCD$ 分别趋向退化为边长为 $3,3,4$ 和 $4,4,2$ 的三角形,易知两三角形面积较小的为 $\sqrt{15}$,故 $r=\dfrac{S}{p}>\dfrac{\sqrt{15}}{5}$.

综上所述,$r\in\left(\dfrac{\sqrt{15}}{5},\dfrac{2\sqrt{6}}{5}\right]$.

§9.3　重要定理和极值

一、重要定理

1. 梅涅劳斯定理

设 D,E,F 分别是 $\triangle ABC$ 的边 BC,CA,AB 或其延长线上的点,若 D,E,F 三点共线,则 $\dfrac{BD}{DC}\cdot\dfrac{CE}{EA}\cdot\dfrac{AF}{FB}=1$.

梅涅劳斯定理的逆定理

设 D,E,F 分别是 $\triangle ABC$ 的边 BC,CA,AB 或其延长线上的点,若 $\dfrac{BD}{DC}\cdot\dfrac{CE}{EA}\cdot\dfrac{AF}{FB}=1$,则 D,E,

F 三点共线.

2. 塞瓦定理

设 O 是 $\triangle ABC$ 内任意一点,AO,BO,CO 分别交对边于 D,E,F,则 $\dfrac{BD}{DC} \cdot \dfrac{CE}{EA} \cdot \dfrac{AF}{FB} = 1$.

塞瓦定理逆定理

在 $\triangle ABC$ 三边(所在直线)BC,CA,AB 上各取一点 D,E,F,若有 $\dfrac{BD}{DC} \cdot \dfrac{CE}{EA} \cdot \dfrac{AF}{FB} = 1$,则 AB,BF,CE 交于一点.

3. 托勒密定理

若四边形的两对边的乘积之和等于它的对角线的乘积,则该四边形内接于一个圆,反之也成立.

4. 西姆松定理

以三角形的外接圆上任意一点作三边的垂线,则 3 垂足共线(称为西姆松线).反之,若一点到三角形的三边所在直线的垂足共线,则该点在三角形的外接圆上.

5. 斯特瓦尔特定理

在 $\triangle ABC$ 中,D 为 BC 上一点,且 $\dfrac{BD}{DC} = \dfrac{m}{n}$,$BC=a$,$AC=b$,$AB=c$,则 $AD^2 = \dfrac{mb^2 + nc^2}{m+n} - \dfrac{mna^2}{(m+n)^2}$.

【例 1】 凸五边形 $ABCDE$ 的对角线 CE 分别与对角线 BD 和 AD 交于点 F 和 G,已知 $BF:FD=5:4$,$AG:GD=1:1$,$CF:FG:GE=2:2:3$,则 $S_{\triangle CFD}:S_{\triangle ABE}$ 的值等于(   ).

A. $8:15$ B. $2:3$ C. $11:23$ D. 前三个答案都不对

(2020 年北京大学)

【解析】 如图所示,设 BE 交 AD 于点 H. 对 $\triangle BEF$ 及截线 DGH 运用梅涅劳斯定理,得 $\dfrac{BH}{HE} \cdot \dfrac{HG}{GF} \cdot \dfrac{FD}{DB} = 1$,于是有 $\dfrac{BH}{HE} = \dfrac{3}{2}$.

对 $\triangle BDH$ 及截线 EFG 运用梅涅劳斯定理,可得 $\dfrac{BF}{FD} \cdot \dfrac{DG}{GH} \cdot \dfrac{HE}{EB} = 1$,于

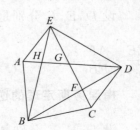

是有 $\dfrac{DG}{GH} = 2$. 因而有 $\dfrac{S_{\triangle CFD}}{S_{\triangle ABE}} = \dfrac{S_{\triangle CFD}}{S_{\triangle GED}} \cdot \dfrac{S_{\triangle GED}}{S_{\triangle AEH}} \cdot \dfrac{S_{\triangle AEH}}{S_{\triangle ABE}} = \dfrac{CF}{CE} \cdot \dfrac{GD}{AH} \cdot \dfrac{EH}{BE} = \dfrac{8}{15}$.

从而选 A.

从本例可以看出,应用梅涅劳斯定理的关键在于恰当地选择三角形及其截线(或作出其截线).

【例 2】 圆内接四边形 $ABCD$ 中,$\angle ABD = \angle CBD = 30°$,$BD = 6$,则四边形 $ABCD$ 的面积是_____.

(2021 年北京大学优秀中学生寒假学堂)

【解析】 设 $AB = x$,$BC = y$,由于 $\angle ABD = \angle CBD = \angle ACD = \angle ADC = 30°$,可设 $AD = AC = t$,$DC = \sqrt{3}\,t$. 由托勒密定理,知 $x + y = 6\sqrt{3}$. 故

$$S_{\text{四边形}ABCD} = S_{\triangle BAD} + S_{\triangle BCD} = \frac{1}{2} \times 6x \cdot \sin 30° + \frac{1}{2} \times 6y \cdot \sin 30° = \frac{1}{4} \times 6(x+y) = 9\sqrt{3}.$$

本题可以用特殊值法,取 BD 为直径即可求得面积为 $9\sqrt{3}$.

【例 3】 如图所示,AD 是 $\triangle ABC$ 的角平分线,$AB = 3$,$AC = 8$,$BC = 7$,则 $AD =$_____.

(2021 年复旦大学)

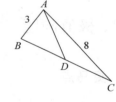

【解析】方法一

由角平分线定理,得 $\dfrac{AB}{AC} = \dfrac{BD}{DC}$,故 $BD = \dfrac{21}{11}$,$CD = \dfrac{56}{11}$.

由斯特瓦尔特定理,可知

$$AD^2 = AB \cdot AC - BD \cdot DC = 3 \times 8 - \frac{21}{11} \times \frac{56}{11} = \frac{1728}{121}.$$

所以 $AD = \dfrac{24\sqrt{3}}{11}$.

方法二

由张角公式,知 $\dfrac{\sin A}{AD} = \dfrac{2}{AB} + \dfrac{2}{AC}$,所以 $AD = 2\cos\dfrac{A}{2} \cdot \dfrac{AB \cdot AC}{AB + AC}$. 又有 $\cos A = \dfrac{3^2 + 8^2 - 7^2}{2 \times 3 \times 8} = \dfrac{1}{2}$,解得 $AD = \dfrac{24\sqrt{3}}{11}$.

【例 4】 已知凸四边形 $ABCD$ 满足 $\angle ABD = \angle BDC = 50°$,$\angle CAD = \angle ACB = 40°$,则符合题意且不相似的凸四边形 $ABCD$ 的个数为_____.

(2022 年北京大学)

【解析】 本例与 9.3 节重要定理的例 4 相同,但解法不同. 在凸四边形 $ABCD$ 中,由 $\angle CAD = \angle ACB$,知 $AD \parallel BC$;由 $\angle ABD = \angle BDC$,知 $AB \parallel CD$. 故四边形 $ABCD$ 为平行四边形.

如图所示,设对角线 AC 的中点为 O,下面固定对角线 AC,则点 D 在固定的射线 AD 上,只需求出该射线上满足 $\angle CDO = 50°$ 的点 D 的个数即可.

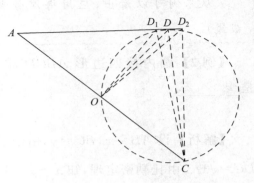

记过点 C,O 且与射线 AC 相切的圆为 ω(易知这样的圆存在且唯一),切点为 D',由圆幂定理,知 $AD'^2 = AO \cdot AC$,从而 $AD' = \sqrt{2} AO$.

首先说明 $\angle CD'O > 50°$. 该结论等价于 $180° - \angle CAD' - 2\angle AD'O > 50°$,即 $\angle AD'O < 45°$.

设 $\angle AD'O = \theta$,易知 $\theta < 90°$. 在 $\triangle AD'O$ 中,由正弦定理,$\dfrac{AO}{\sin\theta} = \dfrac{AD'}{\sin(140°-\theta)} \Rightarrow \dfrac{\sin(140°-\theta)}{\sin\theta} = \sqrt{2}$.

注意到 $\sqrt{2} = \dfrac{\sin(140°-\theta)}{\sin\theta} \leqslant \dfrac{1}{\sin\theta}$,所以 $\sin\theta \leqslant 45°$,且当 $\theta = 45°$ 时等号不成立,故 $\theta < 45°$,结论得证.

射线 AD 上在 D' 的左右两侧各有一个满足 $\angle CO'D = 50°$ 的点 D,故满足条件的形状不同的凸四边形有两种.

二、极值问题

1. 费马点

到 $\triangle ABC$ 三顶点的距离之和最小的点叫作 $\triangle ABC$ 的费马点,记作 F.

当 $\triangle ABC$ 的最大角小于 $120°$ 时,点 F 关于三边 BC, CA, AB 的张角均为 $120°$;

当 $\triangle ABC$ 的最大角大于 $120°$ 时,点 F 即为最大角的顶点.

2. 重心的性质

到 $\triangle ABC$ 三顶点距离的平方和最小的点是 $\triangle ABC$ 的重心 G;$\triangle ABC$ 内到三边距离之积最大的点是 $\triangle ABC$ 的重心.

3. 卡诺定理

若 G 为 $\triangle ABC$ 的重心,点 P 为 $\triangle ABC$ 所在平面上任意一点,则 $PA^2 + PB^2 + PC^2 = GA^2 + GB^2 + GC^2 + 3PG^2 \geqslant GA^2 + GB^2 + GC^2$.

4. 莱布尼茨公式

若 G 为 $\triangle ABC$ 的重心,点 P 为 $\triangle ABC$ 所在平面上任意一点,则 $PA^2 + PB^2 + PC^2 = 3PG^2 +$

$\frac{1}{3}(a^2+b^2+c^2)$，其中 a,b,c 为 $\triangle ABC$ 的三边长.

【例5】已知 $\triangle ABC$ 的三边长分别为 $\sqrt{19}$，$\sqrt{28}$，$\sqrt{37}$，三角形内有一点 P，则 $PA+PB+PC$ 的最小值为_____.

（2022 年北京大学）

【解析】如图所示，以 AB，AC 为边向外作等边三角形，连接 BE，CD 交于点 Q，则 Q 为 $\triangle ABC$ 的费马点. 当 P 与 Q 重合时，$PA+PB+PC$ 的最小值即为 CD.

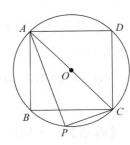

在 $\triangle ABC$ 中，$AB=\sqrt{19}$，$BC=\sqrt{28}$，$AC=\sqrt{37}$，得 $\cos\angle ABC=$ $\dfrac{19+28-37}{2\times\sqrt{19}\times\sqrt{28}}=\dfrac{5}{\sqrt{19}\times\sqrt{28}}$，所以 $\sin\angle ABC=\dfrac{13\sqrt{3}}{\sqrt{19}\times\sqrt{28}}$，从而 $\cos\angle DBC=\cos\left(\dfrac{\pi}{3}+\angle ABC\right)=\dfrac{-17}{\sqrt{19}\times\sqrt{28}}$. 因此 $CD=\sqrt{19+28-2\times\sqrt{19}\times\sqrt{28}\cos\angle DBC}=9$，即 $PA+PB+PC$ 的最小值为 9.

【例6】已知单位正方形 $ABCD$ 的外接圆的弧 BC 上一点 P，则 $PA+PB+PC$ 的最大值为_____.

（2022 年北京大学优秀中学生暑期学堂）

【解析】方法一

如图所示，记 $\theta=\angle PAB$，则 $\theta\in\left[0,\dfrac{\pi}{4}\right]$，从而 $\angle PAC=\dfrac{\pi}{4}-\theta$，$\angle PCA=\dfrac{\pi}{4}+\theta$.

因为单位正方形 $ABCD$ 外接圆的半径 $R=\sqrt{2}$，所以由正弦定理，得 $PA+PB+PC=\sqrt{2}\left(\sin\theta+\sin\left(\dfrac{\pi}{4}-\theta\right)+\sin\left(\dfrac{\pi}{4}+\theta\right)\right)=\sqrt{2}\left(\sin\theta+\sqrt{2}\cos\theta\right)=\sqrt{6}\sin(\theta+\arctan\sqrt{2})$，所以当 $\theta+\arctan\sqrt{2}=\dfrac{\pi}{2}$，即 $\theta=\dfrac{\pi}{2}-\arctan\sqrt{2}$ 时，有 $(PA+PB+PC)_{\max}=\sqrt{6}$.

方法二

设 $\angle PAC=\theta$，则 $\theta\in\left[0,\dfrac{\pi}{4}\right]$，利用圆弧和圆周角之间的关系，可得

$$PA+PB+PC=\sqrt{2}\cos\theta+\sqrt{2}\sin\left(\dfrac{\pi}{4}-\theta\right)+\sqrt{2}\sin\theta$$

$$=(\sqrt{2}-1)\sin\theta+(\sqrt{2}+1)\cos\theta=\sqrt{6}\sin(\theta+\varphi),$$

其中 $\tan\varphi=3+2\sqrt{2}$，$\varphi\in\left(\dfrac{\pi}{4},\dfrac{\pi}{2}\right)$，故 $PA+PB+PC\leqslant\sqrt{6}$，且由 θ 的取值范围知最大值可以取到，故 $(PA+PB+PC)_{\max}=\sqrt{6}$.

§9.4 几何变换

一、合同变换

在平面到其自射的映射下,对于任意两点 A,B 及其像 A',B',总有 $AB=A'B'$,则这个映射叫作合同变换. 合同变换主要包括三种:

(1) 平移变换

把图形 F 上的所有点都按固定方向移动一定距离 d,形成图形 F',则由 F 到 F' 的变换叫作平移变换,记为 $T(v)$,v 表示有向线段,说明平移的方向和距离.

(2) 旋转变换

将平面图形 F 绕这个平面内的一个定点 O 旋转一个定角 α(逆时针为正),形成图形 F',把 F 变为 F' 的变换称为旋转变换,记为 $R(O,\alpha)$. 特别地,当 $\alpha=\pi$ 时为半周旋转,又叫中心反射或中心对称变换,即点对称.

(3) 对称变换(反射变换)

把平面图形 F 变到关于直线 l 成轴对称图形 F',这样的变换叫作关于直线 l 的对称(反射)变换,记为 $U(l)$.

【例 1】 设 F 是椭圆 C:$\dfrac{x^2}{9}+\dfrac{y^2}{4}=1$ 的左焦点,P 为椭圆 C 上一动点.

(1) 作正方形 $FPAB$(F,P,A,B 按逆时针排列),如图 1 所示,当 P 沿椭圆 C 运动一周,求 B 的轨迹方程;

(2) 设 $Q(3,2)$ 为椭圆外一点,求 $|PQ|+|PF|$ 的取值范围.

(2020 年武汉大学)

【解析】 (1) 如图 1 所示,将椭圆 C 绕其左焦点 $F(-\sqrt{5},0)$ 逆时针旋转 $90°$,得到椭圆 C',注意到正方形 $FPAB$ 中,点 B 也可以看成是由 P 绕点 F 逆时针旋转 $90°$ 形成的. 因此由于点 P 在椭圆 C 上运动,则点 B 在椭圆 C' 上运动. 求点 B 的轨迹方程,即求椭圆 C' 的方程.

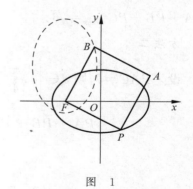

图　1

注意到椭圆 C' 的中心坐标为 $(-\sqrt{5},\sqrt{5})$,从而 C' 的方程为 $\dfrac{(x+\sqrt{5})^2}{4}+\dfrac{(x-\sqrt{5})^2}{9}=1$.

(2) 如图 2 所示,有 $|PQ|+|PF|\geqslant|QF|=\sqrt{(3+\sqrt{5})^2+2^2}=\sqrt{3}+\sqrt{15}$,当且仅当 P,F,Q 三点共线,即 P 运动到 P_1 时,等号成立.

记椭圆 C 的右焦点为 $E(\sqrt{5},0)$,注意到

$$|PQ|+|PF|=|PQ|-(2a-|PE|)=|PQ|-|PE|+6,$$

显然,有 $|PQ|-|PE|\leqslant|QE|=\sqrt{(3-\sqrt{5})^2+2^2}=\sqrt{15}-\sqrt{3}$,从而 $|PQ|+|PF|\leqslant6+\sqrt{15}-\sqrt{3}$,当且仅当 P,E,Q 三点共线,即 P 运动到 P_2 位置时,等号成立. 于是可得 $\sqrt{3}+\sqrt{15}\leqslant|PQ|+|PF|\leqslant6+\sqrt{15}-\sqrt{3}$.

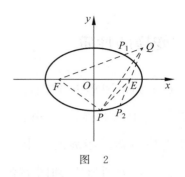

图 2

二、相似变换

在平面到其自身的映射下,对任意两点 A,B 及其像 A',B',总有 $A'B'=kAB(k>0)$,则这个映射叫作相似变换.

（1）位似变换

设 O 为一个定点,对于图形 F 中的任意一点 P,如果它的像 P' 在射线 OP（或者反向延长线）上,并且总有 $OP'=kOP(k\neq0)$,那么这种映射叫作以 O 为位似中心,k 为位似比的位似变换,记为 $H(O,k)$.

（2）位似旋转变换

设 O 为一个定点,$k(k>0)$ 为常数,θ 为有向角,对于图形 F 中的任意一点 P,射线 OP 绕点 O 旋转角 θ,在射线上存在一点 P',有 $OP'=kOP$,那么把由点 P 到 P' 点的变换叫作以点 O 为位似旋转中心,旋转角为 θ,位似比为 k 的位似旋转变换,记为 $S(O,\theta,k)$.

【例 2】如图所示,在锐角 $\triangle ABC$ 中,D 为边 BC 上一点,且 M,N 分别为 $\triangle ADB,\triangle ADC$ 的外心,若 $S_{\triangle ABC}=1$,则 $S_{\triangle MND}$ 的最小值为（　　）.

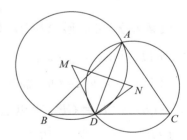

A. $\dfrac{1}{4}$ B. $\dfrac{1}{3}$

C. $\dfrac{1}{3\sqrt{2}}$ D. 前三个答案都不对

（2021 年北京大学语言类保送）

【解析】注意到 $\angle ABC=\dfrac{1}{2}\angle AMD=DMN$,$\angle ACB=\dfrac{1}{2}\angle AND=\angle DNM$,则 $\triangle DMN\sim\triangle ABC$. 故 $\dfrac{S_{\triangle MND}}{S_{\triangle ABC}}=\dfrac{DN^2}{AC^2}\geqslant\dfrac{DN^2}{(2DN)^2}=\dfrac{1}{4}$. 当且仅当 $AC=2DN$,即 $AD\perp BC$ 时取等号. 因此 $S_{\triangle MND}$ 的最小值为 $\dfrac{1}{4}$.

三、变换的性质

（1）如果图形 F 到图形 F' 是一个平移变换，则存在对称变换，经过连续两次对称变换，可使 F 变到 F'. 其中两对称轴 l_1 和 l_2 与平移方向垂直，一轴的位置可以任意选定，而另一轴与前一轴的距离等于对应点移动距离的一半.

（2）如果图形 F 到图形 F' 是一个旋转变换，则存在对称变换，经过连续两次对称变换，可使 F 变到 F'. 其中两对称轴 l_1 和 l_2 通过旋转中心，一轴的位置可以任意选定，而另一轴与前一轴的夹角等于旋转角的一半.

（3）对于不同的旋转中心，连续进行两次旋转变换 $R(O_1,\theta_1),R(O_2,\theta_2)$，如果 $\theta_1+\theta_2\neq2\pi$，则可用一次旋转变换 $R(O,\theta_1+\theta_2)$ 来代替，旋转中心 O 是分别过 O_1,O_2 的直线 l,m 的交点，其中 O_1O_2 与 l 的夹角为 $\dfrac{\theta_1}{2}$，O_1O_2 与 m 的夹角为 $\dfrac{\theta_2}{2}$.

（4）对于不同的位似中心，连续进行两次位似变换 $H(O_1,k_1),H(O_2,k_2)$，则可以用一次位似变换 $H(O,k_1k_2)$ 来代替，位似中心 O 是任意一点 M 与经过两次位似变换后的对应点 M'' 的连线和 O_1O_2 的交点 O.

【例 3】 如图 1 所示，在矩形 $ABCD$ 中，$AB=2$，$BC=4$，对角线 AC,BD 交于点 O，点 E 是边 BC 边上一动点. 将 $\triangle OCE$ 沿 OE 翻折到 $\triangle OC'E$，OC' 交 BC 于点 F，且点 C' 在 BC 下方，连接 BC'. 当 $\triangle BEC'$ 是直角三角形时，$\triangle BEC'$ 的周长为 _____.

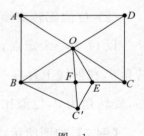

图　1

（2022 年西安交通大学）

【解析】 在矩形 $ABCD$ 中，$BD=AC=\sqrt{AB^2+BC^2}=2\sqrt{5}$，$OB=OC=\sqrt{5}$，所以 $\angle OBC=\angle OCB$.

因为 $\triangle OCE$ 沿 OE 翻折到 $\triangle OEC'$，所以 $\angle OCE=\angle OC'E=\angle OBC$，$\angle COE=C'OE$，$OC'=OC=OB$，$C'E=CE$，所以 $\angle OBC'=\angle OC'B$，$BE+C'E=BC=4$，又因为 $\angle BOC'+2\angle OCE+2\angle COE=180°$，即 $\angle BOC'+2(\angle OCE+\angle COE)=180°$，所以 $\angle BOC'+2\angle OC'B=180°$，所以 $\angle OBC'=\angle BC'O=\angle BEO$，故 $\angle C'BF=\angle C'OE$.

分两种情况：

（1）如图 2 所示，当 $\angle BEC'=90°$ 时，
$$\begin{aligned}\angle BOC'&=180°-(\angle OBE+\angle C'BE+\angle BC'O)\\&=180°-(\angle OC'E+\angle C'BE+\angle BC'O)\\&=180°-(\angle BC'E+\angle C'BE)=90°.\end{aligned}$$

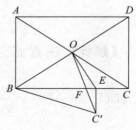

图　2

所以 $BC'=\sqrt{OB^2+OC^2}=\sqrt{10}$. 所以 $\triangle BEC'$ 的周长为 $BC'+BE+C'E=\sqrt{10}+4$.

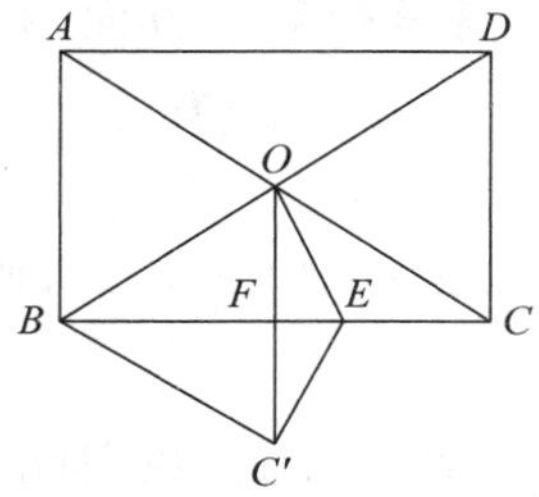

（2）如图 3 所示，当 $\angle BC'E=90°$ 时，$\angle BC'F+\angle EC'F=90°$，所以 $\angle BEO+\angle OBC=90°$，从而 $\angle BOE=90°$. 因为 $\cos\angle OBE=\dfrac{OB}{BE}=\dfrac{BC}{BD}$，即 $\dfrac{\sqrt{5}}{BE}=\dfrac{4}{2\sqrt{5}}$，所以 $BE=\dfrac{5}{2}$，从而 $C'E=CE=4-\dfrac{5}{2}=\dfrac{3}{2}$，所以 $BC'=\sqrt{BE^2-C'E^2}=2$，故 $\triangle BEC'$ 的周长 $BC'+BE+C'E=6$.

综上所述，$\triangle BEC'$ 的周长为 $\sqrt{10}+4$ 或 6.

图 3

§9.5 凸图形与覆盖

一、凸图形

1. 凸多边形

如果一个多边形内部任意两点的连线也在这个多边形的内部，则称该多边形为凸多边形.

2. 凸图形

如果图形 F 内任意两点 A，B 的连线线段上每一个点都在图形 F 内，则称图形 F 为凸图形.

3. 凸包

包含点集 M 的最小凸图形称为点集 M 的凸包. 凸包实际上是一个包含点集 M 的最小凸多边形.

定理：一个确定点集的凸包存在且唯一.

4. 直径

点集的直径是满足下面条件的一个正数 d：

点集中任意两点的距离都不超过 d，而对于比 d 小的任何正数 d'，点集中至少有两点的距离要超过 d'.

特别地，对于有限点集和闭区域，其直径就是任意两点间距离的最大值.

【例 1】 在图形中，相距最远的点的距离称为图形的直径. 则曲线 $x^4+y^2=1$ 的直径为 _____.

（2019 年清华大学暑期学校）

【解析】一方面,我们先证明:对于曲线上任意两点 A,B,$|AB|\leqslant\sqrt{5}$.

注意到 $|AB|\leqslant|AO|+|OB|$(O 是坐标原点),所以我们只需证明对任意曲线动点 A,有 $|OA|\leqslant\dfrac{\sqrt{5}}{2}$.记点 $A(x_0,y_0)$,则 $|OA|=\sqrt{x_0^2+y_0^2}=\sqrt{x_0^2+1-x_0^4}=\sqrt{-\left(x_0^2-\dfrac{1}{2}\right)^2+\dfrac{5}{4}}\leqslant\dfrac{\sqrt{5}}{2}$,证毕.

另一方面,我们能找到两点 A,B,使得 $|AB|\leqslant\sqrt{5}$.如 $A\left(\dfrac{\sqrt{2}}{2},\dfrac{\sqrt{3}}{2}\right),B\left(-\dfrac{\sqrt{2}}{2},-\dfrac{\sqrt{3}}{2}\right)$.

综上所述,该曲线的直径为 $\sqrt{5}$.

> 本题看似简单,但综合考察了解题人对图像性质、函数最值和不等式放缩等相关知识的运用,实际上并不容易处理.注意到曲线关于原点成中心对称图形,由此可以猜想直径取到的点应该是关于坐标原点对称的点对,进一步猜出答案为 $\sqrt{5}$,而不是 2.在证明的过程中,一个明显的难点是最值的表达式是多变量的(两个动点),因此借助原点放缩,消去多变量的步骤,实属精彩.

【例 2】对角线长分别为 11 和 23,且边长均为正整数的互不全等的平行四边形的个数为(　　).

A. 1　　　　　　　B. 2　　　　　　　C. 3　　　　　　　D. 前三个答案都不对

(2021 年北京大学语言类保送)

【解析】设平行四边形的相邻两条边分别为 x,y,且 $x<y$.从而由平行四边形恒等式,得 $2(x^2+y^2)=11^2+23^2$,即 $x^2+y^2=325$.又注意到 $325=1^2+18^2=6^2+17^2=10^2+15^2$,且 $x+y>23,y-x<11$,从而 $(x,y)=(10,15)$.所以满足题意的平行四边形只有 1 个,故选 A.

二、覆盖

1. 覆盖

如果一个图形 F 的任何一点都属于 n 张纸片 $G_1,G_2,\cdots,G_n$ 中的一个,则称图形 F 被 $G_1,G_2,\cdots,G_n$ 覆盖;如果无论怎样放置 $G_1,G_2,\cdots,G_n$,都至少有 F 中的一个点不能被这 n 张纸片中的任一个所包含,则称 $G_1,G_2,\cdots,G_n$ 盖不住 F.

2. 性质

(1) $F\subseteq F$;

(2) 若 $G_1\subseteq G,G_2\subseteq G_1$,则 $G_2\subseteq G$;

(3) 若 $G_1\supseteq F,G_2\supseteq F$,则 $G_1\bigcap G_2\supseteq F$;

(4) 如果纸片 G 能覆盖区域 F,则 $S(G)\geqslant S(F)$,其中 $S(X)$ 表示区域 X 的面积.

【例 3】用同样大小的正 n 边形平铺整个平面(没有重叠),若要将平面铺满,则 n 的值为_____.

(2020 年上海交通大学)

【解析】取正 n 边形的一个顶点记为 A,则其余正 n 边形沿顶点 A 平铺,设铺满整个平面需要 x 个正 n 边形,则相当于 x 个正 n 边形的内角 A 之和为 $360°$,即 $\dfrac{(n-2)180°}{n} \cdot x = 360°$,又因为 $x = \dfrac{2n}{n-2} = 2 + \dfrac{4}{n-2}$ 为整数,所以 $n-2 = 1$ 或 2 或 4,从而 n 的值可以为 3 或 4 或 6.

【例 4】若平面上有 100 条二次曲线,则这些二次曲线可以把平面分成若干个连通区域,则连通区域数量的最大值为 _____.

(2021 年北京大学)

【解析】记 n 条二次曲线最多将平面分成 a_n 个连通区域,从第 n 个二次曲线开始,新增加一条二次曲线与原来 n 条二次曲线中的每一条最多有 4 个交点,则最多增加 $4n$ 个交点.

(1)若这些二次曲线都是封闭曲线,被分成 $4n$ 段曲线,则共增加 $4n$ 个连通区域.

(2)若这些二次曲线不是封闭曲线:

(ⅰ)若二次曲线是抛物线,被分成 $4n+1$ 段曲线,共增加了 $4n+1$ 个连通区域;

(ⅱ)若二次曲线是双曲线,被分成 $4n+2$ 段曲线,共增加了 $4n+2$ 个连通区域;

(ⅲ)若二次曲线是两直线,则共增加了 $4n+3$ 个连通区域.

所以,要使得连通区域最多,这些二次曲线必须是直线,此时 $a_{n+1} = a_n + 4n + 3$,又因为 $a_1 = 4$,$a_2 = 11$,得 $a_n = 2n^2 + n + 1$,所以 $a_{100} = 2 \times 100^2 + 100 + 1 = 20101$.

【例 5】在圆周上独立地随机选取 n 个点,求这 n 个点可以被半圆覆盖的概率.

(2022 年中国科学技术大学)

【解析】n 个点分别记作 $A_i (i=1,2,\cdots,n)$,过 A_i 和圆心作直线交圆于 $B_i (i=1,2,\cdots,n)$,最终选取的 n 个点记作 $C_i (i=1,2,\cdots,n)$,且 $C_i \in \{A_i, B_i\}$,故有 2^n 种选择,且需保证 C_i 在一个半圆弧上,则当且仅当 C_i 为 A_i,B_i 这 $2n$ 个点中相邻的 n 个点,即 $2n$ 种情况.又因为这 n 个点同时包含 A_i,B_i 的概率为 0,因此所求概率 $p = \dfrac{2n}{2^n} = \dfrac{n}{2^{n-1}}$.

§9.6　圆与根轴

　　圆在平面几何中具有较为重要的地位,在历年的大学夏令营、秋令营或冬令营以及强基计划的考试中,与圆有关的试题比比皆是.在本节中,我们主要介绍与圆相关的定理.

一、圆

1. 相交弦定理

　　P 是圆内任意一点,过点 P 作圆的两条弦 AB,CD,则有 $PA \cdot PC = PB \cdot PD$.

2. 相交弦定理逆定理

如果四边形 $ABCD$ 的对角线 AC,BD 相交于点 P,且满足 $PA \cdot PC = PB \cdot PD$,则四边形 $ABCD$ 为圆的内接四边形.

3. 切割线定理

P 是圆外任意一点,过点 P 任作圆的两割(切)线 PAB,PCD,则 $PA \cdot PC = PB \cdot PD$.

4. 切割线定理逆定理

如果凸四边形 $ABCD$ 的一对对边 AB 与 DC 相交于点 P,且满足 $PA \cdot PC = PB \cdot PD$,则四边形 $ABCD$ 为圆内接四边形.

5. 弦切角定理

弦切角的**度数**等于它所夹的弧所对的圆心角度数的一半,等于它所夹的弧所对的圆周角度数.(与圆相切的直线与圆相交的弦所形成的夹角叫作弦切角).

【例1】 已知 A,B,C,D 四点共圆(如图所示),且 $AB=1,CD=2,AD=4,BC=5$,P 为 AD,BC 的交点,则 PA 的长度是_____.

（2020 年复旦大学）

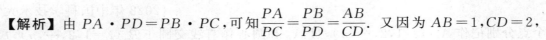

【解析】 由 $PA \cdot PD = PB \cdot PC$,可知 $\dfrac{PA}{PC} = \dfrac{PB}{PD} = \dfrac{AB}{CD}$. 又因为 $AB=1,CD=2$,

可得 $PC=2PA,PD=2PB$,则 $\begin{cases} PB+5=2PA \\ PA+4=2PB \end{cases}$,解得 $PA = \dfrac{14}{3}$,$PB = \dfrac{13}{3}$.

【例2】 三角形 $\triangle ABC$ 和凸四边形 $ABCD$ 如图所示,则"$\angle BAC = \angle BDC$"是"$\angle DAC = \angle DBC$"的（ ）(注:同弧或等弧所对的圆周角相等).

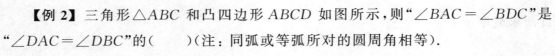

A. 充分不必要条件 　　　　B. 必要不充分条件

C. 充要条件 　　　　　　　D. 既不充分也不必要条件

（2020 年复旦大学）

【解析】 由 $\angle BAC = \angle BDC$ 知 A,B,C,D 四点共圆,所以 $\angle DAC = \angle DBC$,反之亦成立,从而为充要条件. 故选 C.

【例3】 如图所示,延长圆 O 一条弦 AB 至 C,过点 C 作圆 O 的切线 CM,CN,切点分别为 M,N,Q 为 AB 的上一点,满足 $\angle AMQ = \angle CNB$,则下列结论正确的是（ ）.

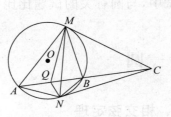

A. $\triangle CBM \backsim \triangle CMA$ 　　　　B. $\triangle AQM \backsim \triangle NBM$

C. $\triangle MAN \backsim \triangle MQB$ 　　　　D. $\triangle MAN \backsim \triangle BQN$

（2020 年武汉大学）

【解析】根据弦切角定理和圆周角定理，可得 $\angle CMB = \angle MAB = \angle MNB$，$\angle CNB = \angle BMN = \angle BAN = \angle AMQ$.

在 $\triangle CBM$ 和 $\triangle CMA$ 中，$\angle CMB = \angle CAM$，$\angle MCB = \angle ACM$，所以 $\triangle CBM \backsim \triangle CMA$，所以 A 正确；

在 $\triangle AQM$ 和 $\triangle NBM$ 中，$\angle AMQ = \angle NMB$，$\angle MAQ = \angle NMB$，所以 $\triangle AQM \backsim \triangle NBM$，故 B 正确；

在 $\triangle MAN$ 和 $\triangle MQB$ 中，$\angle ANM = \angle QBM$，$\angle ANM = \angle AMQ + \angle QMN$，$\angle QMB = \angle BMN + \angle QMN$，因为 $\angle BMN = \angle AMQ$，所以 $\angle AMN = \angle QMB$，所以 $\triangle MAN \backsim \triangle MQB$，故 C 正确；

因为 $\triangle MAN \backsim \triangle MQB$，所以 $\dfrac{AN}{MN} = \dfrac{QB}{BM}$，因为 $\dfrac{BN}{AN} = \dfrac{NC}{AC} = \dfrac{MC}{AC} = \dfrac{BM}{AM}$，所以 $AN \cdot BM = AM \cdot BN$，从而 $AM \cdot BN = MN \cdot QB$，所以 $\dfrac{AM}{MN} = \dfrac{QB}{BN}$，因此 $\triangle MAN \backsim \triangle BQN$，故 D 正确.

综上所述，本题正确的答案为 ABCD.

二、圆幂与根轴

圆幂定理　P 是圆 O 所在平面上的任意一点（可以在圆内、圆上或圆外），过点 P 任作一直线交圆 O 于 A，B 两点（A，B 两点可以重合，也可以其中一个与 P 重合），圆 O 半径为 r，则 $PA \cdot PB = |PO^2 - r^2|$.

与圆幂定理相关的一个概念是根轴，首先我们给出幂的定义：

幂的定义　过点 A 作圆的任一割线，从 A 到割线与圆相交的两点的两线段长度之积，称为**点对于圆的幂**. 若点 A 在圆外，则点 A 的幂等于从点 A 到圆周切线长度的平方，由相交弦定理及割线定理，可知点 A 的幂为定值. 不难证明，幂有以下两个性质：

（1）两圆相交，交点处的切线成直角，则每一圆半径的平方等于它的圆心对于另一圆周的幂，反之亦然；

（2）点 A 对于以 O 为圆心的圆周的幂，等于 OA 及其半径的平方差.

由此，我们可以引出下面的定理.

定理 1　对两圆等幂的点的轨迹是一条垂直于两圆连心线的直线.

事实上，设点 A 到圆 O_1 和圆 O_2 的幂相等，圆 O_1，圆 O_2 的半径分别为 R_1，R_2（$R_1 > R_2$），则 $AO_1^2 - R_1^2 = AO_2^2 - R_2^2$，即 $AO_1^2 - AO_2^2 = R_1^2 - R_2^2 =$ 常数.

如图所示，设 O_1O_2 的中点为 D，$AM \perp O_1O_2$ 于点 M，则 $AO_1^2 = AD^2 + O_1D^2 + 2O_1D \cdot DM$，$AO_2^2 = AD^2 + DO_2^2 - 2DO_2 \cdot DM$. 易得 $DM =$

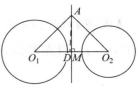

$$\frac{R_1^2-R_2^2}{2O_1O_2}$$为常数.

所以,过定点 M 的垂线即是两圆等幂点的轨迹.

根轴定义 两圆等幂点的轨迹,称为两圆的根轴或等幂轴.

由定理 1 可以看出

(1) 若两圆同心,则 $O_1O_2=0$,所以同心圆的根轴不存在;

(2) 若 $R_2=0$,即圆 O_2 缩成一点 O_2,这时点 M 对圆 O_2 的幂是 MO_2^2. 上面的论述仍然成立,这时直线(等幂点的轨迹)称为圆与一点的根轴.

定理 2 若两圆相交,其根轴就是公共弦所在的直线,由于两圆的交点对于两圆的幂都是 0,所以它们位于根轴上. 根轴是直线,所以根轴是两交点的连线.

定理 3 若两圆相切,其根轴就是过两圆切点的公切线.

定理 4 若三个圆两两不同心,则其两两的根轴相交于一点或互相平行. 若这三条根轴中有两条相交,则这一交点对于三个圆的幂均相等,所以该交点必在第三条根轴上,这一点称为三圆的根心.

显然,当三个圆的圆心在一条直线上时,三条根轴互相平行;当三个圆的圆心不共线时,根心存在(蒙日定理).

【例 4】 在平面凸四边形 $ABCD$ 中,$\angle ABC=\angle ADB=90°$,$BD=BC$,点 E 在线段 AB 上,F 为 CE 的中点,且 $\angle AFB=90°$. 求证:$AD=AE$.

(2018 年北京大学优秀中学生暑期体验营)

【证明】 易知 A,B,D,F 四点共圆,且 AB 为直径. 如图所示,连接 FD,BF,AF,ED,因为 $BC\perp AB$,F 为 EC 的中点,所以 $\angle FCB=\angle FBC=\angle BAF=\angle BDF$.

因为 $BD=BC$,所以 $\angle FDC=\angle FCD$,即 $FD=FC$. 因为 $EF=FC$,所以 $FD=FC=EF$,所以 $\angle EDC=90°$.

由 $\angle ADB=90°$,知 $\angle ADE=\angle BDC$. 又因为 $\angle EAD=\angle DBC$,所以 $\angle DEA=\angle BCD=\angle BDC=\angle ADE$,故 $AE=AD$.

【例 5】 如图 1 所示,四边形 $ABCD$ 为圆内接四边形,I_1 为 $\triangle ABC$ 的内心,I_2 为 $\triangle ABD$ 的内心,J_1 为 $\triangle BCD$ 的点 D 所对的旁心,J_2 为 $\triangle ACD$ 的点 C 所对的旁心.

求证:I_1,I_2,J_1,J_2 四点共线.

(2019 年北京大学中学生数学奖个人能力挑战赛)

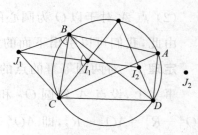

图 1

【证明】 取 $\triangle BCD$ 的内心 P 和 $\overset{\frown}{BC}$ 的中点 Q(如图 2 所示),则 D,P,Q,J_1 四点共线. 由鸡爪定理,可得 $QP=QI_1=QJ_1$. 从而 $\angle PI_1J_1=90°$. 由 $\angle BI_1A=90°+$

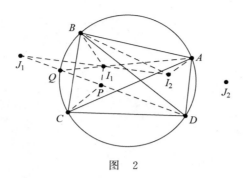

图 2

$\frac{1}{2}\angle BCA = 90° + \frac{1}{2}\angle BDA = \angle BI_2A$,可得 A,B,I_1,I_2 四点共圆,所以 $\angle BI_1I_2 = 180° - \angle BAI_2 =$

$180° - \frac{1}{2}\angle BAD$. 同理,可得 $\angle BI_1P = 180° - \frac{1}{2}\angle BCD$,所以 $\angle PI_1I_2 = 360° - \angle BI_1I_2 - \angle BI_1P =$

$90°$,于是 J_1,I_1,I_2 三点共线. 同理,I_1,I_2,J_2 三点共线,从而 I_1,I_2,J_1,J_2 四点共线.

第 10 章 立 体 几 何

　　立体几何是高中数学中重要的主干知识,也是高等数学的必要基础,因此是高考与强基命题的主要板块之一. 立体几何问题大致可以分成两个方面:一是空间几何体的结构特征、简单几何体的表面积和体积;二是从构成空间几何体的基本元素(如点、线、面)入手,研究它们的性质以及相互之间的位置关系等.

§10.1　空间几何体

　　在自然界和日常生活中,我们会遇到形状各异的物体,其中大部分物体可以看成是某些简单几何体的组合. 因此,我们从一些简单的几何体入手,开始对空间几何体进行研究.

一、多面体

　　由若干个多边形围成的封闭立体图形叫作**多面体**,构成多面体的各个平面叫作**多面体的面**,相邻面的公共边叫作**多面体的棱**,棱与棱的交点叫作**多面体的顶点**,连接不在同一边上的两个顶点的线段,叫作**多面体的对角线**.

　　如果把多面体的任意一个平面无限伸展,而此多面体的所有其他各面都在这个无限平面的同一侧,则这样的多面体叫作**凸多面体**. 多面体的面数至少是四个,多面体按照其面数分别叫作四面体、五面体和六面体等.

　　著名的大数学家欧拉对正多面体进行了研究,发现正多面体的顶点数 V、面数 F、棱数 E 存在下表中的关系:

正多面体	顶点数 V(Vertex)	面数 F(Face)	棱数 E(Edge)	$V+F-E$
正四面体	4	4	6	2
正六面体	8	6	12	2
正八面体	6	8	12	2
正十二面体	20	12	30	2
正二十面体	12	20	30	2

　　通过对正多面体的研究,欧拉发现存在关系 $V+F-E=2$. 由此,欧拉猜测简单多面体的顶点数 V、面数 F、棱数 E 也一定满足 $V+F-E=2$. 这就是著名的**欧拉定理**.

　　简单多面体的顶点数 V、面数 F、棱数 E 满足 $V+F-E=2$.

　　公式描述了简单多面体顶点数 V、面数 F 和棱数 E 之间特有的规律.

　　【例 1】以一个正方体的顶点为顶点构成的棱锥的个数为(　　　).

A. 104　　　　　　　　　B. 106　　　　　　　　　C. 108　　　　　　　　　D. 前三个答案都不对

(2023 年北京大学优秀中学生寒假学堂)

【解析】 分为两类:

(1) 若要以一个正方体的顶点为顶点构成三棱锥,只需要 4 个点不共面,而四个点共面共有 6+6=12 种情况,从而 4 个点不同面共有 $C_8^4-12=58$ 种情况;

(2) 四棱锥共有 $12\times4=48$ 种情况.

综上所述,共有 58+48=106 个棱锥. 选 B.

【例 2】 利用凸多面体的欧拉公式 $V-E+F=2$,证明:凸的正多面体的每个面只可能是正三角形、正方形或者正五边形,并且其顶点数 V、边数 E 和面数 F 只有如下五种可能:

$$(V,E,F)=(4,6,4),(8,12,6),(6,12,8),(20,30,12),(12,30,20).$$

(提示:可以利用如下条件——如果每个顶点处有 m 条边,相邻两边夹角为 α,则 $m\alpha<2\pi$)

(2022 年南京大学)

【解析】 注意到凸多面体的每个顶点处至少有 3 条边、若凸正多面体的每个面为正 n 边形,则 $n\leqslant 5$. 若不然,设 $n\geqslant6$,则同一个顶点处的相邻两边夹角 $\alpha\geqslant\dfrac{2}{3}\pi$,而此时每个顶点处夹角和 $A\geqslant3\times\dfrac{2}{3}\pi=2\pi$,这是不可能的. 从而凸正多面体的每个面只可能是正三角形、正方形或者正五边形.

进一步,我们考虑凸多面体的每条边与两个面相接,每个面有 x 条边,则 $F:E=1:\dfrac{x}{2}$,同时每条边与两个顶点相接,每个顶点处有 y 条边,则 $E:V=1:\dfrac{2}{y}$,于是 $V:E:F=\dfrac{2}{y}:1:\dfrac{2}{x}$.

不妨设 $V=\dfrac{2k}{y},E=k,F=\dfrac{2k}{x}$,则由欧拉公式 $V-E+F=\dfrac{2k}{y}-k+\dfrac{2k}{x}=2$,即 $\dfrac{1}{x}+\dfrac{1}{y}=\dfrac{1}{2}+\dfrac{1}{k}>\dfrac{1}{2}\Rightarrow\min\{x,y\}\leqslant3$. 而我们显然有 $x\geqslant3,y\geqslant3$,从而在 x,y 中必然有一个是 3.

因此,$(x,y,k)=(3,3,6),(3,4,12),(3,5,30),(4,3,12),(4,5,30)$.

于是对应的 $(V,E,F)=(4,6,4),(8,12,6),(6,12,8),(20,30,12),(12,30,20)$,它们分别为正四面体、正六面体、正八面体、正十二面体以及正二十面体.

二、旋转体

平面上一条封闭曲线所围成的区域绕着它所在平面上的一条定直线旋转而形成的几何体,叫作**旋转体**. 这条定直线叫作**旋转体的轴**. 简单的旋转体主要有圆柱、圆锥、圆台和球等.

【例 3】 在四面体 $D\text{-}ABC$ 中,$AB=BC=CA=CD=2\sqrt{3}$,E 为 BC 的中点,$AE\perp DE$,且 $DE=3$,则四面体 $D\text{-}ABC$ 外接球的半径为(   ).

A. $\sqrt{2}$ B. $\sqrt{3}$ C. $\sqrt{6}$ D. $\sqrt{5}$

(2021 年清华大学语言类保送暨高水平艺术团)

【解析】 依题意,有 $EC^2 + DE^2 = CD^2$,则 $DE \perp BC$. 又因为 $AE \perp DE$,$AE \cap BC = E$,则 $DE \perp$ 平面 ABC.

如图所示,设四面体 $D\text{-}ABC$ 的外接球的球心为点 O. 球心 O 在平面 BCD 与平面 ABC 上的射影分别为 M,N 两点.

注意到 $\triangle ABC$ 和 $\triangle BCD$ 均为正三角形,则 $ON = ME = 1$,$AN = 2$. 即四面体 $D\text{-}ABC$ 的外接球的半径 $AO = \sqrt{ON^2 + AN^2} = \sqrt{5}$,选 D.

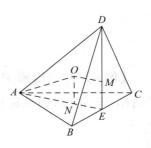

【例 4】 用一个平面截一个圆柱,截面为椭圆且与底面仅有一个交点,则沿柱面展开的交线的形状是_____.

（2021 年北京大学优秀中学生寒假学堂）

【解析】 如图所示,我们只需研究弧 XR 和垂线 QR 长度的关系即可.

在空间直角坐标系中,不妨设圆柱的中心为 O,高 $YT = 2$,底面是单位圆,点 $X(0,-1,-1)$,$Y(0,1,1)$,$Z(1,0,0)$,则椭圆的方程为 $\begin{cases} x^2 + y^2 = 1\text{(柱面)} \\ y = z\text{(平面)} \end{cases}$. 设 $\angle XPR = x$,则 $R(\sin x, -\cos x, -1)$,$Q(\sin x, -\cos x, -\cos x)$,于是 $XR = x$,$QR = 1 - \cos x$,则展开的交线为 $y = 1 - \cos x$ 是一条余弦函数曲线（当然也可以是正弦函数曲线）.

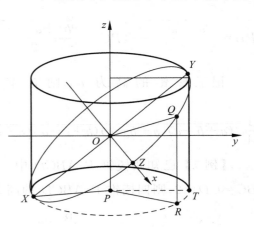

三、几何体的表面积与体积

【例 5】 如图 1 所示,体积为 1 的长方体 $ABCD\text{-}A_1B_1C_1D_1$,取 A_1B_1 的中点 P,CC_1 的中点 Q,CD 的中点 R,则三棱锥 $A\text{-}PQR$ 的体积 $V_{A\text{-}PQR} = $ _____.

（2022 年北京大学）

【解析】 如图 2 所示,取 AB 的中点 N,连接 PN,取 PN 的中点 M,连接 QM,易知 $QM /\!/$ 平面 PAR,从而

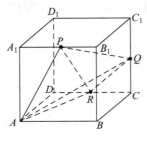

图　1

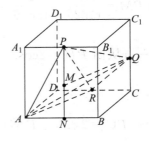

图　2

$$V_{A-PQR} = V_{Q-PAR} = V_{M-PAR} = V_{R-PAM}$$

$$= \frac{1}{3}(S_{\triangle PAM})h = \frac{1}{3}\left(\frac{1}{8}S_{ABB_1A_1}\right)h = \frac{1}{24}(S_{ABB_1A_1})h$$

$$= \frac{1}{24}V_{ABCD-A_1B_1C_1D_1} = \frac{1}{24}.$$

【例 6】 在三棱锥 $P\text{-}ABC$ 中,已知 $PA\perp PB$,$PB\perp PC$,$PA\perp PC$,$BC=a$,$BA=c$,$AC=b$,若以 $\triangle ABC$ 为底面,则三棱锥的高为_____.

(2021 年复旦大学)

【解析】 依题意,有 $PA^2+PB^2=c^2$,$PB^2+PC^2=a^2$,$PC^2+PA^2=b^2$,所以 $PA=\sqrt{\dfrac{b^2+c^2-a^2}{2}}$,

$PB=\sqrt{\dfrac{a^2+c^2-b^2}{2}}$,$PC=\sqrt{\dfrac{b^2+a^2-c^2}{2}}$.

记三棱锥的高为 h,则有 $V_{P\text{-}ABC}=\dfrac{1}{3}hS_{\triangle ABC}=\dfrac{1}{6}PA\cdot PB\cdot PC$,又有 $S_{\triangle ABC}=$

$\dfrac{1}{4}\sqrt{(a+b+c)(a+b-c)(b+c-a)(a+c-b)}$,所以 $h=\sqrt{\dfrac{(a^2+b^2-c^2)(b^2+c^2-a^2)(c^2+a^2-b^2)}{2(a+b+c)(a+b-c)(b+c-a)(a+c-b)}}$.

【例 7】 已知四棱锥 $P\text{-}ABCD$ 中,$\angle APB=\angle APD=\angle PBC=\angle PDC=90°$,$AP=PB=PD$,$BC=CD=2$,则四棱锥 $P\text{-}ABCD$ 的高为(　　).

A. $\sqrt{5}-1$　　　　　B. $\sqrt{5}$　　　　　C. $\sqrt{5}+1$　　　　　D. $2\sqrt{5}$

(2021 年清华大学自强计划)

【解析】 *方法一*

如图所示,设 AC 与 BD 交于点 M,由于 $AB=AD=2\sqrt{2}$,$BC=CD=2$,则 AC 垂直平分 BD,进而可得 $BD\perp$ 平面 APC.

在 $\triangle PAC$ 中,作 $PH\perp AC$ 于点 H,连接 DH,BH,PM. 由于 $AP\perp PB$ 且 $AP\perp PD$,所以 $AP\perp$ 平面 PBD,从而 $AP\perp PM$.

由 $\triangle PBD$ 与 $\triangle CBD$ 全等,可得 $PM=CM$,设 $\angle PCM=\theta$,则

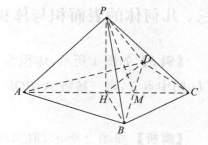

$\angle PMH=2\theta$,进而 $PM=\dfrac{AP}{\tan 2\theta}=\dfrac{2}{\tan 2\theta}=\dfrac{\frac{1}{2}PC}{\cos\theta}=\dfrac{\sqrt{2}}{\cos\theta}$,从而 $\sqrt{2}\sin\theta=\cos 2\theta$,所以 $1-\cos 2\theta=\cos^2 2\theta$,

解得 $\cos 2\theta=\dfrac{-1+\sqrt{5}}{2}$,从而 $PH=2\cos 2\theta=\sqrt{5}-1$. 故选 A.

方法二

易知 $AB=AD=PC=2\sqrt{2}$,$\angle PAD=\angle PAB=\angle PCB=\angle PCD=\dfrac{\pi}{4}$,因为 $ABCD$ 为筝形,故 $AC\perp BD$,又因为 AC 平分 $\angle DAB$,AC 平分 $\angle BCD$,所以 P 平面 $ABCD$ 内射影在 AC 上,记为 H.

因此 $PH \perp BD$,则 $BD \perp$ 平面 PMC,故 $PM = MC$.

因为 $AP \perp PM$,设 $PM = x$,所以 $HM = \dfrac{x^2}{\sqrt{x^2+4}}$,从而 $\cos\angle PCH = \dfrac{x + \dfrac{x^2}{\sqrt{x^2+4}}}{2\sqrt{2}} = \dfrac{\sqrt{2}}{x}$,所以 $4 = x^2 + \dfrac{x^3}{\sqrt{x^2+4}}$,即 $(4-x^2)^2(x^2+4) = x^6$. 令 $t = x^2$,所以 $t = x^2 = 2\sqrt{5}-2$,从而 $PH^2 = x^2 - \dfrac{x^4}{x^2+4} = \dfrac{4x^2}{x^2+4}$.

综上所述,$PH = \sqrt{4 \cdot \dfrac{\sqrt{5}-1}{\sqrt{5}+1}} = \sqrt{5}-1$,故选 A.

【例 8】 在四面体 $ABCD$ 中,$AB=1$,$CD=\sqrt{3}$,AB 与 CD 所在直线间的距离为 2,且 AB 与 CD 所成的角为 $60°$,则四面体 $ABCD$ 的体积为 _____.

(2022 年北京大学优秀中学生寒假学堂)

【解析】 本题若直接求四面体 $ABCD$ 的体积,难度较大. 我们可以采用补体法,把所求四面体的体积转化为求三棱柱或四棱锥的体积. 当然,考虑到已知异面直线 AB 与 CD 所成的角,也可利用三角形中位线,通过作辅助平面,利用分割求和法,将其转化为求两个拟柱体体积之和.

方法一

如图 1 所示,过点 C 作 $CE \underline{\underline{\parallel}} AB$,以 $\triangle CDE$ 为底面,BC 为侧棱作三棱柱 $ABF\text{-}ECD$,则所求四面体 $ABCD$ 的体积 V 等于三棱柱 $ABF\text{-}ECD$ 的体积 V' 的 $\dfrac{1}{3}$.

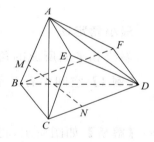

图 1

因为 $CE \parallel AB$,所以 $\angle ECD$ 是异面直线 AB 与 CD 所成的角,即 $\angle ECD = 60°$.

设 MN 为异面直线 AB 与 CD 的公垂线段,则 $MN = 2$ 为三棱柱 $ABF\text{-}ECD$ 的高. 从而 $V' = S_{\triangle BCD} \cdot MN = \dfrac{1}{2}CE \cdot CD\sin\angle ECD \cdot MN = \dfrac{1}{2} \times 1 \times \sqrt{3} \times \dfrac{\sqrt{3}}{2} \times 2 = \dfrac{3}{2}$. 故 $V = \dfrac{1}{3}V' = \dfrac{1}{2}$.

方法二

如图 2 所示,过点 B 作 $BE \underline{\underline{\parallel}} CD$,则四边形 $ABCD$ 为平行四边形,$\angle ABE$ 为异面直线 AB 与 CD 所成的角,即 $\angle ABE = 60°$. 从而,$S_{\triangle ABE} = \dfrac{1}{2}AB \cdot BE\sin\angle ABE = \dfrac{1}{2} \times 1 \times \sqrt{3} \times \dfrac{\sqrt{3}}{2} = \dfrac{3}{4}$.

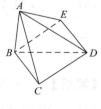

图 2

因为 $CD \parallel BE$,所以 $CD \parallel$ 平面 ABE,故点 D 到平面 ABE 的距离 h 等于异面直线 AB 与 CD 的距离,即 $h = 2$. 故 $V_{A\text{-}BCD} = V_{A\text{-}BDE} = V_{D\text{-}ABE} = \dfrac{1}{3}S_{\triangle ABE} \cdot h = \dfrac{1}{3} \times \dfrac{3}{4} \times 2 = \dfrac{1}{2}$.

方法三

如图 3 所示,分别取 BC,CA,AD,DB 的中点 P,Q,R,S,则四边形 $PQRS$ 为

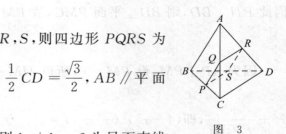

图 3

平行四边形,且 $\angle QPS=60°$, $PQ=\dfrac{1}{2}AB=\dfrac{1}{2}$, $PS=\dfrac{1}{2}CD=\dfrac{\sqrt{3}}{2}$, $AB\parallel$ 平 面 $PQRS\parallel CD$.

设直线 AB,CD 与平面 $PQRS$ 的距离分别为 h_1,h_2,则 $h_1+h_2=2$ 为异面直线 AB 与 CD 的距离. 由拟柱体的体积公式,得

$$V_{ABCD}=V_{AB\text{-}PQRS}+V_{AD\text{-}PQRS}=\frac{4}{6}S_{PQRS}(h_1+h_2)$$

$$=\frac{2}{3}PQ\cdot PS\sin\angle QPS\cdot(h_1+h_2)=\frac{2}{3}\times\frac{1}{2}\times\frac{\sqrt{3}}{2}\times\frac{\sqrt{3}}{2}\times 2=\frac{1}{2}.$$

§10.2　空间中的位置关系

一、空间直线与直线的位置关系

最小角定理

斜线和平面所成的角是这条斜线和平面内经过斜足的直线所成的一切角中最小的角.

【例 1】 空间中有三条直线 a,b,c 两两异面,则与这三条直线都相交的直线有＿＿＿＿.

（2020 年上海交通大学）

【解析】 如图所示,将直线 a,b,c 放入正方体中,在 c 上任取一点 A,过点 A 作 $AB\parallel a$,构造平面 $ABCD$,则直线 b 与平面 $ABCD$ 交于点 E,连接 AE 交 a 于点 F,即直线 AF 与三条异面直线 a,b,c 都相交.

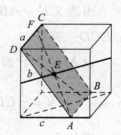

由点 A 的任意性,可知答案应为无数多条.

【例 2】 如图所示,在棱长为 6 的正四面体 $ABCD$ 中,M 为面 BCD 上一点,且 $|AM|=5$,设异面直线 AM 与 BC 所成的角为 α,则 $|\cos\alpha|$ 的最大值为＿＿＿＿.

（2022 年南京大学）

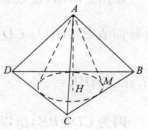

【解析】 过点 A 作底面 BCD 的垂线 AH,H 为垂足,易得 $AH=2\sqrt{6}$. 由 $AM=5$,可知 AM 是以 AH 为旋转轴的圆锥的母线,且 M 所在的底面圆周半径为 1. 由最小角定理,知 AM 与 BC 所成角 α 的最小值为 AM 与平面 BCD 所成线面角,即当 α 最小时,$(\cos\alpha)_{\max}=\dfrac{1}{5}$.

本题也可以利用空间向量的方法加以解决：

如图所示，将正四面体放入正方体中，易知该正方体的棱长为 $3\sqrt{2}$. 建立以点 A 为坐标原点的空间直角坐标系，则面 BCD 的方程为 $x+y+z=6\sqrt{2}$，点 $B(3\sqrt{2},3\sqrt{2},0)$，$C(3\sqrt{2},0,3\sqrt{2})$，从而 $\overrightarrow{BC}=(0,-3\sqrt{2},3\sqrt{2})$. 设 $M(x,y,z)$，则 $\overrightarrow{AM}=(x,y,z)$，从而 $\cos\theta=\dfrac{3\sqrt{2}(z-y)}{5\times3\sqrt{2}\times\sqrt{2}}=\dfrac{z-y}{5\sqrt{2}}$.

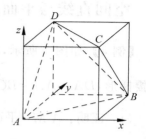

因为 $x^2+y^2+z^2=25$，$x+y+z=6\sqrt{2}$，$|\cos\theta|=\sqrt{\dfrac{(z-y)^2}{50}}$，$(z-y)^2=(25-x^2)^2-(6\sqrt{2}-x)^2=-3x^2+12\sqrt{2}x-22\leqslant2$，所以 $|\cos\theta|\leqslant\dfrac{1}{5}$，当且仅当 $M\left(2\sqrt{2},\dfrac{3}{2}\sqrt{2},\dfrac{5}{2}\sqrt{2}\right)$ 时，等号成立. 从而 $(\cos\alpha)_{\max}=\dfrac{1}{5}$.

【例3】 如图1所示，在正方体 $ABCD$-$A_1B_1C_1D_1$ 中，点 M，N 分别是线段 CD，AB 上的动点，点 P 是 $\triangle A_1C_1D$ 内的动点（不包括边界），记直线 D_1P 与 MN 所成的角为 θ，若 θ 的最小值为 $\dfrac{\pi}{3}$，则点 P 的轨迹是（　　）.

A. 圆的一部分　　　　　　　　B. 椭圆的一部分

C. 抛物线的一部分　　　　　　D. 双曲线的一部分

（2017 年北京大学高中发展与核心能力测试）

【解析】 如图2所示，动线段 MN 形成面 $ABCD$，则有 D_1P 与 MN 所成角 θ 的最小值 $\theta_{\min}$，所以 D_1P 与平面 $ABCD$ 的线面角为 $\theta_{\min}=\dfrac{\pi}{3}$，$D_1P$ 与 D_1D 的定角为 $\alpha=\dfrac{\pi}{6}$，即 P 在以 D_1D 为轴的圆锥面上，母线与圆锥轴所成角为 $\alpha=\dfrac{\pi}{6}$. 又因为 P 在面 A_1C_1D 上，相当于用平面 A_1C_1D 去截圆锥形成的曲线. 因为 D_1D 与面 A_1C_1D 的线面角为 β，连接 BD_1 交平面 A_1C_1D 于点 H，则 $\sin\beta=\sin\angle D_1DH=\dfrac{1}{\sqrt{3}}>\sin\alpha$.

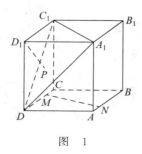

图　1

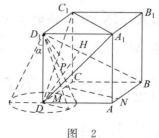

图　2

因为 $\beta>\alpha$，所以圆锥的截口线为椭圆的一段，从而选 B.

二、空间直线与平面的位置关系

【例 4】 如图 1 所示,在四棱柱 $ABCD\text{-}A'B'C'D'$ 中,平面 $DCC'D'\perp$ 平面 $ABCD$,底面 $ABCD$ 为等腰梯形,$DA=AB=BC=1$,$DD'=DC$,$\angle ADC=\dfrac{\pi}{3}$,且 M 为 CD 的中点.

(1) 证明:$A'M/\!/$ 平面 $B'BCC'$;

(2) 若 $\angle D'DC=\dfrac{\pi}{3}$,求 $A'M$ 与平面 $DAA'D'$ 所成线面角的正弦值.

(2021 年清华大学文科营暨工科营)

【解析】 (1) 如图 2 所示,连接 $B'C$,依题意,有 $A'B'=AB=MC$. 又因为 $A'B'/\!/MC$,则四边形 $A'B'CM$ 为平行四边形,故 $A'M\not\subset$ 平面 $B'BCC'$,$B'C\subset$ 平面 $B'BCC'$,则 $A'M/\!/$ 平面 $B'BCC'$.

(2) 如图 2 所示,连接 $D'M$,则 $D'M\perp DC$,由平面 $DCC'D'\perp$ 平面 $ABCD$,得 $D'M\perp$ 平面 $ABCD$.

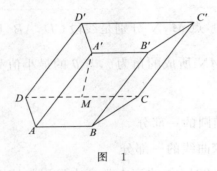

图 1

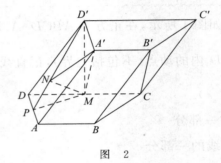

图 2

因为 $CD\subset$ 平面 $ABCD$,则 $D'M\perp AD$. 作 $MP\perp AD$ 交 AD 于点 P,连接 PD',则 $PD=PA$. 又因为 $AD\cap PM=P$,则 $AD\perp$ 平面 PMD'. 作 $MN\perp PD'$ 交 PD' 于点 N,连接 $A'N$,则 $AD\perp MN$. 因为 $AD\cap PD'=P$,则 $MN\perp$ 平面 $DAA'D'$,即 $\angle MA'N$ 为平面 $A'M$ 与平面 $DAA'D'$ 所成的线面角.

设 $\angle MA'N=\theta$,又因为 $MP=\dfrac{\sqrt{3}}{2}$,$MD'=\sqrt{3}$,则 $D'P=\sqrt{MP^2+MD'^2}=\dfrac{\sqrt{15}}{2}$.

故 $MN=\dfrac{MP\cdot MD'}{PD'}=\dfrac{\sqrt{15}}{5}$,又 $A'M=\sqrt{D'M^2+A'D'^2}=2$,$\sin\theta=\dfrac{MN}{A'M}=\dfrac{\sqrt{15}}{10}$.

本题的第 (2) 小题也可以利用空间向量的方法解决:

以 M 为坐标原点,$\overrightarrow{MN}$ 为 x 轴的正方向,建立如图 3 所示的空间直角坐标系 $M\text{-}xyz$,则 $D(0,-1,0)$,$D'(0,0,\sqrt{3})$,$A\left(\dfrac{\sqrt{3}}{2},-\dfrac{1}{2},0\right)$,$A'\left(\dfrac{\sqrt{3}}{2},\dfrac{1}{2},\sqrt{3}\right)$. 故 $\overrightarrow{DD'}=(0,1,\sqrt{3})$,$\overrightarrow{DA}=\left(\dfrac{\sqrt{3}}{2},\dfrac{1}{2},0\right)$,$\overrightarrow{MA}=\left(\dfrac{\sqrt{3}}{2},\dfrac{1}{2},\sqrt{3}\right)$.

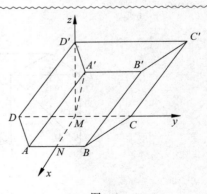

图 3

设 $\boldsymbol{n}=(a,b,c)$ 是平面 $ADD'A'$ 的法向量, 则 $\begin{cases} \overrightarrow{DD'}\cdot\boldsymbol{n}=b+\sqrt{3}c=0 \\ \overrightarrow{DA}\cdot\boldsymbol{n}=\dfrac{\sqrt{3}}{2}a+\dfrac{1}{2}b=0 \end{cases}$, 得 $\begin{cases} b=-\sqrt{3}c \\ b=-\sqrt{3}a \end{cases}$, 取 $a=$

$c=1,b=-\sqrt{3}$, 即 $\boldsymbol{n}=(1,-\sqrt{3},1)$, 则 $|\cos\langle\overrightarrow{MA'}\cdot\boldsymbol{n}\rangle|=\dfrac{|\overrightarrow{MA'}\cdot\boldsymbol{n}|}{|\overrightarrow{MA'}||\boldsymbol{n}|}=\dfrac{\sqrt{3}}{2\sqrt{5}}=\dfrac{\sqrt{15}}{10}$.

故 $A'M$ 与平面 $DAA'D'$ 所成角的正弦值为 $\dfrac{\sqrt{15}}{10}$.

【例5】底面边长为 a 的正三棱锥, 侧棱与底面所成角为 $\dfrac{\pi}{3}$, 则过一条底边与底面平角为 $\dfrac{\pi}{6}$ 的截面面积为 _____.

（2021 年复旦大学）

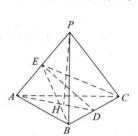

【解析】如图所示, 取 BC 的中点 D, 连接 AD, 作 $PH\perp AD$ 于点 H, 易知 $PH\perp$ 平面 ABC, 则 $\angle PAD=\dfrac{\pi}{3}$. 在线段 PA 上取一点 E, 连接 ED, 使得 $\angle EDA=\dfrac{\pi}{6}$, 易知 $ED\perp BC$, 连接 EC,EB, 则 $\triangle EBC$ 即为所求截面. 又因为 $AD=\dfrac{\sqrt{3}}{2}a$, 所以 $ED=\dfrac{3}{4}a$, 则 $S_{\triangle EBC}=\dfrac{3}{8}a^2$, 即截面面积为 $\dfrac{3}{8}a^2$.

三、空间平面与平面的位置关系

【例6】在三棱台 $ABC\text{-}DEF$ 中, $AB\perp AC$, $AB=2DE=2$, $AC=2\sqrt{2}$, $CF=2$, 且 $CF\perp$ 平面 ABC, 设 P,Q,R 分别为棱 AC,FC,BC 的中点.

（1）证明: 平面 $BCD\perp$ 平面 PQR;

（2）求二面角 $E\text{-}BD\text{-}C$ 的正弦值.

（2021 年清华大学语言类保送暨高水平艺术团）

【解析】（1）如图所示, 连接 DP, 则四边形 $DPCF$ 是矩形, 又因为 $\tan\angle CDP=\tan\angle CPQ=\dfrac{\sqrt{2}}{2}$, 则 $\angle CDP=\angle CPQ$, 从而 $CD\perp PQ$.

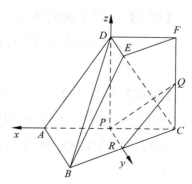

由 $CF\perp$ 平面 ABC, 且 $PR\subset$ 平面 ABC, 得 $CF\perp PR$. 由 $AB\perp AC$, 且 PR 为 $\triangle ABC$ 的中位线, 得 $PR\perp AC$. 又因为 $AC\cap CF=C$, 则 $PR\perp$ 平面 $ADCF$.

注意到 $PQ\subset$ 平面 $ADCF$, 则 $PR\perp PQ$. 又因为 $PQ\cap PR=P$, 则 $CD\perp$ 平面 PQR, 从而平面 $BCD\perp$ 平面 PQR.

（2）以 P 为坐标原点，$\overrightarrow{PA}$ 为 x 轴的正方向，建立如图所示的空间直角坐标系 $P\text{-}xyz$. 则 $B(\sqrt{2},2,0)$，$C(-\sqrt{2},0,0)$，$D(0,0,2)$，$E(0,1,2)$. 故 $\overrightarrow{BD}=(-\sqrt{2},-2,2)$，$\overrightarrow{DE}=(0,1,0)$，$\overrightarrow{BC}=(-2\sqrt{2},-2,0)$.

设 $\boldsymbol{m}=(a,b,c)$ 是平面 BDE 的法向量，则 $\begin{cases}\overrightarrow{BD}\cdot\boldsymbol{m}=-\sqrt{2}a-2b+2c=0 \\ \overrightarrow{DE}\cdot\boldsymbol{m}=b=0\end{cases}$，得 $\begin{cases}a=\sqrt{2}c \\ b=0\end{cases}$，取 $a=\sqrt{2}$，

则 $\boldsymbol{m}=(\sqrt{2},0,1)$.

设 $\boldsymbol{n}=(p,q,r)$ 是平面 BDC 的法向量，则 $\begin{cases}\overrightarrow{BD}\cdot\boldsymbol{n}=-\sqrt{2}p-2q+2r=0 \\ \overrightarrow{BC}\cdot\boldsymbol{n}=-2\sqrt{2}p-2q=0\end{cases}$，得 $\begin{cases}p=\sqrt{2}r \\ q=-\sqrt{2}p\end{cases}$，取 $p=1$，$q=-\sqrt{2}$，$r=-\dfrac{\sqrt{2}}{2}$，即 $\boldsymbol{n}=\left(1,-\sqrt{2},-\dfrac{\sqrt{2}}{2}\right)$.

设二面角 $E\text{-}BD\text{-}C$ 的平面角为 θ，则 $\cos^2\theta=\cos^2\langle\boldsymbol{m},\boldsymbol{n}\rangle=\dfrac{(\boldsymbol{m}\cdot\boldsymbol{n})^2}{|\boldsymbol{m}||\boldsymbol{n}|}=\dfrac{\frac{1}{2}}{3\cdot\frac{7}{2}}=\dfrac{1}{21}$.

故 $\sin\theta=\sqrt{1-\cos^2\theta}=\dfrac{2\sqrt{105}}{21}$. 从而二面角 $E\text{-}BD\text{-}C$ 的正弦值为 $\dfrac{2\sqrt{105}}{21}$.

§10.3　空间中的角度

在立体几何中，关于空间角是常考的内容，其传统解法分为三步：作图、证明、解三角形. 这种解法所需作的辅助线多、技巧性强，是学生学习的重点. 空间中的角度问题，主要分为三类：两直线所成的角、直线与平面所成的角与二面角.

一、两直线所成的角

【例 1】已知正四面体 $D\text{-}ABC$ 的边长为 8，点 P 和点 Q 分别在边 AB 和 AC 上（如图所示），且满足 $AP=1$，$AQ=2$，点 T 在 AD 上，则使得 $\triangle PQD$ 为直角三角形的点 T 的个数为　　　　.

（2022 年清华大学自强计划）

【解析】易得 $PQ^2=3$，不妨设 $AT=x$，则在 $\triangle ATP$ 中，由余弦定理，可得 $PT^2=AT^2+AP^2-2AT\cdot AP\cos 60°=x^2-x+1$.

同理，在 $\triangle ATQ$ 中，有 $QT^2=AT^2+AQ^2-2AT\cdot AQ\cos 60°=x^2-2x+4$.

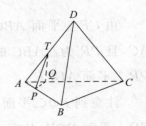

若 $\angle TPQ=90°$,则 $QT^2=PT^2+PQ^2$,得 $x=0$;

若 $\angle TQP=90°$,则 $PT^2=QT^2+PQ^2$,得 $x=6$;

若 $\angle PTQ=90°$,则 $PQ^2=QT^2+PT^2$,得 $2x^2-3x+2=0$,此方程无解.

综上所述,使得 $\triangle PQD$ 为直角三角形的点 T 个数为 2.

【例2】圆锥中,PO 为高,PA 为母线,B 为底面上一点,$OB\perp BA$,$OH\perp BP$ 于点 H,$|AO|=2\sqrt{2}$,$|AP|=4$,则 $V_{P\text{-}HOA}$ 的最大值为(　　).

A. $\dfrac{2\sqrt{6}}{3}$ 　　　　B. $\dfrac{\sqrt{3}}{3}$ 　　　　C. $\dfrac{4}{3}$ 　　　　D. $\dfrac{\sqrt{2}}{2}$

(2022 年上海交通大学)

【解析】由 $|AO|=2\sqrt{2}$,$|AP|=4$,得 $PO=2\sqrt{2}$,设 $\angle BOA=\theta$,所以 $OB=2\sqrt{2}\cos\theta$,$HO=\dfrac{OB\cdot PO}{BP}=\dfrac{2\sqrt{2}\cos\theta\cdot 2\sqrt{2}}{\sqrt{(2\sqrt{2}\cos\theta)^2+(2\sqrt{2})^2}}=\dfrac{2\sqrt{2}\cos\theta}{\sqrt{1+\cos^2\theta}}$,所以 $HC=OH\sin\angle HOC=OH\cos\angle HOP=\dfrac{OH^2}{OP}=\dfrac{2\sqrt{2}\cos^2\theta}{1+\cos^2\theta}$.

$$V_{P\text{-}HOA}=V_{P\text{-}BOA}-V_{H\text{-}BOA}=\frac{1}{3}\left(\frac{1}{2}\times 2\sqrt{2}\times 2\sqrt{2}\cos\theta\cdot\sin\theta\right)PO=\frac{1}{3}\left(\frac{1}{2}\times 2\sqrt{2}\times 2\sqrt{2}\cos\theta\cdot\right.$$

$$\left.\sin\theta\right)HC=\frac{4\sin\theta\cos\theta}{3}\left(2\sqrt{2}-\frac{2\sqrt{2}\cos^2\theta}{1+\cos^2\theta}\right)=\frac{4\sqrt{2}}{3}\cdot\frac{\sin 2\theta}{1+\cos^2\theta}\leqslant\frac{4}{3}$$,当且仅当 $\cos 2\theta=-\dfrac{1}{3}$,$\sin 2\theta=\dfrac{2\sqrt{2}}{3}$ 时取等号. 故选 C.

二、直线与平面所成的角

【例3】设直线 l 与三坐标轴间的角分别为 α,β,γ,与三坐标平面的交角分别为 λ,μ,ν,则 $\sin^2\alpha+\sin^2\beta+\sin^2\gamma=$＿＿＿＿＿;$\cos^2\lambda+\cos^2\mu+\cos^2\nu=$＿＿＿＿＿.

(2021 年北京大学基础学科招生)

【解析】如图所示,作一长方体,l 与同一顶点出发的三条棱所成角的

正弦值分别为 $\sin\alpha=\dfrac{a}{\sqrt{a^2+b^2+c^2}}$,$\sin\beta=\dfrac{b}{\sqrt{a^2+b^2+c^2}}$,$\sin\gamma=$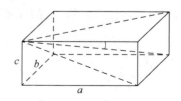

$\dfrac{c}{\sqrt{a^2+b^2+c^2}}$,故 $\sin^2\alpha+\sin^2\beta+\sin^2\gamma=1$.

l 与同一顶点出发的三个侧面所成角的余弦值分别为 $\cos\lambda=\dfrac{\sqrt{b^2+c^2}}{\sqrt{a^2+b^2+c^2}}$,$\cos\mu=\dfrac{\sqrt{c^2+a^2}}{\sqrt{a^2+b^2+c^2}}$,

$\cos\nu=\dfrac{\sqrt{a^2+b^2}}{\sqrt{a^2+b^2+c^2}}$,故 $\cos^2\lambda+\cos^2\mu+\cos^2\nu=2$.

【例 4】 底面边长为 a 的正棱锥,侧棱与底面所成的角为 $\dfrac{\pi}{3}$,则过一条底边与底面夹角为 $\dfrac{\pi}{6}$ 的截面面积为_____.

（2021 年复旦大学）

【解析】 如图所示,设 A 在底面 BCD 内的射影为 O,所以 $\angle ADO = 60°$. 设二

面角 $E\text{-}BC\text{-}D$ 的平面角的大小为 $\dfrac{\pi}{6}$,则 $\angle EFD = 30°$（F 是 BC 中点）. 又因为

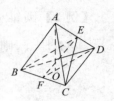

$CD = a$,所以 $DF = \dfrac{\sqrt{3}}{2}a$,$EF = \dfrac{3}{4}a$,易证 $EF \perp BC$,所以 $S_{\triangle BCE} = \dfrac{1}{2} \cdot a \cdot \dfrac{3}{4}a = \dfrac{3}{8}a^2$.

三、二面角

【例 5】 过单位正方体 $ABCD\text{-}A_1B_1C_1D_1$ 对角线 BD_1 作截面,则截面面积的

最小值为(　　).

A. $\dfrac{\sqrt{6}}{3}$ 　　　　B. $\dfrac{\sqrt{6}}{4}$ 　　　　C. $\dfrac{\sqrt{6}}{2}$ 　　　　D. 前三个答案都不对

（2023 年北京大学优秀中学生寒假学堂）

【解析】 如图所示,由立方体的对称性,不妨设截面与 AA_1 交于点 R.

所以 $\dfrac{S_{ABCD}}{S_{BRD_1K}} = \cos\theta$,故 S_{BRD_1K} 最小时,面 $RBKD_1$ 与面 ABC 所成的二面角

最小.

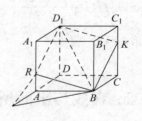

设两平面的交线为 l,D 到 l 距离为 h,则 $\tan\theta = \dfrac{DD_1}{h} = \dfrac{1}{h} \geqslant \dfrac{1}{BD}$,所以

$BD \perp l$ 时二面角 θ 最小,此时 l 与 AB 交角为 $45°$,即 R 为中点,所以 $S_{RBKD_1} = \dfrac{\sqrt{3} \times \sqrt{2}}{2} = \dfrac{\sqrt{6}}{2}$.

【例 6】 已知矩形 $ABCD$ 中,$AB = 2$,$BC = 1$,折叠使点 A,C 重合,折痕为 MN,打开平面

$ADMN$,使二面角 $A\text{-}MN\text{-}C = \dfrac{\pi}{3}$,则直线 MN 与直线 AC 的距离(　　).

A. $\dfrac{\sqrt{3}}{2}$ 　　　　B. $\dfrac{\sqrt{15}}{4}$ 　　　　C. 1 　　　　D. $\dfrac{3\sqrt{2}}{2}$

（2021 年清华大学自强计划）

【解析】 如图所示,设 MN 的中点为 P,则折叠后二面角 $A\text{-}MN\text{-}C$ 的平面

角为 $\angle APC$. 又因为 $PA = PC$,所以 $\triangle APC$ 是边长为 $\dfrac{\sqrt{5}}{2}$ 的正三角形,设 AC 的

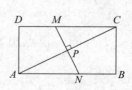

中点为 Q,则 PQ 为 AC 与 MN 的公垂线段,即直线 MN 与直线 AC 的距离为

$PQ = \dfrac{\sqrt{3}}{2} \times \dfrac{\sqrt{5}}{2} = \dfrac{\sqrt{15}}{4}$. 故选 B.

§10.4　空间中的距离

三维空间中的点线面之间的距离问题是立体几何中的重点和难点,求解距离问题往往需要通过各种手段进行转化,具有很强的灵活性.

一、空间中的七种距离

1. 两点间的距离

连接空间中两点的线段的长度,称为空间中两点的距离.

2. 点到直线的距离

从直线外一点向直线引垂线,点到垂足之间线段的长度,称为点到直线的距离.

3. 点到平面的距离

从平面外一点向平面引垂线,点到垂足间线段的长度,称为点到平面的距离.

4. 平行线间的距离

从两条平行线中一条上任意一点向另一条直线引垂线,这点到垂足间线段的长度,称为两条平行线的距离.

5. 异面直线间的距离

两条异面直线的公垂线夹在这两条异面直线间的线段的长度,称为这两异面直线的距离.

6. 直线与平面间的距离

如果一条直线和一个平面平行,从直线上任意一点向平面引垂线,这点到垂足间线段的长度,称为直线与平面的距离.

7. 两平行平面间的距离

夹在两平行平面间的公垂线段的长度,称为两平行平面的距离.

二、求空间距离的方法

从空间中各种距离的定义来看,基本都是通过两点之间的距离来计算的. 因此,求空间中两点的距离是基本,求点到直线和点到平面的距离是重点,求异面直线间的距离是难点. 具体来说,求解距离问题要注意运用转化的思想:

$$面面距离 \to 线面距离 \to 点面距离 \to 点点距离.$$

【例 1】 用一个平面去截一个棱长为 1 的正方体,若截面是六边形,则此六边形周长的最小值是＿＿＿＿.

（2020 年上海交通大学）

【解析】 如图所示,把正方体的面展开铺平,可以发现六边形的周长最短,即六个顶点在同一直线上. 因此,$H'H''$ 为所求的最短周长,此时 $H'D_1 = C_1H''$.

$\triangle AD_1I \cong \triangle JAE \cong \triangle GC_1H \cong \triangle GCF \cong \triangle EFB$,故 E,F,G,H,I,J 均为中点,此时六边形为正六边形,周长为 $6\sqrt{\left(\dfrac{1}{2}\right)^2 + \left(\dfrac{1}{2}\right)^2} = 3\sqrt{2}$.

【例 2】 如图 1 所示,矩形 $ABCD$ 的边 $AB = \sqrt{2}$,过 B,D 作 AC 的垂线,垂足分别为 F,E,且 E,F 分别是 AC 的三等分点. 沿 AC 将矩形翻折,使得二面角 $B\text{-}AC\text{-}D$ 为直二面角,则 DB 的长度为＿＿＿＿.

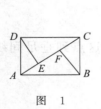

图　1

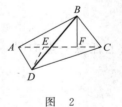

图　2

（2020 年上海交通大学）

【解析】 设 $AC = 3x$,则 $AD = BC = \sqrt{9x^2 - 2}$,由 $\triangle ABC \backsim \triangle BFC$,可知 $\dfrac{\sqrt{9x^2-2}}{x} = \dfrac{3x}{\sqrt{9x^2-2}}$,解得 $x = \dfrac{\sqrt{3}}{3}$,所以 $AC = \sqrt{3}$,$AD = 1$,故 $BF = DE = \sqrt{1 - \dfrac{1}{3}} = \dfrac{\sqrt{6}}{3}$,$BD = \sqrt{\dfrac{1}{3} + \dfrac{2}{3} + \dfrac{2}{3}} = \dfrac{\sqrt{15}}{3}$.

【例 3】 有边长为 1 的正三角形 ABC,D 在边 AB 上,E 在边 AC 上,$DE /\!/ BC$,沿 DE 折起三角形,则四棱锥 $A\text{-}DEBC$ 体积的最大值为＿＿＿＿.

（2021 年中国科学技术大学）

【解析】 如图所示,设线段 DE 的中点为 F,$DE=t$,则有 $AF=\frac{\sqrt{3}}{2}t$,所以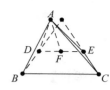

$S_{BCDE}=\frac{\sqrt{3}(1-t^2)}{4}$,故

$$V_{A\text{-}BCDE} \leqslant \frac{1}{3}AF \cdot S_{BCDE}=\frac{t(1-t^2)}{8} \leqslant \frac{\sqrt{2\left(\dfrac{2t^2+1-t^2+1-t^2}{3}\right)}}{16}=\frac{\sqrt{3}}{36},$$

当且仅当 $\frac{\sqrt{3}}{3}$ 时取等号,所以四棱锥 $A\text{-}DEBC$ 体积的最大值为 $\frac{\sqrt{3}}{36}$.

【例 4】 已知四面体 $D\text{-}ABC$ 中,$AC=BC=AD=BD=1$,则 $D\text{-}ABC$ 体积的最大值为( ).

A. $\frac{4\sqrt{2}}{27}$ 　　　　 B. $\frac{3\sqrt{2}}{8}$ 　　　　 C. $\frac{2\sqrt{3}}{27}$ 　　　　 D. $\frac{\sqrt{3}}{18}$

(2021 年清华大学)

【解析】 如图所示,取 CD 的中点 M,连接 AM,BM,设 $A\text{-}BCD$ 的高为 h,则 $h \leqslant AM$.

显然,$\triangle ACD \cong \triangle BCD$,设 $\angle ACD=\angle BCD=\alpha$,则 $AM=BM=$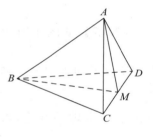

$BC\sin\alpha=\sin\alpha$,$CD=2CM=2BC\cos\alpha=2\cos\alpha$. 于是,$V_{D\text{-}ABC}=\frac{1}{3}S_{\triangle BCD}h \leqslant$

$\frac{1}{6}CD \cdot BM \cdot AM=\frac{1}{3}\cos\alpha\sin^2\alpha \leqslant \frac{1}{3\sqrt{2}}\sqrt{\left(\dfrac{2\cos^2\alpha+\sin^2\alpha+\sin^2\alpha}{3}\right)^3}=\frac{2\sqrt{3}}{27}$,当

且仅当平面 ACD 与平面 BCD 垂直时等号成立条件,易知 $\alpha=\arctan\sqrt{2}$.

【例 5】 设点 P 为单位正方体 $ABCD\text{-}A_1B_1C_1D_1$ 上的一点,则 PA_1+PC_1 的最小值为( ).

A. $\sqrt{2+\sqrt{2}}$ 　　　　 B. $\sqrt{2+2\sqrt{2}}$ 　　　　 C. $2-\frac{\sqrt{2}}{2}$ 　　　　 D. 前三个答案都不对

(2020 年北京大学)

【解析】 将图 1 中的 $\triangle AA_1B_1$ 和矩形 B_1C_1DA 放置在同一个平面内,得到图 2,则 $PA_1+PC_1 \geqslant$

$A_1C_1=\sqrt{1+1-2\cos135°}=\sqrt{2+\sqrt{2}}$,当且仅当 P 在线段 A_1C_1 上时等号成立,从而选 A.

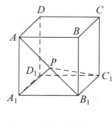

图 1

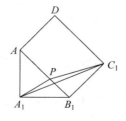

图 2

【例 6】 在四面体 $ABCD$ 中,面 ABC 与面 BCD 成 60° 的二面角,顶点 A 在 BCD 的投影 H 是 $\triangle BCD$ 的垂心,G 是 $\triangle ABC$ 的重心,若 $AH=4$,$AB=AC$,则 GH 的长度是( ).

A. $\dfrac{4}{9}\sqrt{23}$　　　　B. $\dfrac{4}{9}\sqrt{19}$　　　　C. $\dfrac{4}{9}\sqrt{21}$　　　　D. 前三个答案都不对

（2023 年北京大学优秀中学生寒假学堂）

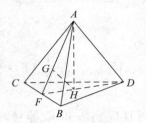

【解析】 如图所示，设平面 AHD 交 BC 于点 F，则 $BC\perp DF$，从而 $BC\perp$ 平面 ADF，于是 $BC\perp AF$，从而 $\angle AFH$ 是平面 ABC 与平面 BCD 所成二面角的平面角，即 $\angle AFH=60°$. 在 $\triangle ABC$ 中，由 $AB=AC$ 可知 $BF=CF$，从而 G 在 AF 上且 $GF=\dfrac{1}{3}AF$.

在 $\mathrm{Rt}\triangle AHF$ 中，$AH=4$，所以 $FH=\dfrac{4}{\sqrt{3}}$，$AF=\dfrac{8}{\sqrt{3}}$，从而 $GF=\dfrac{8}{3\sqrt{3}}$. 在 $\triangle GFH$ 中，由余弦定理可得，$GH^2=GF^2+FH^2-2GH\cdot HF\cos\angle AFH=\dfrac{112}{27}$，从而 $GH=\sqrt{\dfrac{112}{27}}=\dfrac{4\sqrt{21}}{9}$，故选 C.

【例 7】 在单位正立体 $ABCD\text{-}EFGH$ 中，M,N 分别是棱 CG,AE 的中点，动点 P 在侧面 $BFGC$ 上，且满足 $EP/\!/$ 平面 BMN，求线段 EP 的长度的取值范围.

（2018 年复旦大学）

【解析】 如图 1 所示，设棱 BF 的中点为 K，则平面 $KGE/\!/$ 平面 BMN，因而动点 P 在侧面 $BFGC$ 上，$EP/\!/$ 平面 $BMN\Leftrightarrow$ 动点 P 在线段 KG 上. 如图 2 所示，在 $\triangle KGE$ 中，$KG=KE=\dfrac{\sqrt{5}}{2}$，$EG=\sqrt{2}$. 所以由余弦定理的推论，可求得 $\cos\angle EKG=\dfrac{1}{5}$，再得 $\angle EKG$ 是锐角，且 $\sin\angle EKG=\dfrac{2\sqrt{6}}{5}$. 作 $EO\perp KG$ 于点 O，可得 $EP_{\min}=EO=\dfrac{\sqrt{30}}{5}$，$EP_{\max}=\max\{EK,EG\}=\max\left\{\dfrac{\sqrt{5}}{2},\sqrt{2}\right\}=\sqrt{2}$.

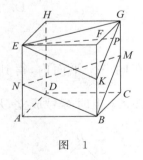

图　1

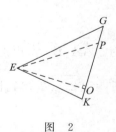

图　2

因而，线段 EP 的长度的取值范围是 $\left[\dfrac{\sqrt{30}}{5},\sqrt{2}\right]$.

【例 8】 在四面体 $ABCD$ 中，$\triangle ABC$ 是斜边 AB 为 2 的等腰三角形，$\triangle ABD$ 是以 AD 为斜边的等腰直角三角形，已知 $CD=\sqrt{6}$，点 P,Q 分别在线段 AB,CD 上，则 PQ 的最小值为＿＿＿＿.

（2018 年中国科学技术大学）

【解析】 *方法一　构造平行平面*

如图 1 所示,过点 B 作 AB 的垂线,交过点 C 且与 AB 平行的直线于点 E,则 $AB \perp DB$,$AB \perp BE$,故 $AB \perp$ 平面 DBE. 又由 $AB /\!/$ 平面 CDE 知异面直线 AB,CD 的距离即为 AB 到平面 CDE 的距离,也即为点 B 到平面 CDE 的距离.

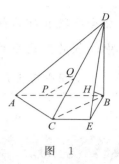

图　1

考虑到 $DB = 2$,$BE = 1$,$DE = \sqrt{5}$,从而过点 B 作 DE 的垂线,垂足为 H,从而点 B 到平面 CDE 的距离为 $BH = \dfrac{2}{\sqrt{5}} = \dfrac{2\sqrt{5}}{5}$.

综上所述,P,Q 的最小值为异面直线 AB,CD 的距离,即 PQ 的最小值为 $\dfrac{2\sqrt{5}}{5}$.

方法二　向量法

因为 $BC = \sqrt{2}$,$AB = BD = 2$,$CD = \sqrt{6}$,所以 $\triangle BCD$ 为直角三角形,$\angle CBD = 90°$. 又因为 $\angle ABD = 90°$,所以 $BD \perp$ 平面 ABC. 如图 2 所示,建立空间直角坐标系,则有 $A(0,-2,0)$,$B(0,0,0)$,$C(1,-1,0)$,$D(0,0,2)$.

要使线段 PQ 最小,直线 PQ 必须与异同直线 AB,CD 均垂直. 设 PQ 的方向向量为 $\boldsymbol{n} = (x,y,z)$,则有 $\begin{cases} \boldsymbol{n} \cdot \overrightarrow{AB} = (x,y,z) \cdot (0,2,0) = 0 \\ \boldsymbol{n} \cdot \overrightarrow{CD} = (x,y,z) \cdot (-1,1,2) = 0 \end{cases}$.

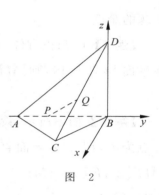

图　2

不妨取 $a = 2$,则 $b = 0$,$c = 1$,$\boldsymbol{n} = (2,0,1)$,则

$$|PQ|_{\max} = \frac{1}{\sqrt{5}} \overrightarrow{AD} \cdot \boldsymbol{n} = \frac{1}{\sqrt{5}}(0,2,2) \cdot (2,0,1) = \frac{2\sqrt{5}}{5}.$$

方法三　利用空间中两点的距离公式

易得 $AB = BD = 2$,$AC = BC = \sqrt{2}$,由勾股定理,可得 $BD \perp BC$. 又因为 $BD \perp AB$,所以 $BD \perp$ 平面 ABC.

建立如图 3 所示的直角坐标系,则 $B(0,0,0)$,$A(0,-2,0)$,$C(1,-1,0)$,$D(0,0,2)$,故可设 $P(0,t,0)$,$Q(1-s,-1+s,2s)$,$0 \leqslant t \leqslant 2$,$0 \leqslant s \leqslant 1$,则

$$|PQ| = \sqrt{(s-1)^2 + 4s^2 + (1-s-t)^2}$$
$$= \sqrt{5\left(s - \frac{1}{5}\right)^2 + (s+t-1)^2 + \frac{4}{5}} \geqslant \frac{2\sqrt{5}}{5},$$

当且仅当 $s = \dfrac{1}{5}$,$t = \dfrac{4}{5}$ 时等号成立.

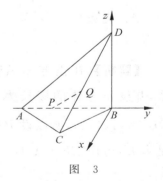

图　3

本题通过三种方法解决,方法一通过构造平行平面,使两条异面直线之间的最短距离转化为点与平面的距离;方法二为向量法,较为机械,建立合适的空间直角坐标系,利用两条异面直线的

公垂线段长即为异面直线间两点的最短距离；方法三通过建立适当的空间直角坐标系，利用空间中两点的距离公式及适当变换可得结果.

空间中两点 $P_1(x_1,y_1,z_1)$ 与 $P(x_2,y_2,z_2)$ 的距离为 $|P_1P_2|=\sqrt{(x_1-x_2)^2+(y_1-y_2)^2+(z_1-z_2)^2}$.

§10.5　空间向量

在高中立体几何中引入空间向量，为解决立体几何问题提供了一种新的解题方法，有时能够降低解题的难度.

【例1】 已知正方体 $ABCD\text{-}A'B'C'D'$ 的棱长为 1，点 M,N 分别为线段 AB',AC 上的动点，点 T 在平面 $BCC'B'$ 内，则 $|MT|+|NT|$ 的最小值为 _____.

（2022 年清华大学自强计划）

【解析】 如图所示，设点 A 关于 BC 的对称点为 E，点 N 关于 BC 的对称点为 F，记 d 为异面直线 AB' 与 CE 之间的距离，则 $|MT|+|NT|=|MT|+|FT|\geqslant|MF|\geqslant d$. 以 D 为坐标原点，建立空间直角坐标系，则 $\overrightarrow{AB'}=(0,1,1)$，$\overrightarrow{CE}=(1,1,0)$，$\overrightarrow{AE}=(0,2,0)$. 于是，由公垂线长度的向量公式，有 $d=\dfrac{|(\overrightarrow{AB'}\times\overrightarrow{CE})\cdot\overrightarrow{AE}|}{|\overrightarrow{AB'}\times\overrightarrow{CE}|}=\dfrac{2\sqrt{3}}{3}$.

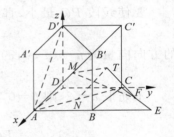

当且仅当 M,N,T 三点共线且为异面直线 AB' 与 CE 之间的公垂线时，$|MT|+|NT|$ 的最小值为 $\dfrac{2\sqrt{3}}{3}$.

【例2】 空间中到正方体 $ABCD\text{-}A_1B_1C_1D_1$ 棱 A_1D_1,AB,CC_1 距离相等的点有（　　　）.

A. 无数个　　　　　B. 0 个　　　　　C. 2 个　　　　　D. 3 个

（2022 年上海交通大学）

【解析】 在正方体 $ABCD\text{-}A_1B_1C_1D_1$ 中建立如图所示的直角坐标系，并设正方体的棱长为 1. 连接 B_1D，并在 B_1D 上任取一点 P，因为 $\overrightarrow{DB_1}=(1,1,1)$，所以设 $P(a,a,a)$，其中 $0\leqslant a\leqslant 1$. 作 $PE\perp$ 平面 A_1D，垂足为 E，再作 $EF\perp A_1D_1$，垂足为 F，则 PF 是点 P 到 A_1D_1 的距离，所以 $PF=\sqrt{a^2+(1-a)^2}$.

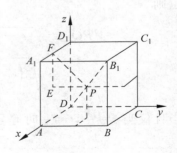

同理，点 P 到直线 AB,CC_1 的距离也是 $\sqrt{a^2+(1-a)^2}$.

所以 B_1D 上任一点与正方体 $ABCD\text{-}A_1B_1C_1D_1$ 的三条棱 AB,CC_1,A_1D_1 所在直线的距离都相等.

综上所述,与正方体 $ABCD\text{-}A_1B_1C_1D_1$ 的三条棱 AB,CC_1,A_1D_1 所在直线的距离相等的点有无数多个,选 A.

【**例 3**】在已知的圆锥中,M 是顶点,O 是底面圆心,A 在底面圆周上,B 在底面内,$|MA|=6$,$|MO|=2\sqrt{3}$,$AB\perp OB$,$OH\perp MB$ 于 H,C 为 MA 的中点. 当四面体 $OCHM$ 的体积最大时,$|HB|=$（　　）.

$$\text{A. } \frac{\sqrt{66}}{11} \qquad \text{B. } \frac{\sqrt{66}}{22} \qquad \text{C. } \sqrt{6} \qquad \text{D. } \frac{\sqrt{6}}{2}$$

（2017 年北京大学 514 优特测试）

【**解析**】如图所示,建立空间直角坐标系 $O\text{-}xyz$,可设 $\angle MBO=\angle HOM=\theta\left(0<\theta<\dfrac{\pi}{2}\right)$.

在 $\mathrm{Rt}\triangle OHM$ 中,可得 $S_{\triangle OHM}=\dfrac{1}{2}|OH|\cdot|HM|=\dfrac{1}{2}\cdot2\sqrt{3}\cos\theta\cdot$

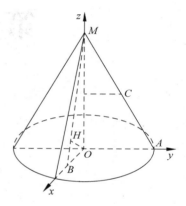

$2\sqrt{3}\sin\theta=3\sin2\theta\leqslant3\left(\text{当且仅当 }\theta=\dfrac{\pi}{4}\text{ 时取等号}\right)$. 还可得 $V_{\text{四面体}OCHM}=$

$V_{\text{三棱锥}C\text{-}OHM}=\dfrac{1}{3}S_{\triangle OHM}\cdot\dfrac{|OA|}{2}\leqslant\dfrac{1}{3}\cdot3\cdot\dfrac{2\sqrt{6}}{2}=\sqrt{6}$. 所以当四面体

$OCHM$ 的体积最大时,$\theta=\dfrac{\pi}{4}$.

从而可得 $\angle MAO<\dfrac{\pi}{4}=\theta=\angle MBO$,因此当四面体 $OCHM$ 的体积

最大时,满足题设"点 B 在底面内",所以 $|HB|=|OH|=2\sqrt{3}\cos\dfrac{\pi}{4}=\sqrt{6}$.故选 C.

第 11 章 解析几何

圆锥曲线是高中数学的一个重要组成部分. 该部分具有题型多变和解法灵活的特点. 在强基计划的考试中,对圆锥曲线的考查主要集中在以下三个部分.

（1）圆锥曲线的基本概念、标准方程和几何性质等.

（2）直线与圆锥曲线的位置关系.

（3）二次曲线与二次曲线的位置关系.

解析几何体现了典型的数形结合思想,在解析几何的试题中,运算占有较大的比重,因此该部分对运算能力的要求比较高. 曲线的定义和性质是解题的基础,需要根据题意运用曲线的性质简化运算. 此外,解析几何试题还考查函数与方程的内容,以及转化的数学思想.

§11.1 直线方程

由于直线与圆及其性质被广泛地应用于工业生产、交通运输等社会生活的各个方面,所涉及数学知识及变换技巧较多,因而在历年的高校强基考试中占据一席之地.

一、直线方程

【例 1】 已知 $\triangle ABC$ 的顶点坐标分别为 $A(3,4)$,$B(6,0)$,$C(-5,-2)$,则角 A 的平分线所在的直线方程为_____.

（2020 年上海交通大学）

【解析】 由题意知直线 AC 的斜率为 $k_{AC}=\dfrac{(-2)-4}{-5-3}=\dfrac{3}{4}$,直线 AB 的斜率为 $k_{AB}=\dfrac{0-4}{6-3}=-\dfrac{4}{3}$. 假设角 A 的平分线所在的直线方程的斜率为 k 且角平分线与 BC 交于点 D,则由角平分线知 $\angle CAD=\angle DAB$,从而可得 $\dfrac{k_{AC}-k}{1+k_{AC}\cdot k}=\dfrac{k-k_{AB}}{1+k\cdot k_{AB}}$,即 $\dfrac{\dfrac{3}{4}-k}{1+\dfrac{3}{4}k}=\dfrac{k+\dfrac{4}{3}}{1-\dfrac{4}{3}k}$,解得 $k=7$,从而所求角 A 的平分线方程为 $y-4=7(x-3)$,即 $7x-y-17=0$.

【例 2】 一条过点 $P(8,1)$ 的直线交 x 轴的正半轴于点 A,交 y 轴正半轴于点 B,求当 $\triangle AOB$ 面积最小时的直线 l 的方程.

（2020 年香港中文大学综合评价试题）

【解析】 设直线 l 的方程为 $\dfrac{x}{a}+\dfrac{y}{b}=1(a>8,b>1)$,由于点 $P(8,1)$ 在直线 l 上,所以有 $\dfrac{8}{a}+\dfrac{1}{b}=1$. 从而 $S_{\triangle AOB}=\dfrac{1}{2}ab=\dfrac{4}{\dfrac{8}{a}\cdot\dfrac{1}{b}}\geqslant\dfrac{4}{\left(\dfrac{\dfrac{8}{a}+\dfrac{1}{b}}{2}\right)^2}=16$,当且仅当 $\dfrac{8}{a}=\dfrac{1}{b}$ 且 $\dfrac{8}{a}+\dfrac{1}{b}=1$,即 $a=16,b=2$ 时等号

.

成立,即 $S_{\triangle AOB}$ 的最小值为 16. 此时直线 l 的方程为 $\dfrac{x}{16}+\dfrac{y}{2}=1$,即 $x+8y-16=0$.

二、两直线的位置关系

【例3】 直线 $kx+4y=1$ 垂直于 $\begin{cases} x=2-3t \\ y=1+4t \end{cases}$($t$ 为参数),则 $k=$( ).

A. 3　　　　　　　B. -3　　　　　　　C. $\dfrac{1}{3}$　　　　　　　D. $-\dfrac{1}{3}$

(2022 年上海交通大学)

【解析】 由 $\begin{cases} x=2-3t \\ y=1+4t \end{cases}$($t$ 为参数)消去参数 t,得 $4x+3y-11=0$. 由于 $kx+4y=1$ 垂直于直线 $4x+3y-11=0$,从而 $4k+3\times 4=0$,解得 $k=-3$. 故选 B.

【例4】 平面上三条直线 $x-2y+2=0$,$x-2=0$,$x+ky=0$,若这三条直线将平面划分为六个部分,则 k 的可能取值情况是( ).

A. 只有唯一一值　　　　　　　　B. 可取两个不同值

C. 可取三个不同值　　　　　　　D. 可取无穷多个值

(2020 年上海交通大学)

【解析】 设 $l_1: x-2y+2=0$,$l_2: x-2=0$,$l_3: x+ky=0$. 如图所示,l_1 与 l_2 相交于点 $A(2,2)$,显然 l_3 过坐标原点. 当 $l_3 /\!/ l_2$ 时,符合题意,此时 $k=0$;当 $l_3 /\!/ l_1$ 时,符合题意,此时 $k=-2$;当 l_3 过点 $A(2,2)$ 时,符合题意,此时 $k=-1$. 当 $k\neq 0,-2,-1$ 时,三条直线将平面分成 7 个部分. 故选 C.

【例5】 直线 $m: x\cos\alpha-y=0$ 与直线 $n: 3x+y-c=0$,有( ).

A. m,n 可能重合

B. m,n 不可能垂直

C. m,n 可能平行

D. 在 m 上存在一点 P,使得 n 以 P 为中心旋转后与 m 重合

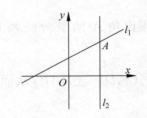

(2020 年复旦大学)

【解析】 由题意,得 $k_m=\cos\alpha>-3=k_n$,所以直线 m 和 n 相交,从而 A,C 错误;当 $\cos\alpha=\dfrac{1}{3}$ 时,m 与 n 垂直,从而 B 错误;当点 P 是 m 与 n 的交点时,n 以 P 为中心旋转后与 m 重合,故 D 正确. 从而选 D.

三、点到直线的距离

【例6】 已知点 P 为直线 $\begin{vmatrix} x & y-6 \\ -1 & 4 \end{vmatrix}=0$ 上一点,点 P 到点 $A(2,5)$ 和点 $B(4,3)$ 的距离相同,则

点 P 的坐标为_____.

（2020 年复旦大学）

【解析】直线方程为 $4x+y-6=0$. 设点 $P(x,6-4x)$，由 $|AP|=|BP|$，得 $(x-2)^2+(1-4x)^2=(x-4)^2+(3-4x)^2$，解得 $x=1$，所以点 $P(1,2)$.

本题也可求出 AB 的中垂线方程为 $y=x+1$，联立 $\begin{cases}y=x+1\\4x+y-6=0\end{cases}$，解得 $\begin{cases}x=1\\y=2\end{cases}$，所以点 $P(1,2)$.

【例 7】如图 1 所示，直线 l_1,l_2 交于点 O，M 为平面上任一点，若 p,q 分别为点 M 到直线 l_1,l_2 的距离，则称 (p,q) 为点 M 的"距离坐标"．已知给定非负常数 p,q，给出下列三个命题，则正确命题的序号为_____.

（1）若 $p=q=0$，则距离坐标为 (p,q) 的点有且仅有 1 个；

（2）若 $pq=0$，且 $p+q\neq0$，则距离坐标为 (p,q) 的点有且仅有 2 个；

（3）若 $pq\neq0$，则距离坐标为 (p,q) 的点有且仅有 4 个.

图　1

（2020 年复旦大学）

【解析】（1）显然，距离坐标为 $(0,0)$ 的点只能是点 O，从而满足题意的点有且只有 1 个，从而正确；

（2）若 $pq=0$，且 $p+q\neq0$，则距离坐标为 (p,q) 的点为 $(0,q)$ 或 $(p,0)$，各有 2 个，即图 2 中 A,A_1,B,B_1 4 个点，从而命题（2）错误；

（3）若 $pq\neq0$，则距离坐标为 (p,q) 的点有且仅有 4 个，即 A,B,C,M，恰好以 O 为中心，从而命题（3）正确.

综上所述，正确命题的序号是（1）（3）.

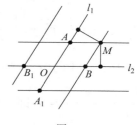

【例 8】若 $k>4$，直线 $kx-2y-2k+8=0$ 与 $2x+k^2y-4k^2-4=0$ 与坐标轴围成的四边形面积的取值范围是_____.

图　2

（2020 年复旦大学）

【解析】如图所示，由题意可知直线 $kx-2y-2k+8=0$ 与 $2x+k^2y-4k^2-4=0$ 都过定点 $A(2,4)$，根据两直线的斜率及 $k>4$，可以分别求得 $B\left(2-\dfrac{8}{k},0\right),C\left(0,4+\dfrac{4}{k^2}\right)$，所以四边形的面积为

$$S=S_{\triangle ACO}+S_{\triangle ABO}=\frac{1}{2}\left(4+\frac{4}{k^2}\right)\cdot2+\frac{1}{2}\left(2-\frac{8}{k}\right)$$

$$=\frac{4}{k^2}-\frac{16}{k}+8=4\left(\frac{1}{k}-2\right)^2-8.$$

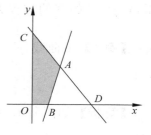

又因为 $k>4$，所以 $\dfrac{1}{k}\in\left(0,\dfrac{1}{4}\right)$，从而 $S\in\left(\dfrac{17}{4},8\right)$，即所求面积的取值范围是 $\left(\dfrac{17}{4},8\right)$.

§11.2 圆

平面内到定点的距离等于定长的点的轨迹(集合)叫作圆,其中,定点叫作圆心,定长叫作半径. 根据圆的定义,下面我们研究圆心是 $C(a,b)$,半径为 r 的圆的方程.

一、圆的方程

【例1】 已知抛物线 $y^2=4x$,过点 $A(-2,3)$ 作抛物线的两条切线,交 y 轴于 B,C 两点,则 $\triangle ABC$ 的外接圆的方程为(　　).

A. $(x+1)^2+\left(y-\dfrac{3}{2}\right)^2=\dfrac{13}{4}$ 　　　　 B. $(x+1)^2+(y-1)^2=\dfrac{13}{4}$

C. $\left(x+\dfrac{1}{2}\right)^2+\left(y-\dfrac{3}{2}\right)^2=\dfrac{9}{2}$ 　　　　 D. $\left(x+\dfrac{3}{2}\right)^2+(y-1)^2=\dfrac{17}{4}$

(2021年清华大学)

【解析】 设过点 A 的切线方程为 $x=t(y-3)-2$,并设 $B(0,y_1),C(0,y_2)$.

令 $x=0$,得 $y_1=\dfrac{2}{t_1}+3,y_2=\dfrac{2}{t_2}+3$. 由 $\begin{cases} x=t(y-3)-2 \\ y^2=4x \end{cases}$,可得 $y^2-4ty+12t+8=0$,其判别式 $\Delta=16t^2-4(12t+8)=0$,即 $t^2-3t-2=0$,从而 $t_1+t_2=3,t_1t_2=-2$. 进而可得 $y_1+y_2=\dfrac{2(t_1+t_2)}{t_1t_2}+6=3$,即 BC 的中点为 $\left(0,\dfrac{3}{2}\right)$. 与此同时 $|y_1-y_2|=\sqrt{(y_1+y_2)^2-4y_1y_2}=\sqrt{17}$. 因此,以 BC 为直径的圆的方程为 $x^2+\left(y-\dfrac{3}{2}\right)^2=\dfrac{17}{4}$.

设过 B,C 两点的圆系方程为 $x^2+\left(y-\dfrac{3}{2}\right)^2+\lambda x-\dfrac{17}{4}=0$,将 $A(-2,3)$ 代入,可得 $\lambda=1$,整理可得 A,B,C 的圆的方程为 $x^2+y^2+x-3y-2=0$,即 $\left(x+\dfrac{1}{2}\right)^2+\left(y-\dfrac{3}{2}\right)^2=\dfrac{9}{2}$. 故选 C.

【例2】 由曲线 $|x|+|y|\leqslant\sqrt{\pi},x^2+y^2\geqslant2$ 围成的图形的面积为_____.

(2021年复旦大学)

【解析】 如图所示,易知 $OH=\dfrac{\sqrt{\pi}}{\sqrt{2}}$,则 $\angle AOH=\arccos\dfrac{\sqrt{\pi}}{2}$,所以 $\angle COA=\dfrac{\pi}{4}-\arccos\dfrac{\sqrt{\pi}}{2}$,则 $S_{\text{扇形}AOB}=\dfrac{\pi}{4}-\arccos\dfrac{\sqrt{\pi}}{2}$,又因为 $S_{\triangle AOC}=\dfrac{\sqrt{2\pi}}{2}$

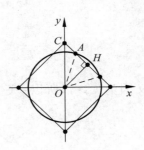

$\sin\left(\dfrac{\pi}{4}-\arccos\dfrac{\sqrt{\pi}}{2}\right)=\dfrac{\pi-\sqrt{4\pi-\pi^2}}{4}$,则可知所求面积为 $8(S_{\triangle AOC}-S_{\text{扇形}AOB})=$

$8\arccos\dfrac{\sqrt{\pi}}{2}-2\sqrt{4\pi-\pi^2}$.

【例 3】 将函数 $y=\sqrt{4+6x-x^2}-2(x\in[0,6])$ 的图像逆时针方向旋转 $\theta(0\leqslant\theta\leqslant\alpha)$，得到曲线 C. 若对每一个旋转角 θ，曲线 C 都是一个函数的图像，则 α 的最大值为（　　）.

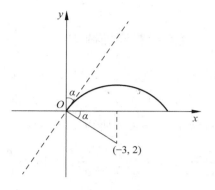

A. $\arctan\dfrac{1}{2}$　　　　B. $\arctan\dfrac{2}{3}$

C. $\dfrac{\pi}{4}$　　　　D. $\dfrac{\pi}{3}$

（2021 年清华大学）

【解析】 由 $y=\sqrt{4+6x-x^2}-2$，可得 $(x-3)^2+(y+2)^2=5$，可知原函数的图像是一段圆弧，α 的极值如图所示，计算可得 $\alpha=\arctan\dfrac{2}{3}$. 故选 B.

二、点与圆的位置关系

【例 4】 已知实数 a,b,c 成等差数列，点 P 到直线 $l:ax+by+c=0$ 的垂足为 M. 现给定 $P(-1,0)$，$N(2,1)$，则下列说法正确的是（　　）.

A. 直线 l 恒过定点　　　　B. 点 P 到直线 l 的最大距离为 $2\sqrt{2}$

C. MN 的最大值为 $3\sqrt{2}$　　　　D. MN 的最小值为 $\sqrt{2}$

（2021 年清华大学）

【解析】 因为 a,b,c 成等差数列，所以 $2b=a+c$，从而直线 $l:2ax+2by+2c=2ax+(a+c)y+2c=0$，即 $a(2x+y)+c(y+2)=0$，所以直线 l 过定点 $Q(1,-2)$，A 正确；点 P 到直线 l 的最大距离为 $|PQ|=\sqrt{(-1-1)^2+(0-2)^2}=2\sqrt{2}$，B 正确；由 $PM\perp PQ$ 可知点 M 为以 PQ 为直径的圆上一点，以 PQ 为直径的圆的圆心为 $(0,-1)$，半径为 $\sqrt{2}$，从而 CD 错误. 综上所述，选 AB.

三、直线与圆的位置关系

【例 5】 如图所示，对于椭圆 Γ，过 Γ 外一点 P 作两条 Γ 的切线 PA,PB（不重合），记满足 $\angle APB=\theta$ 的 P 的集合为 H，则（　　）.

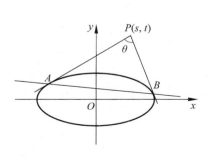

A. 过 Γ 上任一点 M 作切线都与 H 有两个交点

B. 存在 Γ 上一点 M 使得过 Γ 的切线与 H 有三个交点

C. 若 Γ 是圆，则 H 是圆

D. $\theta=\dfrac{\pi}{2}$ 时，H 是圆

E. $\theta \neq \dfrac{\pi}{2}$ 时，H 是圆或椭圆

（2021 年南方科技大学）

【解析】 设椭圆 $\Gamma : \dfrac{x^2}{a^2} + \dfrac{y^2}{b^2} = 1, l_{PA} : y = k(x-s)+t = kx+t-ks = kx+m$，联立它们，解得 $b^2 x^2 + a^2(k^2 x^2 + m^2 + 2km) - a^2 b^2 = 0$，即 $(b^2 + a^2 k^2)x^2 + 2a^2 kmx + a^2 m^2 - a^2 b^2 = 0$，$\Delta = 4a^4 k^2 m^2 - 4a^2(m^2 - b^2)(b^2 + a^2 k^2) = 0$，即 $a^2 k^2 m^2 = (m^2 b^2 + m^2 a^2 k^2 - b^4 - a^2 b^2 k^2)$，$m^2 b^2 = b^4 + a^2 k^2 b^2$，解得 $m^2 = b^2 + a^2 k^2$，所以 $t^2 + k^2 s^2 - 2tsk = b^2 + a^2 k^2$，从而 $(s^2 - a^2)k^2 - 2tsk + t^2 - b^2 = 0$，故 $k_1 + k_2 = \dfrac{2ts}{s^2 - a^2}$，$k_1 k_2 = \dfrac{t^2 - b^2}{s^2 - a^2}$．又因为 $\dfrac{k_1 - k_2}{1 + k_1 k_2} = \tan\theta$，所以

$$\tan^2\theta = \dfrac{(k_1 + k_2)^2 - 4k_1 k_2}{(1 + k_1 k_2)^2} = \dfrac{4t^2 s^2 - 4(t^2 - b^2)(s^2 - a^2)}{(s^2 - a^2 + t^2 - b^2)^2} = \dfrac{t^2 a^2 + b^2 s^2 - a^2 b^2}{[s^2 + t^2 - (a^2 + b^2)]^2}.$$

若 $\theta = \dfrac{\pi}{2}$，则 $k_1 k_2 = -1$，从而 $t^2 - b^2 = a^2 - s^2$，所以 $t^2 + s^2 = a^2 + b^2$，即 H 为圆，B 错误，D 正确；

若 Γ 是圆，则 $a^2 = b^2$，则 $\tan^2\theta(s^2 + t^2 - 2a^2)^2 = a^2(s^2 + t^2) - a^4$，所以 $(s^2 + t^2)^2 - 4a^2(s^2 + t^2) - \dfrac{a^2}{\tan^2\theta}(s^2 + t^2) + 4a^4 + \dfrac{a^4}{\tan^2\theta} = 0$，故 $s^2 + t^2$ 有两正根．又因为 $-\tan\theta = \tan(\pi - \theta)$，所以 $\tan^2\theta = \tan^2(\pi - \theta)$，从而 H 是圆，即 C 正确.

四、圆与圆的位置关系

【例 6】 已知圆 O_1，圆 O_2 与直线 $y = kx$ 及 x 轴正半轴均相切，两半径之积 $r_1 r_2 = 2$，两圆的交点为 $P(2,2)$，则 $k = (\quad)$.

A. 1　　　　　　B. $\dfrac{4}{3}$　　　　　　C. $\dfrac{3}{4}$　　　　　　D. $\dfrac{1}{2}$

（2022 年上海交通大学）

【解析】 如图所示，圆 O_1，圆 O_2 均与直线 $y = kx$ 相切，则两圆交点 $P(2,2)$ 在直线 $y = kx$ 的右下方，而 OP 所在直线的斜率为 1，可得 $k > 1$，结合选项可知 $k = \dfrac{4}{3}$. 故选 B.

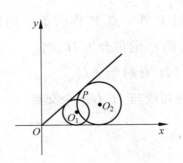

§11.3　椭圆

一、椭圆的概念

根据定积分的概念, 不难得到椭圆 $\dfrac{x^2}{a^2}+\dfrac{y^2}{b^2}=1$ 的面积为 $S=ab\pi$.

【例 1】 已知椭圆 $\dfrac{x^2}{16}+\dfrac{y^2}{12}=1$ 的两个焦点分别为 F_1,F_2, P 为椭圆上一点, $\angle F_1PF_2$ 的平分线交 x 轴于点 $Q\left(\dfrac{1}{2},0\right)$. 作 $QH\perp PF_1$, 则 $|PH|=($ 　　$)$.

A. 3　　　　　　　　B. 4　　　　　　　　C. 5　　　　　　　　D. 6

(2021 年清华大学语言类保送暨高水平艺术团)

【解析】 由椭圆的定义知 $|PF_1|+|PF_2|=2a=8$, 记为①. 因为 $\angle F_1PF_2$ 的平分线交 x 轴于点 $Q\left(\dfrac{1}{2},0\right)$, 从而由角平分线的性质可知 $\dfrac{|PF_1|}{|PF_2|}=\dfrac{|F_1Q|}{|QF_2|}=\dfrac{\dfrac{1}{2}-(-2)}{2-\dfrac{1}{2}}=\dfrac{5}{3}$, 记为②.

由①②可得 $|PF_1|=5$, $|PF_2|=3$, 又因为 $|F_1F_2|=2c=4$, 从而 $|PF_1|^2=|PF_2|^2+|F_1F_2|^2$, 所以 $\angle PF_1F_2=\dfrac{\pi}{2}$, 从而 $\mathrm{Rt}\triangle F_1HQ\backsim\mathrm{Rt}\triangle F_1F_2P$, 所以 $\dfrac{|QH|}{|F_2P|}=\dfrac{|F_1Q|}{|PF_1|}=\dfrac{1}{2}$, 从而 $|QH|=\dfrac{3}{2}$, $|F_1Q|=\dfrac{5}{2}$, 所以 $|F_1H|=\sqrt{|F_1Q|^2-|QH|^2}=2$, 所以 $|PH|=|PF_1|-|F_1H|=5-2=3$, 故选 A.

【例 2】 已知 F_1,F_2 分别是椭圆的左、右焦点, B 为椭圆上一点, 延长 F_2B 到点 A, 满足 $BF_1=BA$, AF_1 的中点为 H, 请判断下列两个结论是否正确.

结论 1: $AF_1\perp BH$;　　　　　　　　　　结论 2: BH 为椭圆的切线.

(2021 年复旦大学)

【解析】 由于 $BF_1=BA$ 且 AF_1 的中点为 H, 则显然有 $BH\perp AF_1$, 结论 1 正确; 作 $\angle F_1BF_2$ 的平分线交 F_1F_2 于点 C, 则有 $BH\perp BC$, 由角平分线的性质可知 $\dfrac{CF_1}{BF_1}=\dfrac{CF_2}{BF_2}=e$. 设椭圆 $\dfrac{x^2}{a^2}+\dfrac{y^2}{b^2}=1$ $(a>b>0)$, $B(x_0,y_0)$, 可得 $BF_1=ex_0+a$, 所以 $CF_1=e^2x_0+c$, 从而 $C(e^2x_0,0)$, 可得 $k_{BC}=\dfrac{a^2y_0}{b^2x_0}$, 则 $k_{BH}=-\dfrac{b^2x_0}{a^2y_0}$, 可得 BH: $\dfrac{x_0x}{a^2}+\dfrac{y_0y}{b^2}=1$ 为椭圆的切线, 故结论 2 正确.

【例 3】 已知 A,B 分别是椭圆 C: $\dfrac{x^2}{2}+y^2=1$ 的左、右顶点, P 是椭圆在第一象限内一点, 满足

$|PA|=\lambda|PB|$,且$\angle PBA=2\angle PAB$,则$\lambda=$ _____.

（2022 年清华大学自强计划）

【解析】如图所示,不妨设$\angle PAB=\alpha$,$\angle PBA=\beta$,由椭圆的第三定

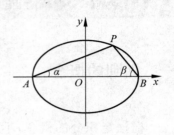

义,得 $\tan\alpha\tan(\pi-\beta)=k_{PA}\cdot k_{PB}=-\dfrac{1}{2}$,从而 $\tan\alpha\tan\beta=\dfrac{1}{2}$. 所以

$\tan\alpha\tan\beta=\tan\alpha\tan2\alpha=\tan\alpha\cdot\dfrac{2\tan\alpha}{1-\tan^2\alpha}=\dfrac{1}{2}$,即 $5\tan^2\alpha=1$,即 $\tan^2\alpha=\dfrac{1}{5}$.

在$\triangle PAB$ 中,$\lambda=\dfrac{|PA|}{|PB|}=\dfrac{\sin\beta}{\sin\alpha}=\dfrac{\sin2\alpha}{\sin\alpha}=2\cos\alpha$. 从而 $\lambda^2=4\cos^2\alpha=$

$\dfrac{4\cos^2\alpha}{\sin^2\alpha+\cos^2\alpha}=\dfrac{4}{\tan^2\alpha+1}=\dfrac{10}{3}$. 故有 $\lambda=\dfrac{\sqrt{30}}{3}$.

二、椭圆的性质

【例 4】 椭圆 C: $\dfrac{x^2}{4}+\dfrac{y^2}{4b^2}=1$,$P$,$A$,$B$ 在椭圆 C 上,k_{PA},k_{PB} 为相反数(k 与$-k$),则 k_{AB}

与（　　）.

A. b,k 有关,与 P 点无关　　　　　　B. P 点,b,k 均有关

C. P 点,k 有关,与 b 无关　　　　　　D. P 点,b 有关,与 k 无关

（2022 年上海交通大学）

【解析】不妨设 $P(x_0,y_0)$,$A(x_1,y_1)$,$B(x_2,y_2)$,则直线 PA 的方程为 $y=kx+(y_0-kx_0)$,代入

椭圆 C 的方程,整理得 $(k^2+b^2)x^2+2k(y_0-kx_0)x+(y_0-kx_0)^2-4b^2=0$,从而 $x_1+x_0=$

$-\dfrac{2k(y_0-kx_0)}{k^2+b^2}$,所以 $x_1=x_1+x_0-x_0=-\dfrac{2k(y_0-kx_0)}{k^2+b^2}-x_0=\dfrac{-2ky_0+k^2x_0-b^2x_0}{k^2+b^2}$;用$-k$ 代替k,

得 $x_2=\dfrac{2ky_0+k^2x_0-b^2x_0}{k^2+b^2}$,所以 $k_{AB}=\dfrac{y_1-y_2}{x_1-x_2}=\dfrac{[kx_1-(y_0-kx_0)]-[-kx_2+(y_0+kx_0)]}{x_1-x_2}=$

$\dfrac{k(x_1+x_2-2x_0)}{x_1-x_2}=\dfrac{k\left(\dfrac{2k^2x_0-2b^2x_0}{k^2+b^2}-2x_0\right)}{\dfrac{4ky_0}{k^2+b^2}}=-\dfrac{b^2x_0}{y_0}$,与 P 点,b 有关,与 k 无关,故选 D.

本题与 2022 年新高考Ⅰ卷第 21 题第(1)小问一样.

【例5】已知 P,M,Q 是椭圆 C: $\dfrac{x^2}{a^2}+\dfrac{y^2}{b^2}=1(a>b>0)$ 上不同的三点,且原点 O 是$\triangle PQM$ 的重

心,若点 $M\left(\dfrac{\sqrt{2}}{2}a,\dfrac{\sqrt{2}}{2}b\right)$,直线 PQ 的斜率恒为$-\dfrac{1}{2}$,则椭圆 C 的离心率为（　　）.

A. $\dfrac{\sqrt{2}}{3}$ 　　　　　B. $\dfrac{\sqrt{3}}{3}$ 　　　　　C. $\dfrac{\sqrt{2}}{2}$ 　　　　　D. $\dfrac{\sqrt{3}}{2}$

（2021 年清华大学文科营暨工科营）

【解析】 记线段 PQ 的中点为 R，则 $R\left(-\dfrac{\sqrt{2}}{4}a，-\dfrac{\sqrt{2}}{4}b\right)$．设 $P(x_1，y_1)，Q(x_2，y_2)$，则有

$$\begin{cases} x_1+x_2=-\dfrac{\sqrt{2}}{2}a \\ y_1+y_2=-\dfrac{\sqrt{2}}{2}b \end{cases} 和 \begin{cases} \dfrac{x_1^2}{a^2}+\dfrac{y_1^2}{b^2}=1 \\ \dfrac{x_2^2}{a^2}+\dfrac{y_2^2}{b^2}=1 \end{cases}，整理得 \dfrac{(x_1+x_2)(x_1-x_2)}{a^2}+\dfrac{(y_1+y_2)(y_1-y_2)}{b^2}=0，即$$

$$\dfrac{-\dfrac{\sqrt{2}}{2}(x_1-x_2)}{a}+\dfrac{-\dfrac{\sqrt{2}}{2}(y_1-y_2)}{b}=0，\quad \dfrac{1}{a}+\dfrac{1}{b}\cdot\dfrac{y_1-y_2}{x_1-x_2}=0．$$

又因为 PQ 的斜率为 $\dfrac{y_1-y_2}{x_1-x_2}=-\dfrac{1}{2}$，所以 $\dfrac{1}{a}-\dfrac{1}{2b}=0$，即 $a=2b$，所以 $c^2=a^2-b^2=\dfrac{3}{4}a^2，e^2=\dfrac{3}{4}$，从而

$e=\dfrac{\sqrt{3}}{2}$．故选 D.

> 这种问题的主要点在于弦 PQ 的垂直平分线 l 的方程，往往要利用点差或者韦达定理产生弦
> PQ 的中点坐标 R，结合弦 PQ 与它的垂直平分线 l 的斜率互为负倒数，写出弦的垂直平分线 l 的
> 方程，然后解决相关问题，比如：求 l 在 x 轴，y 轴上的截距的取值范围、求 l 过某定点等．有时候
> 题目的条件比较隐蔽，要分析后才能判定是有关弦 PQ 的中点问题，比如：弦与某定点 D 构成以
> D 为顶点的等腰三角形（即 D 在 PQ 的垂直平分线上）、曲线上存在两点 PQ 关于直线 M 对称等.

三、椭圆的切线问题

与椭圆的切线相关结论有以下几条．

（1）过椭圆 $C：\dfrac{x^2}{a^2}+\dfrac{y^2}{b^2}=1(a>b>0)$ 上一点 $P(x_0，y_0)$ 处的切线方程是 $\dfrac{x_0x}{a^2}+\dfrac{y_0y}{b^2}=1$，且此切线

平分过 P 的两条焦半径的夹角的外角；

（2）过椭圆 $C：\dfrac{x^2}{a^2}+\dfrac{y^2}{b^2}=1(a>b>0)$ 外一点 $P(x_0，y_0)$ 所引两条切线的切点弦方程是 $\dfrac{x_0x}{a^2}+$

$\dfrac{y_0y}{b^2}=1$；

（3）椭圆 $\dfrac{x_0x}{a^2}+\dfrac{y_0y}{b^2}=1$ 与直线 $Ax+By+C=0$ 相切的充要条件是 $A^2a^2+B^2b^2=c^2$；

（4）椭圆 $\dfrac{x_0x}{a^2}+\dfrac{y_0y}{b^2}=1$ 的斜率为 k 的切线方程是 $y=kx\pm\sqrt{k^2a^2+b^2}$．

【例 7】 椭圆 $\dfrac{x^2}{a^2}+\dfrac{y^2}{b^2}=1(a>3)$，弦 AB 中垂线过点 $\left(-\dfrac{a}{5},0\right)$，则离心率 e 的取值范围是 _____.

（2022 年上海交通大学）

【解析】 设 AB 的中点为 (x_0,y_0)，则 $k_{AB}=-\dfrac{x_0+\dfrac{a}{5}}{y_0}$，又因为 $k_{AB}\cdot\dfrac{y_0}{x_0}=-\dfrac{9}{a^2}$，得 $x_0=$

$\dfrac{a^3}{5(9-a^2)}\in(-a,a)$，所以 $a>\dfrac{3\sqrt{5}}{2}$，从而 $e=\sqrt{1-\dfrac{9}{a^2}}\in\left(\dfrac{\sqrt{5}}{5},1\right)$.

【例 8】 椭圆 $\dfrac{x^2}{4}+y^2=1$ 的焦点为 F_1,F_2，点 P 在直线 $x+2\sqrt{3}y-4\sqrt{3}=0$ 上，当 $\angle F_1PF_2$ 最大时，$\dfrac{PF_1}{PF_2}=(\quad)$.

A. $\dfrac{\sqrt{15}}{3}$ B. $\dfrac{3}{5}$ C. $\dfrac{5}{3}$ D. $\dfrac{\sqrt{15}}{5}$

（2022 年上海交通大学）

【解析】 如图所示，过 F_1,F_2 的圆与直线相切，切点 P 能使 $\angle F_1PF_2$ 最大. 由切割线定理得 $|PQ|=\sqrt{QF_1\cdot QF_2}=3\sqrt{5}$，故 $\dfrac{PF_1}{PF_2}=\dfrac{QF_1}{PQ}=\dfrac{5\sqrt{3}}{3\sqrt{5}}=\dfrac{\sqrt{15}}{3}$，故选 A.

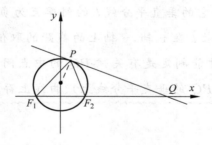

§11.4 双曲线

一、双曲线的概念

【例 1】 双曲线 $\dfrac{x^2}{4}-\dfrac{y^2}{12}=1$ 的焦点为 A,B，点 C 在双曲线上，$\cos\angle ACB=\dfrac{3}{5}$，则 $\triangle ABC$ 的周长为 _____.

（2022 年上海交通大学）

【解析】 由双曲线的方程，可知 $a=2,c=4$，不妨设点 C 在第一象限，设 $r_1=|AC|,r_2=|BC|$，由双曲线的定义可得 $r_1-r_2=2a=4$，平方可得 $r_1^2+r_2^2-2r_1r_2=16$，记为①.

在 $\triangle ABC$ 中，由余弦定理，得 $(2c)^2=r_1^2+r_2^2-2r_1r_2\cos\angle ACB$，即 $r_1^2+r_2^2-\dfrac{6}{5}r_1r_2=64$，记为②.

联立①②，得 $r_1^2+r_2^2=136$，$r_1 r_2=60$，所以 $(r_1+r_2)^2=r_1^2+r_2^2+2r_1 r_2=136+120=256$，从而 $r_1+r_2=16$，所以 $\triangle ABC$ 的周长为 $r_1+r_2+2c=16+8=24$.

> 　　双曲线上一点与两焦点构成的三角形称为双曲线的焦点三角形，与焦点三角形有关的计算或证明常用正弦定理、余弦定理以及双曲线的定义解决.

【例 2】已知双曲线 $x^2-y^2=a^2$，A，B 分别是其左右顶点，点 P 是双曲线右支上一点，记 $\angle APB=\alpha$，$\angle PBA=\beta$，$\angle APB=\gamma$，则下列说法正确的是（　　）.

A. $\tan\alpha+\tan\beta+\tan\gamma=0$　　　　　　B. $\tan\alpha+\tan\beta-\tan\gamma=0$

C. $\tan\alpha+\tan\beta+2\tan\gamma=0$　　　　　D. $\tan\alpha+\tan\beta-2\tan\gamma=0$

（2021 年清华大学）

【解析】由已知得 $A(-a,0)$，$B(a,0)$，设 $P(x,y)$，则 $\tan\alpha=\dfrac{y}{x+a}$，$-\tan\beta=\dfrac{y}{x-a}$. 由 $x^2-y^2=a^2$，得 $\dfrac{y^2}{x^2-a^2}=1$，从而 $-\tan\alpha\tan\beta=1$，所以 $\tan\gamma=-\tan(\alpha+\beta)=-\dfrac{\tan\alpha+\tan\beta}{1-\tan\alpha\tan\beta}=-\dfrac{1}{2}(\tan\alpha+\tan\beta)$，故 $\tan\alpha+\tan\beta+2\tan\gamma=0$，故选 C.

【例 3】若点 P 是双曲线 $\dfrac{x^2}{4}-y^2=1$ 上一点，$A(-2,0)$，$B(2,0)$，令 $\angle PAB=\alpha$，$\angle PBA=\beta$，则下列为定值的是（　　）.

A. $\tan\alpha\tan\beta$　　　　B. $\tan\dfrac{\alpha}{2}\tan\dfrac{\beta}{2}$　　　　C. $S_{\triangle PAB}\tan(\alpha+\beta)$　　　　D. $S_{\triangle PAB}\cot(\alpha+\beta)$

（2020 年清华大学）

【解析】设 $P(x_0,y_0)$，由双曲线的对称性，不妨设 P 在第一象限，则 $\tan\alpha\tan\beta=\dfrac{y_0}{x_0+2}\cdot\dfrac{-y_0}{x_0-2}=\dfrac{1-\dfrac{x_0^2}{2}}{x_0^2-4}=-\dfrac{1}{4}$ 为定值，所以 A 正确.

$$\tan\alpha\tan\beta=\frac{2\tan\dfrac{\alpha}{2}}{1-\tan^2\dfrac{\alpha}{2}}\cdot\frac{2\tan\dfrac{\beta}{2}}{1-\tan^2\dfrac{\beta}{2}}\text{变形为}$$

$$\frac{4\tan\dfrac{\alpha}{2}\tan\dfrac{\beta}{2}}{\tan\alpha\tan\beta}=1-\left(\tan^2\dfrac{\alpha}{2}+\tan^2\dfrac{\beta}{2}\right)+\tan^2\dfrac{\alpha}{2}\tan^2\dfrac{\beta}{2}$$

$$=1-\left(\tan\dfrac{\alpha}{2}+\tan\dfrac{\beta}{2}\right)^2+2\tan\dfrac{\alpha}{2}\tan\dfrac{\beta}{2}+\tan^2\dfrac{\alpha}{2}\tan^2\dfrac{\beta}{2}.$$

因为 $\tan\alpha\tan\beta$ 为定值，所以 $\tan\dfrac{\alpha}{2}\tan\dfrac{\beta}{2}$ 不可能为定值，否则 $\tan\dfrac{\alpha}{2}+\tan\dfrac{\beta}{2}$ 也是定值，这样 $\tan\dfrac{\alpha}{2}$，

$\tan \dfrac{\beta}{2}$ 均为定值,不符合题意;

因为 $S_{\triangle APB} = 2y_0$,$\tan(\alpha + \beta) = \dfrac{4}{5}\left(\dfrac{y_0}{x_0+2} + \dfrac{-y_0}{x_0-2}\right) = -\dfrac{4}{5y_0}$,所以 $S_{\triangle PAB}\tan(\alpha+\beta) = -\dfrac{8}{5}$,

$S_{\triangle PAB}\cot(\alpha+\beta) = -\dfrac{5}{2}y_0^2$,前者为定值,后者不是,故 C 正确,D 错误.

综上所述,故选 AC.

【例4】设 F,l 分别为双曲线 $\dfrac{(x-4)^2}{12} - \dfrac{y^2}{12} = 1$ 的右焦点与右准线,椭圆 Γ 以 F 和 l 为其对应的焦点与准线,过 F 作一条平行于 $y = \sqrt{3}x$ 的直线,交椭圆 Γ 于 A,B 两点,若 Γ 的中心位于以 AB 为直径的圆外,则椭圆的离心率 e 的取值范围是_____.

（2022 年南京大学）

【解析】由双曲线的方程可知其焦准距为 3,则椭圆 Γ 的焦准距 $\dfrac{b^2}{c} = 3$(同侧焦点与准线),如图所示,设椭圆的中心为 O,建立平面直角坐标系,设 Γ: $\dfrac{x^2}{a^2} + \dfrac{y^2}{b^2} = 1 (a > b > 0)$,$A(x_1, y_1)$,

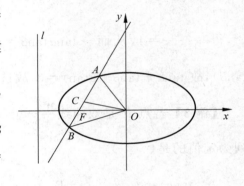

$B(x_2, y_2)$,并设直线 AB 的方程为 $y = \sqrt{3}(x+c)$,联立直线 AB 与椭圆 Γ 的方程,整理得 $(b^2 + 3a^2)x^2 + 6a^2cx + 3a^2c^2 - a^2b^2 = 0$,从而 $\begin{cases} x_1 + x_2 = -\dfrac{6a^2c}{b^2 + 3a^2} \\ x_1 x_2 = \dfrac{3a^2c^2 - a^2b^2}{b^2 + 3a^2} \end{cases}$.

由椭圆中心 O 位于以 AB 为直径的圆外,可知 $\overrightarrow{OA} \cdot \overrightarrow{OB} > 0$,从而 $x_1 x_2 + y_1 y_2 > 0$,所以 $\dfrac{3a^2c^2 - a^2b^2}{b^2 + 3a^2} + \dfrac{-3b^4}{b^2 + 3a^2} = \dfrac{3a^2c^2 - a^2b^2 - 3b^4}{b^2 + 3a^2} > 0$,从而 $4a^4 - 10a^2c^2 + 3c^4 < 0$,即 $3e^4 - 10e^2 + 4 < 0$,解得 $\sqrt{\dfrac{5 - \sqrt{13}}{3}} < e < 1$.

二、双曲线的性质

【例5】已知双曲线 $\dfrac{x^2}{a^2} - \dfrac{y^2}{b^2} = 1$ 的左、右焦点分别为 F_1,F_2,过点 F_1 作一条与渐近线垂直的直线 l,且 l 与双曲线的左、右两支分别交于 M,N 两点,若 $|MN| = |NF_2|$,则该双曲线的渐近线方程为_____.

（2021 年清华大学文科营暨工科营）

【解析】依题意，有 $MF_1=2a$，$MF_2=4a$．设直线 l 与渐近线交于点 A，则 $AO=a$，$AF_1=b$．作 $F_2B\perp$ 直线 l 且交直线 l 于点 B，则 AO 即为 $\triangle BF_1F_2$ 的中位线，故 $BF_2=2a$，$BM=2\sqrt{3}a$．

又注意到 $BF_1=2AF_1=MF_1+BM$，则 $2b=2a+2\sqrt{3}a$，从而 $b=(\sqrt{3}+1)a$，所以该双曲线的渐近线方程为 $y=\pm(\sqrt{3}+1)x$．

【例 6】已知 F_1，F_2 是双曲线的两焦点（焦点位于 x 轴上），直线 AB 经过点 F_1 且与双曲线的左、右焦点交于点 A，B，$2AF_1=AB$，$\angle F_1AF_2=120°$，则双曲线的离心率 $e=$ _____．

（2022 年上海交通大学）

【解析】设 $AF_1=m$，$AF_2=m+2a$，$AB=2m$，$BF_2=3m-2a$，由 $\angle BAF_2=60°$ 和余弦定理得 $\cos 60°=\dfrac{(2m)^2+(m+2a)^2-(2m-2a)^2}{2\times 2m\times(m+2a)}=\dfrac{1}{2}$，所以 $m=2a$，从而 $AF_1=2a$，$AF_2=4a$，则 $\cos 120°=\dfrac{(2a)^2+(4a)^2-(2c)^2}{2\times 2a\times 4a}$，从而 $e=\sqrt{7}$．

【例 7】双曲线 $y=\dfrac{x}{\sqrt{3}}+\dfrac{1}{x}$ 的离心率是 _____．

（2020 年中国科学技术大学）

【解析】易知双曲线的两条渐近线方程分别为 $y=0$ 和 $y=\dfrac{x}{\sqrt{3}}$，此时两条渐近线间的夹角为 $\dfrac{\pi}{3}$，从而 $e^2=1+\tan^2\dfrac{\theta}{2}=1+\tan^2\dfrac{\pi}{6}=\dfrac{4}{3}$，故 $e=\dfrac{2\sqrt{3}}{3}$．

【例 8】已知双曲线的渐近线方程分别为 $y=\dfrac{\sqrt{5}}{5}x$，$y=-\sqrt{5}x+1$，则该双曲线的离心率为 _____．

（2022 年上海交通大学）

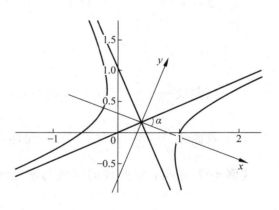

【解析】注意到这两条渐近线相互垂直，如图所示，以这两条渐近线的交点为原点，角平分线所在的直线分别为 x，y 轴，建立平面直角坐标系，此时得到的双曲线方程即为标准方程，其中一条渐近线的倾斜角为 $45°$，故该双曲线为等轴双曲线，所以 $e=\sqrt{2}$．

【例 9】已知双曲线 $\dfrac{x^2}{16}-\dfrac{y^2}{9}=1$，如图所示，过右焦点 F 作 x 轴的垂线，与双曲线在第一象限的交点为 P，过点 P 作两条渐近线的平行线，交 x 轴于两个点 A，B（A 离原点较近），过点 A 作 x 轴的垂线与以 OB 为直径的圆相交于点 C，则 $|OC|$ 的值为（　　）．

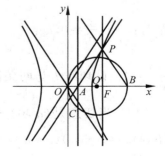

A．4　　　　　　B．9

C. 16   D. 随点 P 在双曲线的位置而改变

(2020 年北京大学高水平艺术团)

【解析】 由题意知 $c^2 = a^2 + b^2 = 16 + 9 = 25$，从而 $F(5, 0)$，联立 $x = 5$ 与 $\dfrac{x^2}{16} - \dfrac{y^2}{9} = 1$，解得 $P\left(5, \dfrac{9}{4}\right)$. 又因为双曲线的渐近线方程为 $y = \pm \dfrac{3}{4} x$，所以直线 PA 的方程为 $y - \dfrac{9}{4} = \dfrac{3}{4}(x - 5)$，从而点 $A(2, 0)$；直线 PB 的方程为 $y - \dfrac{9}{4} = -\dfrac{3}{4}(x - 5)$，得点 $B(8, 0)$. 所以以 OB 为直径的圆的方程为 $(x - 4)^2 + y^2 = 16$，圆心 $O'(4, 0)$.

$O'A = 2$，$O'C = 4$，由勾股定理，得 $OC = \sqrt{OA^2 + AC^2} = 4$. 由对称性，当 P 在 x 轴下方时，同样有 $OC = 4$. 故选 A.

三、双曲线的切线

与双曲线的切线相关的结论有以下几条：

（1）双曲线 $\dfrac{x^2}{a^2} - \dfrac{y^2}{b^2} = 1$（$a > 0, b > 0$）上一点 $P(x_0, y_0)$ 处的切线方程是 $\dfrac{x_0 x}{a^2} - \dfrac{y_0 y}{b^2} = 1$，且该切线平分过点 P 的两条焦半径的夹角；

（2）过双曲线 $\dfrac{x^2}{a^2} - \dfrac{y^2}{b^2} = 1$（$a > 0, b > 0$）外一点 $P(x_0, y_0)$ 所引两条切线的切点弦方程是 $\dfrac{x_0 x}{a^2} - \dfrac{y_0 y}{b^2} = 1$；

（3）双曲线 $\dfrac{x^2}{a^2} - \dfrac{y^2}{b^2} = 1$（$a > 0, b > 0$）与直线 $Ax + By + C = 0$ 相切的必要条件是 $A^2 a^2 - B^2 b^2 = c^2$；

（4）双曲线 $\dfrac{x^2}{a^2} - \dfrac{y^2}{b^2} = 1$（$a > 0, b > 0$）的斜率为 k 的切线方程是 $y = kx \pm \sqrt{k^2 a^2 - b^2}$.

【例 10】 证明：双曲线的切线与渐近线的交点与双曲线的两个焦点四点共圆.

(2020 年北京大学生优秀中学生暑期体验营)

【证明】 不妨设双曲线方程为 $\dfrac{x^2}{a^2} - \dfrac{y^2}{b^2} = 1$（$a > 0, b > 0$），焦点 $F_1(-c, 0)$，$F_2(c, 0)$，两条渐近线方程 $l_1: \dfrac{x}{a} - \dfrac{y}{b} = 0$，$l_2: \dfrac{x}{a} + \dfrac{y}{b} = 0$. 设切点为 (x_0, y_0)，则有 $\dfrac{x_0^2}{a^2} - \dfrac{y_0^2}{b^2} = 1$，记为 ①. 切线方程为 $\dfrac{x_0 x}{a^2} - \dfrac{y_0 y}{b^2} = 1$. 设切线 l 与两条渐近线 l_1, l_2 以及 x 轴的交点分别为 A, B, M，则 $M\left(\dfrac{a^2}{x_0}, 0\right)$.

（1）当切点是 $(a, 0)$ 时，有 $M(a, 0)$，$A(a, b)$，$B(a, -b)$，此时 $|AM| \cdot |BM| = b^2$，$|F_1 M| \cdot |F_2 M| = (c - a)(c + a) = b^2$（$c^2 - a^2 = b^2$），于是 $|AM| \cdot |BM| = |F_1 M| \cdot |F_2 M|$，由圆的相交弦定

理的逆定理,可知 F_1,B,F_2,A 四点共圆. 同理,当切点是 $(-a,0)$ 时,结论成立.

(2) 当切点的纵坐标不为 0 时,则 $|F_1M|\cdot|F_2M|=\left(c-\dfrac{a^2}{x_0}\right)\left(\dfrac{a^2}{x_0}+c\right)=c^2-\dfrac{a^4}{x_0^2}$,记为②. 由

$$\begin{cases}\dfrac{x_0^2}{a^2}-\dfrac{y_0^2}{b^2}=1\\[2mm]\dfrac{x}{a}-\dfrac{y}{b}=0\end{cases},$$

得 $x_A=\dfrac{a^2b}{bx_0-ay_0}$,同理得点 B 点的横坐标 $x_B=\dfrac{a^2b}{bx_0+ay_0}$. $|AM|\cdot|BM|=(1+k_{AB}^2)$

$|x_A-x_M|\cdot|x_M-x_B|=\left(1+\dfrac{b^4x_0^2}{a^4y_0^2}\right)\left(\dfrac{a^2b}{bx_0-ay_0}-\dfrac{a^2}{x_0}\right)\cdot\left(\dfrac{a^2}{x_0}-\dfrac{a^2b}{bx_0+ay_0}\right)$,结合①式化简得

$$|AM|\cdot|BM|=\dfrac{a^4y_0^2+b^4x_0^2}{y_0^2}\cdot\dfrac{ay_0}{(bx_0-ay_0)x_0}\cdot\dfrac{ay_0}{(bx_0+ay_0)x_0}$$

$$=(a^4y_0^2+b^4x_0^2)\dfrac{a^2}{(b^2x_0^2-a^2y_0^2)x_0^2}$$

$$=\left[a^4\times\dfrac{b^2}{a^2}(x_0^2-a^2)+b^4x_0^2\right]\times\dfrac{a^2}{a^2y_0^2x_0^2}=a^2+b^2-\dfrac{a^2}{x_0^2}=c^2-\dfrac{a^4}{x_0^2}$$,记为 ③.

由②③,可知 $|AM|\cdot|BM|=|F_1M|\cdot|F_2M|$. 由圆的相交弦定理的逆定理,有 F_1,B,F_2,A 四点共圆.

综上所述,结论成立.

§11.5　抛物线

一、抛物线的概念

过抛物线焦点的弦,称为**抛物线的焦点弦**. 以 $y^2=2px$ 为例,如图所示,AB 是抛物线的一条焦点弦,设 $A(x_1,y_1)$,$B(x_2,y_2)$,AB 的中点 $M(x_0,y_0)$,过点 A,M,B 向准线作垂线,垂足分别为 C,E,D.

根据抛物线的定义,得 $|AF|=|AC|$,$|BF|=|BD|$,故 $|AB|=|AC|+|BD|=2|ME|$,则有以下结论.

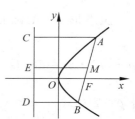

(1) 以 AF(或 BF)为直径的圆与 y 轴相切;以 AB 为直径的圆必与抛物线的准线相切;以 CD 为直径的圆切 AB 于点 F;

(2) $|AB|=x_1+x_2+p$;

(3) A,B 两点的横坐标之积、纵坐标之积为定值,即 $x_1x_2=\dfrac{p^2}{4}$,$y_1y_2=-p^2$;

（4）$\dfrac{1}{|AF|}+\dfrac{1}{|BF|}=\dfrac{2}{p}$；

（5）若 AB 的倾斜角为 α，则 $|AF|=\dfrac{p}{1-\cos\alpha}$，$|BF|=\dfrac{p}{1+\cos\alpha}$．

【例1】过抛物线 $y^2=2px(p>0)$ 的焦点 F 作直线 m 交抛物线于 A，B 两点，若 A，B 的横坐标之和为 5，则这样的直线条数为_____．

（2020 年上海交通大学）

【解析】根据焦点弦的性质可知 $|AB|=5+p$，通径长为 $2p$．若 $p=5$，则满足条件的直线只有 1 条；若 $p>5$，则满足条件的直线有 0 条；若 $p<5$，则满足条件的直线有 2 条．

综上所述，本题答案应为 0 条或 1 条或 2 条．

【例2】抛物线 $y=x^2$ 上有 A，B 两点，$AB=2$，则 AB 中点的轨迹方程为_____．

（2021 年中国科学技术大学）

【解析】设 $A(x_1,y_1)$，$B(x_2,y_2)$，AB 的中点设为 (x,y)，则 $x_1+x_2=2x$，$y_1+y_2=2y$，所以 $2x_1x_2=(x_1+x_2)^2-x_1^2-x_2^2=4x^2-2y$．

由 $AB=2$，得 $(x_1-x_2)^2+(y_1-y_2)^2=4$，即 $(x_1-x_2)^2+(x_1^2-x_2^2)^2=4$，亦即 $(x_1-x_2)^2[1+(x_1+x_2)^2]=4$，因此 $[x_1^2+x_2^2-2x_1x_2][1+(x_1+x_2)^2]=4$，所以 $(4y-4x^2)(1+4x^2)=4$，解得 $y=\dfrac{1}{1+4x^2}+x^2$，此式即为所求轨迹方程．

【例3】在抛物线 $y^2=2px(p>0)$ 中，过焦点 F 的弦与抛物线交于 A，B 两点，且 $\overrightarrow{AF}=3\overrightarrow{FB}$，准线与 x 轴交于点 C，过点 A 作抛物线准线的垂线，垂足为 A_1，则当四边形 $CFAA_1$ 的面积为 $12\sqrt{3}$ 时，$p=$_____．

（2020 年复旦大学）

【解析】方法一

如图所示，设 $BF=t$，则 $AF=3t$，由抛物线的定义可知 $AA_1=AF=3t$，

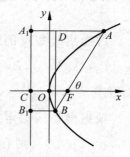

$BB_1=BF=t$，在 $\triangle BDA$ 中，$\cos\theta=\dfrac{AD}{AB}=\dfrac{3t-t}{3t+t}=\dfrac{1}{2}$，所以 $\theta=\dfrac{\pi}{3}$．

四边形 $CFAA_1$ 的面积为 $\dfrac{(p+3t)\cdot CA_1}{2}=\dfrac{(p+3t)\cdot 3t\sin\theta}{2}=12\sqrt{3}$，即

$(p+3t)\cdot 3t=48$，且 $AA_1=p+AF\cos\theta$，得 $3t=p+\dfrac{3}{2}t$，即 $t=\dfrac{2}{3}p$，代入上式，

得 $p=2\sqrt{2}$．

方法二

由题意 $F\left(\dfrac{p}{2},0\right)$，设 AB 所在的直线方程为 $x=my+\dfrac{p}{2}(m>0)$，联立 $\begin{cases}y^2=2px\\x=my+\dfrac{p}{2}\end{cases}$，得 y^2-

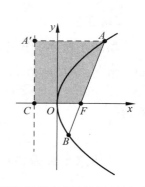

$2pmy - p^2 = 0$. 由韦达定理, 得 $y_A + y_B = 2pm$, $y_A \cdot y_B = -p^2$. 因为 $\overrightarrow{AF} = 3\overrightarrow{FB}$, 所以 $y_A = -3y_B$, 从而有 $\begin{cases} -2y_B = 2pm \\ -3y_B^2 = -p^2 \end{cases}$, 解得 $m^2 = \dfrac{1}{3}$. $y_A = \sqrt{3}\,p$, $x_A = \dfrac{3}{2}p$. 所以 $S_{CFAA'} = \dfrac{AA' + CF}{2} \cdot y_A = \dfrac{p + 2p}{2} \cdot \sqrt{3}\,p = \dfrac{3\sqrt{3}}{2}p^2 = 12\sqrt{3}$, 解得 $p = 2\sqrt{2}$.

本题也可以用抛物线的极坐标方程 $AF = \dfrac{p}{1 - \cos\theta}$, $BF = \dfrac{p}{1 + \cos\theta}$ 来解.

二、抛物线的切线

抛物线的切线的相关结论如下所示:

(1) 抛物线 $y^2 = 2px\,(p > 0)$ 上一点 $P(x_0, y_0)$ 处的切线方程是 $y_0 y = p(x + x_0)$, 且此切线平分过点 P 的焦半径和过 P 平行于抛物线的轴的直线的夹角的外角;

(2) 过抛物线 $y^2 = 2px\,(p > 0)$ 外一点 $P(x_0, y_0)$ 所引两条切线的切点弦所在的直线方程是 $y_0 y = p(x + x_0)$;

(3) 抛物线 $y^2 = 2px\,(p > 0)$ 与直线 $Ax + By + C = 0$ 相切的必要条件是 $pB^2 = 2AC$.

【例 4】 过抛物线 $y^2 = 2x$ 上一点 P 作切线 l, 过点 O 作 l 的垂线交 PF 于点 Q, $|OQ| = \dfrac{3}{5}$, 则 $\triangle OFQ$ 的面积是_____.

(2021 年北京大学优秀中学生寒假学堂)

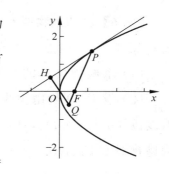

【解析】 如图所示, $F\left(\dfrac{1}{2}, 0\right)$, 设 $P(2t^2, 2t)$, 则 PH 所在的直线方程为 $2ty = x + 2t^2\,(t \neq 0)$. OQ 所在的直线方程为 $y = -2tx$, PF 所在的直线方程为 $\dfrac{y - 0}{x - \dfrac{1}{2}} = \dfrac{2t - 0}{2t^2 - \dfrac{1}{2}}$, 即 $y = \dfrac{4t}{4t^2 - 1}\left(x - \dfrac{1}{2}\right)$.

OQ 与 PF 交于点 $Q\left(\dfrac{1}{4t^2 + 1}, \dfrac{-2t}{4t^2 + 1}\right)$, $|OQ| = \dfrac{\sqrt{1 + 4t^2}}{4t^2 + 1} = \dfrac{3}{5}$, 解得 $t = \dfrac{2}{3}$, 从而 $Q\left(\dfrac{9}{25}, -\dfrac{12}{25}\right)$, 所以 $S_{\triangle OFQ} = \dfrac{1}{2} \cdot \dfrac{1}{2} \cdot \dfrac{12}{25} = \dfrac{3}{25}$.

【例 5】 抛物线 $x = 3y^2$ 的焦点为 F, 过抛物线上点 A 的切线与 AF 的夹角为 $30°$, 则点 A 的坐标为_____.

(2020 年复旦大学)

【解析】方法一

如图 1 所示,作 AB 垂直于抛物线的准线,垂足为 B,则 $AB = AF$,由 $\angle CAF = 30°$,可知 $\angle BAC = 30°$,所以 $\angle ACF = 30°$,即切线斜率为 $\dfrac{\sqrt{3}}{3}$.

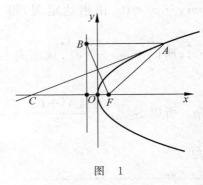

图 1

设切点坐标为 $A(3t^2, t)$,则切线方程为 $y = \dfrac{\sqrt{3}}{3}(x - 3t^2) + t$,将切线方程与 $x = 3y^2$ 联立,得 $\sqrt{3}\,y^2 - y + t - \sqrt{3}\,t^2 = 0$. 由 $\Delta = 1 - 4\sqrt{3}(t - \sqrt{3}\,t^2) = 0$,解得 $t = \dfrac{1}{2\sqrt{3}}$,所以点 $A\left(\dfrac{1}{4}, \dfrac{\sqrt{3}}{6}\right)$.

方法二

如图 2 所示,设点 A 处的切线为 l,$A(3y_0^2, y_0)$,$F\left(\dfrac{1}{12}, 0\right)$. 对隐函数 $y^2 = \dfrac{1}{3}x$ 求导,得 $2y \cdot y' = \dfrac{1}{3}$,解得 $y' = \dfrac{1}{6y}$. 所以切线 l 的斜率为 $k = y'|_{y_0} = \dfrac{1}{6y_0}$,$k_{AF} = \dfrac{y_0}{3y_0^2 - \dfrac{1}{12}} = \dfrac{12y_0}{36y_0^2 - 1}$. 由夹角公式,得 $\tan 30° = \dfrac{k_{AF} - k}{1 + k_{AF} \cdot k}$,即 $1 + k_{AF} \cdot k = \sqrt{3}(k_{AF} -$

$k)$,解得 $k_{AF} = \dfrac{1 + \sqrt{3}\,k}{\sqrt{3} - k}$. 即 $\dfrac{12y_0}{36y_0^2 - 1} = \dfrac{1 + \dfrac{\sqrt{3}}{6y_0}}{\sqrt{3} - \dfrac{1}{6y_0}} = \dfrac{6y_0 + \sqrt{3}}{6\sqrt{3}\,y_0 - 1}$,解得 $y_0 =$

$\dfrac{1}{2\sqrt{3}}$,$x_A = 3y_0^2 = \dfrac{1}{4}$,从而 $A\left(\dfrac{1}{4}, \dfrac{\sqrt{3}}{6}\right)$.

【例 6】 已知抛物线 $C: y^2 = 2px\,(p > 0)$ 的焦点为 F,准线与 x 轴交于点 D,过点 F 的直线与抛物线 C 交于 A,B 两点,且 $|FA| \cdot |FB| = |FA| + |FB|$.

(1) 求抛物线 C 的方程;

(2) 设 P,Q 是抛物线 C 上不同的两点,且 $PF \perp x$ 轴,直线 PQ 与 x 轴交于点 G,再在 x 轴上截取线段 $|GE| = |GD|$,且点 G 介于点 E 与点 D 之间,连接 PE,过点 Q 作直线 PE 的平行线 l. 证明:l 为抛物线 C 的切线.

(2021 年清华大学语言类保送暨高水平艺术团)

【解析】(1) 设直线 AB 的方程为 $l': my + \dfrac{p}{2}$. 联立直线 l' 与抛物线 C 的方程,得 $\begin{cases} y^2 = 2px \\ x = my + \dfrac{p}{2} \end{cases}$,整理得 $y^2 - 2pmy - p^2 = 0$.

设 $A(x_1,y_1)$, $B(x_2,y_2)$, 则 $y_1y_2=-p^2$. 故 $x_1x_2=\dfrac{y_1^2}{2p}\cdot\dfrac{y_2^2}{2p}=\dfrac{(y_1y_2)^2}{4p^2}=\dfrac{p^2}{4}$. 注意到 $|FA|=x_1+\dfrac{p}{2}$, $|FB|=x_2+\dfrac{p}{2}$, 则 $\dfrac{1}{|FA|}+\dfrac{1}{|FB|}=\dfrac{1}{x_1+\dfrac{p}{2}}+\dfrac{1}{x_2+\dfrac{p}{2}}=\dfrac{x_1+x_2+p}{\dfrac{p}{2}(x_1+x_2)+\dfrac{p^2}{2}}=\dfrac{2}{p}=1$, 解得 $p=2$, 即抛物线 C 的方程为 $y^2=4x$.

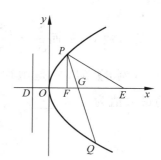

（2）如图所示，不妨设点 P 在第一象限，点 $Q(x_3,y_3)$ 在第四象限.

当 $y<0$ 时，由 $y^2=4x$, 得 $y=-\sqrt{2}x$, 则 $y'=-x^{\frac{1}{2}}=\dfrac{2}{y}$, 即抛物线 C 在点 Q 处的切线斜率为 $k=\dfrac{2}{y_3}$.

注意到 $PF\perp x$ 轴，则 $P(1,2)$. 设 $G(x_4,0)$, 由 P,G,Q 三点共线，得 $\dfrac{2}{1-x_4}=\dfrac{y_3-2}{x_3-1}=\dfrac{4}{y_3+2}$. 则 $x_4=-\dfrac{y_3}{2}$. 设 $E(x_5,0)$, 由 $|GD|=|GE|$, 得 $x_5=1-y_3$, 故直线 PE 的斜率 $k'=\dfrac{2}{1-(1-y_3)}=\dfrac{2}{y_3}=k$, 从而直线 l 为抛物线 C 的切线.

【例 7】 已知抛物线 $x^2=4y$, 点 A 在抛物线上，且在第一象限，以点 A 为切点作抛物线的切线 l, 并与 x 轴交于点 B, 过点 B 作垂直于直线 l 的直线 l' 交抛物线于 C,D 两点，其中点 C 在第一象限，设 l' 与 y 轴交于点 K.

（1）若点 A 的横坐标为 2, 求切线 l 的方程；

（2）连接 OC,OD,AK,AC, 记 $\triangle OKD,\triangle OKC,\triangle AKC$ 的面积分别为 S_1,S_2,S_3, 求 $\dfrac{S_3}{S_2}\cdot\left(\dfrac{S_1}{S_2}-1\right)$ 的最小值.

（2021 年清华大学工科营）

【解析】（1）由题意知点 $A(2,1)$, 对隐函数 $y=\dfrac{x^2}{4}$ 求导，得 $y'=\dfrac{x}{2}$, 从而过点 $A(2,1)$ 的切线斜率 $k=y'\big|_{x=2}=1$, 所以过点 $A(2,1)$ 的切线方程为 $y-1=(x-2)$, 即 $x-y-1=0$.

（2）如图所示，设 $A\left(x_0,\dfrac{x_0^2}{4}\right)$, 则 l' 所在的直线方程为 $\dfrac{2x}{x_0}+y-1=0$. 联立直线 l' 与抛物线方程 $\begin{cases}\dfrac{2x}{x_0}+y-1=0\\ x^2=4y\end{cases}$, 整理得 $x_0x^2+8x-4x_0=0$.

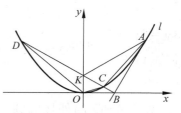

设点 $C\left(x_1,\dfrac{x_1^2}{4}\right)$, $D\left(x_2,\dfrac{x_2^2}{4}\right)$, 则 $\begin{cases}x_1+x_2=-\dfrac{8}{x_0}\\ x_1x_2=-4\end{cases}$. 显然，$x_1<0$, $x_2>0$, 则 $\dfrac{S_1}{S_2}+\dfrac{S_2}{S_1}=-\left(\dfrac{x_1}{x_2}+\dfrac{x_2}{x_1}\right)=$

$$-\frac{(x_1+x_2)^2-2x_1x_2}{x_1x_2}=\frac{16}{x_0^2}+2.$$

又注意到 $\frac{S_1}{S_2}>1$，则 $\frac{S_1}{S_2}=1+\frac{8}{x_0^2}+4\cdot\sqrt{\frac{4}{x_0^4}+\frac{1}{x_0^2}}=1+\frac{8+4\sqrt{x_0^2+4}}{x_0^2}=1+\frac{4}{\sqrt{x_0^2+4}-2}$. 易知 $\frac{S_3}{S_2}=$

$\frac{x_0^2+4}{4}$，则 $\frac{S_3}{S_2}\cdot\left(\frac{S_1}{S_2}-1\right)=\frac{x_0^2+4}{4}\cdot\frac{4}{\sqrt{x_0^2+4}-2}=\sqrt{x_0^2+4}-2+\frac{4}{\sqrt{x_0^2+4}-2}+4\geqslant8$. 当且仅当 $x_0=2\sqrt{3}$

时，等号成立，从而 $\frac{S_3}{S_2}\cdot\left(\frac{S_1}{S_2}-1\right)$ 为 8.

【例 8】 M,N 是抛物线 $y^2=4x$ 上的点，F 为抛物线的焦点，满足 $MF+NF=2MN$，则 $\angle NFM$ 的最大值为 _____.

（2022 年复旦大学）

【解析】 由余弦定理，得 $\cos\angle NFM=\dfrac{|MF|^2+|NF|^2-\left(\dfrac{|MF|+|NF|}{2}\right)^2}{2|MF||NF|}=$

$\dfrac{3|MF|^2+3|NF|^2-2|MF||NF|}{8|MF||NF|}\geqslant\dfrac{6|MF||NF|-2|MF||NF|}{8|MF||NF|}=\dfrac{1}{2}$，从而 $\angle NFM\leqslant\dfrac{\pi}{3}$.

因此 $\angle NFM$ 的最大值为 $\dfrac{\pi}{3}$.

【例 9】 已知抛物线 $y^2=4x$，过点 $A(-2,3)$ 的直线作抛物线的两条切线，切点分别为 P,Q，求 $\triangle APQ$ 外接圆的半径.

（2022 年北京大学）

【解析】 设切点 $P(x_1,y_1),Q(x_2,y_2)$，则切线 AP 的方程为 $y_1y=2x_1+2x$，切线 AQ 的方程为 $y_2y=2x_2+2x$，因为经过点 $A(-2,3)$，所以 $3y_1=2x_1-4$，$3y_2=2x_2-4$，从而直线 PQ 的方程为 $3y=2x-4$. 又因为 $y_1^2=4x_1$，$y_2^2=4x_2$，所以 $k_{PQ}=\dfrac{y_1-y_2}{x_1-x_2}=\dfrac{4}{y_1-y_2}=\dfrac{2}{3}$，从而 $y_1+y_2=6$，$x_1+x_2=13$.

记 PQ 的中点为 N，则 $N\left(\dfrac{13}{2},3\right)$，$PQ$ 的中垂线方程为 $y=-\dfrac{3}{2}\left(x-\dfrac{13}{2}\right)+3=-\dfrac{3}{2}x+\dfrac{51}{4}$. 由

$\begin{cases}3y=2x-4\\y^2=4x\end{cases}$，可得 $y^2-6y-8=0$，解得 $\begin{cases}x_1=\dfrac{13}{2}+\dfrac{3\sqrt{17}}{2}\\y_1=3+\sqrt{17}\end{cases}$，$\begin{cases}x_2=\dfrac{13}{2}-\dfrac{3\sqrt{17}}{2}\\y_2=3-\sqrt{17}\end{cases}$.

设 $\triangle APQ$ 的外接圆圆心为 $O\left(s,-\dfrac{3}{2}s+\dfrac{51}{4}\right)$，由 $|O_1A|=|O_1P|$，解得 $s=\dfrac{11}{2}$. 所以 $O\left(\dfrac{11}{2},\dfrac{9}{2}\right)$，从

而 $R=|O_1A|=\dfrac{\sqrt{234}}{2}$.

【例 10】抛物线 $y = x^2$ 在点 $(1,1)$ 处的曲率半径是多少？请给出理由（可用解析几何或物理的方式解释你的结论，不需要严格证明）.

（2022 年南京大学基础学科拔尖人才培养计划科研训练营）

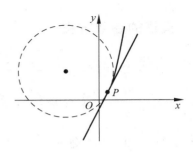

【解析】如图所示，不妨设点 $P(1,1)$ 处的曲率圆方程为 $(x-a)^2 + (y-b)^2 = r^2$，由于抛物线 $y = x^2$ 是下凸的，故我们只需考虑下半圆周

$$y = -\sqrt{r^2 - (x-a)^2} + b.$$ 同时有 $y' = \dfrac{x-a}{\sqrt{r^2 - (x-a)^2}}$，$y'' =$

$$\dfrac{\sqrt{r^2 - (x-a)^2} + \dfrac{(1-a)^2}{\sqrt{r^2 - (x-a)^2}}}{r^2 - (x-a)^2}.$$

注意到点 P 的曲率圆应与抛物线在点 P 处具有相同的切线，凹凸程度相同，即两者在点 P 处的一阶导数和二阶导数都应该相等，故 $y'\big|_{x=1} = \dfrac{x-a}{\sqrt{r^2 - (x-a)^2}} = 2$，$y''\big|_{x=1} = \dfrac{\sqrt{r^2 - (x-a)^2} + \dfrac{(1-a)^2}{\sqrt{r^2 - (x-a)^2}}}{r^2 - (x-a)^2} = 2$，

即 $$\begin{cases} \dfrac{1-a}{\sqrt{r^2 - (1-a)^2}} = 2 \\[3mm] \dfrac{\sqrt{r^2 - (1-a)^2} + \dfrac{(1-a)^2}{\sqrt{r^2 - (1-a)^2}}}{r^2 - (1-a)^2} = 2 \end{cases}$$，易得 $r = \dfrac{5\sqrt{5}}{2}$，即抛物线 $y = x^2$ 在点 $(1,1)$ 处的曲率半径为 $\dfrac{5\sqrt{5}}{2}$.

本题我们采用了解析几何法加以解决，也可利用物理学中的平抛运动的法向加速度求解.

§11.6　极坐标与参数方程

一、参数方程

一般地，在平面直角坐标系中，如果曲线 C 上任一点的坐标 x,y 都是第三个变量 t 的函数 $\begin{cases} x = f(t) \\ y = g(t) \end{cases}$ $(t \in D)$，并且由方程组 $\begin{cases} x = f(t) \\ y = g(t) \end{cases}$ $(t \in D)$ 所确定的点 $M(x,y)$ 都在曲线 C 上，那么方程组 $\begin{cases} x = f(t) \\ y = g(t) \end{cases}$ $(t \in D)$ 就叫作曲线 C 的**参数方程**，t 叫作**参变数**，简称**参数**. 相对于曲线的参数方程，前面直接给出曲线上的点的坐标 x,y 间的关系的方程 $F(x,y) = 0$ 叫作曲线的**普通方程**.

1. 直线的参数方程

直线 l 经过点 $P(x_0, y_0)$，且 l 的一个方向向量为 $\boldsymbol{d} = (u, v)$，则直线 l 的参数方程为 $\begin{cases} x = x_0 + ut \\ y = y_0 + vt \end{cases}$（$t \in \mathbf{R}$ 为参数）；如果直线 l 的倾斜角为 α，则直线 l 的参数方程为 $\begin{cases} x = x_0 + t\cos\alpha \\ y = y_0 + t\sin\alpha \end{cases}$（$t \in \mathbf{R}$ 为参数）. 由于 $P_0Q = x - x_0 = t\cos\alpha$，$\overrightarrow{QP} = t\sin\alpha$，所以 $t = \overrightarrow{P_0P}$，这是参数 t 的几何意义.

2. 圆锥曲线的参数方程

（1）圆的参数方程

设圆的标准方程为 $(x-a)^2 + (y-b)^2 = r^2 (r > 0)$，则参数方程为 $\begin{cases} x = a + r\cos\alpha \\ y = b + r\sin\alpha \end{cases}$（$0 \leqslant \alpha < 2\pi$ 为参数）.

（2）椭圆的参数方程

设椭圆的标准方程为 $\dfrac{x^2}{a^2} + \dfrac{y^2}{b^2} = 1 (a > b > 0)$，则参数方程为 $\begin{cases} x = a\cos\alpha \\ y = b\sin\alpha \end{cases}$（$0 \leqslant \alpha < 2\pi$ 为参数）.

（3）双曲线的参数方程

设双曲线的标准方程为 $\dfrac{x^2}{a^2} - \dfrac{y^2}{b^2} = 1 (a > 0, b > 0)$，则参数方程为 $\begin{cases} x = a\sec\alpha \\ y = b\tan\alpha \end{cases}$（$0 \leqslant \alpha < 2\pi, \alpha \neq \dfrac{\pi}{2}, \alpha \neq \dfrac{3\pi}{2}, \alpha$ 为参数）.

（4）抛物线的方程

设抛物线的标准方程为 $y^2 = 2px (p > 0)$，则参数方程 $\begin{cases} x = 2pt^2 \\ y = 2pt \end{cases}$（$t \in \mathbf{R}$ 为参数）.

【例1】 若 $x^2 + y^2 \leqslant 1$，则 $x^2 + xy - y^2$ 的取值范围是（　　　）.

A. $\left[-\dfrac{\sqrt{3}}{2}, \dfrac{\sqrt{3}}{2} \right]$　　　　B. $[-1, 1]$　　　　C. $\left[-\dfrac{\sqrt{5}}{2}, \dfrac{\sqrt{5}}{2} \right]$　　　　D. $[-2, 2]$

（2020 年清华大学）

【解析】 令 $\begin{cases} x = r\cos\alpha \\ y = r\sin\alpha \end{cases}$（$0 \leqslant r \leqslant 1$），则 $x^2 + xy - y^2 = r^2(\cos^2\alpha + \cos\alpha\sin\alpha - \sin^2\alpha) = r^2\left(\cos 2\alpha + \right.$ $\dfrac{1}{2}\sin 2\alpha \left. \right) = r^2 \dfrac{\sqrt{5}}{2}\sin(2\alpha + \varphi)$（其中 $\tan\varphi = 2$），则 $x^2 + xy - y^2 \in \left[-\dfrac{\sqrt{5}}{2}, \dfrac{\sqrt{5}}{2} \right]$，所以选 C.

【例2】 从圆 $x^2 + y^2 = 4$ 上的点向椭圆 $C: \dfrac{x^2}{2} + y^2 = 1$ 引切线，两切点间的线段称为切点弦，则椭圆 C 内不与任何切点弦相交的区域的面积为（　　　）.

A. $\dfrac{\pi}{2}$　　　　B. $\dfrac{\pi}{3}$　　　　C. $\dfrac{\pi}{4}$　　　　D. 前三个答案都不对

（2020 年北京大学博雅计划）

【解析】 如图所示,设点 $A(2\cos\theta,2\sin\theta)$,则直线 BC 的方程为 $\cos\theta \cdot x + 2\sin\theta \cdot y = 1$. 由于椭圆 $\dfrac{x^2}{a^2} + \dfrac{y^2}{b^2} = 1$ 在点 $(a\cos\theta, b\sin\theta)$ 处的切线方程为 $\dfrac{\cos\theta \cdot x}{a} + \dfrac{\sin\theta \cdot y}{b} = 1$,则 $a = 1, b = \dfrac{1}{2}$. 因此,$\cos\theta \cdot x + 2\sin\theta \cdot y = 1$ 为椭圆 $x^2 + 4y^2 = 1$ 的切线系方程. 由椭圆的面积公式可得 $\pi ab = \dfrac{\pi}{2}$,从而选 A.

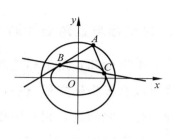

二、极坐标系

平面上一个点的位置可用直角坐标系中的有序实数对来确定,也可以用方向角和距离来确定. 如图所示,在平面内取一定点 O,叫作**极点**,以 O 为端点引一条射线 Ox,叫作**极轴**. 再选定一个单位长度和角度的正方向(一般规定逆时针方向为正方向),这时,对于平面内任一定点 M,设 $\rho = |OM|$,$\theta = \angle MOx$,则点 M 的位置可以用有序实数对 (ρ,θ) 表示,(ρ,θ) 叫作点 M 的**极坐标**,其中 ρ 叫作点 M 的**极径**,θ 叫作点 M 的**极角**. 这样建立的坐标系叫作**极坐标系**.

当 M 为极点时,它的极坐标为 (ρ,θ),θ 可以为任意角. 当 $\rho < 0$ 时,规定极坐标对应的点为 $(-\rho,\theta+\pi)$.

一般地,如果 (ρ,θ) 是一个点的极坐标,那么 $(\rho,\theta+2n\pi)$,$(-\rho,\theta+(2n+1)\pi)$ 都可以作为它的极坐标. 但如果限定 $\rho > 0$,$0 \leqslant \theta < 2\pi$(或 $-\pi < \theta \leqslant \pi$),那么在极坐标系中,除了极点外平面上的所有点构成的集合与实数对 (ρ,θ) 的集合 $\{(\rho,\theta) \mid \rho > 0, 0 \leqslant \theta < 2\pi\}$(或 $\{(\rho,\theta) \mid \rho > 0, -\pi < \theta \leqslant \pi\}$)构成一一对应关系. 以下如果不特殊说明,我们认为 $\rho > 0$.

1. 曲线的极坐标方程

在极坐标系中,曲线可以用含有 ρ,θ 这两个变量的方程 $F(\rho,\theta) = 0$ 来表示,方程 $F(\rho,\theta) = 0$ 叫作这条曲线的极坐标方程.

由于平面内点的极坐标是不唯一的,所以曲线上点的极坐标不一定都符合方程,但其中应至少有一个坐标能满足这个方程,故曲线和极坐标方程有如下关系.

(1) 以方程 $F(\rho,\theta) = 0$ 的解 (ρ,θ) 为极坐标的点都在曲线上.

(2) 曲线上任一点的所有极坐标中,至少有一个极坐标 (ρ,θ) 是方程的解. 求曲线的极坐标方程,其实就是建立曲线上所有点的极径 ρ 与极角 θ 满足的关系式.

2. 极坐标与直角坐标的互化

极坐标和直角坐标是两种不同的坐标系,同一个点可以有极坐标,也可以有直角坐标;同一条曲线可以有极坐标方程,也可以有直角坐标方程. 为了方便研究,我们需要在两种坐标系之间进行相互转化.

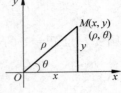

如右图所示,把直角坐标系的原点作为极点,x 轴的正半轴作为极轴,并取相同的长度单位,设 M 为平面上任一点,它的直角坐标为 (x, y),极坐标为 (ρ, θ).

当 $\rho \geq 0$ 时,由三角函数的定义,可以得出 x, y 与 ρ, θ 之间的关系式:

$$x = \rho\cos\theta, \quad y = \rho\sin\theta. \quad ①$$

当 $\rho < 0$ 时,点 M 的极坐标可以是 $(-\rho, \pi + \theta)$,利用①式可得 $x = -\rho\cos(\pi + \theta) = \rho\cos\theta$,$y = -\rho\sin(\pi + \theta) = \rho\sin\theta$. 这表明当 $\rho < 0$ 时,①式也成立.

综上所述,①式对点 M 的任意一种极坐标表示都成立.

从①式中解得 $\rho^2 = x^2 + y^2$,$\tan\theta = \dfrac{y}{x}(x \neq 0)$,记为②. 由①②两式,我们可将点的直角坐标与极坐标进行互化.

【例3】 方程 $5\rho\cos\theta = 4\rho + 3\rho\cos 2\theta$ 所表示的曲线的形状是_____.

（2020 年复旦大学）

【解析】 由 $5\rho\cos\theta = 4\rho + 3\rho\cos 2\theta$,得 $5\cos\theta = 4 + 3(2\cos^2\theta - 1)$,即 $6\cos^2\theta - 5\cos\theta + 1 = 0$,解得 $\cos\theta = \dfrac{1}{2}$ 或 $\cos\theta = \dfrac{1}{3}$,故得到两条直线.

【例4】 极坐标方程 $\rho^2\cos\theta + \rho - 3\rho\cos\theta - 3 = 0$ 表示（　　）.

A. 一个圆　　　　　B. 一个圆与一条直线　C. 两个圆　　　　　D. 两条直线

（2022 年上海交通大学）

【解析】 由 $\rho^2\cos\theta + \rho - 3\rho\cos\theta - 3 = 0$,得 $(\rho - 3)(\rho\cos\theta + 1) = 0$,解得 $\rho = 3$ 或 $\rho\cos\theta = -1$. 因为 $\rho^2 = x^2 + y^2$,$x = \rho\cos\theta$,从而可得 $x^2 + y^2 = 9$ 或 $x = -1$. 因此极坐标方程 $\rho^2\cos\theta + \rho - 3\rho\cos\theta - 3 = 0$ 表示一个圆或一条直线,故选 B.

【例5】 求极坐标 $\rho = \theta$ 的曲线轨迹.

（2021 年复旦大学）

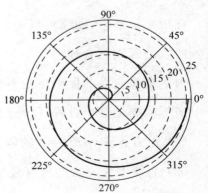

【解析】 根据极坐标与直角坐标的关系 $x = \rho\cos\theta$,$y = \rho\sin\theta$,可得 $x^2 + y^2 = \rho^2 = \theta^2$. 又因为 $\dfrac{y}{x} = \tan\theta$,所以 $\theta = \arctan\dfrac{y}{x}$,从而 $x^2 + y^2 = \arctan^2\dfrac{y}{x}$,故 $\rho = \theta$ 的曲线轨迹是阿基米德螺旋曲线（如图所示）.

3. 圆锥曲线的极坐标方程

椭圆、双曲线和抛物线可以统一定义为到一定点(焦点)的距离和一条定直线(准线)的距离的比等于常数 e 的点轨迹. 当 $0<e<1$ 时,曲线是椭圆;当 $e=1$ 时,曲线是抛物线;当 $e>1$ 时,曲线是双曲线. 现在我们根据这个定义来求这三种圆锥曲线的极坐标方程.

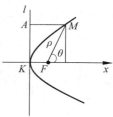

如图所示,过焦点 F 作准线 l 的垂线,垂足为 K,以 F 为极点,FK 的反向延长线 Fx 为极轴,建立极坐标系.

设 $M(\rho,\theta)$ 是曲线上任一点,联结 MF,作 $MA\perp l$,$MB\perp Fx$,垂足分别为 A,B. 记焦点 F 到准线 l 的距离 $|KF|=\rho$,则 $\dfrac{|MF|}{|MA|}=e$. 由于 $|MF|=\rho$,$|MA|=|BK|=p+\rho\cos\theta$,所以上式为 $\dfrac{\rho}{p+\rho\cos\theta}=e$,即 $\rho=\dfrac{ep}{1-e\cos\theta}$.

这就是椭圆、双曲线和抛物线的统一的极坐标方程. 当 $0<e<1$ 时,方程表示椭圆,定点 F 是它的左焦点,定直线 l 是它的左准线;当 $e=1$ 时,方程表示开口向右的抛物线;当 $e>1$ 时,方程只表示双曲线的右支,定点 F 是它的右焦点,定直线 l 是它的右准线,如果允许 $\rho<0$,方程就表示整个双曲线.

【例 6】 过椭圆 $\dfrac{x^2}{a^2}+\dfrac{y^2}{b^2}=1(a>b>0)$ 左焦点 F_1 作倾斜角为 60° 的直线 l 交椭圆于 A,B 两点,若 $AF=2BF$,则椭圆的离心率为(　　).

A. $\dfrac{3}{4}$　　　　　　B. $\dfrac{2}{3}$　　　　　　C. $\dfrac{1}{2}$　　　　　　D. 前三个答案都不对

(2023 年北京大学优秀中学生寒假学堂)

【解析】 设椭圆的极坐标方程为 $\rho=\dfrac{ep}{1-e\cos\theta}$,所以 $\rho_A=\dfrac{ep}{1-\frac{1}{2}e}$,$\rho_B=\dfrac{ep}{1+\frac{1}{2}e}$,从而 $\dfrac{ep}{1-\frac{1}{2}e}=$

$\dfrac{2ep}{1+\frac{1}{2}e}$,即 $1+\dfrac{1}{2}e=2-e$,解得 $e=\dfrac{2}{3}$. 故选 B.

【例 7】 内接于椭圆 $\dfrac{x^2}{4}+\dfrac{y^2}{9}=1$ 的菱形周长的最大值和最小值之和是(　　).

A. $4\sqrt{13}$　　　　　　B. $14\sqrt{13}$　　　　　　C. $\dfrac{100}{13}\sqrt{13}$　　　　　　D. 前三个答案都不对

(2022 年北京大学)

【解析】 方法一

$ABCD$ 为内接菱形,所以 $AO\perp BO$,以 O 为极点建立极坐标系,则 $\rho^2=\dfrac{1}{\dfrac{\cos^2\theta}{4}+\dfrac{\sin^2\theta}{9}}$,所以 $\rho_A^2=$

$\dfrac{1}{\dfrac{\cos^2\theta}{4}+\dfrac{\sin^2\theta}{9}}$，$\rho_B^2=\dfrac{1}{\dfrac{\sin^2\theta}{4}+\dfrac{\cos^2\theta}{9}}$，整理得 $AB^2=\rho_A^2+\rho_B^2$．而 $\dfrac{1}{\rho_A^2}+\dfrac{1}{\rho_B^2}=\dfrac{1}{4}+\dfrac{1}{9}=\dfrac{13}{36}$，所以 $\dfrac{13}{36}AB^2=2+$

$\dfrac{\rho_A^2}{\rho_B^2}+\dfrac{\rho_B^2}{\rho_A^2}$．因为 $\dfrac{\rho_A^2}{\rho_B^2}=\dfrac{\dfrac{1}{4}\sin^2\theta+\dfrac{1}{9}\cos^2\theta}{\dfrac{1}{4}\cos^2\theta+\dfrac{1}{9}\sin^2\theta}=\dfrac{9\tan^2\theta+4}{4\tan^2\theta+9}$ 且 $\tan\theta\geqslant0$，所以 $\dfrac{\rho_A^2}{\rho_B^2}\in\left[\dfrac{4}{9},\dfrac{9}{4}\right]$，即 $\dfrac{13}{36}AB^2\in\left[4,\dfrac{169}{36}\right]$，

所以 $AB\in\left[\dfrac{12}{\sqrt{13}},\dfrac{13}{\sqrt{13}}\right]$．

因此，所求菱形的周长的最大值与最小值的和为 $\dfrac{100}{\sqrt{13}}=\dfrac{100\sqrt{13}}{13}$，故选 C．

方法二

先证明一个引理：椭圆 $\dfrac{x^2}{a^2}+\dfrac{y^2}{b^2}=1(a>b>0)$ 内接菱形周长的最大值为 $4\sqrt{a^2+b^2}$（因定点均在坐

标轴上），最小值为 $\dfrac{8ab}{\sqrt{a^2+b^2}}$（正方形，四顶点在对应的象限角平分线上）．

证明：如图所示，由椭圆平行弦中点边线过点 O，知椭圆内接菱形的中心

与椭圆的中心重合．设直线 OA 的方程为 $\begin{cases}x=t\cos\theta\\y=t\sin\theta\end{cases}$（$t$ 为参数，θ 为 OA 的倾斜

角），代入椭圆方程，由 t 的几何意义，知 $|OA|=\dfrac{ab}{\sqrt{b^2+c^2\sin^2\theta}}$．

同理，$|OB|=\dfrac{ab}{\sqrt{b^2+c^2\cos^2\theta}}$，因此菱形的边长 $|AB|^2=|OA|^2+|OB|^2=$

$\dfrac{4a^2b^2(a^2+b^2)}{4a^2b^2+c^4\sin^2 2\theta}$．

当 $\theta=0°$ 或 $\theta=90°$ 时，$|AB|_{\max}=\sqrt{a^2+b^2}$，即周长的最大值为

$C_{ABCD}=4\sqrt{a^2+b^2}$．

当 $\theta=45°$，或 $\theta=135°$，$|AB|_{\min}=\dfrac{2ab}{\sqrt{a^2+b^2}}$，即周长的最小值为

$C_{ABCD}=\dfrac{8ab}{\sqrt{a^2+b^2}}$．

回到本题，得答案为 $4\sqrt{13}+\dfrac{48}{\sqrt{13}}=4\sqrt{13}+\dfrac{48\sqrt{13}}{13}=\dfrac{100\sqrt{13}}{13}$，故选 C．

本题考查了椭圆的内接菱形的性质，我们以椭圆 $\dfrac{x^2}{a^2}+\dfrac{y^2}{b^2}=1(a>b>0)$ 为例，关于椭圆的内接

菱形有很多有趣的性质，诸如：

定理 1　内接菱形面积的最大值为 $2ab$,最小值为 $\dfrac{4a^2b^2}{a^2+b^2}$.

定理 2　内接菱形邻边斜率均存在且不为 0 时,则邻边斜率之积为定值 $-\dfrac{b^2}{a^2}$.

定理 3　内接正方形存在且唯一.

定理 4　内接菱形 $ABCD$ 中,满足 $\dfrac{1}{|OA|^2}+\dfrac{1}{|OB|^2}=\dfrac{a^2+b^2}{a^2b^2}$.

定理 5　内接菱形的内切圆存在且唯一,轨迹方程为 $x^2+y^2=\dfrac{a^2b^2}{a^2+b^2}$.

定理 6　如图 1 所示,椭圆 $\dfrac{x^2}{a^2}+\dfrac{y^2}{b^2}=1(a>b>0)$ 的内接菱形 $ABCD$ 与内切圆的切点为 M,则下列各式成立:

(1) $|AM|\cdot|BM|=|OM|^2=\dfrac{a^2b^2}{a^2+b^2}$;

(2) $|OA|^2=|AM|\cdot|AB|$;

(3) $|OB|^2=|BM|\cdot|AB|$.

定理 7　过椭圆 $\dfrac{x^2}{a^2}+\dfrac{y^2}{b^2}=1(a>b>0)$ 上任意一点 P 引圆 $x^2+y^2=\dfrac{a^2b^2}{a^2+b^2}$ 的两条斜率均存在的切线 l_1,l_2,它们的斜率分别为 k_1,k_2,则 k_1k_2 为定值 $-\dfrac{b^2}{a^2}$,其逆命题也成立.

定理 8　圆 $x^2+y^2=\dfrac{a^2b^2}{a^2+b^2}$ 的两条斜率之积为 $-\dfrac{b^2}{a^2}$ 的切线的交点在椭圆 $\dfrac{x^2}{a^2}+\dfrac{y^2}{b^2}=1(a>b>0)$ 上.

定理 9　如图 2 所示,过椭圆 $\dfrac{x^2}{a^2}+\dfrac{y^2}{b^2}=1(a>b>0)$ 上任意一点 P 引圆 $x^2+y^2=\dfrac{a^2b^2}{a^2+b^2}$ 的两边切线 PA,PB(A,B 为切点),切线 PA,PB 分别交椭圆于 C,D,则

(1) C,O,D 三点共线;

(2) $|PC|=|PD|$,$AB\parallel CD$.

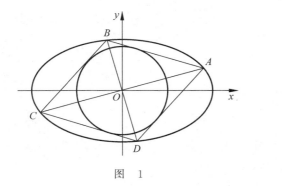

图 1

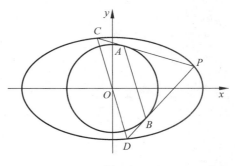

图 2

【例 8】 曲线 C：$(x^2-y^2)=16x^2y^2$，则（　　　　）.

A. 曲线 C 仅过 $(0,0)$ 一个整点

B. 曲线 C 上的点距原点的最大距离为 2

C. 曲线 C 围成的图形面积大于 4π

D. 曲线 C 为轴对称图形

（2022 年清华大学）

【解析】 选项 A：因为 $16\mid(x^2-y^2)^3$，所以 x^2，y^2 同为偶数，即 x，y 同为偶数. 设 $x=2a$，$y=2b$，则 $(4a^2-4b^2)^3=16\cdot4a^2\cdot4b^2$，即 $(a^2-b^2)^3=4a^2b^2$. 同理设 $a=2p$，$b=2q$，得 $(p^2-q^2)^3=p^2q^2$. 令 $p^2=m$，$q^2=n$，则 $m^3-3m^2n+3mn^2-n^3=mn$. 因为 m，$n\in\mathbf{Z}^*$，所以 $m\mid n^3$，从而 $m\mid n$，同理可得 $n\mid m$，从而 $m=n$，故 $m=n=0$. 所以原曲线只过一个整点 $(0,0)$，A 正确；

选项 B：考虑以 $(0,0)$ 为极点，x 轴为极轴，所以 $(\rho^2\cos^2\theta-\rho^2\sin^2\theta)^3=16\rho^2\cos^2\theta\cdot\rho^2\sin^2\theta$，从而 $\rho^6\cos^3 2\theta=16\rho^4\cos^2\theta\sin^2\theta=4\rho^4\sin^2 2\theta$，所以 $\rho^2=\dfrac{4\sin^2 2\theta}{\cos^3 2\theta}$，易知 $\theta=\dfrac{\pi}{8}$ 时，$\rho^2=4\sqrt{2}>4$，B 错误；

选项 C：因为 $\rho^2>4\tan^2 2\theta$，故当 $\theta\in\left(\dfrac{\pi}{6},\dfrac{\pi}{4}\right)$ 时，$\rho^2>4\times3$，即 $\rho>2\sqrt{3}$. 因为 $\theta\in[0,2\pi)$，所以曲线 C 围成的面积 $S>\dfrac{\left(\dfrac{\pi}{4}-\dfrac{\pi}{6}\right)\times8\times\pi\times12}{2\pi}$，即 $S>4\pi$，C 正确.

选项 D：曲线 C 显然关于 x 轴，y 轴都对称，D 正确.

综上所述，选 ACD.

第 12 章　排列组合与二项式定理

计数问题是数学的重要研究对象之一,分类加法计数原理、分步乘法计数原理是解决计数问题的最基本、最重要的原理,也称为基本计数原理.它为我们解决很多实际问题提供了思路和工具.排列、组合是两类特殊而重要的计数问题,而解决它们的基本思想和基本工具就是两个基本计数原理.二项式定理的学习过程是应用两个计数原理解决问题的典型过程.

§12.1 两个计数原理

一、分类加法计数原理

【例1】 从 2 个红球,3 个黑球,5 个白球中任取 6 个,有_____种不同的取法.

(2020 年上海交通大学)

【解析】 设取出的球中分别有 x,y,z 个红球,黑球,白球,且 $x\in\{0,1,2\}$,$y\in\{0,1,2,3\}$,$z\in\{0,1,2,3,4,5\}$,$x+y+z=6$.

(1) 当 $x=0$ 时,$y+z=6$,则有 $(1,5),(2,4),(3,3)$ 共 3 种取法;

(2) 当 $x=1$ 时,$y+z=5$,则有 $(0,5),(1,4),(2,3),(3,2)$ 共 4 种取法;

(3) 当 $x=2$ 时,$y+z=4$,则有 $(0,4),(1,3),(2,2),(3,1)$ 共 4 种取法.

从而由分类加法计数原理,共有 $3+4+4=11$ 种不同的取法.

> 设取出的球中分别有 x,y,z 个红球,黑球,白球,则本题考虑的是对应方程 $x+y+z=6(x\leqslant 2,y\leqslant 3,z\leqslant 5)$ 的非负整数解的个数.取法个数是多项式
>
> $$(1+x+x^2)(1+x+x^2+x^3)(1+x+x^2+x^3+x^4+x^5)$$
>
> 展开式中 x^6 的系数,即
>
> $(1+2x+3x^2+3x^3+2x^4+x^5)(1+x+x^2+x^3+x^4+x^5)$ 中 x^6 的系数,易知 x^6 的系数是 $2+3+3+2+1=11$,即 11 种不同的取法.
>
> 一般地,若 n 个元素可分成 k 个组,同一组中元素彼此相同,不同组间的元素不相同.设 k 个组的元素个数依次为 $n_1,n_2,\cdots,n_k(n_1+n_2+\cdots+n_k=n)$,并记从这 n 个元素中每次取 r 个的不同取法的总数为 $a_r(0\leqslant r\leqslant n)$,则数列 $a_0,a_1,\cdots,a_n$ 的生成函数是 $(1+x+\cdots+x^{n_1})(1+x+\cdots+x^{n_2})\cdots(1+x+\cdots+x^{n_r})$,即 a_r 是上式展开式中 x^r 的系数.
>
> 在初等数学中生成函数的手段不多,较基本的方法是应用多项式以及单位根的某些性质构造生成函数.

【例2】 用数字 1,2,3 组成一个六位数,且数字 1 不相邻的排法有_____种.

(2022 年清华大学自强计划)

【解析】 我们注意到 1 的后面只能是 2 或 3,有两种选法,2 和 3 的后面可以是 1,2,3,有三种选

法,所以我们可以得到下表(其中第一行是数码,其余为方法数).

	1	2	3
第 1 位数	1	1	1
第 2 位数	2	3	3
第 3 位数	6	8	8
第 4 位数	16	22	22
第 5 位数	40	60	60
第 6 位数	120	164	164

由表格可知,共有 $120+164+164=448$ 种排法.

【例3】2021 年是北京大学建校 123 周年,则满足建校 n 周年的正整数 n 能整除对应年份的 n 的个数为(　　).

A. 4　　　　　　　　　B. 8　　　　　　　　　C. 12　　　　　　　　　D. 前三个答案都不对

(2021 年北京大学语言类保送考试)

【解析】因为 2021 年是北京大学建校 123 周年,所以 $2021-123=1898$ 年,所以可设之后的每一年为 $1898+n$ 年.若满足建校 n 周年的正整数 n 能整除对应年份,即 n 能整除 $1898+n$.

设 $a=\dfrac{1898+n}{n}=1+\dfrac{1898}{n}$.考虑 1898 的公因数为 $(1,1898),(1898,1),(2,949),(949,2),(13,146),(146,13),(26,73),(73,26)$ 共有 8 个,即 a 有 8 个正整数解,所以 n 的个数为 8.故选 B.

【例4】对于平面 α,若多面体的各个顶点到平面 α 的距离均相等,则称平面 α 为该多面体的"中位面".四面体有_____个互不相同的"中位面".

(2020 年上海交通大学)

【解析】将所考虑的四面体记作 $ABCD$.若四个顶点均在平面 α 的一侧,则这四个顶点必位于一个与平面 α 平行的平面内,不符合条件.

下面只考虑两种情形:

(1) 平面 α 的一侧有三个顶点,另一侧有一个顶点.

不妨设点 A,B,C 在平面 α 的一侧,点 D 在另一侧,则 A,B,C 三点所确定的平行于平面 α.过点 D 作平面 ABC 的垂线 DD_1,D_1 为垂足,则中位面 α 必为经过 DD_1 的中点且与 DD_1 垂直的平面(存在且唯一),该中位面平行于平面 ABC.

类似可得分别平行于四面体其他三个面的中位面.这种类型的中位面共有 4 个.

(2) 平面 α 的两侧各有两个顶点,不妨设 A,B 在平面 α 的一侧,点 C,D 在另一侧,显然 $AB/\!/\alpha$,$CD/\!/\alpha$.

显知,AB 与 CD 为异面直线,中位面 α 必为经过它们中垂线中点且平行于它们的平面(存在且唯一).由于四面体的 6 条棱可按异面关系分为 3 组,于是这种类型的中位面共有 3 个.

综上所述,由分类加法计数原理知共有 $4+3=7$ 个互不相同的中位面.

二、分步乘法计数原理

【例 5】 已知数列 $\{a_k\}_{1\leqslant k\leqslant 5}$ 各项均为正数,且 $|a_{k+1}-a_k|\leqslant 1$,$\{a_k\}$ 中存在一项为 3,可能的数列个数为_____.

(2022 年北京大学)

【解析】 记 $b_i=a_{i+1}-a_i(1\leqslant k\leqslant 4)$,则 $b_i\in\{-1,0,1\}$. 对确定的 b_1,b_2,b_3,b_4,数列 $\{a_k\}_{1\leqslant k\leqslant 5}$ 各项间的顺序即确定. 设 $\min\{a_1,a_2,a_3,a_4,a_5\}=a$,则 $a\in\{1,2,3\}$. 对于给定的 a,b_1,b_2,b_3,b_4 可唯一确定一组数列.

由于 $b_i\in\{-1,0,1\}$,且 $a\in\{1,2,3\}$,这样的数列共 $3\times 3^4=243$ 个,其中不符合题设条件的数列各项均为 1 或 2,这样的数列有 $2^5=32$ 个.

综上所述,符合要求的数列共有 $243-32=211$ 个.

【例 6】 已知若干名学生考试分数 $\in[60,100]$,均分为 76,且其中 5 个人成绩为 100 分,则参加考试的人数最少为_____人.

(2022 年北京大学优秀中学生暑期学堂)

【解析】 要使人数最少,其他人均为 60 分,从而可得 $\dfrac{500+60n}{5+n}=76$,解得 $16n=120$,即 $n=7.5$,从而参加考试的人数的最少为 8 人.

§12.2　排列组合

一、排列

【例 1】 某公司安排甲、乙、丙等 7 人完成 7 天的值班任务,每人负责一天. 已知甲不安排在第一天,乙不安排在第二天,甲和丙在相邻的两天,则不同的安排方式有_____种.

(2020 年复旦大学)

【解析】 若将甲、丙两人安排在前二天,则甲只能安排在第二天,丙安排在第一天,从而有 $A_5^5=120$ 种安排方案;

若甲、丙两人安排在第二、三天时,则甲、丙两人有 A_2^2 种安排方案,其余人员有 A_5^5 种安排方案,从而有 $A_2^2 A_5^5=240$ 种安排方案;

当甲、丙两人安排在第三、四天时,甲、丙两人有 A_2^2 种安排方案,由于乙不能安排在第二天,则乙只能从第一、五、六、七天中选一天安排乙,从而有 4 种安排方案,其余人员有 A_4^4 种安排方案,从而有 $A_2^2\times 4\times A_4^4=192$ 种安排方案;

同理,当甲、丙两安排在第四、五两天,第五、六两天,第六、七两天的安排方案均为 $A_2^2 \times 4 \times A_4^4 = 192$ 种.

综上所述,总的安排方案有 $120 + 240 + 192 \times 4 = 1128$ 种.

【例2】已知甲校 8 人,乙校 4 人,丙校 4 人,共 16 人排队,同校不相邻的排法有_____种.

(2021 年北京大学优秀中学生寒假学堂)

【解析】采用插空法,先排甲校的 8 人共 A_8^8 种不同的排法,再将乙校插入,共有 A_9^4 种方法,再将丙校 4 人插入,共有 A_{13}^4 种方法,从而共有 $A_8^8 A_9^4 A_{13}^4 = 18830510899200$ 种不同的排法.

【例3】若 $x_1, x_2, \cdots, x_7$ 为非负整数,则方程 $x_1 + x_2 + \cdots + x_7 = x_1 x_2 \cdots x_7$ 的解有_____组.

(2021 年北京大学)

【解析】注意到 $x_1, x_2, \cdots, x_7$ 为非负整数,则

(1) 若 $x_1 = x_2 = \cdots = x_7 = 0$ 时,显然符合题意;

(2) 若 $x_1 x_2 \cdots x_7 \neq 0$,则 $x_1, x_2, \cdots, x_7$ 均大于 0,我们考虑下面的情况:

若 $1 \leqslant x_1 \leqslant x_2 \leqslant \cdots \leqslant x_7$,则此时必有 $x_1 + x_2 + \cdots + x_7 \leqslant 7x_7$,从而 $x_1 x_2 \cdots x_6 \leqslant 7$,则 $x_1 = x_2 = x_3 = x_4 = 1, x_7 \geqslant x_6 \geqslant x_5 > 1$.

(i) 若 $x_5 = 1$,则原方程变为 $5 + x_6 + x_7 = x_6 x_7$,即 $(x_6 - 1)(x_7 - 1) = 6 = 2 \times 3 = 1 \times 6$,从而 $\begin{cases} x_6 = 2 \\ x_7 = 7 \end{cases}$ 或 $\begin{cases} x_6 = 3 \\ x_7 = 4 \end{cases}$,所以原方程的解有 2 组:$(1,1,1,1,1,2,7), (1,1,1,1,1,3,4)$;

(ii) 若 $x_5 = 2$,则 $x_7 \geqslant x_6 \geqslant 2$,原方程变为 $6 + x_6 + x_7 = 2x_6 x_7 \leqslant 7x_7$,得 $x_6 = 2$ 或 3,此时 x_7 不是整数,舍去.

由对称性,$x_1, x_2, \cdots, x_7$ 的其他情形共有 $A_7^2 = 42$ 种,均能使得原方程有 2 组解.

所以原方程解共有 $2A_7^2 + 1 = 85$ 种.

二、组合

【例4】8 个点将半圆分成 9 段弧,以 10 个点(包括 2 个端点)为顶点的三角形中,钝角三角形有(　　)个.

A. 55　　　　　　　　B. 112　　　　　　　　C. 156　　　　　　　　D. 120

(2022 年上海交通大学)

【解析】注意到共有 8 个直角三角形,0 个锐角三角形,所以钝角三角形的个数有 $C_{10}^3 - 8 - 0 = 112$ 个,故选 B.

【例5】平面上给定 5 个点,任意三点不共线,过任意两点作直线,已知任意两条直线既不平行也不垂直,过 5 点中任意一点向另外四点的连线作垂线,则所有这些垂线的交点(不包括已知的 5 点)个数至多有_____个.

(2020 年上海交通大学)

【解析】 设 5 个点为 a,b,c,d,e,其中 b,c,d,e 四个点共有 $C_4^2=6$ 条连线.

(1) a 点可以向这 6 条线作 6 条垂线,一共有 $5\times 6=30$ 条直线,此时垂线的交点个数至多为 $C_{30}^2=435$ 个;

(2) 点 a 可以向 b,c,d,e 四个点的 6 条连线作垂线,有 $C_6^2=15$ 个点,所以共有 $5\times 15=75$ 个;

(3) 点 c,d,e 向点 a,b 作垂线,可作 3 条,这三条互相平行,没有交点,此时有 $C_3^2=3$,共有 $C_5^2\cdot C_3^2=30$ 个;

(4) 五个点中任意三个构成三角形,三角形的高交于一点(三条垂线只有一个交点),此时有 $C_5^2 C_3^2-C_5^3=20$ 个.

综上所述,这些垂线的交点至多有 $435-75-30-20=310$ 个.

【例 6】 方程 $x_1+x_2+x_3+3x_4+3x_5+5x_6=7$ 的非负整数解的个数为_____.

(2022 年南京大学)

【解析】 设 $X=x_1+x_2+x_3,Y=3x_4+3x_5,Z=5x_6$,则 $X+Y+Z=7$. 又因为 $x_i\in\mathbf{N}(i=1,2,\cdots,6)$,所以 $Y\in\{0,3,6\},Z\in\{0,5\}$. 由此可以判断 (X,Y,Z) 的可能解有 $(2,0,5),(1,6,0),(4,3,0),(7,0,0)$.

(1) 若 $(X,Y,Z)=(2,0,5)$,可得 $(x_4,x_5,x_6)=(0,0,1)$,而 $x_1+x_2+x_3=2$,由隔板法知有 $C_4^2=6$ 组解;

(2) 若 $(X,Y,Z)=(1,6,0)$,可得 $x_6=0$,此时 $(x_4,x_5)=(1,1),(2,0),(0,2)$,而 $x_1+x_2+x_3=1$,有 $C_3^2=3$ 个解,因此该种情况共有 $3\times 3=9$ 个解;

(3) 若 $(X,Y,Z)=(4,3,0)$,可得 $x_6=0,(x_4,x_5)=(0,1),(1,0)$,而 $x_1+x_2+x_3=4$,由隔板法知,有 $C_6^2=15$ 种情况,因此该种情况共有 $2\times 15=30$ 个解;

(4) $(X,Y,Z)=(7,0,0)$,可得 $(x_4,x_5,x_6)=(0,0,0)$,而 $x_1+x_2+x_3=7$,由隔板法知,有 $C_9^2=36$ 个解.

综上所述,所求方程的非负整数解共有 $6+9+30+36=81$ 个.

【例 7】 方程 $3x+4y+12z=2020$ 的非负整数解的组数为(　　).

A. C_{168}^2　　　　　　　B. C_{169}^2　　　　　　　C. C_{170}^2　　　　　　　D. C_{171}^2

(2021 年复旦大学)

【解析】 因为 $2020=2^2\times 5\times 101$,所以 $4\mid x$,不妨设 $x=4k$,则 $3k+y+3z=505$,即 $3\mid(505-y)$. 又因为 $505=3\times 168$,所以 $y\equiv 1(\bmod 3)$,不妨设 $y=3t+1$,所以 $k+t+z=168$,原方程的非负整数解的个数等于 $k+t+z=168$ 的非负整数解的个数,由隔板法可知共有 C_{170}^2 组非负整数解,从而选 C.

三、排列数与组合数

$C_n^m=\dfrac{n!}{m!(n-m)!}$,这个公式叫作**组合数公式**. 组合数公式有以下三个性质:

(1) $C_n^m = C_n^{n-m}$；

(2) $C_{n+1}^m = C_n^m + C_n^{m-1}$；

(3) $kC_n^k = nC_{n-1}^{k-1}$.

【例 8】正整数 $n \geqslant 3$ 称为"理想的"，若存在正整数 $1 \leqslant k \leqslant n-1$，使得 $C_n^{k-1}, C_n^k, C_n^{k+1}$ 构成等差数列，其中 $C_n^k = \dfrac{n!}{k!(n-k)!}$ 为组合数，则不超过 2020 的"理想的"数的个数为（　　）．

A. 40　　　　　　　　B. 41　　　　　　　　C. 42　　　　　　　　D. 前三个答案都不对

（2020 年北京大学）

【解析】由题意可得，对于 n，$C_n^{k-1} + C_n^{k+1} = 2C_n^k$，即 $4k^2 - 4nk + n^2 - n - 2 = 0$，即 $k = \dfrac{n \pm \sqrt{n+2}}{2}$，所以 $k_1 = \dfrac{(\sqrt{n+2}-2)(\sqrt{n+2}+1)}{2}$ 或 $k_2 = \dfrac{(\sqrt{n+2}+2)(\sqrt{n+2}-1)}{2}$.

因为 $3 \leqslant n \leqslant 2020$，所以 $\sqrt{5} \leqslant \sqrt{n+2} \leqslant \sqrt{2022}$ 且 $\sqrt{n+2} \in \mathbf{N}^*$，所以 $\sqrt{n+2} = 3, 4, \cdots, 44$ 共 42 个. 此时由于 $\sqrt{n+2}-2$ 与 $\sqrt{n+2}+1$ 奇偶性相反，$\sqrt{n+2}+2$ 与 $\sqrt{n+2}-1$ 奇偶性也相反，所以无论 $\sqrt{n+2}$ 是奇数还是偶数，均能使 k_1, k_2 为整数，即满足条件的 n 共有 42 个. 故选 C.

四、常见的排列与组合

1. 可重排列

从 n 个不同的元素中，每次取出 m 个元素，如果元素允许重复出现并按照一定的顺序排成一列，则称为**从 n 个元素中每次取出 m 个允许重复的排列**. 由分步乘法原理，知其排列数为 n^m.

在 n 个元素中，有 n_1 个元素相同，又另有 n_2 个元素相同，$\cdots$，一直另有 n_r 个元素相同，且 $n_1 + n_2 + \cdots + n_r = n$，这 n 个元素的排列叫作**不尽相异的 n 个元素的全排列**. 不难得到此全排列的计算公式为 $A = \dfrac{n!}{n_1! \cdot n_2! \cdots \cdot n_r!}$.

从 n 个不同的元素中任取 $m(1 \leqslant m \leqslant n)$ 个不同的元素按照圆圈排列，这种排列叫作**从 n 个元素中取出 m 个元素的环排列**. 两个环排列，如果元素之间的相关位置没有改变，它们就是同一种排列. 把一个含有 m 个元素的环，在 m 个不同位置拆开，即得 m 个不同的排列. 由于 n 个不同元素中仅取 m 个元素的排列方法有 A_n^m 种，所以 n 个不同元素中仅取 m 个元素的环排列方法有 $\dfrac{A_n^m}{m}$ 种. 特别地，n 个不同元素的环排列有 $\dfrac{A_n^n}{n} = (n-1)!$ 种（即项链数）.

2. 两种常见的组合

（1）相异元素允许重复的组合

从 n 个不同元素中，取出 m 个元素，元素可以重复选取，不管顺序并成一组，叫作从 n 个相异元

素允许重复的 m 元组合,我们把这种组合数记为 H_n^m,这里 m 可以大于 n. 计算允许重复的组合数公式为 $\mathrm{H}_n^m = \mathrm{C}_{n+m-1}^m = \dfrac{(n+m-1)!}{m!(n-1)!}$.

(2) 不尽相异元素的组合

一般地,如果 $n = p+q+\cdots+r$ 个元素,其中 p 个相同,q 个相同,$\cdots$,r 个相同,但彼此并不相同,即 n 个元素不尽相异. 从中每次取 1 个,2 个,$\cdots$,n 个,由分步乘法计数原理易知,组合数的总和为 $[(p+1)(q+1)\cdots(r+1)]-1$ 个.

【例 9】 在各数皆为由 $\{1,2,3\}$ 中元素构成的不超过 10^8 的数中,能被 3 整除的数的个数为_____.

(2022 年北京大学优秀中学生寒假学堂)

【解析】 设 1 出现的次数为 a_1,2 出现的次数为 a_2,则 $a_1 - a_2 \equiv 0 \pmod 3$,此时能被 3 整除的数的个数为 $\mathrm{C}_8^{a_1}\mathrm{C}_8^{a_2} = \dfrac{8!}{a_1! a_2! (8-a_1-a_2)!}$. 由 $a_1 - a_2 = 3k (k \in \mathbf{Z})$,可知

(1) 当 $|a_1 - a_2| = 6$ 时,满足题意的数的个数为 $2 \times \left(\dfrac{8!}{7!} + \dfrac{8!}{6!2!}\right) = 72$ 个;

(2) 当 $|a_1 - a_2| = 3$ 时,满足题意的数的个数为 $2 \times \left(\dfrac{8!}{5!2!} + \dfrac{8!}{4!3!} + \dfrac{8!}{3!5!}\right) = 1008$ 个;

(3) 当 $|a_1 - a_2| = 0$ 时,满足题意的数的个数为 $\dfrac{8!}{4!4!} + \dfrac{8!}{3!3!2!} + \dfrac{8!}{2!2!4!} + \dfrac{8!}{6!} + \dfrac{8!}{8!} = 1107$ 个.

故能被 3 整除的数的个数共有 $72 + 1008 + 1107 = 2187$ 个.

§12.3 二项式定理

一、特定项的系数

【例 1】 $\left(\dfrac{2}{\sqrt{x^3}} - \dfrac{3}{x^3}\right)\left(\sqrt{x} - \dfrac{1}{\sqrt{x}}\right)^6$ 展开式中的常数项为( ).

A. -66 B. 15 C. -15 D. 66

(2021 年复旦大学)

【解析】 方法一

$\left(\dfrac{2}{\sqrt{x^3}} - \dfrac{3}{x^3}\right)\left(\sqrt{x} - \dfrac{1}{\sqrt{x}}\right)^6$ 的一次项为 $\dfrac{2}{\sqrt{x^3}} - \dfrac{3}{x^3} = \dfrac{2}{x\sqrt{x}} - \dfrac{2}{x^3}$,下面我们用 $\left(\sqrt{x} - \dfrac{1}{x}\right)^6$ 进行配凑:

$\left(\sqrt{x} - \dfrac{1}{x}\right)^6$ 的通项为 $\mathrm{C}_6^n (\sqrt{x})^n \left(-\dfrac{1}{x}\right)^{6-n} = (-1)^{6-n} \mathrm{C}_6^n \sqrt{x^{3n-12}}$ $(n \in [0,6], n \in \mathbf{N})$,令 $\sqrt{x^{3n-12}} = \sqrt{x^3}$,

得 $n=5$；再令 $\sqrt{x^{3n-12}}=x^3$，得 $n=6$.

故常数项为 $C_6^5(\sqrt{x})^5\left(-\dfrac{1}{x}\right)\cdot\dfrac{2}{x\sqrt{x}}+\left(-\dfrac{3}{x^3}\right)C_6^6(\sqrt{x})^6=-6\times2-3=-15$. 故选 C.

方法二

$\left(\sqrt{x}-\dfrac{1}{\sqrt{x}}\right)^6$ 展开式的通项为 $T_{r+1}=C_6^r(\sqrt{x})^{6-r}\left(-\dfrac{1}{x}\right)^r=(-1)^rC_6^rx^{3-\frac{3r}{2}}$，$\dfrac{2}{\sqrt{x^3}}-\dfrac{3}{x^3}=2x^{-\frac{3}{2}}-3x^{-3}$.

(1) $2x^{-\frac{3}{2}}(-1)^rC_6^rx^{3-\frac{3r}{2}}=(-1)^r2C_6^rx^{-\frac{3}{2}+3-\frac{3r}{2}}$，令 $-\dfrac{3}{2}+3-\dfrac{3r}{2}=0$，则 $r=1$，所以常数项为 $-1\times2\times C_6^1=-12$；

(2) $3x^{-3}(-1)^rC_6^rx^{3-\frac{3r}{2}}=(-1)^r3C_6^rx^{-3+3-\frac{3r}{2}}$，令 $-3+3+\dfrac{3r}{2}=0$，则 $r=0$，所以常数项为 $(-1)^03C_6^0=3$.

故 $\left(\dfrac{2}{\sqrt{x^3}}-\dfrac{3}{x^3}\right)\left(\sqrt{x}-\dfrac{1}{\sqrt{x}}\right)^6$ 展开式中的常数项为 $-12-3=-15$. 故选 C.

> 本题方法一使用了一次项配凑常数项的技巧，方法二直接利用通项进行讨论.

【例 2】$\left(x^2+\dfrac{1}{xy}+y^4+\dfrac{1}{y^2}\right)^8$ 的展开式中常数项为（　　　）.

A. 1680　　　　　　　B. 2240　　　　　　　C. 720　　　　　　　D. 1440

（2021 年复旦大学）

【解析】通项为 $T_{r+1}=C_8^r\left(x^2+\dfrac{1}{xy}\right)^{8-r}\left(y^4+\dfrac{1}{y^2}\right)^r$，而 $\left(x^2+\dfrac{1}{xy}\right)^{8-r}$ 的通项为 $C_{8-r}^sx^{2(8-r-s)}\left(\dfrac{1}{xy}\right)^s=$ $C_{8-r}^sx^{16-2r-3s}y^{-s}$，$\left(y^4+\dfrac{1}{y^2}\right)^r$ 的通项为 $C_r^ty^{4(r-t)}\left(\dfrac{1}{y^2}\right)^t=C_r^ty^{4r-6t}$，从而 T_{r+1} 的通项为 $C_{8-r}^sC_r^tx^{16-2r-3s}y^{4r-6t-s}$，令 $16-2r-3s=0$，且 $4r-6t-s=0$，得 $32-7s-6t=0$，所以 $s=2,t=3$，则有 $r=5$.

故可知常数项为 $C_8^5C_3^2C_5^3=1680$. 故选 A.

【例 3】$\left(x+\dfrac{1}{x}-1\right)^5\cdot(x^2+1)$ 的展开式中的常数项为　　　　　　　.

（2021 年清华大学语言类保送暨高水平艺术团）

【解析】我们只需考虑 $P=\left(x+\dfrac{1}{x}-1\right)^5$ 的展开式 x^{-2} 项的系数与常数项. 一方面，P 的常数项为 $(-1)^5+C_5^1C_4^1(-1)^3+C_5^2C_3^2(-1)=-51$；另一方面，$P$ 的 x^{-2} 项的系数为 $C_5^2(-1)^3+C_5^1C_4^1(-1)=-30$. 从而原式展开式中的常数项为 $(-51)+(-30)=-81$.

【例 4】$\left(x^2+\dfrac{1}{x}+y^3+\dfrac{1}{y}\right)^{10}$ 的展开式中，常数项为　　　　　　　.

（2020 年复旦大学）

【解析】$\left(x^2+\dfrac{1}{x}+y^3+\dfrac{1}{y}\right)^{10}=\sum_{i=0}^{10}\mathrm{C}_{10}^i\left(x^2+\dfrac{1}{x}\right)\left(y^3+\dfrac{1}{y}\right)^{10-i}=\sum_{i=0}^{10}\mathrm{C}_{10}^i\left[\sum_{k=0}^i\mathrm{C}_i^k c^{3k-i}\right]\left[\sum_{j=0}^{10-i}\mathrm{C}_{10-i}^j y^{4j+i-10}\right]$,

则有 $\begin{cases}3k-i=0\\4j+i-10=0\end{cases}\Rightarrow\begin{cases}k=\dfrac{i}{3}\\j=\dfrac{10-i}{4}\end{cases}$,从而得 $i=0,3,6,9$.

当 $i=0$ 时,解得 $j=\dfrac{5}{2}\notin\mathbf{Z}$,不合题意;

当 $i=3$ 时,解得 $j=\dfrac{7}{4}\notin\mathbf{Z}$,不合题意;

当 $i=6$ 时,解得 $j=2$,从而 $k=2$,符合题意,此时常数项为 $\mathrm{C}_{10}^6\mathrm{C}_6^2\mathrm{C}_4^2=12600$;

当 $i=9$ 时,解得 $j=\dfrac{1}{4}\notin\mathbf{Z}$,不合题意.

综上所述,所求常数项为 12600.

二、赋值法

【例 5】$(1-x)^5=a_0+a_1 x+a_2 x^2+\cdots+a_5 x^5$,则 $(a_2+a_1)(a_1+a_3+a_5)=$ _____.

（2022 年上海交通大学）

方法一

令 $x=1$,则 $a_0+a_1+a_2+a_3+a_4+a_5=0$;令 $x=-1$,则 $a_0-a_1+a_2-a_3+a_4-a_5=32$. 两式相加,得 $a_0+a_2+a_4=16$;两式相减,得 $a_1+a_3+a_5=-16$. 再令 $x=0$,得 $a_0=1$,所以 $a_2+a_4=15$,所以 $(a_2+a_1)(a_1+a_3+a_5)=15\times(-16)=-240$.

方法二

$(1-x)^5=1-5x+10x^2-10x^3+5x^4-x^5=a_0+a_1 x+a_2 x^2+\cdots+a_5 x^5$,所以 $a_1+a_3+a_5=-16$,$a_2+a_4=15$,故 $(a_2+a_1)(a_1+a_3+a_5)=15\times(-16)=-240$.

【例 6】已知 y,f,d 为正整数,$f(x)=(1+x)^y+(1+x)^f+(1+x)^d$,其中 x 的系数为 10,则 x^2 的系数的最大可能值与最小可能值之和为 _____.

（2022 年北京大学）

【解析】由题意 $y+f+d=10$,x^2 的系数为 $\mathrm{C}_y^2+\mathrm{C}_f^2+\mathrm{C}_d^2=\dfrac{y^2+f^2+d^2-y-f-d}{2}=\dfrac{y^2+f^2+d^2-10}{2}$. 因为 $y^2+f^2+d^2\geqslant\dfrac{(y+f+d)^2}{3}=\dfrac{100}{3}$,且 y,f,d 为正整数,所以 $y^2+f^2+d^2\geqslant 34$. 当 $y=3,f=3,d=4$ 时,$y^2+f^2+d^2=34$,因此 $y^2+f^2+d^2$ 的最小值为 34.

设 a,b 为正整数,则 $a^2+b^2\leqslant 1^2+(a+b-1)^2$,即 $ab-a-b+1\geqslant 0$,$(a-1)(b-1)\geqslant 0$. 所以 $y^2+f^2+d^2\leqslant 1^2+(y+f-1)^2+d^2\leqslant 1^2+1^2+(y+f+d-2)^2=1+1+64=66$. 当 $y=1,f=1,d=$

8 时, $y^2 + f^2 + d^2 = 66$. 因此, $y^2 + f^2 + d^2$ 的最大值为 66.

综上所述, $\dfrac{y^2 + f^2 + d^2 - 10}{2}$ 的最大值与最小值分别为 $28, 12$, 故 x^2 的系数的最大可能值与最小可能值之和为 40.

§12.4 对应与计数

一、对应与计数

【例 1】 一张正方形纸片内有 2022 个点, 在这 2022 个点以及正方形的顶点之中, 任意三点不共线. 在这些点以及正方形的顶点之间连一些线段, 将正方形完全分成小三角形 (以所连线段及正方形的边为边, 且所连线段除端点外, 两两之间无公共点). 则一共可以连_____ 条线段 (不包括原正方形的边), 一共可得到_____ 个三角形.

(2022 年清华大学 TACA 测试)

【解析】 设一共连有 l 条线段, 一共得到 k 个三角形.

一方面, 所得 k 个三角形的内角和为 $k \times 180°$; 另一方面, 所得 k 个三角形中, 以 2022 个内点为顶点的所有内角之和为 $2022 \times 360°$, 以正方形的顶点为顶点的所有内角之和为 $4 \times 90°$, 于是 $k \times 180° = 2022 \times 360° + 4 \times 90°$, 解得 $k = 4046$.

另一方面, 每个三角形有 3 条边, k 个三角形共有 $3k$ 条边; 另一方面, 所连的每条线段都是 2 个三角形的公共边, 正方形的每条边都是一个三角形的一条边, 故 k 个三角形一共有 $2l + 4$ 条边, 于是 $3k = 2l + 4$, 因此 $l = \dfrac{1}{2}(3k - 4) = \dfrac{1}{2}(3 \times 4046 - 4) = 6067$.

综上所述, 一共可以连 6067 条线段 (不包括原正方形的边), 一共可得到 4046 个三角形.

> 本题可用欧拉定理快速解决:
>
> 设一共连 l 条线段, 一共得到 k 个三角形, 则 $\begin{cases} 2022 + 4 + (k+1) - (y+4) = 2 \ (\text{欧拉定理}) \\ 3x + 4 = 2(y+4) \end{cases}$, 解
>
> 得 $\begin{cases} k = 4046 \\ l = 6067 \end{cases}$, 于是一共可以连 6067 条线段 (不包括原正方形的边), 一共可得到 4046 个三角形.

【例 2】 一个 10×10 的数表在初始状态下每个格内均填有数字 1, 现在对数表进行如下操作: 选择某一行或某一列, 并将该行 (列) 中所有格子内的数变为其相反数. 对于非负整数 N, 如果可经过有限次操作, 使得最终数列中 -1 的个数恰为 N, 则称 N 是 "好的", 则 "好的" N 的个数为_____.

(2022 年清华大学)

【解析】 我们记初值状态对应的元素全为 1 的 10 阶矩阵为 A, 则我们可以用初等矩阵表示所有的

操作.

记 $J_i(i=1,2,\cdots,10)$ 表示第 i 行对角线元素为 -1,其余对角线元素均为 1 的对角矩阵,则对第 i 行操作相当于左乘 J_i,对第 j 列操作相当于右乘 J_j. 于是经过有限次操作之后的表格对应的矩形可表示为 LAR,其中 L,R 可表示为一系列 $J_i(i=1,2,\cdots,10)$ 的乘积. 易知所有可能的 L,R 即为对角线元素为 ± 1 的全部对角矩阵,且 L,R 的选择是互相独立的,故有限次操作后可得到的矩阵即为所有可能的 LAR.

注意到最终的数表中的元素只有 1 和 -1,于是 -1 的个数与表中元素总和一一对应,于是我们只需考虑 $x(LAR)x'$ 的可能取值即可,其中 $x=(1,1,1,1,1,1,1,1,1,1)$. 注意到 Rx' 和 xL 的元素也只有 1 和 -1,其元素和取值构成的集合为 $M=\{0,\pm 2,\pm 4,\pm 6,\pm 8,\pm 10\}$,而 $x(LAR)x'$ 即为 Rx' 元素之和与 xL 元素之和的乘积,所以 $x(LAR)x'$ 的所有可能取值即为

$$T=\{ab \mid ab\in M\}=\{0,\pm 4,\pm 8,\pm 12,\pm 16,\pm 20,\pm 24,\pm 32,$$
$$\pm 40,\pm 36,\pm 48,\pm 60,\pm 64,\pm 80,\pm 100\}.$$

$\mathrm{Card}(T)=29$,故"好的" N 的个数为 29.

二、递推与计数

【例3】 设正整数数列以 14 为周期,且任意相邻四项之和都为 30,则满足题意的数列的个数为(   ).

A. 14   B. 28   C. 42   D. 前三个答案都不对

(2021 年北京大学语言类保送)

【解析】 设满足题意的数列为 $\{a_n\}(n\in\mathbf{N}^*)$,则对任意 $n\in\mathbf{N}^*$,有 $a_n+a_{n+1}+a_{n+2}+a_{n+3}=30$,故 $a_n=a_{n+4}(n\in\mathbf{N}^*)$,即数列 $\{a_n\}$ 同时以 4 和 14 为周期,从而数列 $\{a_n\}$ 以 2 为周期. 又因为 $a_1+a_2=15$,则 a_1 有 $1,2,3,\cdots,14$ 共 14 种取法,即满足题意的数列共有 14 个. 故选 A.

【例4】 已知 2 条抛物线把平面最多分为 7 份,3 条抛物线最多将平面分为 16 份,则 4 条抛物线最多将平面分为_____份.

(2021 年上海交通大学)

【解析】 设 n 条抛物线最多可以将平面分成 a_n 份,则 $a_1=2$,$a_2=7$.

注意到在前 $n-1$ 条抛物线的基础上,增加一条,平面最多增加 $4n-3$ 个部分,即 $a_n-a_{n-1}=4n-3$,可得 $a_n=2n^2-n+1$,所以 $a_4=2\times 4^2-2+1=29$.

【例5】 若平面上有 100 条二次曲线,则这些曲线可以把平面分成若干个连通区域,连通区域数量的最大值为_____.

(2021 年北京大学)

【解析】 记 n 条二次曲线最多将平面分成 a_n 个连通区域,从第 n 个二次曲线开始,新增加一条二次曲线与原来 n 条二次曲线中每一条最多有 4 个交点,此时最多增加 $4n$ 个交点.

（1）若这二次曲线是封闭的曲线（如圆或椭圆），被分成 $4n$ 段曲线，则共增加了 $4n$ 个连通区域；

（2）若这二次曲线是不封闭的曲线（如抛物线），被分成 $4n+1$ 段曲线，则共增加了 $4n+1$ 个连通区域；

（3）若这二次曲线是不封闭的曲线（如双曲线），被分成 $4n+2$ 段曲线，则共增加了 $4n+2$ 个连通区域；

（4）若这二次曲线是不封闭的曲线（如两条直线），被分成 $4n+3$ 段曲线，则共增加了 $4n+3$ 个连通区域．

综上所述，若使连通区域最多，只有当这二次曲线表示两条直线时满足，此时 $a_{n+1}=a_n+4n+3$，又由于 $a_1=4$，$a_2=11$，可得 $a_n=2n^2+n+1$，所以 $a_{100}=2\times100^2+100+1=20101$．

【例 6】有 10 条长为 1 的线段，每一条都被分成若干小线段，证明：总可以从中选择 6 条组成 2 个三角形．

（2019 年北京大学优秀中学暑期体验营）

【证明】我们先证明每 5 条线段分成的若干条小线段中就可以找到三条构成三角形：

将所有的小线段的长度排序为 $x_1<x_2<\cdots<x_n\leqslant1$，其中 $n\geqslant5$. 其中必有三个可以作为某个三角形的三边长. 若不然，则 $1\geqslant x_n>x_{n-1}+x_{n-2}<2x_{n-2}$，即 $x_{n-2}<\dfrac{1}{2}x_n\leqslant\dfrac{1}{2}$；

同样地，有 $x_{n-3}<\dfrac{1}{2}x_{n-1}\leqslant\dfrac{1}{2}$，

$$x_{n-4}<\dfrac{1}{2}x_{n-2}\leqslant\dfrac{1}{4},$$

$$x_{n-5}<\dfrac{1}{2}x_{n-3}\leqslant\dfrac{1}{4},$$

$$x_{n-6}<\dfrac{1}{2}x_{n-4}\leqslant\dfrac{1}{8},$$

$$x_{n-7}<\dfrac{1}{2}x_{n-5}\leqslant\dfrac{1}{8},$$

$$\cdots\cdots$$

于是 $x_1+x_2+\cdots+x_n<1\times2+\dfrac{1}{2}\times2+\dfrac{1}{4}\times2+\dfrac{1}{8}\times2+\cdots<4$，与 $x_1+x_2+\cdots+x_n=5$ 矛盾. 从而结论成立．

回到原题. 这若干个小线段的长度均在形如 $\left(\dfrac{1}{2^k},\dfrac{1}{2^{k+1}}\right]$（$k=1,2,\cdots$）的区间里，若某个区间内有 3 条线段，则这 3 条线段构成三角形．

因此，若题中结论不成立，则必然满足某个区间至多有 5 条线段，其余区间至多有 2 条线段，此时这些线段的长度总和至多为 $5\times1+2\times\left(\dfrac{1}{2}+\dfrac{1}{4}+\cdots\right)<7<10$，不符合题意. 因此命题得证．

第 13 章　概率与统计

概率问题的背景一般是复杂多变的,它可以与生产、生活紧密结合. 解决概率问题的关键是分析清楚事件,然后再利用公式进行求解,常常需要多种手段求事件发生的种数;概率与统计属于"不确定"的数学,需要在随机中寻找规律. 概率与统计的学习主要依靠辩证思维与归纳方法.

§13.1 频率与概率

一、随机事件与古典概型

【例 1】9 个人站成一排拍照,从中任选 3 人,则他们互不相邻的概率是(　　　).

A. $\dfrac{5}{12}$　　　　　B. $\dfrac{5}{7}$　　　　　C. $\dfrac{1}{12}$　　　　　D. $\dfrac{1}{7}$

(2020 年清华大学)

【解析】9 个人站成一排,从中任选 3 人,共有 $C_9^3 = 84$ 种可能,这 3 人中任意 2 人都不相邻,共有 $C_7^3 = 35$ 种可能,故所求概率为 $\dfrac{35}{84} = \dfrac{5}{12}$. 故选 A.

【例 2】90 位学生参加面试,学生来自 A,B,C 三校,其中 A 校 20 人,B 校 30 人,C 校 40 人. 面试时每次都从尚未面试的学生中随机抽取一位,面试完毕后再选择下一位面试,求 A 校学生先于其他两校学生完成面试的概率.

(2022 年中国科学技术大学)

【解析】首先,由 A 校学生先于其他两校学生完成面试,可知最后两位面试的学生只能来自 B 校或 C 校.

(1) 当倒数第二位面试的学生来自 B 校时,其概率为 $\dfrac{30}{20+30+40} = \dfrac{1}{3}$,接着考虑最后一位面试的学生来自 C 校,其概率为 $\dfrac{40}{20+40} = \dfrac{2}{3}$,此时概率 $p_1 = \dfrac{1}{3} \times \dfrac{2}{3} = \dfrac{2}{9}$;

(2) 当倒数第二位面试的学生来自 C 校时,其概率为 $\dfrac{40}{20+30+40} = \dfrac{4}{9}$,接着考虑最后一位面试的学生来自 B 校,其概率为 $\dfrac{30}{20+30} = \dfrac{3}{5}$,此时概率为 $p_2 = \dfrac{4}{9} \times \dfrac{3}{5} = \dfrac{12}{45}$.

综上所述,所求概率 $p = p_1 + p_2 = \dfrac{22}{45}$.

【例 3】有 3 个红球和 2 个白球,抓一个球并抛一枚硬币,硬币为正面向上则留下,反面向上则放回. 记 n 次恰好把球全部取出的概率为 p_n,则 p_n 的最大值为_____.

(2022 年北京大学优秀中学生暑期学堂)

【解析】由于第 n 次恰好把球全部取出,从而前 $n-1$ 次取出了 4 个球,并且第 n 次取出的球留下，从而 $p_n = C_{n-1}^4 \left(\dfrac{1}{2}\right)^n$.

由 $\begin{cases} p_n \geqslant p_{n-1} \\ p_n \geqslant p_{n+1} \end{cases}$，得 $\begin{cases} C_{n-1}^4 \left(\dfrac{1}{2}\right)^n \geqslant C_{n-2}^4 \left(\dfrac{1}{2}\right)^{n-1} \\ C_{n-1}^4 \left(\dfrac{1}{2}\right)^n \geqslant C_n^4 \left(\dfrac{1}{2}\right)^{n+1} \end{cases}$，即 $\begin{cases} \dfrac{1}{2} C_{n-1}^4 \geqslant C_{n-2}^4 \\ C_{n-1}^4 \geqslant \dfrac{1}{2} C_n^4 \end{cases}$，从而 $\begin{cases} \dfrac{(n-1)!}{4!(n-5)!} \geqslant \dfrac{2(n-2)!}{4!(n-6)!} \\ \dfrac{2(n-1)!}{4!(n-5)!} \geqslant \dfrac{n!}{4!(n-4)!} \end{cases}$，即

$\begin{cases} \dfrac{n-1}{n-5} \geqslant 2 \\ 2 \geqslant \dfrac{n}{n-4} \end{cases}$，从而 $8 \leqslant n \leqslant 9$. 又因为 $n \in \mathbf{N}^*$，所以 $n=8$ 或 $n=9$. 因为 $p_8 = C_7^4 \left(\dfrac{1}{2}\right)^8 = \dfrac{35}{256}$，$p_9 = $

$C_8^4 \left(\dfrac{1}{2}\right)^9 = \dfrac{35}{256}$，所以 $p_8 = p_9$. 所以 p_n 的最大值为 $\dfrac{35}{256}$.

【例 4】 抛掷两枚质地均匀的骰子，向上的点数分别为 x, y，则 $x, y, 3$ 能够成为三角形的三边长的概率为 _____.

（2021 年复旦大学）

【解析】 首先，抛掷枚质地均匀的骰子，得到的基本结果总数为 36.

其次，若使得 $x, y, 3$ 能构成三角形的三边长，则 $\begin{cases} x+y>3 \\ -3<x-y<3 \end{cases}$.

若 3 是最长边长，满足条件的点数为 $(2,2,3),(1,3,3),(2,3,3),(3,1,3),(3,2,3),(3,3,3)$；

若 3 不是最长边长，则满足条件的点数为 $(4,2,3),(4,3,3),(4,4,3),(5,3,3),(5,4,3),(5,5,3)$，$(6,4,3),(6,5,3),(6,6,3),(2,4,3),(3,4,3),(3,5,3),(4,5,3),(4,6,3),(5,6,3)$.

综上所述，满足条件的概率为 $\dfrac{6+15}{36} = \dfrac{21}{36} = \dfrac{7}{12}$.

【例 5】 从 $0 \sim 9$ 这十个数中任取五个数组成一个五位数 $\overline{abcde}$（也可能是四位数，因为 a 可以为 0），则 $396 \mid \overline{abcde}$ 的概率是（ ）.

A. $\dfrac{1}{396}$　　　　　B. $\dfrac{1}{324}$　　　　　C. $\dfrac{1}{315}$　　　　　D. $\dfrac{1}{210}$

（2020 年清华大学）

【解析】 设 $n = \overline{abcde}$ 符合条件，因为 $n \equiv a + \overline{bc} + \overline{de} \equiv 0 \pmod{99}$，所以 $a + \overline{bc} + \overline{de} = 99$.

(1) 若 $a+c+e=9, b+d=9$.

假设 a, c, e 中含 0，则剩下的两个元素构成的集合有 $\{1,8\},\{2,7\},\{3,6\},\{4,5\}$ 四种，此时 b, d 剩下三种情况，根据分步乘法计数原理，有 12 种情况. 又因为 $\overline{de}$ 能被 4 整除，故 e 为偶数的情况有 2 种，此时 d, b 被唯一确定，a, c 有 A_2^2 种情况，故符合条件的排列有 $12 \times 2 \times 2 = 48$ 种.

若 a, c, e 中不含 0，则 $\{a, c, d\}$ 可以是 $\{1,2,6\},\{1,3,5\}$ 或 $\{2,3,4\}$，由于 e 为偶数，所以 $\{a, c, e\}$ 不可能为 $\{1,3,5\}$.

若 $\{a, c, e\} = \{1,2,6\}$，则 $\{b, d\} = \{4,5\}$ 或 $\{0,9\}$，符合条件的排列有 8 种；

若 $\{a,c,e\}=\{2,3,4\}$,则 $\{b,d\}=\{1,8\}$ 或 $\{0,9\}$,符合条件的排列有 8 种.

(2)若 $a+c+e=19,b+d=8$,则枚举五类组合如下所示:

若 $\{a,c,e\}=\{2,8,9\}$,$\{b,d\}=\{1,7\}$ 或 $\{3,5\}$,符合条件的排列有 8 种;

若 $\{a,c,e\}=\{3,7,9\}$,$\{b,d\}=\{2,6\}$ 或 $\{0,8\}$,符合条件的排列有 0 种;

若 $\{a,c,e\}=\{4,6,9\}$,$\{b,d\}=\{1,7\}$,$\{3,5\}$ 或 $\{0,8\}$,符合条件的排列有 12 种;

若 $\{a,c,e\}=\{4,7,8\}$,$\{b,d\}=\{2,6\}$ 或 $\{3,5\}$,符合条件的排列有 8 种;

若 $\{a,c,e\}=\{5,6,8\}$,$\{b,d\}=\{1,7\}$,符合条件的排列有 4 种.

综上所述,共有 96 种情况.

故所求的概率为 $\dfrac{96}{A_{10}^5}=\dfrac{1}{315}$. 故选 C.

二、几何概型

如图所示,我们将事件 A 理解为区域 Ω 的某一子区域,A 的概率只与子区域 A 的度量大小(长度、面积、体积或角度)成正比,而与 A 的位置和形状无关. 满足以上条件的概率模型称为**几何概型**.

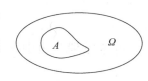

在几何概型中,事件 A 的概率定义为 $P(A)=\dfrac{\mu_A}{\mu_\Omega}$,其中 μ_Ω 表示区域 Ω 的几何度量,μ_A 表示区域 A 的几何度量. $0\leqslant P(A)\leqslant 1,P(\Omega)=1,P(\varnothing)=0$.

几何概型具有以下特点:

(1) 无限性

在每次试验中,可能出现的结果有无穷多个,即基本事件有无限多个.

(2) 等可能性

在每次试验中,每个结果出现的可能性相等,即基本事件的发生是等可能的.

(3) 有限可加性

设 $A_1,A_2,\cdots,A_n$ 是 n 个两两互斥的事件,则有 $P(A_1+A_2+\cdots+A_n)=P(A_1)+P(A_2)+\cdots+P(A_n)$.

(4) 互补性

$P(\overline{A})=1-P(A)$.

【例 6】 将长为 1 的线段随机截成三段,则它们构成三角形的概率为_____.

(2020 年清华大学)

【解析】 设截得的三段长分别为 x,y,z,则 $x+y+z=1$,从而 $\begin{cases} x+y+z=1 \\ 0<x<1 \\ 0<y<1 \\ 0<z<1 \end{cases} \Rightarrow \begin{cases} 0<x<1 \\ 0<y<1 \\ 0<1-x-y<1 \end{cases}$,

此不等式组表示的区域是右图中的三角形 OAB,且 $S_{\triangle OAB}=\dfrac{1}{2}$.

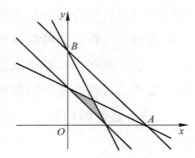

再考虑构成三角形的条件,不妨假设三边中 z 最大,则构成三角形约束条件为

$$\begin{cases} x+y>z=1-x-y \\ z=1-x-y>x \\ z=1-x-y<y \end{cases} \Rightarrow \begin{cases} y>\dfrac{1}{2}-x \\ y<1-2x \\ y<\dfrac{1}{2}-\dfrac{1}{2}x \end{cases}$$

,此不等式组表示的是图中阴影部分,阴影部分面积 $S'=\dfrac{1}{24}$.

再考虑到三边中 x 最大或 y 最大的概率与 z 最大的概率相同,故所求构成三角形的概率为 $P=3\cdot\dfrac{S'}{S_{\triangle OAB}}=\dfrac{1}{4}$.

§13.2　事件间的关系

一、事件间的关系

【例 1】给定 5 个函数,其中 2 个偶函数,3 个奇函数,从中任取 3 个,既有奇函数又有偶函数的概率是_____.

(2020 年复旦大学)

【解析】**方法一　古典概型**

从 5 个函数中任取 3 个,总的取法有 $C_5^3=10$ 种.

若 1 个偶函数 2 个奇函数的取法有 $C_2^1C_3^2=6$ 种,2 个偶函数 1 个奇函数的取法有 $C_3^1=3$ 种,从而由古典概型可知所求概率 $p=\dfrac{6+3}{10}=\dfrac{9}{10}$.

方法二　对立事件

从 5 个函数中任取 3 个,总的取法有 $C_5^3=10$ 种.

所取的函数均为奇函数的情形只有 1 种,所以从中任取 3 个,既有奇函数又有偶函数的对立事件

的概率为 $\dfrac{1}{10}$，从而所求概率为 $1-\dfrac{1}{10}=\dfrac{9}{10}$.

【例 2】 现有 7 把钥匙和 7 把锁，用这些钥匙随机开锁，则 D_1,D_2,D_3 这三把钥匙不能打开对应的锁的概率是_____.

（2021 年北京大学）

【解析】 本题与 3.2 节例 1 一样，但之前我们用容斥原理解本题，此处用对立事件解本题. 只考虑 D_1,D_2,D_3 这三把钥匙能打开对应锁的情况，所求概率为 $p=1-\mathrm{C}_3^1\cdot\dfrac{1}{7}+\mathrm{C}_3^2\cdot\dfrac{1}{7}\cdot\dfrac{1}{6}-\dfrac{1}{7\times6\times5}=\dfrac{67}{105}$.

二、递推与概率

【例 3】 在圆周上独立地随机选取 n 个点，则这 n 个点可以被半圆覆盖的概率为_____.

（2022 年中国科学技术大学）

【解析】 **方法一**

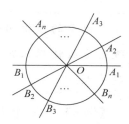

不妨设 n 个点 $P_1,P_2,\cdots,P_n$，由于 n 条直径 $A_1B_1,A_2B_2,\cdots,A_nB_n$ 随机产生，如图所示，则 P_i 为 A_i,B_i 中的任意一个. 所以 n 个点选法共有 2^n 种选法.

我们将直径 $A_1B_1,A_2B_2,\cdots,A_nB_n$ 视为 $2n$ 条直径 $OA_1,OA_2,\cdots,OA_n$，$OB_1,OB_2,\cdots,OB_n$. 若要使所选取的 n 个点在同一个半圆周上，则必须选择 n 条相邻的半径，共有 $2n$ 种选法.

由古典概型可知所求概率为 $\dfrac{n}{2^{n-1}}$.

方法二

过点 $P_1,P_2,\cdots,P_n$ 分别连接圆心 O（顺时针方向），用 $\theta_1,\theta_2,\cdots,\theta_n$ 表示相邻半径对应的圆心角，则 $\theta_1,\theta_2,\cdots,\theta_n\geqslant0$，且 $\theta_1+\theta_2+\cdots+\theta_n=360°$.

若 $P_1,P_2,\cdots,P_n$ 在同一半圆周上，则必有 $\theta_i\geqslant180°(i=1,2,\cdots,n)$.

考虑 $\theta_1\geqslant\dfrac{1}{2}$，作直线 POP_1.

若 $P_1,P_2,\cdots,P_n$ 在同一半圆周上，则 $P_2,\cdots,P_n$ 都在落在顺时针半圆弧 PP_1 上，其概率为 $\dfrac{1}{2^{n-1}}$；

同时，$\theta_2\geqslant\dfrac{1}{2}$，$\theta_3\geqslant\dfrac{1}{2}$，$\cdots$，$\theta_n\geqslant\dfrac{1}{2}$ 对应的概率均为 $\dfrac{1}{2^{n-1}}$，并且这些事件是相互独立的，因此所求概率为 $\dfrac{n}{2^{n-1}}$.

【例 4】 重复抛掷一枚质量均匀的硬币，正面得 1 分，反面得 2 分，累积总分.

（1）求总分在某个时刻恰好达到 2 的概率；

（2）记总分在某个时刻恰好达到 n 的概率为 p_n.

（ⅰ）求证：$1-p_n=\dfrac{1}{2}p_{n-1}(n\geqslant2)$；（ⅱ）求 $\{p_n\}$ 通项公式.

（2019 年清华大学暑期学校）

【解析】（1）总分能不能在某个时刻达到 2，只取决于前两次投掷. 枚举所有情况的结果：

$$（正，正），（正，反），（反，正），（反，反）$$

共有 4 种不同的结果，其中只有（正，反）的情况不能满足，故所求概率为 $p=1-\dfrac{1}{4}=\dfrac{3}{4}$.

（2）（ⅰ）考虑 $p_n(n\geqslant2)$ 的递推：$1-p_n$ 代表总分取不到 n，它只可能是从 $n-1$ 分直接变化到 $n+1$ 分，即 $\dfrac{1}{2}p_{n-1}$.

（ⅱ）由 $1-p_n=\dfrac{1}{2}p_{n-1}(n\geqslant2)$，可得 $p_n-\dfrac{2}{3}=\left(-\dfrac{1}{2}\right)\left(p_{n-1}-\dfrac{2}{3}\right)$，于是 $p_n-\dfrac{2}{3}=\left(-\dfrac{1}{2}\right)^{n-1}$ $\left(p_1-\dfrac{1}{2}\right)=\left(-\dfrac{1}{2}\right)^n\times\dfrac{1}{3}$，从而 $p_n=\dfrac{2}{3}+\dfrac{1}{3}\cdot\left(-\dfrac{1}{2}\right)^n(n\geqslant1)$.

> 概率的递推问题历年来是清华的考试重点. 此题的模型很像著名的"爬楼梯问题"（每次爬 1 级或 2 级楼梯），熟悉"爬楼梯问题"的同学，很快就可以想清楚什么情况下总分无法达到 n，本题难度不大.

【例 5】 有 k 个人进行互相传球游戏 $k\geqslant3$. 每个拿球的人等可能地把球传给其他人中的任可一位. 若初始时球在甲手中，则第 n 次传之后，球又回到甲手中的概率为 _____.

（2021 年中国科学技术大学）

【解析】 不妨记"初始时球在甲手中，则第 n 次传之后，球又回到甲手中"的概率为 p_n，则 $p_0=0$，且 n 次传球不在甲手中的概率为 $1-p_n$，同时球在第 $n+1$ 次回到甲手中只可能是第 n 次球传到了其余的 $k-1$ 个人手中，然后再传给甲，从而有

$$p_{n+1}=\dfrac{1}{k-1}(1-p_n),\quad p_0=0.$$

故 $p_n=\dfrac{(-1)^n+(k-1)^{n-1}}{k(k-1)^{n-1}}$.

§13.3　随机变量与数学期望

【例 1】 抛掷一枚质地均匀的骰子（六个面分别标有数字 1～6）n 次，记该过程中出现的最大数字为 X，则 $E(X)=$ _____.

（2021 年中国科学技术大学）

【解析】 由题意，可知

$$P(X=1)=\left(\frac{1}{6}\right)^{n};$$

$$P(X=2)=\left(\frac{1}{6}\right)^{n}+C_{n}^{1}\frac{1}{6}\left(\frac{1}{6}\right)^{n-1}+C_{n}^{2}\left(\frac{1}{6}\right)^{2}\left(\frac{1}{6}\right)^{n-2}+\cdots+C_{n}^{n-1}\left(\frac{1}{6}\right)^{n-1}$$

$$=\left(\frac{1}{6}+\frac{1}{6}\right)^{n}-\left(\frac{1}{6}\right)^{n};$$

$$P(X=3)=\left(\frac{1}{6}\right)^{n}+C_{n}^{1}\left(\frac{1}{6}\right)\left(\frac{2}{6}\right)^{n-2}+C_{n}^{2}\left(\frac{1}{6}\right)^{2}\left(\frac{2}{6}\right)^{n-3}+\cdots+C_{n}^{n-1}\left(\frac{2}{6}\right)^{n-1}$$

$$=\left(\frac{1}{6}+\frac{2}{6}\right)^{n}-\left(\frac{2}{6}\right)^{n};$$

$$\vdots$$

$$P(X=k)=\left(\frac{1}{6}+\frac{k-1}{6}\right)^{n}-\left(\frac{k-1}{6}\right)^{n}=\left(\frac{k}{6}\right)^{n}-\left(\frac{k-1}{6}\right)^{n}.$$

所以

$$E(X)=\left(\frac{1}{6}\right)^{n}+2\left[\left(\frac{2}{6}\right)^{n}-\left(\frac{1}{6}\right)^{n}\right]+3\left[\left(\frac{3}{6}\right)^{n}-\left(\frac{2}{6}\right)^{n}\right]+$$

$$4\left[\left(\frac{4}{6}\right)^{n}-\left(\frac{3}{6}\right)^{n}\right]+5\left[\left(\frac{5}{6}\right)^{n}-\left(\frac{4}{6}\right)^{n}\right]+6\left[\left(\frac{6}{6}\right)^{n}-\left(\frac{5}{6}\right)^{n}\right]$$

$$=6-\frac{1^{n}+2^{n}+3^{n}+4^{n}+5^{n}}{6^{n}}.$$

【例 2】 随机变量 $X(=1,2,3,\cdots)$，$Y(=0,1,2)$，满足 $P(X=k)=\dfrac{1}{2^{k}}$，且 $Y\equiv X(\bmod 3)$，则 $E(Y)=(\qquad)$.

A. $\dfrac{4}{7}$ 　　　　 B. $\dfrac{8}{7}$ 　　　　 C. $\dfrac{12}{7}$ 　　　　 D. $\dfrac{16}{7}$

（2020 年清华大学）

【解析】 由题意知 $P(Y=0)=\dfrac{1}{2^{3}}+\dfrac{1}{2^{6}}+\dfrac{1}{2^{9}}+\cdots+\dfrac{1}{2^{3k}}+\cdots=\dfrac{\dfrac{1}{2^{3}}}{1-\dfrac{1}{2^{3}}}=\dfrac{1}{7}$，$P(Y=1)=\dfrac{1}{2}+\dfrac{1}{2^{4}}+$

$\dfrac{1}{2^{7}}+\cdots+\dfrac{1}{2^{3k+1}}+\cdots=\dfrac{\dfrac{1}{2}}{1-\dfrac{1}{2^{3}}}=\dfrac{4}{7}$，$P(Y=2)=\dfrac{1}{2^{2}}+\dfrac{1}{2^{5}}+\dfrac{1}{2^{8}}+\cdots+\dfrac{1}{2^{3k+2}}+\cdots=\dfrac{\dfrac{1}{2^{2}}}{1-\dfrac{1}{2^{3}}}=\dfrac{2}{7}$，从而 $E(Y)=$

$0\times\dfrac{1}{7}+1\times\dfrac{4}{7}+2\times\dfrac{2}{7}=\dfrac{8}{7}$，故选 B.

【例 3】 已知随机变量 X 的分布列如下表所示：

X	0	1	2
P	a	b	c

若 $4a$, b , c 成等比数列，则 $D(X)$ 的最大值为（　　）.

A. $\dfrac{1}{6}$ 　　　　B. $\dfrac{1}{3}$ 　　　　C. $\dfrac{1}{2}$ 　　　　D. 1

（2021 年清华大学文科营暨工科营）

【解析】 由题意可得 $\begin{cases} b^2=4ac \\ a+b+c=1 \end{cases}$，从而 $b^2=4c(1-b-c)$，进而得 $(b+2c)^2=4c$. 注意到 $E(X)=b+2c$，$E(X^2)=b+4c$，则 $D(X)=E(X^2)-E^2(X)=(b+4c)-(b+2c)^2=(b+4c)-4c=b$. 由基本不等式，得 $ac\leqslant\dfrac{(a+c)^2}{4}$，从而 $0\leqslant b\leqslant\dfrac{1}{2}$. 从而 $D(X)$ 的最大值为 $\dfrac{1}{2}$，当且仅当 $a=c=\dfrac{1}{4}b=\dfrac{1}{2}$ 时等号成立. 故选 C.

【例 4】 口袋里有 10 个球，其中 5 个黑球 5 个白球，记 X 表示抽 5 次白球数（有放回），Y 表示抽 5 次白球数（不放回），则（　　）.

A. $E(X)=E(Y)$ 　　B. $E(X)<E(Y)$ 　　C. $D(X)\geqslant D(Y)$ 　　D. $D(X)\leqslant D(Y)$

（2021 年香港中文大学）

【解析】 由于数学期望反映了离散型随机变量取值的平均水平，故可知 $EX>EY$，又因为方差体现了随机变量取值的分散程度，所以 $DX\geqslant DY$，从而选 C.

【例 5】 已知随机变量 ξ , η 的分布列如下表所示，则（　　）.

ξ	1	2	3
P	$\dfrac{1}{3}$	$\dfrac{1}{2}$	$\dfrac{1}{6}$

η	1	2	3
P	$\dfrac{1}{6}$	$\dfrac{1}{2}$	$\dfrac{1}{3}$

A. $E\xi<E\eta$, $D\xi<D\eta$ 　　　　　　B. $E\xi<E\eta$, $D\xi>D\eta$

C. $E\xi<E\eta$, $D\xi=D\eta$ 　　　　　　D. $E\xi=E\eta$, $D\xi=D\eta$

（2020 年清华大学 THUSSAT）

【解析】 $E(\xi)=1\times\dfrac{1}{3}+2\times\dfrac{1}{2}+3\times\dfrac{1}{6}=\dfrac{11}{6}$，

$$D(\xi)=\left(1-\dfrac{11}{6}\right)^2\times\dfrac{1}{3}+\left(2-\dfrac{11}{6}\right)^2\times\dfrac{1}{2}+\left(3-\dfrac{11}{6}\right)^2\times\dfrac{1}{6}=\dfrac{17}{36};$$

$$E(\eta)=1\times\dfrac{1}{6}+2\times\dfrac{1}{2}+3\times\dfrac{1}{3}=\dfrac{13}{6},$$

$$D(\eta)=\left(1-\dfrac{13}{6}\right)^2\times\dfrac{1}{6}+\left(2-\dfrac{13}{6}\right)^2\times\dfrac{1}{2}+\left(3-\dfrac{13}{6}\right)^2\times\dfrac{1}{3}=\dfrac{17}{36}.$$

所以 $E\xi < E\eta, D\xi = D\eta$，故选 C.

【例 6】 连续随机抛掷一个质地均匀的骰子，一直掷到 6 点出现 3 次为止，用 X 表示停止时已经抛掷的次数.

（1）求 X 的分布列 $P(X=k)(k=3,4,\cdots)$；

（2）令 $Y=\min\{\max\{X,4\},5\}$，求 Y 的数学期望 $E(Y)$.

（2022 年武汉大学）

【解析】（1）$P(X=k)=C_{k-1}^2\left(\dfrac{1}{6}\right)^2\left(\dfrac{5}{6}\right)^{k-3}\cdot\dfrac{1}{6}=C_{k-1}^2\left(\dfrac{1}{6}\right)^3\left(\dfrac{5}{6}\right)^{k-3}(k=3,4,\cdots)$.

（2）当 $X=3$ 或 4 时，$Y=4$；当 $X\geqslant 5$ 时，$Y=5$. 所以 $P(Y=4)=P(X=3)+P(X=4)=\left(\dfrac{1}{6}\right)^3+3\times\left(\dfrac{1}{6}\right)^3\left(\dfrac{5}{6}\right)=\dfrac{7}{432}$，$P(Y=5)=1-P(Y=4)=\dfrac{425}{432}$. 所以 $E(Y)=4\times\dfrac{7}{432}+5\times\dfrac{425}{432}=\dfrac{2153}{432}$.

【例 7】 袋子中共有 $m+n$ 个小球，m 个红球，n 个蓝球，除颜色不同外，其余完全相同. 每次从袋子中随机取出一个小球，若为红球就放回袋子中，若为蓝球则不放回，直至取出所有的蓝球. 求取球次数的数学期望.

（2022 年中国科学技术大学入学考试）

【解析】 设 a_n 为所求的数学期望，$a_0=0$，$a_n=1+\dfrac{m}{m+n}a_n+\dfrac{n}{m+n}a_{n-1}(n\geqslant 1)$，由此可得 $a_n=\dfrac{m+n}{n}+a_{n-1}=\cdots=n+m\sum\limits_{k=1}^n\dfrac{1}{k}$.

第 14 章　初 等 数 论

初等数论是关于数的学问,主要研究整数,重点对象是正整数. 对中学生来说,数论是研究正整数的一个数学分支. 在高校的强基试题的招生考试中,经常出现一些初等数论的题目,以考查学生分析问题和解决问题的能力. 在本章中,我们在题目选择上做到精挑细选,在内容的安排上我们也尽量做到讲解清晰、详尽. 相信通过对本章的学习,读者可以对数论有一个大致的了解.

§14.1　整数

一、整除的定义

对于整数 $a,b(b\neq 0)$,如果存在整数 q,满足 $a=bq$,就叫作 a 能被 b 整除,记作 $b\mid a$. 其中 a 叫作 b 的倍数,b 叫作 a 的约数(因数). 如果 a 不能被 b 整数,则记作 $b\nmid a$.

若 $b\neq\pm 1$,则 b 叫作 a 的真约数.

如果 $a^t\mid b$,但 $a^{t+1}\nmid b$,记作 $a^t\parallel b$.

【例 1】 设 $y_n=\underbrace{122\cdots 21}_{n\text{个}2}$,若 $10^9-1\mid y_n$,则 n 的最小值为(　　　).

A. 80　　　　　　　　B. 81　　　　　　　　C. 83　　　　　　　　D. 前三个答案都不对

(2021 年北京大学)

【解析】 由于 $y_n=\underbrace{122\cdots 21}_{n\text{个}2}=\underbrace{111\cdots 11}_{n\text{个}1}\times 11=\dfrac{10^{n+1}-1}{9}\times 11$,且 $10^9-1\mid y_n$,可得 $10^9-1\mid \dfrac{10^{n+1}-1}{9}\times 11$,所以 $9(10^9-1)\mid(10^{n+1}-1)\times 11$. 由于 $(9,11)=1$,从而 $(10^9-1)\mid(10^{n+1}-1)$,所以 $9\mid(n+1)$.

设 $n+1=9k$,则 $10^{9k}-1=(10^9-1)(10^{9(k-1)}+10^{9(k-2)}+\cdots+10+1)$,所以 $9\mid(10^{9(k-1)}+10^{9(k-2)}+\cdots+10+1)$,则 $9\mid k$,所以 $k\geqslant 9$,即 $n+1=9k\geqslant 81$,从而得 $n\geqslant 80$,所以 n 的最小值为 80,故选 A.

【例 2】 已知 $[C_n]$ 是 $(4+2\sqrt{3})^n$ 的整数部分,证明：$2^{n+1}\mid([C_n]+1)$.

(2021 年中国科学技术大学)

【证明】 注意到 $(4+2\sqrt{3})^n+(4-2\sqrt{3})^n=2[\mathrm{C}_n^0 4^n+\mathrm{C}_n^2 4^{n-2}(2\sqrt{3})^2+\cdots]$ 是整数,且 $(4-2\sqrt{3})^n\in(0,1)$,所以 $[C_n]=2[\mathrm{C}_n^0 4^n+\mathrm{C}_n^2 4^{n-2}(2\sqrt{3})^2+\cdots]-1$,又因为 $[C_n]+1=2[\mathrm{C}_n^0 4^n+\mathrm{C}_n^2 4^{n-2}(2\sqrt{3})^2+\cdots]=2\times 2^n[\mathrm{C}_n^0 2^n+\mathrm{C}_n^2 2^{n-2}(\sqrt{3})^2+\cdots]$,所以 $2^{n+1}\mid([C_n]+1)$.

二、整除的一些简单性质

(1) $\forall b\in\mathbf{Z},b\mid 0,\pm 1\mid a,a\mid a(a\neq 0)$;

(2) 如果 $b\mid a,a\neq 0$,则 $1\leqslant|b|\leqslant|a|$;

(3) 如果 $c|b, b|a$，则 $c|a$；

(4) 如果 $b|a, c \neq 0$，则 $bc|ac$；

(5) 如果 $c|a, c|b$，则 $c|(ma+nb)(m, n \in \mathbf{Z})$；

(6) 如果 $\sum\limits_{i=1}^{k} a_i = 0$，那么若 b 能整除 $a_1, a_2, \cdots, a_k$ 中的 $k-1$ 个，则 b 能整除另一个.

【例 3】 设 a, b 是正整数 n 的正因数，使得 $(a-1)(b+2)=n-2$，则 n 可以等于（ ）.

A. 2020^{2020} B. 2×2020^{2020} C. 3×2020^{2020} D. 前三个答案都不对

（2021 年北京大学语言类保送）

【解析】 易知 $ab+2a-b=n$，又因为 a, b 均为 n 的正因子，则 $a|b, b|2a$，即 $b=a$ 或 $b=2a$. 从而 $n=a(a+1)$ 或 $n=2a^2$. 依次检验，可知 $n=2 \times 2020^{2020}$ 符合题意，此时 $a=2020^{1010}, b=2 \times 2020^{1010}$. 故选 B.

【例 4】 若 x, y 是两个不同的质数，是否存在正偶数 n，使得 $(x+y)|x^n+y^n$.

（2021 年清华大学自强计划）

【解析】 方法一

首先易知 $(x+y) \nmid xy$，当 $n=2$ 时，$x^2+y^2=(x+y)^2-2xy$，所以 $(x+y) \nmid x^2+y^2$；

假设 $n \leqslant 2k$ 时，有 $(x+y) \nmid x^n+y^n$，则当 $n=2k+2$ 时，由 $x^{2k+2}+y^{2k+2}=(x^{2k}+y^{2k})-x^2y^2(x^{2k-2}+y^{2k-2})$ 和归纳假设，可知 $(x+y) \nmid x^{2k+2}+y^{2k+2}$，所以可知不存在正偶数 n，使得 $(x+y) \nmid x^n+y^n$.

方法二

因为 $x^{2k+2}+y^{2k+2}=(x^{2k+1}+y^{2k+1})(x+y)-xy(x^{2k}+y^{2k})$.

所以 $(x+y)|x^{2k+2}+y^{2k+2} \Leftrightarrow (x+y)|x^{2k}+y^{2k}$. 故若存在正偶数 n，使得 $(x+y)|x^n+y^n$，则 $(x+y)|x^2+y^2$. 而 $(x+y)^2=x^2+y^2-2xy$，所以 $(x+y)|2xy$.

设 $2xy=t(x+y)=tx+ty(t \in \mathbf{Z}^*)$，所以 $x(2y-t)=ty$，整理得 $x|ty$，则 $x|t$. 同理，$y|t$.

设 $t=rxy$，所以 $2=r(x+y)$，矛盾，所以 $(x+y) \nmid 2xy$（这是因为 $2|x+y$，且 $2 \nmid xy$），故 $(x+y) \nmid xy$.

综上所述，不存在 $n=2k$，使得 $(x+y)|x^n+y^n$.

【例 5】 已知整数 a, b, c, d 满足 $a+b+c+d=6$，则 $ab+ac+ad+bc+bd+cd$ 的正整数取值个数为（ ）.

A. 8   B. 9   C. 10   D. 前三个答案都不对

（2022 年北京大学）

【解析】 由于 a, b, c, d 均为整数，所以 $ab+ac+ad+bc+bd+cd=\dfrac{(a+b+c+d)^2-(a^2+b^2+c^2+d^2)}{2}$ 为整数. 因此，只需 $(a+b+c+d)^2-(a^2+b^2+c^2+d^2)>0$，即 $a^2+b^2+c^2+d^2<36$，原命题变为求

$a^2 + b^2 + c^2 + d^2 < 36$ 的不同的取值个数.

由柯西不等式,知 $(a^2 + b^2 + c^2 + d^2)(1 + 1 + 1 + 1) \geqslant (a + b + c + d)^2 = 36$,因此 $a^2 + b^2 + c^2 + d^2 \geqslant 9$,又因为 $a^2 + b^2 + c^2 + d^2$ 与 $a + b + c + d$ 的奇偶性相同,所以 $a^2 + b^2 + c^2 + d^2$ 的取值必为 10 至 34 之间的偶数.

下证 $a^2 + b^2 + c^2 + d^2$ 不是 8 的倍数:

采用反证法,若 $a^2 + b^2 + c^2 + d^2$ 是 8 的倍数,则 $a^2 + b^2 + c^2 + d^2 \equiv 0 \pmod 4$,此时 a, b, c, d 要么同为偶数,要么同为奇数.

(1) 若 a, b, c, d 同为偶数.

设 $a = 2a', b = 2b', c = 2c', d = 2d', a' + b' + c' + d' = 3, a^2 + b^2 + c^2 + d^2 = 4(a'^2 + b'^2 + c'^2 + d'^2)$,因为 $a'^2 + b'^2 + c'^2 + d'^2$ 与 $a' + b' + c' + d'$ 的奇偶性相同,所以 $a^2 + b^2 + c^2 + d^2$ 不可能是 8 的倍数.

(2) 若 a, b, c, d 同为奇数.

由于奇数的平方模 8 同余 1,所以 $a^2 + b^2 + c^2 + d^2 \equiv 4 \pmod 8$,故 $a^2 + b^2 + c^2 + d^2$ 不可能是 8 的倍数. 因此,$a^2 + b^2 + c^2 + d^2$ 的取值必为 10 至 34 之间的偶数,且不为 8 的倍数.

另一方面,设 $f(a, b, c, d) = a^2 + b^2 + c^2 + d^2$,我们有 $f(2, 2, 1, 1) = 10, f(2, 2, 2, 0) = 12, f(3, 2, 1, 0) = 14, f(3, 3, 0, 0) = 18, f(3, 3, 1, -1) = 20, f(4, 2, 1, -1) = 22, f(4, 3, 0, -1) = 26, f(4, 2, 2, -2) = 28, f(4, 3, 1, -2) = 30, f(4, 4, 0, -2) = 34$. 因此,$a^2 + b^2 + c^2 + d^2$ 的取值为 10 至 34 之间,且不为 8 的倍数的所有偶数.

综上所述,$ab + ac + ad + bc + bd + cd$ 的正整数取值有 10 个. 故选 C.

三、完全平方数

能表示为某整数的平方的数称为完全平方数,简称平方数. 平方数有以下性质.

(1) 平方数的个位数字只可能是 0, 1, 4, 5, 6, 9;

(2) 偶数的平方数是 4 的倍数,奇数的平方数被 8 除余 1,即任何平方数被 4 除的余数只有可能是 0 或 1;

(3) 奇数平方的十位数字是偶数;

(4) 十位数字是奇数的平方数的个位数一定是 6;

(5) 不能被 3 整除的数的平方被 3 除余 1,能被 3 整除的数的平方能被 3 整除. 因而,平方数被 9 除的余数为 0, 1, 4, 7,且此平方数的各位数字的和被 9 除的余数也只能是 0, 1, 4, 7;

(6) 平方数的约数的个数为奇数;

(7) 任何四个连续整数的乘积加 1,必定是一个平方数;

（8）设正整数 a,b 之积是一个正整数的 k 次方幂（$k\geq 2$），若 $(a,b)=1$，则 a,b 都是整数的 k 次方幂．一般地，设正整数 $a,b,\cdots,n$ 之积是一个正整数的 k 次方幂（$k\geq 2$），若 $a,b,\cdots,n$ 两两互素，则 $a,b,\cdots,n$ 都是正整数的 k 次方幂．

【例 6】 将正整数去掉完全平方数后由小到大排成一排，记作 $a_1,a_2,\cdots$．比如 $a_1=2,a_2=3,a_3=5,\cdots$．求证：对任意正整数 n，都有 $|a_n-n-\sqrt{n}|<\dfrac{1}{2}$．

（2023 年中国科学技术大学）

【证明】 满足 $k^2<a_n<(k+1)^2$ 的 a_n 共有 $2k$ 个，此时有 $2+4+\cdots+2(k-1)<n\leq 2+4+\cdots+2k$，即 $k(k-1)<n\leq k(k+1)$，即 $\left(k-\dfrac{1}{2}\right)^2<n+\dfrac{1}{4}\leq\left(k+\dfrac{1}{2}\right)^2$，故 $k-\dfrac{1}{2}<\sqrt{n}\leq k+\dfrac{1}{2}$，易知等号无法取到．

在 a_n 之前共有 k 个完全平方数被去除，于是 $a_n=n+k$．因此 $-\dfrac{1}{2}<a_n-n-\sqrt{n}<\dfrac{1}{2}$，即 $|a_n-n-\sqrt{n}|<\dfrac{1}{2}$．

【例 7】 若存在 $x,y\in\mathbf{N}^*$，使得 x^2+ky,y^2+kx 均为完全平方数，则正整数 k 可能是（　　）．

A. 2　　　　　　　B. 4　　　　　　　C. 5　　　　　　　D. 6

（2020 年清华大学）

【解析】 当 $x=y=4$ 时，$x^2+5y=y^2+5x=36$，故 C 正确；

当 $x=y=2$ 时，$x^2+6y=y^2+6x=16$，故 D 正确．

对于 $k=2$，不妨设 $y\leq x$，则 $x^2<x^2+2y\leq x^2+2x<(x+1)^2$，故 x^2+2y 不可能为完全平方数；

对于 $k=4$，不妨设 $y\leq x$，则 $x^2<x^2+4y\leq x^2+4x<(x+2)^2$，所以 $x^2+4y=(x+1)^2$，即 $4y=2x+1$，这样就出现了偶数等于奇数的情形，矛盾．

综上所述，选 CD．

【例 8】 a_n 是距离 $\sqrt{n}$ 最近的整数，则 $S_{2021}=\displaystyle\sum_{i=1}^{2021}a_i=$ _____．

（2021 年清华大学自强计划）

【解析】 当 $m^2<n<\left(m+\dfrac{1}{2}\right)^2$ 时，有 $m^2+1\leq n\leq m^2+m$，$\sqrt{n}=m$，$44^2+44=1980<2024$．当 $\left(m+\dfrac{1}{2}\right)^2<n<(m+1)^2$ 时，有 $m^2+m+1\leq n\leq m^2+2m$，$\sqrt{n}=m+1$，$44^2+2\times44=2024$．

所以 $S_{2024}=\displaystyle\sum_{k=1}^{44}k+\sum_{k=1}^{44}k^2+\sum_{k=1}^{44}k(k+1)=60720$，从而有 $S_{2021}=S_{2024}-a_{2022}-a_{2023}-a_{2024}=60720-3\times45=60585$．

§14.2　同余

同余的应用非常广泛,在处理某些整除性、进位制、整数分类、解不定方程等方面的问题时有不可替代的功能. 与同余相关的定理有欧拉定理、费马定理和中国剩余定理.

一、同余的概念

同余的概念是高斯(Gauss)在 1800 年左右给出的. 设 m 是正整数,若用 m 除以整数 a,b,所得的余数相同,则称为 a 与 b 关于模 m 同余,记作 $a \equiv b \pmod{m}$,否则称 a 与 b 关于模 m 不同余.

定义 1(同余)　设 $m > 0$,若 $m \mid (a-b)$,则称 a 与 b 对模 m 同余,记作 $a \equiv b \pmod{m}$;若不然,则称 a 与 b 对模 m 不同余,记作 $a \not\equiv b \pmod{m}$. 当 $0 \leqslant b < m$ 时,若 $a \equiv b \pmod{m}$,则称 b 是 a 对模 m 的最小非负剩余.

由带余除法可知,a 与 b 对模 m 同余的充要条件是 a 与 b 被 m 除所得的余数相同. 对于固定的模 m,模 m 的同余式与通常的等式有许多类似的性质.

性质 1　$a \equiv b \pmod{m}$ 的充要条件是 $a = b + mt\,(t \in \mathbf{Z})$,即 $m \mid (a-b)$.

性质 2　同余关系满足以下规律:

(1)(反身性)$a \equiv a \pmod{m}$;

(2)(对称性)若 $a \equiv b \pmod{m}$,则 $b \equiv a \pmod{m}$;

(3)(传递性)若 $a \equiv b \pmod{m}$,$b \equiv c \pmod{m}$,则 $a \equiv c \pmod{m}$;

(4)(同余式相加)若 $a \equiv b \pmod{m}$,$c \equiv d \pmod{m}$,则 $a \pm c \equiv b \pm d \pmod{m}$;

(5)(同余式相乘)若 $a \equiv b \pmod{m}$,$c \equiv d \pmod{m}$,则 $ac \equiv bd \pmod{m}$;

(6)若 $ac \equiv bc \pmod{m}$,则 $a \equiv b \left(\bmod \dfrac{m}{(m,c)} \right)$. 由此可以推出,若 $(c,m)=1$,则有 $a \equiv b \pmod{m}$,即在 c 与 m 互素时,可以在原同余式两边除以 c 而不改变模(这一点再次说明了互素的重要性).

(7)若 $a \equiv b \pmod{m}$,且 $d \mid m$,则 $a \equiv b \pmod{d}$;

(8)若 $a \equiv b \pmod{m}$,且 $d \neq 0$,则 $da \equiv db \pmod{dm}$;

(9)若 $a \equiv b \pmod{m_i}\,(i=1,2,\cdots,k)$,则 $a \equiv b \pmod{[m_1,m_2,\cdots,m_n]}$,特别地,若 $m_1,m_2,\cdots,m_n$ 两两互素时,则有 $a \equiv b \pmod{m_1 m_2 \cdots m_n}$.

性质 3　若 $a_i \equiv b_i \pmod{m}\,(i=1,2,\cdots,k)$,则 $\displaystyle\sum_{i=1}^{k} a_i \equiv \sum_{i=1}^{k} b_i \pmod{m}$,$\displaystyle\prod_{i=1}^{k} a_i \equiv \prod_{i=1}^{k} b_i$.

性质 4　设 $f(x)$ 是系数全为整数的多项式,若 $a \equiv b \pmod{m}$,则 $f(a) \equiv f(b) \pmod{m}$.

这一性质在计算时特别有用,在计算数量级很大的式子时,可以改成与它同余的较小数字,使计算简化.

定义 2 设 $(a, m) = 1$，若 d_0 是使 $a^d \equiv 1 \pmod{m}$ 成立的最小正整数，则称 d_0 为 a 对模 m 的阶.

在取定某数 m 后，按照同余关系把彼此同余的整数归为一类，这些数称为模 m 的剩余类. 一个类中任意一个数，都称为该类所有数的剩余. 显然，同类的余数相同，不同类的余数不相同，这样我们就把全体整数按照模 m 划分为了 m 个剩余类，表达式为 $K_r = \{qm + r \mid q \in \mathbf{Z}, 0 \leqslant r \leqslant m-1\}$. 在上述的 m 个剩余类中，每一类任意取一个剩余，可以得到 m 个数 $a_0, a_1, \cdots, a_{m-1}$，称为模 m 的一个完全剩余系. 例如，对于模 7，下面的每一组数都是一个完全剩余系：

$$0, 1, 2, 3, 4, 5, 6;$$
$$-7, 8, 16, 3, -10, 40, 20;$$
$$-3, -2, -1, 0, 1, 2, 3.$$

显然，一组整数成为模 m 的完全剩余系只需要满足两个条件：(1)有 m 个数；(2)各数关于模 m 两两不同余. 最常用的完全剩余系是最小非负完全剩余系及绝对值最小完全剩余系. 模 m 的最小非负完全剩余系是 $0, 1, 2, \cdots, m-1$，即除数为 m 时，余数可能取到的数的全部值.

当 m 为奇数时，绝对值最小的完全剩余系是：$-\dfrac{m-1}{2}, -\dfrac{m-3}{2}, \cdots, -1, 0, 1, \cdots, \dfrac{m-1}{2}$；

当 m 为偶数时，绝对值最小的完全剩余系有两个：

$$-\frac{m}{2} + 1, -\frac{m}{2} + 2, \cdots, -1, 0, 1, \cdots, \frac{m}{2};$$

$$-\frac{m}{2}, -\frac{m}{2} + 1, \cdots, -1, 0, 1, \cdots, \frac{m}{2} - 1.$$

【例 1】 对正整数 n，$874n$ 除以 100 的余数为 92，称 n 具有"P 性质". 令 $874n$ 为 χ，χ 是五位数，则满足具有性质 P 的 n 的平方和是_____.

（2022 年北京大学）

【解析】 首先 $10000 \leqslant 874n \leqslant 99999$，解得 $12 \leqslant n \leqslant 114 (n \in \mathbf{N}^*)$，注意到 $874n = 100k + 92$，则 $2 \times 437n = 4(25k + 23)$ 且 $(25 \times 34)n + 24n = 25(4k + 3) + 17$，所以 $\begin{cases} n \equiv 0 \pmod 2 \\ n \equiv 8 \pmod{25} \end{cases}$，即 $\begin{cases} n \equiv 8 \pmod 2 \\ n \equiv 8 \pmod{25} \end{cases}$，所以 $n = 50t + 8$. 又因为 $12 \leqslant n \leqslant 114$，所以 $12 \leqslant 50t + 8 \leqslant 114$，解得 $t = 1, 2$，所以 $n = 58$ 或 108，故具有性质 P 的 n 的平方和是 15028.

【例 2】 已知正整数 n 不大于 2022，n^3 除以 1000 的余数是 111，则正整数 n 的个数为_____.

（2022 年北京大学）

【解析】 由题意可得 $n^3 = 1000k + 111$，则 $n^3 \equiv 1 \pmod 5$，$n^3 \equiv 11 \pmod{25}$，$n^3 \equiv 111 \pmod{125}$，$n^3 \equiv 7 \pmod 8$，注意到

(1) 若正整数 n 满足 $n^3 \equiv 7 \pmod 8$，则 $n \equiv 7 \pmod 8$；

(2) 若正整数 n 满足 $n^3 \equiv 11 \pmod{25}$，则 $n \equiv 21 \pmod{25}$.

联立上面两个式子 $\begin{cases} n\equiv 7(\bmod\ 8) \\ n\equiv 21(\bmod\ 25) \end{cases}$，可得 $\begin{cases} n\equiv 71(\bmod\ 8) \\ n\equiv 71(\bmod\ 25) \end{cases}$，所以 $n=200k+71$. 又由 $n\leqslant 2022$，

得 $k\leqslant 9$，代入 $n^3\equiv 111(\bmod\ 1000)$，即 $(200k+71)^3\equiv 111(\bmod\ 100)$，所以 $600k+800\equiv 0(\bmod\ 1000)$，

即 $k=2$ 或 $k=7$. 所以 $n=471$ 或 $n=1471$，共有 2 个.

【例3】 若存在正整数 n，使得 $3^m\mid(1!+2!+\cdots+n!)$，则正整数 m 的最大值是_____.

（2021 年北京大学优秀中学生寒假学堂）

【解析】 易知，当 $n\geqslant 3$ 时，$n!\equiv 0(\bmod\ 3)$，记 $S_n=1!+2!+\cdots+n!$，则 $S_1\equiv 1(\bmod\ 3)$，$S_2\equiv 1+2\equiv 0(\bmod\ 3)$，$S_n\equiv 0(\bmod\ 3)(n\geqslant 3)$；

当 $n\geqslant 6$ 时，$n!\equiv 0(\bmod\ 9)$，则 $S_1\equiv 1(\bmod\ 9)$，$S_2\equiv 3(\bmod\ 9)$，$S_3\equiv 0(\bmod\ 9)$，$S_4\equiv 6(\bmod\ 9)$，$S_5\equiv 6+120\equiv 0(\bmod\ 9)$，$S_n\equiv 0(\bmod\ 9)(n\geqslant 6)$；

当 $n\geqslant 9$ 时，$n!\equiv 0(\bmod\ 27)$，则 $S_1\equiv 1(\bmod\ 27)$，$S_2\equiv 3(\bmod\ 27)$，$S_3\equiv 3+6\equiv 9(\bmod\ 27)$，$S_4\equiv 9+24\equiv 6(\bmod\ 27)$，$S_5\equiv 6+120\equiv 18(\bmod\ 27)$，$S_6\equiv 18+720\equiv 9(\bmod\ 27)$，$S_7\equiv 9+720\times 7\equiv 0(\bmod\ 27)$，$S_8\equiv 720\times 7\times 8\equiv 9(\bmod\ 27)$，$S_n\equiv 9(\bmod\ 27)(n\geqslant 9)$.

因为对任意 $n\neq 7$，S_n 都不是 27 的倍数，$S_7=5913=3^4\times 73$，则 m 的最大值是 4.

二、同余类

设 $M_r=\{x\mid x\in\mathbf{Z},x\equiv r(\bmod\ m)\}$，$r=0,1,\cdots,m-1$，则每一个这样的类都是模 m 的同余类.

说明：整数集合可以按模 m 来分类，确切地说，若 a 和 b 模 m 同余，则 a 和 b 属同一类，否则不属于同一类，每一个这样的类为模 m 的一个同余类. 由带余除法，任一整数必恰与 $0,1,\cdots,m-1$ 中的一个模 m 同余，而 $0,1,\cdots,m-1$ 这 m 个数彼此模 m 不同余，因此模 m 共有 m 个不同的同余类，即 $M_r=\{x\mid x\in\mathbf{Z},x\equiv r(\bmod\ m)\}$，$r=0,1,\cdots,m-1$.

例如，模 2 的同余类共有两个，即通常说的偶数类与奇数类，这两类中的数分别具有形式 $2k$ 和 $2k+1(k$ 为任意整数).

【例4】 从集合 $\{1,2,\cdots,12\}$ 中任取 3 个数，则这 3 个数的和能被 3 整除的概率是_____.

（2021 年清华大学自强计划）

【解析】 按 $\bmod\ 3$ 进行分类，将集合分为以下三类：

$A_1=\{1,4,7,10\}$；$A_2=\{2,5,8,11\}$；$A_0=\{3,6,9,12\}$.

任取三个数，若使其和是 3 的倍数，则取法有以下两种：

(1) 3 个数均取自于同一个集合，共有 $3\mathrm{C}_4^3=12$ 种不同的取法.

(2) 3 个数分别取自于三个不同的集合，即一个集合中取一个数，则有 $\mathrm{C}_4^1\mathrm{C}_4^1\mathrm{C}_4^1=64$ 种不同的取法.

综上所述，从集合 $\{1,2,\cdots,12\}$ 中任取 3 个数，其和能被 3 整除的取法共为 $64+12=76$ 种. 而从

集合 $\{1,2,3,\cdots,12\}$ 中任取 3 个数的取法有 $C_{12}^3=220$ 种,故所求概率为 $\dfrac{76}{220}=\dfrac{19}{55}$.

【例 5】 已知 $0\leqslant n\leqslant18,19m+n=2021^{2022}$,则 $n=$_____.

(2021 年复旦大学)

【解析】 $2021^2\equiv11(\bmod\ 19)$,则 $2021^{2022}\equiv11^{1011}(\bmod\ 19)$. $1011=3\times337,11^3\equiv1(\bmod\ 19)$,则 $11^{1011}\equiv1(\bmod\ 19)$,所以 $n=1$.

三、剩余类

定义 3 设 m 是正整数,把全体整数按对模 m 的余数分成 m 类,相应的 m 个集合记为 $K_0,K_1,\cdots,K_{m-1}$,其中 $K_r=\{qm+r\mid q\in\mathbf{Z},0\leqslant$ 余数 $r\leqslant m-1\}$,称为模 m 的一个剩余类.

以下是关于剩余类的几条常用性质:

(1) $\mathbf{Z}=\bigcup\limits_{0\leqslant i\leqslant m-1}K_i$ 且 $K_i\bigcap K_j=\varnothing(i\neq j)$;

(2) 每一个整数仅属于 $K_0,K_1,\cdots,K_{m-1}$ 其中一个;

(3) 对于任意 $a,b\in\mathbf{Z},a,b\in K_r$ 的充要条件是 $a\equiv b(\bmod\ m)$.

定义 4 一组数 $y_1,y_2,\cdots,y_s$ 称为模 m 的完全剩余系,如果对任意 a 有且仅有一个 y_j 是 a 对模 m 的剩余,即 $a\equiv y_j(\bmod\ m)$.

换一种说法更好理解:

设 $K_0,K_1,\cdots,K_{m-1}$ 为模 m 的全部剩余类,从每个 K_r 中任取一个 a_r,得到 m 个数 $a_0,a_1,\cdots,a_{m-1}$ 组成的数组,叫作模 m 的一个完全剩余系.

说明:在 m 个剩余类中各任取一个数作为代表,这样的 m 个数称为模 m 的一个完全剩余系,简称模 m 的完系. 换句话说,m 个数 $c_1,c_2,\cdots,c_m$ 称为模 m 的一个完系,是指它们彼此模 m 不同余,例如 $0,1,2,\cdots,m-1$ 是模 m 的一个完系,称作模 m 的最小非负完系.

以下是关于剩余类的几条常用性质:

(1) m 个整数构成模 m 的一个完全剩余系 $\Leftrightarrow$ 两两对模 m 不同余;

(2) 若 $(a,m)=1$,则 x 与 $ax+b$ 同时跑遍模 m 的完全剩余系.

【例 6】 设 $a=4444^{4444}$,b 是 a 的各位数字之和,c 是 b 的各位数字之和,d 是 c 的各位数字之和,求 d.

(2019 年清华大学)

【解析】 十进位制数 $x=\overline{a_na_{n-1}\cdots a_1a_0},a_0,a_1,\cdots,a_n\in\{0,1,2,\cdots,9\},a_n\neq0,n\in\mathbf{N}$,有 $x=a_0+a_1\times10^1+\cdots+a_{n-1}\times10^{n-1}+a_n\times10^n\equiv a_0+a_1+\cdots+a_{n-1}+a_n(\bmod\ 9)$,于是 $a\equiv b\equiv c\equiv d(\bmod\ 9)$,记为①.

由于 $4444\equiv7(\bmod\ 9)$ 及 $4444^{4444}\equiv7^{4444}\equiv(7^3)^{1481}\times7\equiv1^{1481}\times7\equiv7(\bmod\ 9)$,结合①,可得 $a\equiv b\equiv c\equiv d\equiv7(\bmod\ 9)$,记为②.

如果非负整数 $d\leqslant15$,结合②,则 $d=7$.

下面证明 $d \leqslant 15$.

因为 $\lg 1000^{4444} < \lg a < \lg 10000^{4444}$，$3 \times 44441 < \lg a < 4 \times 4444 = 17776$，所以 $b < 9 \times (17776 + 1) = 159993$，若 b 是 6 位数，则 $c \leqslant 1 + 4 + 4 \times 9 = 41$，若 b 的位数小于 6，则 $c \leqslant 5 \times 9 = 45$，综合得 $c \leqslant 45$．c 至多两位数，所以 $d \leqslant 3 + 9 = 12$ 或 $d \leqslant 9$，综合得 $d \leqslant 12$．于是 $d = 7$．

§14.3　质数与合数

一、质数与合数

质数与合数的性质在 1.1 节已经讲过，不再赘述．

【例 1】 若 p, q, r 均为质数，且 $\dfrac{pqr}{p+q+r}$ 为整数，则（　　）．

A. p, q, r 中一定有一个是 2

B. p, q, r 中一定有一个是 3

C. p, q, r 中一定有两个数相等

D. $\dfrac{pqr}{p+q+r}$ 也为质数

（2018 年清华大学）

【解析】 取 $p = q = r = 3$，选项 A 错误．取 $p = 2, q = 5, r = 7$，选项 BC 错误．

下证选项 D 正确：不妨设 $p \leqslant q \leqslant r$，$\dfrac{pqr}{p+q+r} = k$，$k \in \mathbf{N}^*$．

若 $k = 1$，则 $p + q + r = pqr$，而 $p + q + r \leqslant 3r$，可得 $pq \leqslant 3$，这与 p, q, r 均为质数矛盾，故 $k \geqslant 2$．因为 $k(p+q+r) = pqr$，且 $p \leqslant 8 \leqslant r$，故 $p + q + r = pq$ 或 qr 或 pr，解得 $k = p$ 或 q 或 r，k 为素数．故选 D.

【例 2】 $x^2 - y^2 = 4p^2$，x, y 是正整数，p 为素数，则 $x^3 - y^3 = $ _____．

（2020 年中国科学技术大学）

【解析】 由题意可得 $(x+y)(x-y) = 4p^2$，由于 p 为素数，$x+y$ 与 $x-y$ 同奇或同偶，且 $x+y > x-y$，因而 $\begin{cases} x+y = 2p^2 \\ x-y = 2 \end{cases}$，解得 $\begin{cases} x = p^2 + 1 \\ y = p^2 - 1 \end{cases}$，整理得 $x^3 - y^3 = (x-y)[(x+y)^2 - xy] = 3(2p^4 + 1) = 6p^4 + 2$．

二、质因数分解定理

1. 质因数分解定理（也称素数唯一分解定理）

每一个大小 1 的整数都能分解成质因数连乘积的形式，如果把这些质因数按从小到大的顺序排

列(相同因数的乘积写成幂的形式),则这种分解方法是唯一的.

整数 $n(n>1)$ 的标准分解式为 $n=\prod_{i=1}^{m}p_i^{\alpha_i}$,其中 p_i 是质数,α_i 为正整数,$i=1,2,\cdots,m$.

2. 约数个数定理

设 $d(n)=\sum_{d\mid n}1$ 表示大于 1 的整数 n 的所有正约数的个数,n 的标准分解式为 $n=\prod_{i=1}^{m}p_i^{\alpha_i}$,则

$$d(n)=\prod_{i=1}^{m}(1+\alpha_i).$$

3. 约数和定理

设 $\sigma(n)=\sum_{d\mid n}d$ 表示大于 1 的整数 n 的所有正约数的和,n 的标准分解式为 $n=\prod_{i=1}^{m}p_i^{\alpha_i}$,则 $\sigma(n)=$

$$\prod_{i=1}^{m}\frac{p_i^{\alpha_i+1}-1}{p_i-1}.$$

4. 质因数的方幂

在 $n!$ 的标准分解式中,质因数 p 的方幂为 $\sum_{r=1}^{\infty}\left[\dfrac{n}{p^r}\right]$,其中 $[x]$ 表示不超过 x 的最大整数.

【例 3】 已知 n 的所有正因子的乘积等于 n^3(n 为 1 至 400 之间的正整数),则 n 的个数为(　　　).

A. 50　　　　　　　　B. 51　　　　　　　　C. 55　　　　　　　　D. 前三个答案都不对

(2018 年北京大学)

【解析】 首先注意到若 d 是 n 的因子,则 $\dfrac{n}{d}$ 也是 n 的因子,本题的关键是运用 d 和 $\dfrac{n}{d}$ 的对应关系.

设 n 的素因子分解为 $p_1^{\alpha_1}p_2^{\alpha_2}\cdots p_n^{\alpha_n}$,那么结合 d 和 $\dfrac{n}{d}$ 的对应关系以及因子总数为 $(\alpha_1+1)(\alpha_2+1)\cdots$ (α_n+1),可得因子的乘积为 $n^{\frac{(\alpha_1+1)(\alpha_2+1)\cdots(\alpha_n+1)}{2}}$,这样就有 $\alpha_1+1=6$ 或 $(\alpha_1+1)(\alpha_2+1)=6$,所以我们得到 n 必定形如 p^5 或 p^2q(其中 p,q 是不同的素数). 下面需要对 100 以内的素数进行枚举,枚举结果如下:

(1) 对于 p^5 型的素数,p 只能取 $2,3,5$;

(2) 对于 p^2q 型的素数,p 取 2 时,q 有 24 个取值;p 取 3 时,q 有 13 个取值;p 取 5 时,q 有 5 个取值;p 取 7 时,q 有 3 个取值;p 取 11 时,q 有 2 个取值;p 取 13 时,q 有 1 个取值.

综上所述,共有 51 种可能. 故选 B.

三、公约数与公倍数

1. 公约数与最大公约数

（1）若 $c|a_1,c|a_2,\cdots,c|a_n$，则 c 称为 $a_1,a_2,\cdots,a_n$ 的公约数.

$a_1,a_2,\cdots,a_n$ 的所有公约数中最大的一个称为 $a_1,a_2,\cdots,a_n$ 的最大公约数，记作 $(a_1,a_2,\cdots,a_n)$.

（2）若 $a_1,a_2,\cdots,a_n$ 的标准分解式为 $a_1=\prod_{i=1}^{m}a_i^{\alpha_i}$，$a_1=\prod_{i=1}^{m}a_i^{\beta_i}$，$\cdots$，$a_n=\prod_{i=1}^{m}a_i^{\delta_i}$，其中 p_i 为质数，α_i，$\beta_i,\cdots,\delta_i$ 为非负整数，$i=1,2,\cdots,m$，则 $(a_1,a_2,\cdots,a_n)=\prod_{i=1}^{m}p_i^{t_i}$，其中 $t_i=\min\{\alpha_i,\beta_i,\cdots,\delta_i\}$.

（3）如果 a 是 b 的倍数，那么 a 和 b 的公约数的集合与 b 的约数集合相等.

（4）如果 a 是 b 的倍数，则 $(a,b)=b$.

（5）设 a 和 b 是不同时等于 1 的正整数，且 $d=ax_0+by_0$ 是形如 $ax+by$（x,y 是整数）的整数中的最小正整数，则 $d=(a,b)$.

（6）正整数 a 和 b 的公约数集合与它们的最大公约数的约数集合相等.

（7）设 m 是任意正整数，则 $(am,bm)=(a,b)m$.

（8）设 n 是 a 和 b 的一个公约数，则 $\left(\dfrac{a}{n},\dfrac{b}{n}\right)=\dfrac{(a,b)}{n}$.

（9）设正整数 a 和 b（$a>b$）满足等式 $a=bq+r,0\leqslant r<b,q,r\in\mathbf{Z}$，则 $(a,b)=(b,r)$.

由此可得到求 a,b 最大公约数的辗转相除法：

设 $a=bq_1+r_1,0\leqslant r_1<b$.

若 $r_1=0$，则 $(a,b)=b$.

若 $r_1\neq 0$，则可用 r_1 除以 b，得 $b=r_1q_2+r_2,0\leqslant r_2<1$.

若 $r_2=0$，则 $(a,b)=(b,r_1)=r_1$.

若 $r_2\neq 0$，再用 r_2 除以 r_1，得 $r_1=r_2q_3+r_3,0\leqslant r_3<r_2$.

如此继续下去，由于 $b>r_1>r_2>r_3>\cdots$ 且 $r_i(i=1,2,\cdots)$ 是非负整数，则进行一定次数时 r_i 为 0，例如第 $n+1$ 次得到 $r_{n+1}=0$. 但由于 $r_n\neq 0$，则有 $(a,b)=(b,r_1)=(r_1,r_2)=\cdots=(r_{n-1},r_n)=r_n$.

用此法还可以求（5）中形如 $ax+by$ 的最小正整数 $d=ax_0+by_0$.

【例 4】已知 $m,n\in\mathbf{Z}$，且 $0\leqslant n\leqslant 11$，若满足 $2^{2020}+3^{2021}=12m+n$，则 $n=$ _____.

（2020 年复旦大学）

【解析】$2^{2020}=4\times 2^{2018}=4\times(3p+1)=12p+4,p$ 为正整数，

$3^{2021}=3\times 3^{2020}=3\times(8+1)^{1010}=3\times(4q+1)=12q+3,q$ 为正整数.

因此，$n=7$.

2. 公倍数和最小公倍数

(1) 若 $a_1|b, a_2|b, \cdots, a_n|b$，则 b 为 $a_1, a_2, \cdots, a_n$ 的所有公倍数中最小的一个数，称为 $a_1, a_2, \cdots, a_n$ 的最小公倍数，记作 $[a_1, a_2, \cdots, a_n]$.

(2) 若 $a_1, a_2, \cdots, a_n$ 的标准分解式为 $a_1 = \prod_{i=1}^{m} a_i^{\alpha_i}, a_1 = \prod_{i=1}^{m} a_i^{\beta_i}, \cdots, a_n = \prod_{i=1}^{m} a_i^{\delta_i}$，其中 p_i 为质数，$\alpha_i, \beta_i, \cdots, \delta_i$ 为非负整数，$i = 1, 2, \cdots, m$，则 $[a_1, a_2, \cdots, a_n] = \prod_{i=1}^{m} a_i^{r_i}$，其中 $r_i = \max\{\alpha_i, \beta_i, \cdots, \delta_i\}$.

(3) $a_1, a_2, \cdots, a_n$ 的最小公倍数是它们的任一公倍数的约数.

(4) $[a, b] = \dfrac{ab}{(a, b)}$.

【例 5】 正整数 m, n 的最大公因数是 $10!$，最小公倍数是 $50!$，求 (m, n) 的对数.

(2021 年清华大学)

【解析】 因为 $(m, n) = 10!, [m, n] = 50!, m = 10! m_1, n = 10! n_1$，则 $(m_1, n_1) = 1$. $50! = [m, n] = (m, n) m_1 \cdot n_1$，则 $m_1 \cdot n_1 = \dfrac{[m, n]}{(m, n)} = \dfrac{50!}{10!} = 50 \times 49 \times \cdots \times 11$.

因为 $\dfrac{50!}{10!} = 2^{\alpha_1} \cdot 3^{\alpha_2} \cdot 5^{\alpha_3} \cdot 7^{\alpha_4} \cdot 11^{\alpha_5} \cdot 13^{\alpha_6} \cdot 17^{\alpha_7} \cdot 19^{\alpha_8} \cdot 23^{\alpha_9} \cdot 29^{\alpha_{10}} \cdot 31^{\alpha_{11}} \cdot 37^{\alpha_{12}} \cdot 41^{\alpha_{13}} \cdot 43^{\alpha_{14}} \cdot 47^{\alpha_{15}}$.

m_1 的配对种数为 $\underbrace{2 \times 2 \times \cdots \times 2}_{15 \text{个} 2} = 2^{15}$，从而 (m_1, n_1) 的组数有 2^{15} 对，进而可得 (m, n) 的对数为 2^{15} 对.

四、互质数

(1) 若 $(a_1, a_2, \cdots, a_n) = 1$，则称 $a_1, a_2, \cdots, a_n$ 互质（也叫作互素），这 n 个数叫互质数（互素数）.

1 和任何整数互质，相邻的两个整数互质，相邻的两个奇数互质，对质数 p，若 p 不能整除 a，则 p 与 a 互质.

(2) 若 $(a, b) = 1$，则 $(a \pm b, a) = 1, (a \pm b, ab) = 1$.

(3) 若 $(a, b) = 1, a|bc$，则 $a|c$.

(4) 若 $a|c, b|c, (a, b) = 1$，则 $ab|c$.

(5) 若 $(a, b) = 1$，则 $(b, ac) = (b, c)$.

(6) 若 $(a, b) = 1, c|a$，则 $(c, b) = 1$.

(7) 若 $(a, b) = 1$，则 $(a, b^k) = 1$.

(8) 若 $a_1, a_2, \cdots, a_m$ 中的每一个与 $b_1, b_2, \cdots, b_n$ 中的每一个互质，则 $(a_1 a_2 \cdots a_m, b_1 b_2 \cdots b_n) = 1$.

【例 6】 在 $(2019 \times 2020)^{2021}$ 的全体正因数中选出若干个，使得其中任意两个的乘积都不是平方数,则最多可选因数的个数为(　　).

　　A. 16　　　　　　　　B. 31　　　　　　　　C. 32　　　　　　D. 前三个答案都不对

（2020 年北京大学）

　　【解析】由于任意两个因数的乘积都不是平方数.且 $(2019 \times 2020)^{2021} = (2^2 \times 3 \times 5 \times 101 \times 673)^{2021}$,所以可以选取的素因数为 $2,3,5,101,673$,共计 5 个. 5 个素因数的不同奇偶组合共有 $2^5 = 32$ 个,故选 C.

§14.4　数论函数

　　对于任意正整数均有定义的函数,称为数论函数. 在初等数论中,用到的函数只有三个:高斯(Gauss)取整函数 $[x]$,除数函数 $d(n)$,以及欧拉(Euler)函数 $\varphi(x)$.

一、高斯(Gauss)取整函数 $[x]$

　　设 x 是实数,不大于 x 的最大整数称为 x 的整数部分,记为 $[x]$; $x - [x]$ 称为 x 的小数部分,记为 $\{x\}$. 例如,$[0.5] = 0, \{\pi\} = 0.1415\cdots$.

　　由 $[x], \{x\}$ 的定义可得如下性质:

　　(1) $x - [x] = \{x\}, 0 \leqslant \{x\} < 1$;

　　(2) $x - 1 < [x] \leqslant x < [x] + 1$;

　　(3) 设 $a \in \mathbf{Z}$,则 $[a + x] = a + [x]$;

　　(4) $[x + y] \geqslant [x] + [y], \{x + y\} \leqslant \{x\} + \{y\}$;

　　(5) $[-x] = \begin{cases} -[x], & x \in \mathbf{Z} \\ -[x] - 1, & x \notin \mathbf{Z} \end{cases}$;

　　(6) 对于任意的正整数 n,都有如下所示的埃米特恒等式成立:

$$[x] + \left[x + \frac{1}{n}\right] + \left[x + \frac{2}{n}\right] + \cdots + \left[x + \frac{n-1}{n}\right] = [nx];$$

　　为了描述(7),我们给出如下记号:若 $b^a | a$,且 $b^{a+1} \nmid a$,则称为 b^a 恰好整除 a,记为 $b^a \| a$. 例如:$2^4 \| 2000$. **由素数唯一分解定理:**

　　任何大于 1 的整数 a 能唯一地写成 $a = p_1^{a_1} p_2^{a_2} \cdots p_k^{a_k} (i = 1, 2, \cdots, k)$ 的形式,其中 p_i 为质(素)数 $(p_i < p_j (i < j))$. 我们还可以得到 $p_i^{a_i} \| a, i = 1, 2, \cdots, k$.

　　(7) 若 $p^a | n!$,则 $\alpha = \left[\dfrac{n}{p}\right] + \left[\dfrac{n}{p^2}\right] + \left[\dfrac{n}{p^3}\right] + \cdots$.

　　请注意,此式虽然被写成了无限的形式,但实际上对于固定的 n,必存在正整数 k,使得 $p^k > n$,因

而 $0<p^k<1$，故 $\left[\dfrac{n}{p^k}\right]=0$．而且对于 $m>k$，都有 $\left[\dfrac{n}{p^m}\right]=0$．因此，上式实际上是有限项的和．另外，此式也指出了乘数 $n!$ 的标准分解式中，素因数 p 的指数 α 的计算方法．

【例 1】 已知 $f(x)=[x]+[2x]+[3x]$（$[x]$ 表示不超过 x 的最大整数），则 $f(x)$ 的值域为 _____．

（2021 年北京大学寒假学堂）

【解析】 由于 $x=[x]+\{x\}$，下面我们分类讨论：

(1) 当 $0\leqslant\{x\}<\dfrac{1}{3}$ 时，$[x]+[2x]+[3x]=6[x]$；

(2) 当 $\dfrac{1}{3}\leqslant\{x\}<\dfrac{1}{2}$ 时，$[x]+[2x]+[3x]=6[x]+1$；

(3) 当 $\dfrac{1}{2}\leqslant\{x\}<\dfrac{2}{3}$ 时，$[x]+[2x]+[3x]=6[x]+2$；

(4) 当 $\dfrac{2}{3}\leqslant x<1$ 时，$[x]+[2x]+[3x]=6[x]+3$．

综上所述，$f(x)$ 的值域为 $\{x\in\mathbf{Z}\,|\,x\equiv 0,1,2,3(\bmod 6)\}$．

【例 2】 已知函数 $f(x)=\dfrac{\dfrac{1}{x}+x}{[x]+\left[\dfrac{1}{x}\right]+2}$（$[x]$ 表示不超过 x 的最大整数），是否存在 x 使得 $f(x)=(\quad\quad)$．

A. $\dfrac{4}{3}$ 　　　　　　B. $\dfrac{3}{2}$ 　　　　　　C. $\dfrac{8}{5}$ 　　　　　　D. $\dfrac{10}{7}$

（2021 年清华大学自强计划）

【解析】 当 $x>0$ 时，易知 $x<[x]+1$，$\dfrac{1}{x}<\left[\dfrac{1}{x}\right]+1$，则 $f(x)<1$，无解．

当 $-1<x<0$ 时，$f(x)=\dfrac{\dfrac{1}{x}+x}{\left[\dfrac{1}{x}\right]+1}$，易知 $x\in\left(-\dfrac{1}{k},-\dfrac{1}{k+1}\right]$（$k\in\mathbf{N}^*$），有 $\left[\dfrac{1}{x}\right]+1=-k$，则

$f(x)=-\dfrac{x+\dfrac{1}{x}}{k}\in\left(1+\dfrac{1}{k^2},1+\dfrac{k+2}{k(k+1)}\right]$，考虑到 $\dfrac{1}{k^2}<\dfrac{1}{3}\leqslant\dfrac{k+2}{k(k+1)}$，解得 $\sqrt{3}<k\leqslant 1+\sqrt{7}$，所以 $k=2$ 或 3．

当 $k=2$ 时，$f(x)=-\dfrac{x+\dfrac{1}{x}}{2}$，令 $f(x)=\dfrac{4}{3}$，解得 $x=\dfrac{\sqrt{7}-4}{3}$，又 $f(x)=f\left(\dfrac{1}{x}\right)$，则可知 $x<-1$ 时，

有一解为 $x = -\dfrac{\sqrt{7}+4}{3}$.

当 $k=3$ 时, $f(x) = -\dfrac{x+\dfrac{1}{x}}{3}$, 令 $f(x) = \dfrac{4}{3}$, 解得 $x = \sqrt{3}-2$, 又 $f(x) = f\left(\dfrac{1}{x}\right)$, 则可知 $x < -1$ 时,

有一解为 $x = -\sqrt{3}-2$.

同理, 当 $f(x) = \dfrac{8}{5}$ 时, 可解得 $x = \dfrac{-8 \pm \sqrt{39}}{5}$.

综上所述, 本题选 AC.

【例 3】 已知 $Y = \sum\limits_{i=0}^{2021}\left[\dfrac{2^i}{7}\right]$, 则 Y 的个位数字是 (　　).

A. 2 　　　　　　　　 B. 3 　　　　　　　　 C. 5 　　　　　　　　 D. 前三个答案都不对

(2021 年北京大学强基计划)

【解析】 由 $2^3 \equiv 1 \pmod 7$, 可知 $2^i \bmod 7$ 是三循环的, $2^{3k} \equiv 1 \pmod 7$, $2^{3k+1} \equiv 2 \pmod 7$, $2^{3k+2} \equiv 4 \pmod 7$ (其中 $k \in \mathbf{N}$).

$$Y = \sum_{i=0}^{2021}\left[\frac{2^i}{7}\right] = \sum_{i=0}^{2021}\frac{2^i}{7} - \frac{2022}{3}\left(\frac{1}{7} + \frac{2}{7} + \frac{4}{7}\right) = \frac{2^{2022}-1}{7} - 674$$

$$= \frac{(2^3-1)(1 + 2^3 + 2^6 + \cdots + 2^{2019})}{7} - 674$$

$$= 1 + 2^3 + 2^6 + \cdots + 2^{2019} - 674.$$

结合 $8^{4k} \equiv 6 \pmod{10}$, $8^{4k+1} \equiv 8 \pmod{10}$, $8^{4k+2} \equiv 4 \pmod{10}$, $8^{4k+3} \equiv 2 \pmod{10}$ (其中 $k \in \mathbf{N}$), 可知 $Y \equiv 1 + 168(8+4+2+6) + 8 - 674 \equiv 5 \pmod{10}$. 从而选 C.

二、欧拉(Euler)函数

我们把小于 m 且与 m 互质的正整数的个数叫作欧拉函数, 记作 $\varphi(m)$.

若 $m = \prod\limits_{i=1}^{n} p_i^{\alpha_i}$, 则 $\varphi(m) = m \prod\limits_{i=1}^{n}\left(1 - \dfrac{1}{p_i}\right)$, 其中 p_i 是质数, α_i 是正整数 $(i=1,2,\cdots,n)$. 当 m 为质数时, $\varphi(m) = m-1$.

性质 1　$\varphi(m)$ 是积性函数, 即若 $(a,b)=1$, 则 $\varphi(a)\varphi(b) = \varphi(ab)$.

性质 2　若 p 是质数, 则 $\varphi(p) = p-1$, $\varphi(p^k) = p^k - p^{k-1}$.

性质 3　设 $m = p_1^{\alpha_1} p_2^{\alpha_2} \cdots p_k^{\alpha_k}$, 则 $\varphi(m) = m\left(1 - \dfrac{1}{p_1}\right)\left(1 - \dfrac{1}{p_2}\right) \cdots \left(1 - \dfrac{1}{p_k}\right)$.

性质 4　设 $d_1, d_2, \cdots, d_{T(m)}$ 是 m 的所有正约数, 则 $\sum\limits_{i=1}^{T(m)} \varphi(d_i) = m$.

三、欧拉定理和费马小定理

1. 欧拉定理

设 $m \geq 2$，$(a, m) = 1$，$\varphi(m)$ 为欧拉函数，则 $a^{\varphi(m)} \equiv 1 \pmod{m}$．

2. 费马（Fermat）小定理

设 p 为质数且 $(a, p) = 1$，则 $a^{p-1} \equiv 1 \pmod{m}$．

注：费马小定理是欧拉定理当 m 为质数时的特例．

【例 4】 已知正整数 y 不超过 2022 且满足 100 整除 $2^y + y$，则这样的 y 的个数为 _____．

（2022 年北京大学）

【解析】 由于 $100 \mid 2^y + y$，则 $4 \mid 2^y + y$．显然 $y \neq 1$，所以 $y \geq 2$，从而 $4 \mid 2^y$，进而可得 $4 \mid y$．

设 $y = 4f$（$1 \leq f \leq 504$），则 $5 \mid 2^{4f} + 4f$，由于 $2^4 \equiv 1 \pmod 5$，所以 $4f + 1 \equiv 0 \pmod 5$，即 $f \equiv 1 \pmod 5$．

设 $f = 5d + 1$，则 $y = 4f = 20d + 4$（$0 \leq d \leq 100$），从而 $2^{20d+4} + 20d + 4 \equiv 0 \pmod 5$．

由欧拉定理，$\varphi(25) = 20$，所以 $2^{20} \equiv 1 \pmod{25}$，进而得到 $0 \equiv 2^{20d+4} + 20d + 4 \equiv 20d + 20 \pmod{25}$，所以 $25 \mid 20d + 20$，$5 \mid d + 1$，从而 $d = 5k + 4$（$0 \leq k \leq 19$）．因此满足条件的 y 有 20 个．

【例 5】 求证：不存在自然数 $n \geq 2$，使得 $n \mid 2^n - 1$．

（2021 年中国科学院大学）

【证明】 若 n 为正整数，则有 $x^n - y^n = (x - y)(x^{n-1} + x^{n-2}y + \cdots + xy^{n-2} + y^{n-1})$．当 n 为偶数时，令 $x = 2$，$y = 1$，从而可得 $2^n - 1 = 2^{n-1} + 2^{n-2} + \cdots + 2 + 1$．

若 n 为偶数，所以 $2 \mid n$，但 $2 \nmid (2^{n-1} + 2^{n-2} + \cdots + 2 + 1)$，故 $n \nmid 2^n - 1$．若 n 是奇数，假设 $n \mid (2^n - 1)$，令 p 为 n 的最小质因子，则 $(n, p - 1) = 1$．

类似 $p \mid (2^n - 1)$，由费马小定理，得 $p \mid (2^{p-1} - 1)$．又由于 $p \mid (2^n - 1)$，从而得 p 整除 $(2^n - 1, 2^{p-1} - 1) = 2^1 - 1 = 1$，矛盾．

所以不存在自然数 $n \geq 2$，使得 $n \mid 2^n - 1$．

四、孙子定理

设 $m_1, m_2, \cdots, m_k$ 是 k 个两两互质的正整数．则同余式组

$$
\begin{cases}
x \equiv b_1 \pmod{m_1} \\
x \equiv b_2 \pmod{m_2} \\
\vdots \\
x \equiv b_k \pmod{m_k}
\end{cases}
$$

有唯一解 $x = M_1' M b_1 + M_2' M b_2 + \cdots + M_k' M b_k \pmod{M}$，其中 $M = m_1 m_2 \cdots m_k$，$M_i = \dfrac{M}{m_i} (i = 1, 2, \cdots, k)$，$M_i' M_i \equiv 1 \pmod{m_i} (i = 1, 2, \cdots, k)$.

　　孙子定理又叫中国剩余定理.

§14.5　不定方程

一、不定方程

1. 二元一次不定方程 $ax + by = c$

　　不定方程 $ax + by + c = 0$（a, b, c 为整数）有整数解的充分必要条件是 $(a, b) \mid c$.

　　若 $(a, b) = 1$，且 (x_0, y_0) 是不定方程 $ax + by = c$ 的一组整数解，则 $x = x_0 + bt$，$y = y_0 - at$（t 是整数）是方程的全部整数解.

2. 不定方程 $x^2 + y^2 = z^2$ 的整数解

　　若 $z = a$，$y = b$，$z = c$（a, b, c 为正整数）是方程 $x^2 + y^2 = z^2$ 的一组解，且 $(a, b) = 1$，就称这组解为方程的一组基本解；

　　若 $z = a$，$y = b$，$z = c$（a, b, c 为正整数）是方程 $x^2 + y^2 = z^2$ 的一组基本解，则 a 和 b 中恰有一个为偶数，c 为奇数.

　　如果假定 a 是偶数，则存在正整数 $m, n, m > n$，$(m, n) = 1$，且 $m \not\equiv n \pmod{2}$ 使得 $a = 2mn$，$b^2 = m^2 - n^2$，$c = m^2 + n^2$.

　　若 $a = 2mn$，$b = m^2 - n^2$，$c = m^2 + n^2$，则 a, b, c 是方程 $x^2 + y^2 = z^2$ 的一组解，如果还有 $m > n > 0$，$(m, n) = 1$ 和 $m \not\equiv n \pmod{2}$，则 a, b, c 就是方程的一组基本解.

3. 佩尔（Pell）方程

　　方程 $x^2 - dy^2 = 1$（d 为给定的正整数）叫作佩尔方程.

　　无论 d 取什么值，$x = \pm 1$，$y = 0$ 都是佩尔方程的解，这组解称为佩尔方程的平凡解.

　　设 $d > 0$ 是一个非平方数，则佩尔方程 $x^2 - dy^2 = 1$ 有无穷多个不同的整数解.

　　设 $n > 0$，(x_1, y_1) 是佩尔方程 $x^2 - dy^2 = 1$ 的一个解，又设 x_n 与 y_n 满足 $(x_1 - \sqrt{d} y_1)^n = x_n + \sqrt{d} y_n$，则 (x_n, y_n) 是佩尔方程 $x^2 - dy^2 = 1$ 的一个解.

　　【例 1】 方程 $19x + 39y = 4xy$ 的整数解的个数为（　　　）.

A. 4　　　　　　　　B. 8　　　　　　　　C. 16　　　　　　　D. 前三个答案都不对

（2020 年北京大学）

【解析】$4xy-19x-93y=0$,两边同乘 4 得 $16xy-4\times19x-4\times93y=0$,整理得 $4x(4y-19)-4y\times93+93\times19=3\times31\times19$,即 $(4x-93)(4y-19)=3\times31\times19$.

因为 $4x-93\equiv3(\mathrm{mod}\ 4)$,$4y-19\equiv1(\mathrm{mod}\ 4)$,$3\times19\times31=a\times b$,其中有序正整数对 (a,b) 共有 8 组.

若 $a\equiv3(\mathrm{mod}\ 4)$,$b\equiv1(\mathrm{mod}\ 4)$,则 $4x-93=a$,$4y-19=b$;

若 $a\equiv1(\mathrm{mod}\ 4)$,$b\equiv3(\mathrm{mod}\ 4)$,则 $4x-93=-a$,$4y-19=-b$.

因此,共有 8 组解,故选 B.

【例 2】已知 $2n+1$ 与 $3n+1$ 均为完全平方数且 n 不超过 2022,则正整数 n 的个数为_____.

(2022 年北京大学)

【解析】本题在 1.1 节出现过,但方法不同.

方法一 使用佩尔方程

设 $2n+1=a^2$,$3n+1=b^2$,化简得 $3a^2-2b^2=1$,即 $(3a)^2-6b^2=3$. 由于 $(3,1)$ 是佩尔方程 $x^2-6y^2=3$ 的一组解,由佩尔方程的性质知其有无穷多组解,对其任意一组解 (x_k,y_k),有 $x_k^2-6y_k^2=3$,所以 x_k 为被 3 整除的正奇数,则 $a=\dfrac{x_k}{3}$,$n=\dfrac{a^2-1}{2}$. 由 $1\leqslant n\leqslant2022$,知 $1<a\leqslant63$,所以 $3<x_k\leqslant189$,由佩尔方程的通解,可知 $x_k=\dfrac{(3+2\sqrt{6})(5+2\sqrt{6})^k+(3-2\sqrt{6})(5-2\sqrt{6})^k}{2}$,又由特征方程知其所对应的递推公式为 $x_{k+2}=10x_{k+1}-x_k$,且 $x_1=3$,$x_2=27$,故 $x_3=267$,因此仅 $x_2=27$ 满足条件,此时 $n=40$.

所以满足条件的 n 只有 1 个.

方法二 使用同余方法

设 $2n+1=a^2$,$3n+1=b^2$,化简得 $3a^2-2b^2=1$.

$\forall x\in\mathbf{Z}$,$x^2\equiv0,1,4(\mathrm{mod}\ 5)$.

如果 $a^2\equiv0(\mathrm{mod}\ 5)$,则 $b^2\equiv2(\mathrm{mod}\ 5)$,矛盾;

如果 $a^2\equiv4(\mathrm{mod}\ 5)$,则 $b^2\equiv3(\mathrm{mod}\ 5)$,矛盾.

所以 $a^2\equiv1(\mathrm{mod}\ 5)$,等价于 $5\mid(a+1)(a-1)$,所以 $a\equiv\pm1(\mathrm{mod}\ 5)$.

如果 $2\mid b$,则 $4\mid b^2$,从而 $3a^2\equiv-a^2\equiv1(\mathrm{mod}\ 4)$,故 $a^2\equiv3(\mathrm{mod}\ 4)$,矛盾;所以 $2\nmid b$,从而 $b^2\equiv1(\mathrm{mod}\ 8)$,所以 $8\mid3n$,从而 $8\mid n$,所以 $16\mid2n=a^2-1=(a+1)(a-1)$,故 $a\equiv\pm1(\mathrm{mod}\ 8)$,因此 $a\equiv\pm1,\pm9(\mathrm{mod}\ 40)$.

因为 $a^2=2n+1\leqslant4045$,所以 $a\leqslant63$,所以 $a\in\{1,9,31,39,41,49\}$,逐一代入题目条件检验,只有 $a=9$ 符合题意,此时 $n=40$. 所以满足条件的 n 只有 1 个.

【例 3】方程 $18x+4y+9z=2021$ 的正整数解有_____组.

(2021 年复旦大学)

【解析】由 $2021\equiv5(\mathrm{mod}\ 9)$,可知 $y=9w+8(w\in\mathbf{N})$,所以 $2x+4w+z=221$,又因为 $221\equiv$

$1(\bmod 2)$，则 $z=2s+1(s\in\mathbf{N})$，所以 $x+2w+s=110$，则有 $x+s$ 为偶数.

若 $x=2p+1,s=2q+1(p,q\in\mathbf{N}^*)$，则有 $p+w+1=54$，共有 C_{56}^2 组解；

若 $x=2r,s=2t(r\in\mathbf{N}^*,t\in\mathbf{N})$，则有 $r+w+t=55$，共有 C_{56}^2 组解.

从而共有 $2\mathrm{C}_{56}^2=3080$ 组解.

1. 解二元一次不定方程通常先判定方程有无解. 若有解，可先求 $ax+by=c$ 一个特解，从而写出通解. 当不定方程系数不大时，有时可以通过观察法求得其解，即引入变量，逐渐减小系数，直到易得其特解为止；

2. 解 n 元一次不定方程 $a_1x_1+a_2x_2+\cdots+a_nx_n=c$ 时，可先顺次求出 $(a_1,a_2)=d_2$，$(d_2,a_3)=d_3,\cdots,(d_{n-1},a_n)=d_n$. 若 $d_n\nmid c$，则方程无解；若 $d_n\mid c$，则方程有解，作方程组：

$$
\begin{cases}
a_1x_1+a_2x_2=d_2t_2\\
d_2t_2+a_3x_3=d_3t_3\\
\vdots\\
d_{n-2}t_{n-2}+a_{n-1}x_{n-1}=d_{n-1}t_{n-1}\\
d_{n-1}t_{n-1}+a_nx_n=c
\end{cases}
$$

，求出最后一个方程的一切解，然后把 t_{n-1} 的每一个值代入倒数第二个方程，求出它的一切解，这样下去即可得方程的一切解.

3. m 个 n 元一次不定方程组成的方程组，其中 $m<n$，可以消去 $m-1$ 个未知数，从而消去了 $m-1$ 个不定方程，将方程组转化为一个 $n-m+1$ 元的一次不定方程.

【例 4】 设整数 $n>1$. 证明：至多有有限个正整数 a，使得方程 $x_1^2+x_2^2+\cdots+x_n^2=ax_1x_2\cdots x_n$ 有非零整数解.

$$（2020 年清华大学"大中衔接"研讨活动）$$

【证明】 我们断言当 $a>n$ 时，方程 $x_1^2+x_2^2+\cdots+x_n^2=ax_1x_2\cdots x_n$ 只有零解. 用反证法证明.

假设 $a>n$，且 $(x_1,x_2,\cdots,x_n)$ 是非零解，则 $x_1^2+x_2^2+\cdots+x_n^2>0$，故每个 x_i 都不等于零，且有 $|x_1|^2+|x_2|^2+\cdots+|x_n|^2=x_1^2+x_2^2+\cdots+x_n^2=ax_1x_2\cdots x_n=a|x_1||x_2|\cdots|x_n|$. 这表明原方程有正整数解 $|x_1|,|x_2|,\cdots,|x_n|$.

考虑该方程的最小正整数解，即使得 $x_1+x_2+\cdots+x_n$ 最小的正整数解. 不妨设 $x_1\leqslant x_2\leqslant\cdots\leqslant x_n$. 考虑关于 t 的二次方程 $t^2-(ax_1x_2\cdots x_{n-1})x+(x_1^2+x_2^2+\cdots+x_{n-1}^2)=0$，记上式左边的函数为 $f(t)$. 显然 $t=x_n$ 是它的解，设另一个解为 y.

注意到 $f(x_{n-1})=x_{n-1}^2-(ax_1x_2\cdots x_{n-2})x_{n-1}^2+(x_1^2+x_2^2+\cdots+x_{n-1}^2)\leqslant(n-a)x_{n-1}^2<0$. 这说明 x_{n-1} 严格介于 $f(t)$ 的两根之间. 由已知 $x_{n-1}\leqslant x_n$ 得 $y<x_{n-1}<x_n$. 由韦达定理，可得

$$
\begin{cases}
x_n+y=ax_1x_2\cdots x_{n-1}\\
x_ny=x_1^2+x_2^2+\cdots+x_{n-1}^2
\end{cases}
$$

前一个代数式表示 $y\in\mathbf{Z}$，后一个代数式表明 $y>0$，即 y 为正整数.

这样,y 是严格小于 x_n 的正整数,从而找到了题设方程的更小的正整数解 $(x_1,x_2,\cdots,x_{n-1},y)$,矛盾!

1. 因式分解法是不定方程中最基本的方法,其理论基础是整数的唯一分解定理,分解法作为解题的一种手段,没有一定的程序可循,在具体的例子中才能有深刻地体会.

2. 同余法主要用于证明方程无解或导出有解的必要条件,为进一步求解或求证作准备. 同余的关键是选择适当的模,它需要经过多次尝试.

3. 不等式估计法主要针对方程有整数解的情形,有整数解则必然有实数解,当方程的实数解为一个有界集,则有限范围内的整数解至多有有限个,逐一检验,求出全部解;若方程的实数解是无界的,则着眼于整数,利用整数的各种性质产生适用的不等式;

4. 无限递降法论证的核心是设法构造出方程的新解,使得它比已选择的解"严格地小",由此产生矛盾.

§14.6　数论中的多项式

有理系数多项式、整系数多项式和复数域上的多项式等都是数论所研究的重要内容. 在本节中,我们着重讨论有理数域上的多项式问题.

一、有理系数多项式

设 $\mathbf{Q}$ 代表有理数域,$\mathbf{Q}$ 上的 n 次多项式 $f(x)$ 是指

$$f(x)=a_nx^n+a_{n-1}x^{n-1}+\cdots+a_1x+a_0. \quad (\text{其中 } n>0,a_i\in\mathbf{Q},i=0,1,2,\cdots,n,a_n\neq 0).$$

选取适当的整数 c 乘 $f(x)$,总可以使 $cf(x)$ 是一个整系数多项式. 很明显 $f(x)$ 与 $cf(x)$ 在 $\mathbf{Q}$ 上同为可约多项式或同为不可约多项式.

定理 1　设 $I(x)$ 是有理数域多项式集 $\mathbf{Q}(x)$ 的一个子集,满足下列两条性质:

(1) 任意 $f(x),g(x)\in I$,有 $f(x)+g(x)\in I(x)$;

(2) 任意 $f(x)\in I(x),c(x)\in\mathbf{Q}(x)$,有 $f(x)c(x)\in I(x)$. 则存在 $p(x)\in I(x)$,使得 $I(x)=\{q(x)\,|\,p(x)$ 是 $q(x)$ 的因式$\}$.

带余除法　对于多项式 $f(x)$ 和 $g(x)$,其中 $g(x)\neq 0$,一定有多项式 $q(x),r(x)$,使得 $f(x)=q(x)g(x)+r(x)$ 成立,其中 $r(x)$ 的次数小于 $g(x)$ 的次数,或 $r(x)=0$,并且这样的 $q(x)$ 和 $r(x)$ 是唯一的.

当且仅当多项式 $f(x)$ 与 $g(x)$ 中同次数项的系数(含常数项)全相等时,$f(x)$ 与 $g(x)$ 恒等(又称"相等"),记作 $f(x)\equiv g(x)$(或 $f(x)=g(x)$).

若有 $n+1$ 个不同的 x 值使 n 次多项式 $f(x)$ 与 $g(x)$ 的值相等,则 $f(x)\equiv g(x)$.

余数定理　多项式 $f(x)$ 除以一次多项式 $x-a$，所得的余数是一个常数，这个常数等于函数值 $f(a)$。如果 $f(a)=0$，那么 a 就称为 $f(x)$ 的一个根或零点。a 是 $f(x)$ 的根的充分必要条件是 $(x-a)|f(x)$。

有下列三个简单的事实：

(1) 若 $f(x)$ 为整系数多项式，a 为整数，则 $f(x)$ 除以 $x-a$ 所得的商也为整系数多项式，余数为整数；

(2) 若 $f(x)$ 为整系数多项式，a，b 为不同的整数，则 $(a-b)|(f(a)-f(b))$；

(3) $f(x)$ 除以 $ax-b(a\neq 0)$ 所得的余数为 $f\left(\dfrac{b}{a}\right)$。

【例 1】 求所有的二次实系数多项式 $f(x)=x^2+ax+b$，使得 $f(x)|f(x^2)$。

(2018 年中国科学技术大学)

【解析】 由于 $f(x)|f(x^2)$，可知 $f(x)=x^2+ax+b$ 是 $f(x^2)$ 的一个因式。

设 $f(x^2)=(x^2+ax+b)(x^2+px+r)$，展开得 $f(x^2)=x^4+(a+p)x^3+(b+ap+r)x^2+(bp+ar)x+br$，又因为 $f(x^2)=x^4+ax^2+b$，对比两式的系数，可知

$$\begin{cases} a+p=0，记为①\\ b+ap+r=a，记为②\\ bp+ar=0，记为③\\ br=b，记为④ \end{cases}$$，由①知 $a=-p$，代入③，得 $ar-ab=0$，即 $a(r-b)=0$。

若 $a=0$，则 $p=-a=0$，代入②式，得 $b+r=0$，所以 $r=-b$，代入④式，得 $-b^2=b$，从而 $b=0$ 或 $b=-1$。

若 $b=0$，则 $f(x)=x^2$；若 $b=-1$，则 $f(x)=x^2-1$。

若 $a\neq 0$，则 $r=b$，代入④式，得 $b^2=b$，从而 $b=0$ 或 $b=1$。

若 $b=0$，代入②，得 $-a^2=a$，解得 $a=-1$ 或 $a=0$(舍)，此时 $f(x)=x^2-x$；

若 $b=1$，则 $r=1$，代入②式，得 $2-a^2=a$，即 $a^2+a-2=0$，解得 $a=1$ 或 $a=-2$，此时 $f(x)=x^2+x+1$ 或 $f(x)=x^2-2x+1$。

综上所述，$f(x)=x^2$ 或 $f(x)=x^2-x$ 或 $f(x)=x^2-1$ 或 $f(x)=x^2+x+1$ 或 $f(x)=x^2-2x+1$。

【例 2】 满足 $f(f(x))=f^4(x)$ 的实系数多项式 $f(x)$ 的个数是(　　　)。

A. 2　　　　　　　　B. 4　　　　　　　　C. 无穷多　　　　　　　　D. 前三个答案都不对

(2017 年北京大学)

【解析】 如果 $f(x)$ 是实数常函数，可设 $f(x)=k$(其中 $k\in\mathbf{R}$)，由题意可得 $k=k^4$，解得 $k=0$ 或 $k=1$。从而可得 $f(x)=0$ 或 $f(x)=1$。

若 $f(x)$ 不是实数常函数，则可设 $f(x)=a_nx^n+a_{n-1}x^{n-1}+\cdots+a_1x+a_0$(其中 $n>0$，$a_i\in\mathbf{Q}$，$i=0,1,2,\cdots,n$，$a_n\neq 0$)，由题设 $f(f(x))=f^4(x)$，得 $a_n(a_nx^n+a_{n-1}x^{n-1}+\cdots+a_1x+a_0)^n+a_{n-1}$

$(a_n x^n + a_{n-1} x^{n-1} + \cdots + a_1 x + a_0)^{n-1} + \cdots + a_1(a_n x^n + a_{n-1} x^{n-1} + \cdots + a_1 x + a_0) + a_0 = (a_n x^n +$

$a_{n-1} x^{n-1} + \cdots + a_1 x + a_0)^4$，比较等式两边的首项，可得 $\begin{cases} a_n^{n+1} = a_n^4 \\ n^2 = 4n \end{cases}$，解得 $\begin{cases} a_n = 1 \\ n = 4 \end{cases}$．因而可设 $f(x) =$

$x^4 + bx^3 + cx^2 + dx + e$（其中 $b, c, d, e \in \mathbf{R}$），再由 $f(f(x)) = f^4(x)$，得 $(x^4 + bx^3 + cx^2 + dx + e)^4 +$

$b(x^4 + bx^3 + cx^2 + dx + e)^3 + c(x^4 + bx^3 + cx^2 + dx + e)^2 + d(x^4 + bx^3 + cx^2 + dx + e) + e = (x^4 +$

$bx^3 + cx^2 + dx + e)^4$，即 $b(x^4 + bx^3 + cx^2 + dx + e)^3 + c(x^4 + bx^3 + cx^2 + dx + e)^2 + d(x^4 + bx^3 +$

$cx^2 + dx + e) + e = 0$，比较该等式两边 x^{12} 的系数，得 $b = 0$，所以 $c(x^4 + bx^3 + cx^2 + dx + e)^2 + d(x^4 +$

$bx^3 + cx^2 + dx + e) + e = 0$，再比较该等式两边 x^8 的系数，得 $c = 0$，所以 $d(x^4 + bx^3 + cx^2 + dx + e) +$

$e = 0$，再比较等式两边 x^4 的系数，得 $d = 0$，进而又可得 $e = 0$，所以 $f(x) = x^4$．

检验可知 $f(x) = x^4$ 符合题设要求．从而满足题设条件的函数 $f(x)$ 有且仅有 3 个：$f(x) = 0$，$f(x) = 1$，$f(x) = x^4$．故选 D．

待定系数法，一种求未知数的方法，就是将一个多项式表示成含有待定系数的新恒等式．然后根据恒等式的性质得出系数应满足的方程或方程组，其后通过解方程或方程组便可求出待定的系数，或找出某些系数所满足的关系式，这种解决问题的方法叫作待定系数法．在利用待定系数法解决多项式问题时，往往设某一多项式的全部系数或部分系数为未知数，利用当两个多项式恒等时，同类项系数相等的原理确定这些系数，从而得到待求的值．

【例 3】 是否存在整系数多项式 $P(x)$，满足 $P(1 + \sqrt[3]{3}) = 1 + \sqrt[3]{3}$，$P(1 + \sqrt{3}) = 7 + \sqrt{3}$．若存在，求该整系数多项式 $P(x)$；若不存在，说明理由．

（2019 年南京大学）

【解析】 假设存在满足题意的多项式 $P(x)$．记 $Q(x) = P(1 + x) - 1$，则 $Q(x)$ 为整系数多项式，且满足 $Q(\sqrt[3]{3}) = \sqrt[3]{3}$，$Q(\sqrt{3}) = 6$．故 $Q(x) - x$ 存在无理根 $\sqrt[3]{3}$，即 $(x^3 - 3) | Q(x) - x$，所以存在整系数多项式 $R(x)$，使得 $Q(x) - x = (x^3 - 3)R(x)$，记为①．从而存在整数 a, b，使得 $R(\sqrt{3}) = a + b\sqrt{3}$．在 ①中令 $x = \sqrt{3}$，可得 $6 = (3\sqrt{3} - 3)(a + b\sqrt{3}) = (9b - 3a) + (3a - 3b)\sqrt{3}$．所以 $\begin{cases} 9b - 3a = 6 \\ 3a - 3b = 0 \end{cases}$，解得 $a = b = 1$．从而 $Q(x) - x = (x^3 - 3)(1 + x) = x^4 + x^3 - 2x - 3$．从而 $P(x) = Q(x - 1) + 1 = (x - 1)^4 + (x - 1)^3 - 2(x - 1) - 3 + 1 = x^4 - 3x^3 + 3x^2 - 3x$．

【例 4】 已知 $p(n)$ 为 n 次的整系数多项式，若 $p(0)$ 和 $p(1)$ 均为奇数，则（　　）．

A. $p(n)$ 无整数根

B. $p(n)$ 可能有负整数根

C. $p(n)$ 无解

D. $p(n)$ 有正整数根

（2019 年浙江大学）

【解析】 设 $P(n) = a_n x^n + a_{n-1} x^{n-1} + \cdots + a_1 x + a_0$，因为 $P(0)$ 和 $P(1)$ 均为奇数，则 a_0 为奇数，$a_n + a_{n-1} + \cdots + a_1$ 为偶数．

假设 $P(n)$ 有整数根,设 $P(x_0)=0$,则 $x_0 \mid a_0$,所以 x_0 为奇数.

(1) 当 $a_1,a_2,\cdots,a_n$ 全是偶数时,易知此时 $P(x_0)$ 为奇数;

(2) 当 $a_1,a_2,\cdots,a_n$ 中有奇数时,由于 $a_n+a_{n-1}+\cdots+a_1$ 为偶数,所以奇数必定会成对出现,则此时 $P(x_0)$ 仍为奇数.

综上所述,$P(n)$ 无整数根. 从而选 A.

二、整系数多项式及其性质

定义　若整系数多项式 $P(x)$ 的各项系数的最大公因数为 1,则称 $P(x)$ 为本原多项式.

定理 2(高斯引理)　两个本原多项式的乘积仍然是本原多项式.

定理 3　如果一个整系数多项式可以分解为两个有理系数多项式的乘积,则它也可以分解成两个整系数多项式的乘积.

由于整系数多项式在整数范围内分解和在有理数范围内分解的区别只有常数项,如无特殊说明,下面我们称整系数多项式不可约是指它对应的本原多项式在整数范围内不可约.

定理 4　设 $f(x)=a_nx^n+a_{n-1}x^{n-1}+\cdots+a_1x+a_0$ 为整系数多项式,最简分数 $\dfrac{q}{p}$ 是 $f(x)$ 的有理根,则必有 $p \mid a_n, q \mid a_0$.

证明:由于 $f\left(\dfrac{q}{p}\right)=a_n\left(\dfrac{q}{p}\right)^n+a_{n-1}\left(\dfrac{q}{p}\right)^{n-1}+\cdots+a_1\left(\dfrac{q}{p}\right)+a_0$,则 $a_nq^n+a_{n-1}q^{n-1}p+\cdots+a_1qp^{n-1}+a_0p^n=0$,所以 $q \mid a_0p^n, q \mid a_nq^n$. 又因为 $(p,q)=1$,所以 $p \mid a_n, q \mid a_0$.

【例 5】设 p,q 均为不超过 100 的正整数,则有有理根的多项式 $f(x)=x^5+px+q$ 的个数为(　　).

A. 99　　　　　　　B. 133　　　　　　　C. 150　　　　　　　D. 前三个答案都不对

(2020 年北京大学)

【解析】因为 $f(x)=x^5+px+q$ 具有有理根,则有理根必小于 0.

设 $x_0=-\dfrac{m}{n}$ 且 $(m,n)=1$,则 $-\dfrac{m^5}{n^5}-p\dfrac{m}{n}+q=0$,从而 $qn^5=m^5+pmn^4$,显然 $n \mid m$,因为 $(m,n)=1$,则 $n=1$,所以 $q=m^5+mp$. 又因为 $q=m^5+mp \leqslant 100$,故 $1 \leqslant m \leqslant 2$.

当 $m=1$ 时,$q=1+p \leqslant 100$,所以 $1 \leqslant q \leqslant 99$,共 99 组;

当 $m=2$ 时,$q=32+2p \leqslant 100$,所以 $1 \leqslant p \leqslant 34$,共 34 组.

综上所述,满足条件的 (p,q) 共有 133 组,故选 B.

三、复数域上的多项式

我们介绍过 1 的 n 次方根的相关知识,由此我们可以解决 x^n-1 在整数环上的因式分解问题.

我们知道,方程 $x^n-1=0$ 在复数域内有 n 个根,分别为 $\cos\dfrac{2k\pi}{n}+i\cdot\sin\dfrac{2k\pi}{n}(k=0,1,2,\cdots,n-1)$.

根据单位根的相关知识,令 $\varepsilon_n=\cos\dfrac{2\pi}{n}+i\cdot\sin\dfrac{2\pi}{n}$,则 x^n-1 在复数域内可分解为 $(x-1)(x-\varepsilon_n)\cdots$ $(x-\varepsilon_n^{n-1})$. 这里注意到一个单位根 x_n 满足 $x_n^k=1(k=0,1,2,\cdots,n-1)$ 包含所有 n 次单位根当且仅当 $x_n=\varepsilon_n^k$,且 $(k,n)=1$.

定理 5(拉格朗日定理) 设 p 为素数,n 为正整数,$n\leqslant p$,则同余方程
$$f(x)=x^n+a_{n-1}x^{n-1}+\cdots+a_1x+a_0\equiv 0(\bmod\ p)$$
有 n 个解的充要条件是 x^p-x 除以 $f(x)$ 后所得余式的所有系数都是 p 的倍数.

简单地说,若 p 为素数,在模 p 意义下的 n 次整系数多项式 $f(x)=a_nx^n+a_{n-1}x^{n-1}+\cdots+a_1x+a_0\equiv 0(p\nmid a_n)$,则同余方程 $f(x)\equiv 0(\bmod\ p)$ 在模 p 意义下至多有 n 个不同的解.

推论 设 p 为素数,d 是 $p-1$ 的正因数,则多项式 x^d-1 模 p 有 d 个不同的根.

【例 6】 已知下列结论成立:在复平面上的多项式 $f(z),g(z)$ 和实数 $r>0$,若对 $|z|=r$,都有 $|g(z)|<|f(z)|$,则在 $\{z\mid|z|<r\}$ 中,$f(z)$ 与 $f(z)+g(z)$ 的零点数相等(计算重数). 现已知多项式 $z^9+2z^5-8z^3+3z+1$,求其在 $\{z\mid 1<|z|<2\}$ 上的零点个数(计算重数).

(2021 年清华大学邱成桐数学科学营)

【解析】 记 $F(z)=z^9+2z^5-8z^3+3z+1$. 取 $f(z)=z^9,g(z)=2z^5-8z^3+3z+1$,则当 $|z|=2$ 时,$|g(z)|\leqslant 2|z|^5+8|z|^3+3|z|+1=135<512=|z|^9=|f(z)|$,故 $F(z)$ 在 $\{z\mid|z|<2\}$ 内的零点数与 z^9 相等,等于 9.

再取 $f(z)=-8z^3,g(z)=z^9+2z^5+3z+1$,则当 $|z|=1$ 时,$|g(z)|\leqslant|z|^9+2|z|^5+3|z|+7<8=|-8z^3|=|f(z)|$,所以 $F(z)$ 在 $\{z\mid|z|<1\}$ 的零点数与 $-8z^3$ 相等,都是 3. 并且 $|z|=1$ 时,$F(z)\neq 0$,所以多项式 $z^9+2z^5-8z^3+3z+1$ 在 $\{z\mid 1<|z|<2\}$ 上的零点个数为 $9-3=6$.

【例 7】 设 n 是正整数.

(1) 证明:存在多项式 $p_n(x)$,使得 $\cos(n\theta)=p_n(\cos\theta)$;

(2) 在实数范围内可完全因式分解 $p(x)$.

(2019 年中国科学技术大学)

【解析】 (1) 用数学归纳法,$\cos\theta=\cos\theta$,$\cos 2\theta=2\cos^2\theta-1$.

假设当 $n=k,k+1$ 时结论成立,则 $n=k+2$ 时,$\cos[(n+2)\theta]=2\cos\theta[\cos(k+1)\theta]-\cos(k\theta)$,所以 $n=k+2$ 时命题也成立,且最高次项系数为 2^{n-1}(背景:切比雪夫多项式).

(2) $p(x)$ 为 n 次多项式,至多 n 个解 $\cos n\theta=0$ 的充要条件是 $n\theta=2k\pi+\dfrac{\pi}{2}$,所以 $\theta=\dfrac{\pi}{2n},\dfrac{3\pi}{2n},\cdots,\dfrac{(2n-1)\pi}{2n}$ 均为 $\cos n\theta=0$ 的解,且互不相同. 所以 $p(x)=2^{n-1}\left(x-\cos\dfrac{\pi}{2n}\right)\left(x-\cos\dfrac{3\pi}{2n}\right)\cdots\left(x-\cos\dfrac{(2n-1)\pi}{2n}\right)$.

第 15 章　组 合 数 学

　　组合数学是一个古老的数学分支,其历史可追溯至距今四千多年前的大禹治水时期. 在《河图》和《洛书》中,古人就对一些有趣的组合问题进行了研究,并给出了正确的答案. 其中,三阶幻方问题就是一个典型例子. 1666 年德国数学家莱布尼茨在一篇文章中将这门学科命名为组合学(Combinatorics),标志着这门分支学科的诞生. 尽管如此,组合数学的迅速发展却是近几十年的事情.

　　随着计算机科学的蓬勃发展,组合数学与其他多个学科开始发生越来越多的交叉和融合. 如今,组合数学已经成为一门应用范围极广的数学分支,在工程学、运筹学、经济学、遗传工程、国防工业、空间技术、数字通讯和人工智能等领域都有着广泛的应用.

　　组合数学主要研究离散对象在各种约束条件下的安排和配置的问题. 一般而言,这些问题可以归纳为以下四个方面.

　　(1) 存在性问题:这种安排和配置是否存在?

　　(2) 构造问题:若存在,怎样具体给出这些安排?

　　(3) 计数问题:这些安排有多少种可能?

　　(4) 优化问题:如何找到"最优的"安排?

§15.1　逻辑与推理

　　逻辑推理是指从一些事实和命题出发,依据逻辑规则推理出一个新命题的思维过程. 它可以分为两类:一类是从特殊到一般的推理,推理形式主要有归纳、类比;另一类是从一般到特殊的推理,推理形式主要有演绎.

　　逻辑推理是获得数学结论、构建数学体系的重要方式,是数学严谨性的基本保障. 此外,逻辑推理也是在数学交流中不可或缺的基本思维方法. 在培养逻辑推理核心素养的过程中,学生能够发现问题并提出命题;掌握推理的基本形式,表述论证的过程;理解数学知识之间的联系,建构知识框架;形成有论据、有条理、合乎逻辑的思维品质,增强数学交流能力.

　　【例 1】用蓝色和红色给一排 10 个方格染色,则至多 2 个蓝色相邻的方法种数是_____.

(2022 年清华大学)

　　【解析】(1) 如果没有方格染蓝色,则只有一种染色方案;

　　(2) 如果只有 1 个方格染蓝色,则有 $C_{10}^1 = 10$ 种染色方案;

　　(3) 如果有 2 个方格染蓝色,则有 $C_{10}^2 = 45$ 种染色方案;

　　(4) 如果有 3 个方格染蓝色,采用插空法,则有 $C_8^3 + C_8^2 = 112$ 种染色方案;

　　(5) 如果有 4 个方格染蓝色,采用插空法,则有 $C_7^4 + C_7^3 + C_7^3 \dfrac{A_3^3}{A_2^2} = 161$ 种染色方案;

　　(6) 如果有 5 个方格染蓝色,采用插空法,则有 $C_6^5 + C_6^4 \dfrac{A_4^4}{A_3^3} + C_6^3 \dfrac{A_3^3}{A_2^2} = 126$ 种染色方案;

（7）如果有 6 个方格染蓝色，采用插空法，则有 $C_5^3 + C_5^1 + C_5^4 \dfrac{A_4^4}{A_2^2 A_2^2} = 45$ 种染色方案；

（8）如果有 7 个方格染蓝色，则有 $C_4^1 = 4$ 种染色方案.

综上所述，共有 $1 + 10 + 45 + 112 + 161 + 126 + 45 + 4 = 504$ 种染色方案.

【例 2】设 $x \in \left(0, \dfrac{1}{2}\right)$，且满足 $x^3 - 3x + 1 = 0$，则 $[100x] = \underline{\qquad}$.

（2022 年清华大学 TACA 测试）

【解析】设 $f(x) = x^3 - 3x + 1, x \in \left(0, \dfrac{1}{2}\right)$. 因为 $f'(x) = 3x^2 - 3 < 0$，从而函数单调递减. 由于 $f\left(\dfrac{1}{2}\right) < 0, f\left(\dfrac{1}{4}\right) > 0, f\left(\dfrac{1}{2}\right) f\left(\dfrac{1}{4}\right) < 0$，下面用二分法求解：

当 $x \in \left(\dfrac{1}{4}, \dfrac{1}{2}\right)$ 时，$f\left(\dfrac{3}{8}\right) < 0, f\left(\dfrac{1}{4}\right) f\left(\dfrac{3}{8}\right) < 0$；

当 $x \in \left(\dfrac{1}{4}, \dfrac{3}{8}\right)$ 时，$f\left(\dfrac{5}{16}\right) > 0, f\left(\dfrac{5}{16}\right) f\left(\dfrac{3}{8}\right) < 0$；

当 $x \in \left(\dfrac{5}{16}, \dfrac{3}{8}\right)$ 时，$f\left(\dfrac{11}{32}\right) > 0, f\left(\dfrac{11}{32}\right) f\left(\dfrac{3}{8}\right) < 0$；

当 $x \in \left(\dfrac{11}{32}, \dfrac{3}{8}\right)$ 时，$f\left(\dfrac{23}{64}\right) < 0, f\left(\dfrac{23}{64}\right) f\left(\dfrac{11}{32}\right) < 0$；

当 $x \in \left(\dfrac{11}{32}, \dfrac{23}{64}\right)$ 时，$f\left(\dfrac{45}{128}\right) < 0, f\left(\dfrac{11}{32}\right) f\left(\dfrac{45}{128}\right) < 0$；

当 $x \in \left(\dfrac{11}{32}, \dfrac{45}{128}\right)$ 时，$f\left(\dfrac{89}{256}\right) < 0, f\left(\dfrac{11}{32}\right) f\left(\dfrac{89}{256}\right) < 0$.

因此 $f(x)$ 的零点 $x_0 \in \left(\dfrac{11}{32}, \dfrac{89}{256}\right)$，由于 $\left[\dfrac{1100}{32}\right] = \left[\dfrac{8900}{256}\right] = 34$，所以 $[100x] = 34$.

【例 3】已知 $\alpha = \dfrac{\sqrt{5}+1}{2}$，则 $\left[\alpha^{12}\right] = (\qquad)$.

A. 321　　　　　　　B. 322　　　　　　　C. 323　　　　　　　D. 前三个答案都不对

（2022 年北京大学）

【解析】由于 $\alpha = \dfrac{\sqrt{5}+1}{2}$ 是方程 $x^2 - x - 1 = 0$ 的一个根，所以 $x^2 = x + 1$，从而 $x^4 = (x+1)^2 = x^2 + 2x + 1 = 3x + 2$，所以 $x^{12} = (3x+2)^3 = 27x^3 + 54x^2 + 36x + 8 = 27x(x+1) + 54(x+1) + 36x + 8 = 27x^2 + 117x + 62 = 27(x+1) + 117x + 62 = 114x + 89$，故 $\alpha^{12} = 144\alpha + 89$，从而 $\left[\alpha^{12}\right] = [144\alpha + 89]$. 又由于 $1.618 < \alpha < 1.61804$，所以 $\left[\alpha^{12}\right] = 321$，故选 A.

§15.2 存在性问题

组合存在性问题是指判断满足某种条件的事物或事件是否存在的问题,此类问题的知识范围较广,综合性强,题意构思巧炒,解题方法灵活,对学生分析问题和解决问题的能力要求较高.

一、组合存在思考方法

在高校强基计划考试中,常常要证明组合存在的问题,解决这类问题的思考方法有以下几种:

(1) 反证法和利用极端原理;

(2) 利用抽屉原理、平均值原理或图形重叠原理;

(3) 计数方法;

(4) 染色方法与赋值方法;

(5) 数学归纳法;

(6) 组合分析法;

(7) 构造法;

(8) 利用介值原理.

【例1】对任意的正整数 k,证明:存在无穷个正整数 n 为 k 的倍数,在十进制条件下, n 的最左边 4 位数为 2020.

(2020 年北京大学优秀中学生暑期体验营)

【证明】若 n_0 最左边 4 位为 2020,且 $k \mid n_0$,则令 $n = 10^t n_0 (t, n_0 \in \mathbf{N}^*)$,有 $k \mid n$,且 n 有无穷多个.下面只需证 n_0 存在.设 $[\lg k] + 1 = m$, $N_1 = 2020 \times 10^{m+2}$, $N_2 = 2021 \times 10^{m+2}$,则 $\dfrac{k}{N_2 - N_1} = \dfrac{k}{10^{m+2}} > 10$,所以一定存在 $n_0 \in [N_1, N_2)$,使得 $k \mid n_0$.从而命题得证.

【例2】若一个 2020 位数可以写成两个 1010 位数的积,则称为 A 型,否则称为 B 型.则 A 型数多还是 B 型数多?

(2021 年北京大学优秀中学生寒假学堂)

【解析】我们可以证明一个更加一般地情形:

若一个 $2n$ 位数可以写成两个 n 位数的乘积,则称为 A 型,否则称为 B 型.事实上,我们不妨先考虑 $n = 1$,根据个位数乘法运算,容易发现 B 型数多(27 个).

易知 A 型数与 B 型数的总数即为 $2n$ 位数的个数($10^{2n} - 10^{2n-1} = 9 \times 10^{2n-1}$ 个),所以 n 位数的个数共有 $9 \times 10^{n-1}$ 个.考虑 (x, y) 是两个 n 位数,满足 $x \leqslant y$,则这样的数组一共有 $1 + 2 + \cdots + 9 \times 10^{n-1} = \dfrac{1}{2}(9 \times 10^{n-1})(9 \times 10^{n-1} + 1) < (5 \times 10^{n-1})(9 \times 10^{n-1}) = 4.5 \times 10^{2n-1}$.

于是 $z=xy$ 的可能值的个数 $M<4.5\times10^{2n-1}$，于是 A 型数的个数 $<M<4.5\times10^{2n-1}$，从而可知 B 型数的个数 $>4.5\times10^{2n-1}>$ A 型数的个数.

【例 3】 将七个互不相同的非零的完全平方数排成一行，且任意相邻的三个数之和都大于 100，则这七个数和的最小值为（　　）.

A. 208　　　　　　B. 206　　　　　　C. 201　　　　　　D. 198

（2018 年清华大学）

【解析】 不妨设符合要求的一排素数依次是 $x_1,x_2,x_3,x_4,x_5,x_6,x_7$，则有 $x_1+x_2+x_3>100$，$x_4+x_5+x_6>100,x_7\geqslant2$. 因为 $\sum\limits_{i=1}^{7}x_i>100+100+2=202$，故首选排除 C，D 选项. 注意到 A，B 选项均为偶数，故这 7 个素数中必含有 2.

若 $x_4=2$，注意到 $x_1+x_2+x_3$ 必为奇数，假设 $x_1+x_2+x_3=101$，由于 2 是最小的素数，即 $x_4<x_1$，则 $x_2+x_3+x_4\leqslant100$，矛盾，所以 $x_1+x_2+x_3\geqslant103$. 同理 $x_5+x_6+x_7\geqslant103$，此时 $\sum\limits_{i=1}^{7}x_i\geqslant208$.

若 $x_4\neq2$，由对称性，不妨设 x_1,x_2,x_3 中某个等于 2，则 $x_1+x_2+x_3\geqslant102$. 若 $x_4=3$，必有 $x_5+x_6+x_7\geqslant103$，否则 $x_5+x_6+x_7\leqslant101$ 时会导致 $x_4+x_5+x_6\leqslant100$，矛盾，故此时 $\sum\limits_{i=1}^{7}x_i\geqslant102+3+103=208$. 若 $x_4\geqslant5$，此时 $x_5+x_6+x_7\geqslant101$，$\sum\limits_{i=1}^{7}x_i\geqslant102+5+101=208$.

综上所述，$\sum\limits_{i=1}^{7}x_i\geqslant208$. 构造一个符合要求的排列 2，11，89，5，19，79，3，其和为 208. 故选 A.

【例 4】 $\alpha_1,\alpha_2,\alpha_3,\alpha_4,\alpha_5$ 为空间 $\mathbf{R}^3$ 中的五个非零向量，证明：存在向量 $\boldsymbol{\beta}$，使得至少 4 个向量与 $\boldsymbol{\beta}$ 间的夹角小于或等于 $\dfrac{\pi}{2}$.

（2023 年中国科学技术大学）

【证明】 不妨设 $\alpha_1,\alpha_2,\alpha_3,\alpha_4,\alpha_5$ 都平移到共同的起始点 O，记 $\alpha_i=\overrightarrow{OA_i}(i=1,2,3,4,5)$，若 $\alpha_1,\alpha_2,\alpha_3,\alpha_4,\alpha_5$ 都共线，则这样的向量 $\boldsymbol{\beta}$ 显然是存在的.

否则，至少有 2 个向量不共线，不妨设 α_1,α_2 不共线，它们确定平面 $OA_1A_2,\alpha_3,\alpha_4,\alpha_5$ 至少有两个在平面 OA_1A_2 的同侧（含平面上）. 此时，在有两个向量同侧的部分，取 $\boldsymbol{\beta}$ 垂直于平面 OA_1A_2 即可.

【例 5】 利用凸多面体公式 $V-E+F=2$，证明：凸正多面体的每个面只可能是三角形、正方形或五边形，且顶点 V，边数 E 和面数 F 只能有以下五种可能：$(V,E,F)=(4,6,4),(8,12,6),(6,12,8)$，$(20,30,12),(12,30,20)$.

（2022 年南京大学）

【证明】 设每一顶点有 n 条边，每个面有 m 条边，则 $\begin{cases} nV=2E & ① \\ mF=2E & ② \\ V-E+2=2 & ③ \end{cases}$. 所有面的内角和为 $(m-$

$2)\pi F$,从每一顶点出发的所有角的和小于 2π,所以 $(m-2)\pi F < 2\pi V$,整理得 $(m-2)F < 2V$,记为④.

由①②可得 $V = \dfrac{m}{n}F$,代入④得 $(m-2)F < \dfrac{2m}{n}F$,所以 $mn-2n < 2m$,所以 $n < \dfrac{2m}{m-2}$,即 $n < 2 + \dfrac{4}{m-2}$,所以 $m \geqslant 3, n \geqslant 3$. 当 $m \geqslant 6$ 时,$n < 2 + \dfrac{2}{3}$,不合题意.

所以 $m=3$ 或 4 或 5,从而凸正多面体的每个面只可能是三角形、正方形或五边形.

（1）当 $m=3$ 时,$n<6$,从而 $n=3$ 或 4 或 5.

当 $\begin{cases} m=3 \\ n=3 \end{cases}$ 时,代入方程组 $\begin{cases} nV=2E \\ mF=2E \\ V-E+2=2 \end{cases}$,得 $\begin{cases} V=\dfrac{2}{3}E \\ F=\dfrac{2}{3}E \\ V-E+F=2 \end{cases}$,解得 $\begin{cases} E=6 \\ V=4 \\ F=4 \end{cases}$；

当 $\begin{cases} m=3 \\ n=4 \end{cases}$ 时,代入方程组 $\begin{cases} nV=2E \\ mF=2E \\ V-E+2=2 \end{cases}$,得 $\begin{cases} V=\dfrac{1}{2}E \\ F=\dfrac{2}{3}E \\ V-E+F=2 \end{cases}$,解得 $\begin{cases} E=12 \\ V=6 \\ F=8 \end{cases}$；

当 $\begin{cases} m=3 \\ n=5 \end{cases}$ 时,代入方程组 $\begin{cases} nV=2E \\ mF=2E \\ V-E+2=2 \end{cases}$,得 $\begin{cases} V=\dfrac{2}{5}E \\ F=\dfrac{2}{3}E \\ V-E+F=2 \end{cases}$,解得 $\begin{cases} E=30 \\ V=12. \\ F=20 \end{cases}$

（2）当 $m=4$ 时,$n<4$,所以 $n=3$,代入方程组 $\begin{cases} nV=2E \\ mF=2E \\ V-E+2=2 \end{cases}$,得 $\begin{cases} V=\dfrac{2}{3}E \\ F=\dfrac{1}{2}E \\ V-E+F=2 \end{cases}$,解得 $\begin{cases} E=12 \\ V=8. \\ F=6 \end{cases}$

（3）当 $m=5$ 时,$n<2+\dfrac{4}{3}$,所以 $n=3$,代入方程组 $\begin{cases} nV=2E \\ mF=2E \\ V-E+2=2 \end{cases}$,得 $\begin{cases} V=\dfrac{2}{3}E \\ F=\dfrac{2}{5}E \\ V-E+F=2 \end{cases}$,解得 $\begin{cases} E=30 \\ V=20. \\ F=12 \end{cases}$

综上所述,顶点 V,边数 E 和面数 F 只能有以下五种可能：$(V,E,F)=(4,6,4)$,$(8,12,6)$,$(6,12,8)$,$(20,30,12)$,$(12,30,20)$.

§15.3 变换与对策

【例 1】 已知数列 $\{a_n\}$ 满足 $a_1 = 12$, $a_{n+1} = \dfrac{1}{4}\left(3 + a_n + 3\sqrt{1+2a_n}\right)$, 则与 a_{10} 最接近的整数为 _____.

（2022 年北京大学）

【解析】 令 $b_n = \sqrt{1+2a_n}$, 则 $a_n = \dfrac{b_n^2-1}{2}$, 所以 $\dfrac{b_{n+1}^2-1}{2} = \dfrac{1}{4}\left(3 + \dfrac{b_n^2-1}{2} + 3b_n\right)$, 从而 $b_{n+1}^2 = \dfrac{1}{4}(b_n + 3)^2$, 所以 $b_{n+1} = \dfrac{1}{2}(b_n + 3)$, 从而 $b_{n+1} - 3 = \dfrac{1}{2}(b_n - 3)$, 从而 $b_n - 3 = \left(\dfrac{1}{2}\right)^{n-1}(b_1 - 3)$. 又因为 $b_1 = \sqrt{1+2\times 12} = 5$, 所以 $b_n - 3 = \dfrac{1}{2^{n-2}}$, 从而 $b_n = 3 + \dfrac{1}{2^{n-2}}$. 因此 $a_n = \dfrac{\left(3+\dfrac{1}{2^{n-2}}\right)^2 - 1}{2}$, 故 $a_{10} = \dfrac{\left(3+\dfrac{1}{2^8}\right)^2 - 1}{2} = \dfrac{8 + \dfrac{3}{2^7} + \dfrac{1}{2^{16}}}{2} = 4 + \dfrac{3}{2^8} + \dfrac{1}{2^{16}}$, 所以 $[a_{10}] = 4$, 最接近的整数为 4.

【例 2】 设 $\boldsymbol{B} = \begin{bmatrix} 2 & -\dfrac{1}{2} \\ 3 & -\dfrac{1}{2} \end{bmatrix}$, $\boldsymbol{X} = \begin{bmatrix} 1 \\ 1 \end{bmatrix}$, $I = \lim\limits_{n\to+\infty} \dfrac{1}{n}\sum\limits_{i=0}^{n-1} \boldsymbol{X}^{\mathrm{T}}\boldsymbol{B}^i\boldsymbol{X}$, 则 $I =$ _____.

（2022 年清华大学 TACA 测试）

【解析】 $|\lambda\boldsymbol{E} - \boldsymbol{B}| = \begin{vmatrix} \lambda-2 & \dfrac{1}{2} \\ -3 & \lambda+\dfrac{1}{2} \end{vmatrix} = \dfrac{1}{2}(\lambda-1)(2\lambda-1)$, 故 $\lambda_1 = 1$, $\lambda_2 = \dfrac{1}{2}$.

当 $\lambda_1 = 1$ 时, $\begin{bmatrix} -1 & \dfrac{1}{2} \\ -3 & \dfrac{3}{2} \end{bmatrix}\begin{bmatrix} x_1 \\ x_2 \end{bmatrix} = 0$, $x_1 - \dfrac{1}{2}x_2 = 0$, 得一个特征向量 $\boldsymbol{\alpha}_1 = \begin{bmatrix} 1 \\ 2 \end{bmatrix}$;

当 $\lambda_2 = \dfrac{1}{2}$ 时, $\begin{bmatrix} -\dfrac{3}{2} & \dfrac{1}{2} \\ -3 & 1 \end{bmatrix}\begin{bmatrix} x_1 \\ x_2 \end{bmatrix} = 0$, $3x_1 - x_2 = 0$, 得一个特征向量 $\boldsymbol{\alpha}_2 = \begin{bmatrix} 1 \\ 3 \end{bmatrix}$, $\boldsymbol{P} = \begin{bmatrix} 1 & 1 \\ 2 & 3 \end{bmatrix}$.

$\begin{bmatrix} 1 & 1 & 1 & 0 \\ 2 & 3 & 0 & 1 \end{bmatrix} \to \begin{bmatrix} 1 & 1 & 1 & 0 \\ 0 & 1 & -2 & 0 \end{bmatrix} \to \begin{bmatrix} 1 & 0 & 3 & -1 \\ 0 & 1 & -2 & 1 \end{bmatrix}$, 所以 $\boldsymbol{P}^{-1} = \begin{bmatrix} 3 & -1 \\ -2 & 1 \end{bmatrix}$. 所以 $\boldsymbol{B}^n = \boldsymbol{P}\begin{bmatrix} 1 & 0 \\ 0 & \dfrac{1}{2^n} \end{bmatrix}\boldsymbol{P}^{-1} = \begin{bmatrix} 1 & 1 \\ 2 & 3 \end{bmatrix}\begin{bmatrix} 1 & 0 \\ 0 & \dfrac{1}{2^n} \end{bmatrix}\begin{bmatrix} 3 & -1 \\ -2 & 1 \end{bmatrix} = \begin{bmatrix} 3-\dfrac{2}{2^n} & -1+\dfrac{1}{2^n} \\ 6-\dfrac{6}{2^n} & -2+\dfrac{3}{2^n} \end{bmatrix}$. 所以 $\boldsymbol{X}^{\mathrm{T}}\boldsymbol{B}^n\boldsymbol{X} = \begin{bmatrix} 1 & 1 \end{bmatrix}$

$$\begin{bmatrix} 3-\dfrac{2}{2^n} & -1+\dfrac{1}{2^n} \\ 6-\dfrac{6}{2^n} & -2+\dfrac{3}{2^n} \end{bmatrix}\begin{bmatrix} 1 \\ 1 \end{bmatrix}=6-\dfrac{4}{2^n},\text{所以 } \dfrac{1}{n}\sum_{i=0}^{n-1}\boldsymbol{X}^{\mathrm{T}}\boldsymbol{B}^i\boldsymbol{X}=\dfrac{1}{n}\cdot\left[6n-\dfrac{4\left(1-\dfrac{1}{2^n}\right)}{1-\dfrac{1}{2}}\right]=6-\dfrac{8\left(1-\dfrac{1}{2^n}\right)}{n}.\ I=$$

$$\lim_{n\to+\infty}\dfrac{1}{n}\sum_{i=0}^{n-1}\boldsymbol{X}^{\mathrm{T}}\boldsymbol{B}^i\boldsymbol{X}=6.$$

【例 4】 已知 A 为正交矩阵，且 A 的元素属于 $\left\{-\dfrac{1}{2},\dfrac{1}{2}\right\}$，则 A 有_____个.

（2022 年清华大学 TACA 测试）

【解析】 因为 A 中元素的绝对值为 $\dfrac{1}{2}$，且 A 为正交矩阵，所以 A 的列向量模长为 1，所以 A 为 4 阶矩阵. 因为元素绝对值相等，当 A 为正交矩阵时，列向量 $\boldsymbol{\gamma}_i\boldsymbol{\gamma}_j=0(i\neq j)$，所以列向量 $\boldsymbol{\gamma}_i$ 可分为两大类：

(1) 含负因数个数为偶数个，$\boldsymbol{\alpha}_1=\begin{bmatrix}\frac{1}{2}\\\frac{1}{2}\\-\frac{1}{2}\\-\frac{1}{2}\end{bmatrix}$, $\boldsymbol{\alpha}_2=\begin{bmatrix}-\frac{1}{2}\\-\frac{1}{2}\\\frac{1}{2}\\\frac{1}{2}\end{bmatrix}$, $\boldsymbol{\alpha}_3=\begin{bmatrix}\frac{1}{2}\\-\frac{1}{2}\\-\frac{1}{2}\\\frac{1}{2}\end{bmatrix}$, $\boldsymbol{\alpha}_4=\begin{bmatrix}-\frac{1}{2}\\\frac{1}{2}\\\frac{1}{2}\\\frac{1}{2}\end{bmatrix}$, $\boldsymbol{\alpha}_5=\begin{bmatrix}-\frac{1}{2}\\\frac{1}{2}\\-\frac{1}{2}\\\frac{1}{2}\end{bmatrix}$, $\boldsymbol{\alpha}_6=$

$\begin{bmatrix}\frac{1}{2}\\-\frac{1}{2}\\\frac{1}{2}\\-\frac{1}{2}\end{bmatrix}$, $\boldsymbol{\alpha}_7=\begin{bmatrix}\frac{1}{2}\\\frac{1}{2}\\\frac{1}{2}\\\frac{1}{2}\end{bmatrix}$, $\boldsymbol{\alpha}_8=\begin{bmatrix}-\frac{1}{2}\\-\frac{1}{2}\\-\frac{1}{2}\\-\frac{1}{2}\end{bmatrix}$.

$\boldsymbol{\alpha}_1^{\mathrm{T}}\boldsymbol{\alpha}_2\neq0,\boldsymbol{\alpha}_3^{\mathrm{T}}\boldsymbol{\alpha}_4\neq0,\boldsymbol{\alpha}_5^{\mathrm{T}}\boldsymbol{\alpha}_6\neq0,\boldsymbol{\alpha}_7^{\mathrm{T}}\boldsymbol{\alpha}_8\neq0$，其余 $\boldsymbol{\alpha}_i^{\mathrm{T}}\boldsymbol{\alpha}_j=0(i\neq j)$，所以共有 $\mathrm{C}_2^1\mathrm{C}_2^1\mathrm{C}_2^1\mathrm{C}_2^1\mathrm{A}_4^4=16\times24$ 个.

(2) 含负因数个数为奇数个，$\boldsymbol{\beta}_1=\begin{bmatrix}-\frac{1}{2}\\\frac{1}{2}\\\frac{1}{2}\\\frac{1}{2}\end{bmatrix}$, $\boldsymbol{\beta}_2=\begin{bmatrix}\frac{1}{2}\\-\frac{1}{2}\\\frac{1}{2}\\-\frac{1}{2}\end{bmatrix}$, $\boldsymbol{\beta}_3=\begin{bmatrix}\frac{1}{2}\\-\frac{1}{2}\\\frac{1}{2}\\\frac{1}{2}\end{bmatrix}$, $\boldsymbol{\beta}_4=\begin{bmatrix}-\frac{1}{2}\\\frac{1}{2}\\\frac{1}{2}\\-\frac{1}{2}\end{bmatrix}$, $\boldsymbol{\beta}_5=\begin{bmatrix}\frac{1}{2}\\\frac{1}{2}\\-\frac{1}{2}\\-\frac{1}{2}\end{bmatrix}$, $\boldsymbol{\beta}_6=$

$$\begin{bmatrix} -\frac{1}{2} \\ -\frac{1}{2} \\ \frac{1}{2} \\ -\frac{1}{2} \end{bmatrix}, \boldsymbol{\beta}_7 = \begin{bmatrix} \frac{1}{2} \\ \frac{1}{2} \\ \frac{1}{2} \\ -\frac{1}{2} \end{bmatrix}, \boldsymbol{\beta}_8 = \begin{bmatrix} -\frac{1}{2} \\ -\frac{1}{2} \\ -\frac{1}{2} \\ \frac{1}{2} \end{bmatrix}.$$

$\boldsymbol{\beta}_1^{\mathrm{T}}\boldsymbol{\beta}_2 \neq 0, \boldsymbol{\beta}_3^{\mathrm{T}}\boldsymbol{\beta}_4 \neq 0, \boldsymbol{\beta}_5^{\mathrm{T}}\boldsymbol{\beta}_6 \neq 0, \boldsymbol{\beta}_7^{\mathrm{T}}\boldsymbol{\beta}_8 \neq 0.$ 其余 $\boldsymbol{\beta}_i^{\mathrm{T}}\boldsymbol{\beta}_j = 0 (i \neq j)$，共有 $C_2^1 C_2^1 C_2^1 C_2^1 A_4^4 = 16 \times 24$ 个.

由（1）（2）知共有 768 个 $\boldsymbol{A}$.

【例 5】已知线性方程组 $\begin{cases} a_1 + 2a_2 + a_3 + a_4 = 0 \\ 3a_1 + aa_2 + 4a_3 + 3a_4 = 0 \\ 5a_1 + 8a_2 + 6a_3 + ba_4 = 0 \end{cases}$ 的解空间维数是 2，求 $[a+b]$ 的值.

（2021 年清华大学邱成桐数学营）

【解析】对线性方程组的系数矩阵进行初等变换

$$\begin{bmatrix} 1 & 2 & 1 & 1 \\ 3 & a & 4 & 3 \\ 5 & 8 & 6 & b \end{bmatrix} \rightarrow \begin{bmatrix} 1 & 2 & 1 & 1 \\ 0 & a-6 & 1 & 0 \\ 0 & -2 & 1 & b-5 \end{bmatrix} \rightarrow \begin{bmatrix} 1 & 2 & 1 & 1 \\ 0 & -2 & 1 & b-5 \\ 0 & 0 & 0.5a-2 & (0.5a-3)(b-5) \end{bmatrix}$$，所以 $0.5a-2=0$，且 $(0.5a-3)(b-5)=0$，因此 $a=4, b=5$，所以 $[a+b]=9$.

【例 6】已知矩阵 $\boldsymbol{X}$ 满足条件：①元素都属于集合 $\{0,1,-1\}$；②每行每列不全为 0；③去掉 0 元素后每行每列都为 $1, -1, \cdots, -1, 1$. 三阶这样的矩阵 $\boldsymbol{X}$ 共有 7 个，问四阶这样的矩阵 $\boldsymbol{X}$ 共有多少个？

（2021 年清华大学邱成桐数学营）

【解析】若矩阵 $\boldsymbol{X}$ 不含元素 -1，则每一行每一列都仅含一个元素 1，矩阵 $\boldsymbol{X}$ 共 $4!=24$ 个. 若矩阵 $\boldsymbol{X}$ 含有元素 -1，则 -1 必然在矩阵 $\boldsymbol{X}$ 的一个 2×2 子矩阵 $\begin{bmatrix} a_{11} & a_{12} \\ a_{21} & a_{22} \end{bmatrix}$ 中.

若 $a_{11}=-1$，则矩阵 $\boldsymbol{X}$ 共有 5 个，分别是 $\begin{bmatrix} 0&1&0&0 \\ 1&-1&0&1 \\ 0&0&1&0 \\ 0&1&0&0 \end{bmatrix}, \begin{bmatrix} 0&1&0&0 \\ 1&-1&0&1 \\ 0&1&0&0 \\ 0&0&0&1 \end{bmatrix}, \begin{bmatrix} 0&1&0&0 \\ 1&-1&1&0 \\ 0&0&0&1 \\ 0&1&0&0 \end{bmatrix},$

$\begin{bmatrix} 0&1&0&0 \\ 1&-1&1&0 \\ 0&1&0&0 \\ 0&0&0&1 \end{bmatrix}, \begin{bmatrix} 0&1&0&0 \\ 1&-1&1&0 \\ 0&1&-1&1 \\ 0&0&1&0 \end{bmatrix}.$

同理可得，当 $a_{12}=-1$ 或 $a_{21}=-1$ 或 $a_{22}=-1$ 时，矩阵 $\boldsymbol{X}$ 都共有 5 个，考虑到 $a_{11}=-1$ 与 $a_{22}=-1$ 的情况有一个矩阵重复计算，$a_{12}=-1$ 与 $a_{21}=-1$ 有一个矩阵重复计算，因此当矩阵 $\boldsymbol{X}$ 含有元素 -1，一共有 $4\times5-2=18$ 个.

综上所述，四阶矩阵一共有 $24+18=42$ 个.